汽车发动机与维修技术

胡春红　著

中国纺织出版社

图书在版编目(CIP)数据

汽车发动机与维修技术/胡春红著. —北京:中国纺织出版社,2017.7(2022.7 重印)
ISBN 978-7-5180-3718-6

Ⅰ.①汽… Ⅱ.①胡… Ⅲ.①汽车—发动机—车辆修理 Ⅳ.①U472.43

中国版本图书馆 CIP 数据核字(2017)第148765号

汽车发动机与维修技术

策划编辑:樊雅莉 责任印制:王艳丽

地址:北京市朝阳区百子湾东里 A407 号楼
邮政编码:100124
销售电话:010-67004422 传真:010-87155801
http://www.c-textilep.com
E-mail:faxing@c-textilep.com
中国纺织出版社天猫旗舰店
官方微博 http://weibo.com/2119887771
三河市延风印装有限公司印刷 各地新华书店经销
2017 年 7 月第 1 版 2022年7月第2次印刷
开本:787×1092 1/16 印张:20.5
字数:300 千字 定价:78.00元

前　言

据中国汽车工业协会网站统计,2016 年中国汽车产销呈现较快增长,产销总量再创历史新高,汽车产销分别完成 2811.9 万辆和 2802.8 万辆,连续 8 年蝉联全球第一。公安部交管局发布的汽车保有量相关报告中的数据显示,截至 2016 年底,全国汽车保有量达已达 1.94 亿辆,远超其他国家,位居全球第一。今后我国汽车产量与汽车保有量仍将持续高速增长,与此同时,社会对于汽车专业的人才需求量也迅速增加。

本书一共九章,针对汽车发动机介绍了两大机构、五大系统的构造与工作原理,具体包括汽车发动机总体认识、曲柄连杆机构、配气机构、汽油机燃料供给系、柴油机燃料供给系、进气和排气系统、润滑系统以及冷却系统,并给出了各部分的维修方法及注意事项等,最后,还介绍了发动机的装配与调试技术。

本书注重知识的应用价值,既有理论知识又包含实践指导,适用于汽车相关专业人员学习与研究,并可作为各类汽车从业人员的参考书及培训用书或汽车爱好者的自学读物。

目　　录

第一章 汽车发动机总体认识

汽车发动机为汽车提供动力,它是汽车的心脏,也是汽车的主要总成之一,影响汽车的动力性、经济性和环保性。

根据动力来源不同,汽车发动机可分为柴油发动机、汽油发动机、电动汽车电动机以及混合动力等。汽车大都采用内燃机作为发动机,常见的汽油机和柴油机都属于往复活塞式内燃机。内燃机是热力发动机的一种,它将燃料与空气混合后在发动机内燃烧而产生热能,然后将热能转化为机械能,因燃烧产生热能的过程在发动机内完成,所以叫内燃机。内燃机具有体积小、重量轻、机动性好、热效率高、配套方便、使用维修方便等特点。相比而言,汽油机转速高,质量小,噪声小,起动容易,制造成本低;柴油机压缩比大,热效率高,经济性能和排放性能都比汽油机好。

除了使用汽油和柴油之外,使用其他新能源的汽车被称为新能源汽车,包括纯电动汽车、混合动力汽车、燃料电池汽车、燃气汽车、生物乙醇/生物柴油汽车和氢发动汽车等。我国市场上在售的新能源汽车多是混合动力汽车,但是目前已把纯电动汽车作为了主攻方向。

往复活塞式内燃机应用最早且最为广泛,经过 100 多年的创新与改进,技术已相当完善和成熟,至今在汽车领域内仍占主导地位。此外还有一种旋转活塞式内燃机,出现较晚,具有很多优点,在有些车上也有应用。本书讨论的是往复活塞式内燃发动机。

一、发动机的分类

汽车发动机的种类很多,可按以下特征加以分类:

1. 按所用燃料分类

根据所用燃料的不同,发动机主要分为柴油机、汽油机、气体燃料发动机。汽油机以汽油为燃料,柴油机以柴油为燃料,而使用天然气、液化石油气和其他气体燃料的发动机称为气体燃料发动机。汽油机转速高、质量小、噪声小、起动容易;柴油机压缩比大、热效率高、经济性和排放性比汽油机好。

2. 按冲程数分类

在发动机气缸内进行的每一次将燃料燃烧的热能转变为机械能的一系列连续过程(进气、压缩、做功、排气)称发动机的一个工作循环。凡活塞往复 4 个单程完成一个工作循环的称为四冲程发动机;活塞往复 2 个单程完成一个工作循环的则称为二冲程发动机。汽车发动机多是四冲程发动机。

3. 按照气缸数目分类

按照气缸数目不同,发动机可分为单缸发动机和多缸发动机。仅有 1 个气缸的发动机称为单缸发动机;有 2 个以上气缸的发动机称为多缸发动机,如双缸、三缸、四缸、六缸、八缸和十二缸等都是多缸发动机。

4. 按照气缸排列的方式分类

根据气缸排列方式不同,可分为直列式、V 型、水平对置式、W 型、VR 型。直列发动机各气缸排成一列;V 型发动机将气缸排成两列,其气缸中心夹角 $\gamma < 180°$;水平对置发动机是 V 型发动机的变型,即两列气缸中心线的夹角 $\gamma = 180°$;W 型发动机则是将 V 型发动机的每侧气缸再进行小角度的错开;VR 发动机气缸夹角非常小,两列气缸接近平行,使发动机结构非常紧凑,是大众公司专属产品。

5. 按照冷却方式分类

按照冷却方式不同,发动机可分为水冷式和风冷式。水冷式发动机利用在气缸体和气缸盖冷却水套中进行循环的冷却液作为冷却介质进行冷却,风冷式发动机利用空气作为冷却介质进行冷却。水冷由于效果好,冷却均匀,运转时噪声小,所以汽车发动机多用水冷式。

6. 按照进气系统是否采用增压方式分类

发动机按照进气系统是否采用增压方式可分为自然吸气式(非增压式)发动机和强制进气式(增压式)发动机。若进气是在接近大气状态下进行的,则称为非增压发动机(或自然吸气式发动机);若利用增压器将进气压力增高,进气密度增大,则称为增压式发动机。增压可以提高发动机功率。

7. 按着火方式分类

根据着火方式的不同,发动机可分为点燃式和压燃式。点燃式发动机利用火花塞发出的电火花强制点火点燃燃料,如汽油机。压燃式发动机则是通过喷油泵和喷油器,将燃料直接喷入气缸,使其与在气缸内经压缩后与升温的空气混合,使之在高温下自然,如柴油机。

二、基本术语

汽车发动机的基本术语如图 1 - 1 所示。

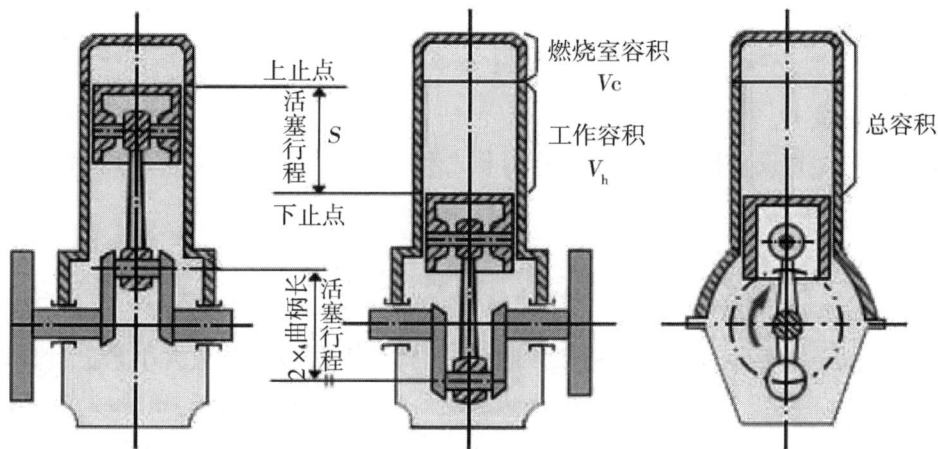

图 1 - 1　发动机基本术语示意图

1. 上止点(TDC)

活塞在气缸内作往复直线运动时,活塞离曲轴旋转中心最远的位置称为上止点。

2. 下止点(BDC)

活塞在气缸内作往复直线运动时,活塞离曲轴旋转中心最近的位置称为下止点。

3. 活塞行程 S

上、下止点之间的距离称为活塞行程,用符号 S 表示,单位:mm(毫米)。活塞从一个止点运动到另一个止点一次的过程,称为一个行程。

4. 曲柄半径 R

与连杆大头相连接的曲柄销的中心线到曲轴回转中心线的距离称为曲柄半径,用 R 表示,单位:mm(毫米)。显然,曲轴每转一周,活塞移动两个行程,即:

$$S = 2R$$

5. 气缸工作容积 V_h

气缸工作容积是指活塞从一个止点移动到另一个止点所扫过的容积,用 V_h 表示,单位:L(升)。显然有:

$$V_h = \frac{\pi D^2}{4 \times 10^6} S$$

式中:V_h——气缸工作容积,L;

　　　D——气缸直径,mm;

　　　S——活塞行程,mm。

6. 燃烧室容积 V_c

燃烧室容积是指活塞位于上止点时,活塞顶上方的气缸空间容积,用 V_c 表示,单位:L(升)。

7. 气缸总容积 V_a

气缸总容积是指活塞位于下止点时,活塞顶上方的气缸空间容积,用 V_a 表示,单位:L

（升）。显然有：

$$V_a = V_c + V_h$$

8. 发动机排量 V_L

发动机排量是指发动机所有气缸工作容积之和，用 V_L 表示，单位：L（升）。对于多缸发动机，显然有：

$$V_L = V_h \times i$$

式中：i —发动机气缸数。

发动机排量是一个非常重要的特征参数，轿车就是以发动机排量大小来进行分级的。微型：$V_L \leq 1.0$；普通级：$V_L > 1.0 \sim 1.6$；中级：$V_L > 1.6 \sim 2.5$；中高级：$V_L > 2.5 \sim 4.0$；高级：$V_L > 4.0$。

9. 压缩比 ε

压缩比是指气缸总容积与燃烧室容积之比，用 ε 表示。

$$\varepsilon = \frac{V_a}{V_c} = \frac{V_h + V_c}{V_c} = 1 + \frac{V_h}{V_c}$$

压缩比用来衡量空气或混合气被压缩的程度，它的值影响发动机的热效率。一般汽油机的压缩比为 $6 \sim 10$，柴油机的压缩比较高，为 $16 \sim 22$。

10. 工作循环

发动机完成进气、压缩、做功、排气四个过程，称为一个工作循环。

三、四冲程发动机的工作原理

四冲程发动机是指曲轴旋转两圈（720°），活塞往复运动四次完成一个工作循环的发动机。由于汽油机和柴油机在使用燃料等方面有所不同，工作过程存在差异，我们分别介绍两种发动机的工作原理。

1. 四冲程汽油机工作原理

四冲程汽油机的工作循环由进气、压缩、做功和排气四个过程所组成。单缸四冲程汽油机工作循环示意图如图 1-2 所示。

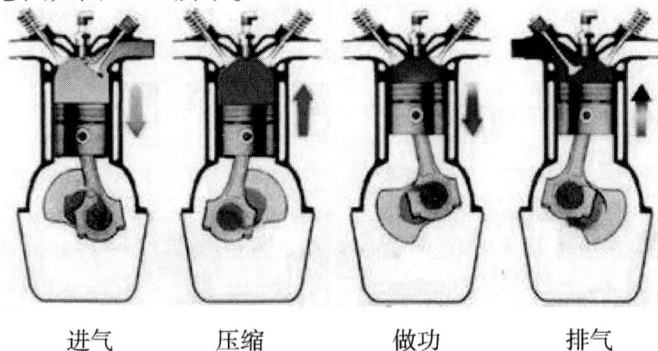

| 进气 | 压缩 | 做功 | 排气 |

图 1-2 单缸四冲程汽油机工作循环示意图

（1）进气行程

活塞由曲轴带动从上止点向下止点运动,此时,进气门开启,排气门关闭。在活塞向下移动的过程中,气缸内容积逐渐增大,形成一定的真空,于是空气和燃油的可燃混合气通过进气门被吸入气缸,直至活塞到达下止点时,进气门关闭,停止进气。

由于进气系统存在进气阻力,进气终了时气缸内气体压力低于大气压力,约为0.075～0.09MPa。由于气缸壁、活塞等高温件及上一循环留下的高温残余废气的加热,气体温度升高到370～400K（K为热力学温度单位,$\frac{t}{℃} = \frac{T}{K} - 273.15$ ）。

（2）压缩冲程

为使可燃混合气迅速燃烧,达到改善发动机动力性和经济性的目的,必须在燃烧前对可燃混合气进行压缩,以提高可燃混合气的温度和压力。因此,在进气行程结束时立即进入压缩冲程,活塞在曲轴的带动下,从下止点向上止点运动,由于进、排气门均关闭,气缸内容积逐渐减小,可燃混合气压力、温度逐渐升高。

压缩终了时,气缸内的压力为0.6～1.2MPa,温度为600～700K。

（3）做功冲程

在压缩行程末,火花塞产生电火花点燃混合气并迅速燃烧,使气体的温度、压力迅速升高而膨胀,从而推动活塞从上止点向下止点运动,通过连杆使曲轴旋转做功,直至活塞到达下止点时做功结束。

在做功行程中,开始阶段气缸内气体压力、温度急剧上升,瞬间压力可达3～5MPa,瞬时温度可达2200～2800K。随着活塞下行,气缸容积增大,气缸内压力、温度逐渐下降,做功终了时,压力为0.3～0.5MPa,温度为1300～1600K。

（4）排气行程

为使循环能够连续进行,须将燃烧产生的废气排出。在做功行程终了时,排气门打开,进气门关闭,曲轴通过连杆推动活塞从下止点向上止点运动,废气在自身剩余压力和活塞推动下,被排出气缸,至活塞到达上止点时,排气门关闭。

排气行程终了时,由于燃烧室容积的存在,气缸内还存有少量废气,气体压力也因排气系统存在排气阻力而略高于大气压力。此时,压力为0.105～0.115MPa,温度为900～1200K。

2. 四冲程柴油机工作原理

四冲程柴油机和四冲程汽油机一样,每个工作循环也是由进气、压缩、做功和排气四个行程组成。由于所用燃料的性质不同,在可燃混合气的形成和着火方式上与汽油机有很大的差别。单缸四冲程柴油机工作循环示意图如图1-3所示。

进气 → 排气

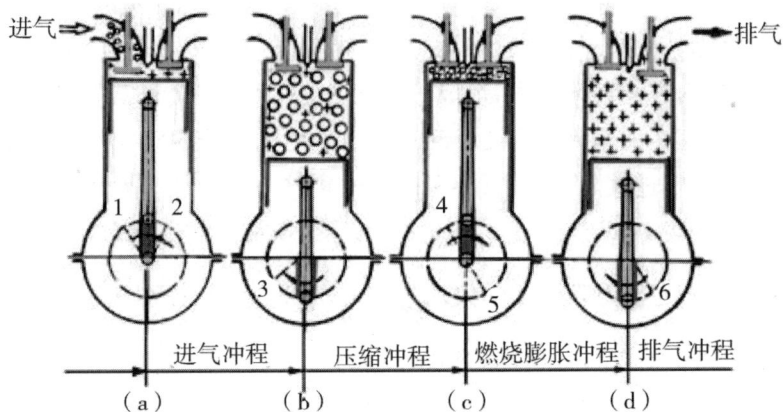

进气冲程　压缩冲程　燃烧膨胀冲程　排气冲程
（a）　　　（b）　　　（c）　　　（d）

图1-3　单缸四冲程柴油机工作循环示意图

（1）进气行程

进气行程不同于汽油机的是进入气缸的不是可燃混合气,而是纯空气。由于进气阻力比汽油机小,上一行程残留的废气温度也比汽油机低,进气行程终了时的压力为0.075~0.095MPa,温度为320~350K。

（2）压缩行程

压缩行程不同于汽油机的是压缩纯空气,由于柴油机的压缩比大,压缩终了的温度和压力都比汽油机高,压力可达3~5MPa,温度可达800~1000K。

（3）做功行程

此行程与汽油机有很大差异,压缩行程末,喷油泵将高压柴油经喷油器呈雾状喷入气缸内的高温高压空气中,被迅速汽化并与空气形成混合气,由于此时气缸内的温度远高于柴油机的自燃温度（500K左右）,柴油混合气便立即自行着火燃烧,且此后一段时间内边喷油边燃烧,气缸内压力和温度急剧升高,推动活塞下行做功。

做功行程中,瞬时压力可达5~10MPa,瞬时温度可达1800~2200K,做功行程终了时压力为0.2MPa,温度为1200~1500K。

（4）排气行程

此行程与汽油机基本相同。排气行程终了时的气缸压力为0.105~0.125MPa,温度为800~1000K。

3.四冲程汽油机和柴油机工作原理的比较

由上述四冲程汽油机和柴油机的工作循环可知,两种发动机的工作循环既有共同点,又有差别,归纳如下:

①两种发动机中,每完成一个工作循环,曲轴转两周（720°）,每完成一个行程,曲轴转半周（180°）,进气行程是进气门开启,排气行程是排气门开启,其余两行程是进、排气门关闭。

②无论是汽油机还是柴油机,在四行程中,只有做功行程产生动力,其余三个行程是为做功行程做准备的辅助行程,都要消耗一定的能量。

③两种发动机运转的第一循环,都必须靠外力使曲轴完成进气和压缩冲程,做功行程开始后,做功能量储存在飞轮内,以维持循环继续进行。

④汽油机的混合气是在气缸外形成的,进气行程中吸入气缸的是可燃混合气;柴油机的混合气是在气缸内形成的,进气行程中吸入气缸的是纯空气。

⑤汽油机压缩终了时,靠火花塞强制点火燃烧,而柴油机则靠混合气自燃着火燃烧。

四、发动机总体构造

发动机由"两大机构、五大系统"组成,两大机构指曲柄连杆机构和配气机构,五大系统包括燃料供给系、冷却系、润滑系、点火系和起动系。

1. 曲柄连杆机构

曲柄连杆机构由机体组、活塞连杆组和曲轴飞轮组三部分组成。其功用是将燃料燃烧所产生的热能由活塞的往复直线运动转变为曲轴的旋转运动而对外输出动力。

2. 配气机构

配气机构由气门组和气门传动组两部分组成。其功用是适时开关进气门、排气门,使可燃混合气及时充入气缸并及时从气缸中排出废气。

3. 燃料供给系

汽油机燃料供给系的任务是根据发动机各种不同工况的要求,配制出一定数量和浓度的可燃混合气,供入气缸,使之在临近压缩终了时点火燃烧而膨胀做功。最后,供给系统还应将燃烧产物——废气排入大气中。

目前汽油机的燃料供给系有:汽油喷射式燃料供给系、液化石油气燃料供给系以及其他混合燃料供给系统等。传统化油器式燃料供给系已经被淘汰,目前广泛使用的是汽油喷射式燃料供给系。

柴油机燃料供给系的功用是:不断供给发动机经过滤清的清洁燃料和空气,根据柴油机不同工况的要求,将一定量的柴油以一定压力和喷油质量定时喷入燃烧室,使其与空气迅速混合并燃烧,作功后将燃烧废气排出气缸。

4. 冷却系

冷却系有水冷式和风冷式两种,现代汽车一般采用水冷式。水冷系由水泵、散热器、风扇、分水管、水套等组成,其作用是把受热零件的热量散到大气中,以保证发动机正常工作。

5. 润滑系

润滑系由机油泵、限压阀、集滤器、机油滤清器、限压阀、油底壳等组成。其作用是将润滑油分送至各个摩擦零件的摩擦面,以减小摩擦力,减缓机件磨损,并清洗、冷却摩擦表面,从而延长发动机的使用寿命。

6. 点火系

点火系统是汽油发动机独有的,按控制方式不同分为传统点火系和电子控制点火系两种。其作用是按规定时刻向气缸内提供电火花以点燃气缸中的可燃混合气。柴油发动机其混合气是自行着火燃烧,故没有点火系。

7. 起动系

起动系由起动机和起动继电器等组成,其作用是带动飞轮旋转以获得必要的动能和起动转速,使静止的发动机起动并转入自行运转状态。

图1-4和图1-5是桑塔纳2000GSi轿车AJR发动机的外形图和纵剖视图。

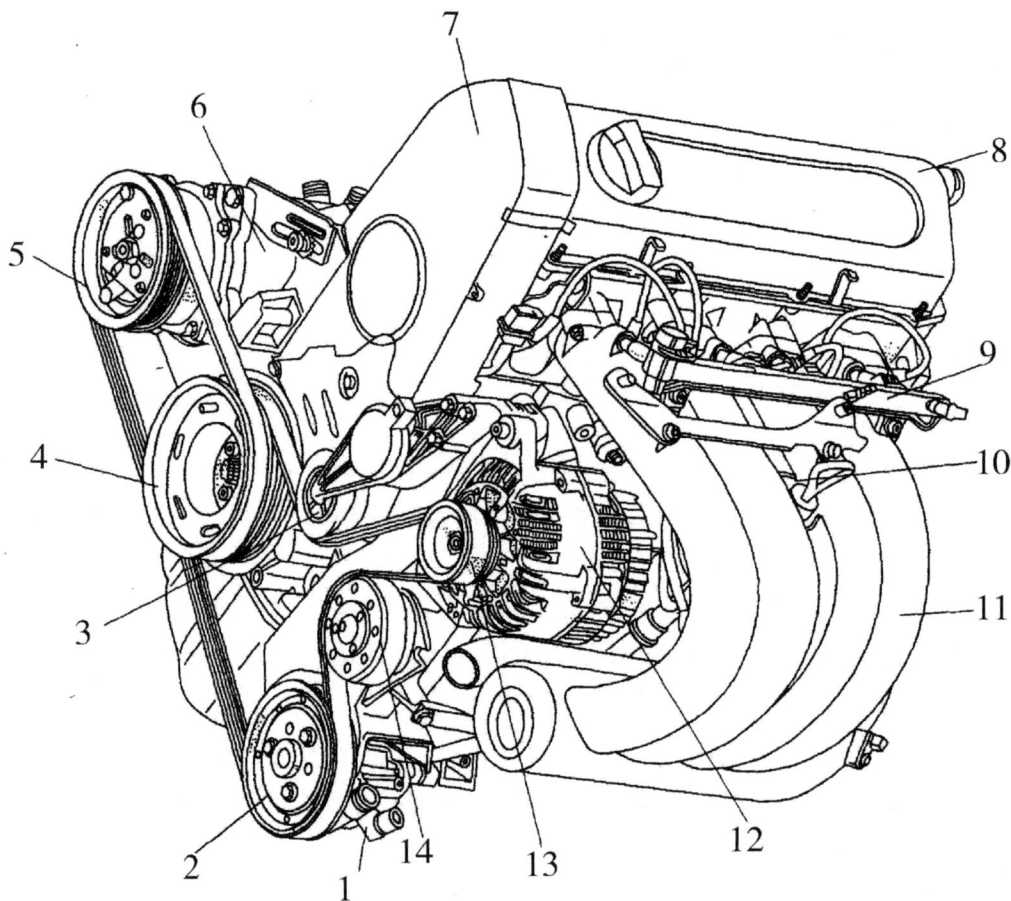

图1-4 桑塔纳2000GSi轿车AJR发动机的外形图

1—动力转向油泵 2—动力转向油泵带轮 3—张紧轮 4—曲轴带轮 5—空调压缩机带轮
6—空调压缩机 7—正时齿形带护罩 8—汽缸盖罩 9—燃油分配管 10—机油尺
11—进气歧管 12—发电机 13—发电机带轮 14—导向轮

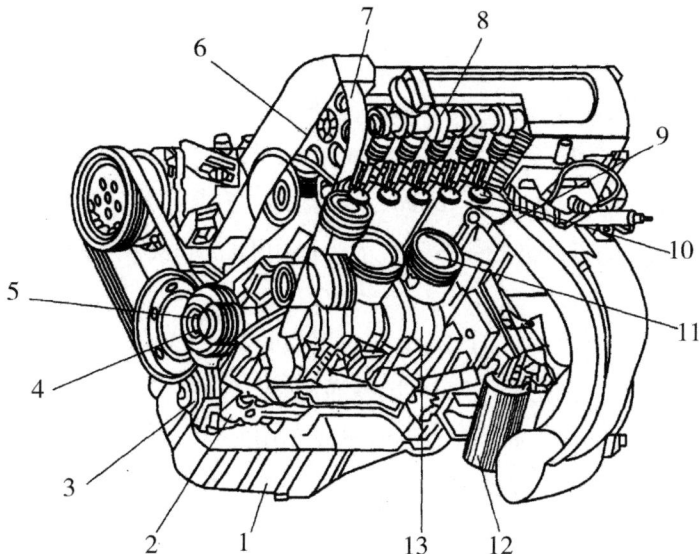

图 1-5 桑塔纳 2000GSi 轿车 AJR 发动机的纵剖视图

1—油底壳 2—机油泵 3—机油泵链 4—水泵 5—曲轴正时齿形带轮 6—凸轮轴正时齿带轮
7—正时齿形带 8—凸轮轴 9—喷油器 10—气门 11—活塞 12—机油滤清器 13—曲轴

五、发动机型号的编制规则

为了便于内燃机的生产管理和使用,我国对内燃机名称和型号编制方法重新审定并颁布了国家标准 GB/T 725—2008《内燃机产品名称和型号编制规则》。标准规定:内燃机名称按所采用的主要燃料来命名,组成、排列顺序及相应含义如图 1-6 所示。

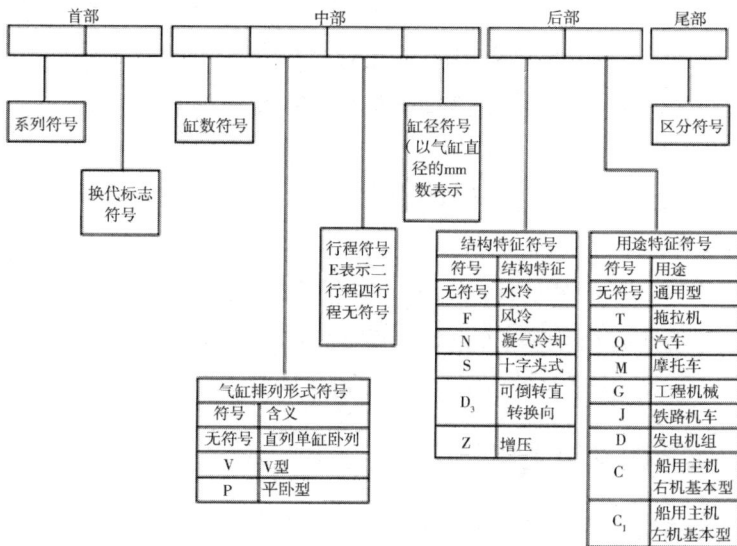

图 1-6 内燃机型号编制规则

内燃机型号编制示例：

汽油机

1E65F：表示单缸，二行程，缸径 65mm，风冷通用型

4100Q－4：表示四缸，四行程，缸径 100mm，水冷车用，第四种变型产品

TJ376Q：表示三缸，四行程，缸径 76mm，水冷车用，TJ 表示系列符号

CA488：表示四缸，四行程，缸径 88mm，水冷通用型，CA 表示系列符号

柴油机

195：表示单缸，四行程，缸径 95mm，水冷通用型

165F：表示单缸，四行程，缸径 65mm，风冷通用型

6135Q：表示六缸，四行程，缸径 135mm，水冷车用

X4105：表示四缸，四行程，缸径 105mm，水冷通用型，X 表示系列代号

六、维修手册的应用

维修手册一般按照各个系统来讲述维修过程。为使汽车达到最佳状态，并延长汽车使用寿命，必须按正确的方法进行保养，同时应按照维修标准进行大修和常规修理。维修手册应常备于工厂中以便进行维修时提供有意义的参考。

维修手册中有速度索引、结构图、分解图、单位、维修标准相关特定术语及警告等。

速度索引：利用第一页上的黑色标签，将它与各章节的黑色标签对准，即可快速找到每个章节的第一页。

结构图：指明装配单元。结构图包含主要部件的名称、重新装配后需要调整的项目及其维修标准。

分解图：图中每个零件指定的编号对应于每个零件名旁所附的编号，该编号取决于操作顺序。编号 1、2、3、4...即为分解顺序，装配顺序与分解顺序相反。

零件名称编码旁附带有特殊标记的，一般表示需要用到专用工具，或者有提示注意事项等。

单位：维修手册主要使用国际单位制，并在括号里注明公制相应值。

维修标准相关特定术语：

"维修标准"指零件装配时的标准间隙或装配件的标准性能。

"使用极限"指必须进行调整、校正或更换零件的极限值。

警告和注意：提示应该遵照的步骤，防止引起人员伤亡以及车辆零件的损坏。

七、发动机维修的常用工具及量具

正确选择和使用汽车维修常用工具，对于提高维修效率，保障设备完整和人身安全有着十分重要的作用。发动机维修拆装过程中，需要用到很多工具，其中有些是机械维修的通用工具，如手锤、起子、扳手(呆扳手、梅花扳手、套筒扳手和活扳手)等，同时还要用到很

多专用工具。在这里,作一些简单介绍。

(一)通用拆装工具

1. 普通扳手

普通扳手常见的有呆扳手、梅花扳手、套筒扳手、活扳手、内六角扳手和扭力扳手等。

（1）呆扳手

呆扳手如图 1 – 7 所示,也称开口扳手,按其开口的宽度大小分为 8 ~ 10mm, 12 ~ 14mm,17 ~ 19mm 等规格。呆扳手通常为成套装备,有 8 件一套、10 件一套等。

图 1 – 7　呆扳手

使用时应根据螺栓或螺母的尺寸,选择相应开口尺寸的呆扳手。为了防止扳手损坏和滑脱,应使扭力作用在开口较厚的一边,如图 1 – 8 所示,顺时针扳动呆扳手为正确,逆时针使用为错误。

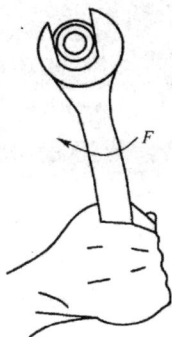

图 1 – 8　呆扳手的使用

（2）梅花扳手

梅花扳手的外形如图 1 – 9 所示,其两端内孔为正六边形,按其闭口尺寸大小分为 8 ~ 10mm 、12 ~ 14mm、17 ~ 19mm 等。梅花扳手通常为成套装备,有 8 件一套、10 件一套等。

图 1 – 9　梅花扳手

使用时根据螺栓或螺母的尺寸,选择相应闭口尺寸的梅花扳手。与呆扳手相比,由于梅花扳手扳 30 后可换位再套,适用于狭窄场合下操作,而且强度高,使用时不易滑脱,应优先选用。

为了方便操作,有的扳手一头是呆扳手,另外一头是梅花扳手,如图 1 – 10 所示。

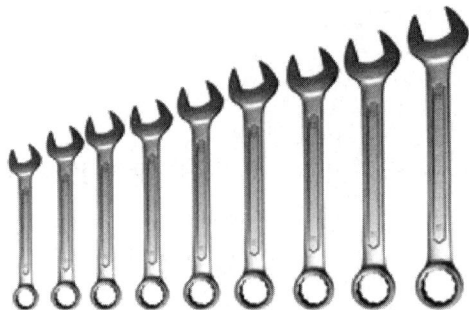

图 1-10　双头扳手

（3）套筒扳手

套筒扳手的外形如图 1-11 所示，其内孔形状与梅花扳手相同，也是正六边形，按其闭口尺寸大小分为 8mm、10mm、12mm、14mm、17mm、19mm 等规格，通常也是成套装备，并且配有滑头手柄、棘轮手柄、快速摇柄、万向接头、旋具接头和各种接杆等，以便操作和提高效率。

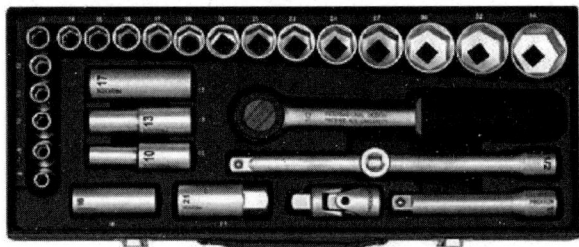

图 1-11　组合套筒扳手

套筒扳手适用于拆装位置狭窄的场合或需要一定转矩的螺栓或螺母，比梅花扳手更方便快捷，应优先考虑使用。

（4）活扳手

活扳手的外形如图 1-12 所示，其开口尺寸能在一定的范围内任意调整，规格以最大开口宽度（mm）来表示，常用的有 150mm、300mm 等。通常是由碳素钢（T）或铬钢（C_r）制成。

图 1-12　活动扳手

活扳手操作起来不太方便,需旋转蜗杆才能使活动扳口张开及缩小,而且容易从螺栓上滑移,应尽量少用,仅在缺少其他相应扳手时使用。使用时也应注意使扭力作用在开口较厚的一边,如图 1 – 13 所示。

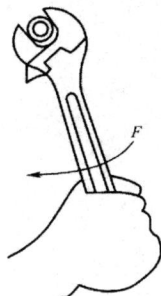

图 1 – 13　活扳手的使用

（5）扭力扳手

扭力扳手的外形如图 1 – 14 所示,它与套筒扳手中的套筒配合使用,可以直接读出所施转矩的大小。扭力扳手适用于发动机上一些重要螺栓、螺母(连杆螺母、汽缸盖螺栓、曲轴主轴承紧固螺栓、飞轮螺栓等)的紧固。其规格是以最大可测转矩来划分的。

图 1 – 14　扭力扳手

（6）内六角扳手

内六角扳手的外形如图 1 – 15 所示,用来拆装内六角螺栓(螺塞)。以六角形对边尺寸表示,有 3 ~ 27mm 共 13 种规格。图 1 – 16 所示为汽车维修企业常用的世达组合工具。

图 1 – 15　内六角扳手

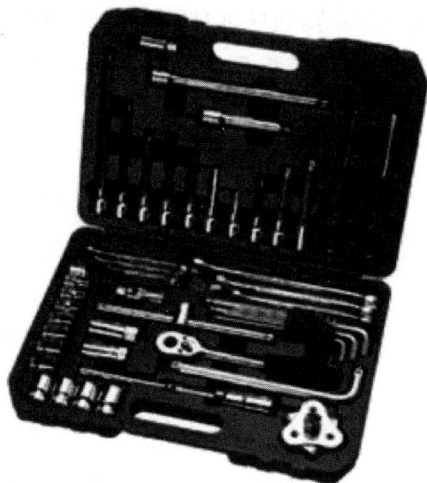

图 1 – 16　世达组合工具

2. 螺钉旋具

螺钉旋具俗称螺丝刀、起子、改锥,用来拆装小螺钉,分一字螺钉旋具和十字螺钉旋具两种,如图 1 – 17 所示。螺钉旋具由手柄、刀体和刃口组成。其规格以刀体部分的长度来表示,常用的规格有 100mm、150mm、200mm 和 300mm 等几种。

使用时应根据螺钉沟槽的形状和宽度选用相应的规格。旋松螺钉时除施加旋转力矩外,还立施加适当的轴向力,以防滑脱时损坏零件。

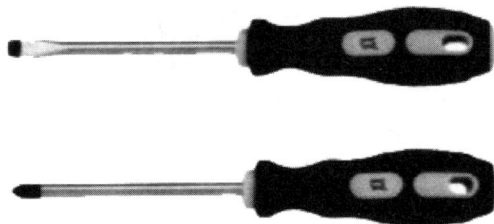

图 1 – 17　螺钉旋具

3. 锤子

汽车维修中常用的锤子有手锤、木锤和橡胶锤。手锤通常用工具钢制成,规格按锤头质量划分。使用时应使锤头安装牢靠,手握锤柄末端,用锤头正面击打物体。木锤和橡胶锤主要用于击打零件加工表面,以保护零件不被损坏。

4. 手钳

手钳多用来弯曲或安装小零件、剪短导线或螺栓等。常见的手钳有钢丝钳、尖嘴钳、鲤鱼钳和卡簧钳等。

(1) 钢丝钳

钢丝钳结构如图 1 – 18 所示。按其钳长钢丝钳可分为 150mm、175mm 和 200mm 三种。

钢丝钳主要用于夹持圆柱形零件,也可以代替扳手旋动小螺栓、小螺母,钳口后部的刃口可剪切金属丝。

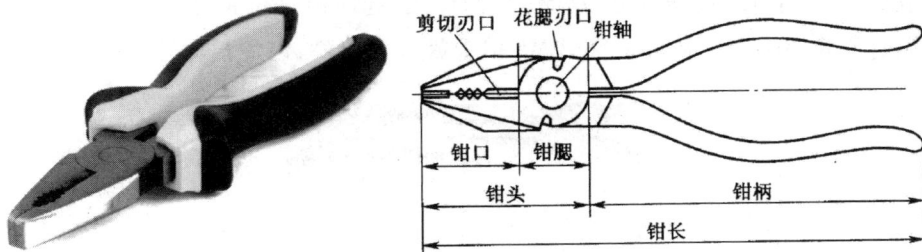

图 1 – 18　钢丝钳

（2）鲤鱼钳

鲤鱼钳如图 1 – 19 所示。其作用与钢丝钳相同,中部凹凸粗长,便于夹持圆柱形零件。由于一片钳体上有两个互相贯通的孔,可以方便地改变钳口大小,以适应夹持不同大小的零件,是汽车维修中使用较多的手钳。其规格以钳长来表示,一般有 165mm 和 200mm 两种。

图 1 – 19　鲤鱼钳

（3）尖嘴钳

尖嘴钳的外形如图 1 – 20 所示,因其头部细长而得名,能在较小的空间使用。刃口也能剪切细小金属丝,但使用时不能用力太大,否则钳口头部会变形或断裂。其规格以钳长来表示,汽车拆装常用的是 160mm 尖嘴钳。

图 1 – 20　尖嘴钳

（4）卡簧钳

卡簧钳也称挡圈钳，有多种结构形式，如图1-21所示。适用于拆装发动机中的各种卡簧（挡圈）。使用时应根据卡簧（挡圈）结构形式，选择相应的卡簧钳。

使用时不要用手钳代替扳手松紧M5以上螺纹连接件，以免损坏螺母或螺栓。

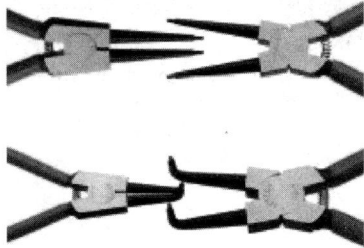

图1-21　卡簧钳

（二）专业拆装工具

1.活塞环拆装钳

活塞环拆装钳是一种专门用于拆装活塞环的工具，如图1-22所示。维修发动机时，必须使用活塞环拆装钳拆装活塞环。使用活塞环拆装钳时，将拆装钳上的环卡卡住活塞环开口，握住手把稍稍均匀地用力，使拆装钳手把慢慢地收缩，环卡将活塞环徐徐地张开，使活塞环能从活塞环槽中取出或装入。使用活塞环拆装钳拆装活塞环时，用力必须均匀，避免用力过猛而导致活塞环折断，同时还能避免伤手事故。

图1-22　活塞环拆装钳

2.气门弹簧拆装架

气门弹簧拆装架是一种专门用于拆装顶置气门弹簧的工具，如图1-23所示。使用时，将拆装架托架抵住气门，压环对正气门弹簧座，然后压下手柄，使得气门弹簧被压缩。这时可取下气门弹簧锁销或锁片，慢慢地松抬手柄，即可取出气门弹簧座、气门弹簧和气门等。

图 1 - 23 气门弹簧拆装架

3. 火花塞套筒

火花塞套筒用于拆装汽油机火花塞,如图 1 - 24 所示。套筒内六角对边尺寸为 22 ~ 26mm 的,用于拆装 14mm 和 18mm 的火花塞;套筒内六角对边尺寸为 17mm 的,用于拆装 10mm 的火花塞。

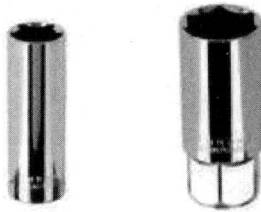

图 1 - 24 火花塞套筒

4. 拉器

拉器是用于拆卸过盈配合安装在轴上的齿轮或轴承等零件的专用工具。常用拉器为手动式,在一杆式弓形叉上装有压力螺杆和拉爪。使用时,在轴端与压力螺杆之间垫一垫板,用拉器的拉爪拉住齿轮或轴承,然后拧紧压力螺杆,即可从轴上拉下齿轮等过盈配合安装零件,如图 1 - 25 所示。

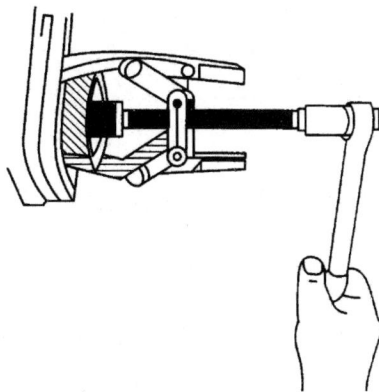

图 1 - 25 拉器

5.滑脂枪

滑脂枪又称黄油枪,如图1-26图所示,是一种专门用来加注润滑脂(黄油)的工具。使用方法如下:

（1）填装黄油

①拉出拉杆使柱塞后移,拧下滑脂枪缸筒前盖。

②把干净黄油分成团状,徐徐装入缸筒内,且使黄油团之间尽量相互贴紧,便于缸筒内的空气排出。

③装回前盖,推回拉杆,柱塞在弹簧作用下前移,使黄油处于压缩状态。

（2）注油

①把滑脂枪接头对正被润滑的黄油嘴(滑脂嘴),直进直出,不能偏斜,以免影响黄油加注,减少润滑脂的浪费。

②注油时,如注不进油,应立即停止,并查明堵塞的原因,排除后再进行注油。

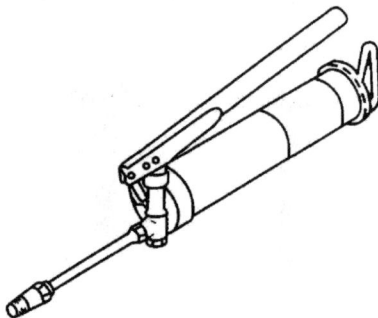

图1-26　滑脂枪

6.千斤顶

千斤顶是一种最常用、最简单的起重工具,按照其工作原理可分为机械丝杆式和液压式,如图1-27所示。按照其所能顶起的质量可分为3000kg、5000kg、9000kg等规格。目前广泛使用的是液压式千斤顶。现以液压式千斤顶为例,介绍其使用方法。

①起顶汽车前,应把千斤顶顶面擦拭干净,拧紧液压开关,把千斤顶放置在被顶部位的下部,并使千斤顶与被顶部位相互垂直,以防千斤顶滑出而造成事故。

②旋转顶面螺杆,改变千斤顶顶面与被顶部位的原始距离,使起顶高度符合汽车需要的顶置高度。

③用三角形垫木将汽车着地车轮前后塞住,防止汽车在起顶过程中发生滑溜事故。

④用手上下压动千斤顶手柄,被顶汽车逐渐升到一定高度,在车架下放入搁车凳,禁止用砖头等易碎物支垫汽车。落车时,应先检查车下是否有障碍物,并确保操作人员的安全。

⑤徐徐拧松液压开关,使汽车平稳地下降,架稳在搁车凳上。

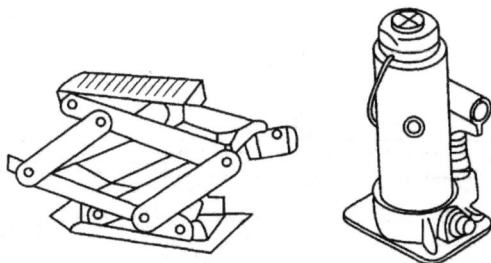

图 1 - 27　千斤顶

（三）常用量具

发动机零件的修理、调整或更换，必须测量相关尺寸，下面介绍常用尺寸量具的使用。

1. 钢板尺

钢板尺是一种最简单的测量长度直接读数的量具，用薄钢板制成，常用来粗测工件的长度、宽度和厚度。常见钢板尺的规格有 150mm、300mm、500mm、1000mm 等。

2. 卡钳

卡钳是一种间接读数的量具，卡钳上不能直接读出尺寸，必须与钢板尺或其他刻线量具配合测量。常用卡钳类型如图 1 - 28 所示，内卡钳用来测量内径、凹槽等，外卡钳用来测量外径和平行面等。

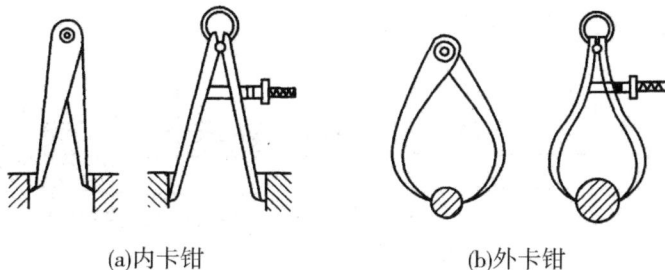

(a)内卡钳　　　　　　　　(b)外卡钳

图 1 - 28　常用卡钳类型

3. 游标卡尺

游标卡尺主要用来测量零件的内外直径和孔（槽）的深度等，其精度分 0.10mm、0.05mm、0.02mm 3 种。测量时，应根据测量精度的要求选择合适精度的游标卡尺，并擦净卡脚和被测零件的表面。测量时将卡脚张开，再慢慢地推动游标，使两卡脚与工件接触，禁止硬卡硬拉。使用后要把游标卡尺卡脚擦净并涂油后放入盒中。

游标卡尺由尺身、游标、活动卡脚和固定卡脚等组成。常用精度为 0.02mm 的游标卡尺（如图 1 - 29 所示），其尺身上每一刻度为 1mm，游标上每一刻度表示 0.02mm。读数时，先看游标上"0"刻度线对应的尺身刻度线读数，再找出游标上与尺身某刻度线对得最齐的一条刻度线读数，测量的读数为尺身读数加上 0.02 倍的游标读数。

4. 外径千分尺

外径千分尺是比游标卡尺更精密的量具，其精度为 0.01mm。外径千分尺的规格按量

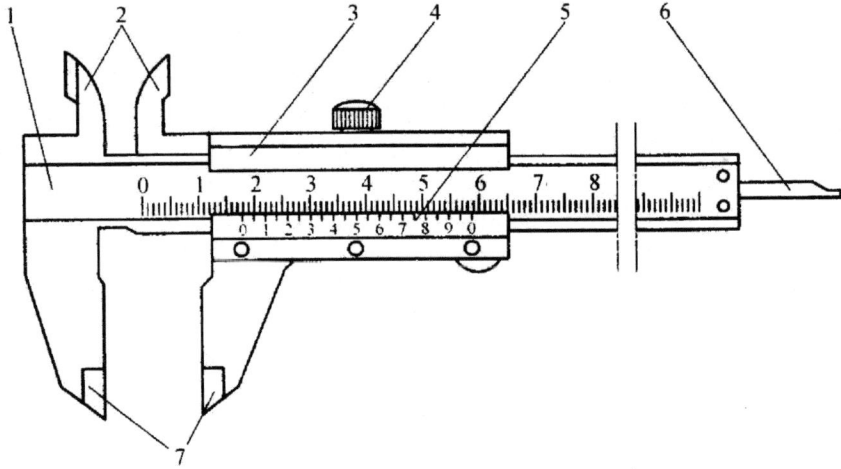

图 1 - 29　游标卡尺

1—尺身　2—内量爪　3—尺框　4—固定螺钉　5—游标　6—深度尺　7—外量爪

程划分,常用的有 0 ~ 25mm、25 ~ 50mm、50 ~ 75mm、75 ~ 100mm、100 ~ 125mm 等规格,使用时应按零件尺寸选择相应规格。外径千分尺的结构如图 1 - 30 所示。使用外径千分尺前,应检查其精度,检查方法是旋动棘轮,当两个砧座靠拢时,棘轮发出两、三声"咔咔"的响声,此时,活动套管的前端应与固定套管的"0"刻度线对齐,同时活动套管的"0"刻度线还应与固定套管的基线对齐,否则需要进行调整。

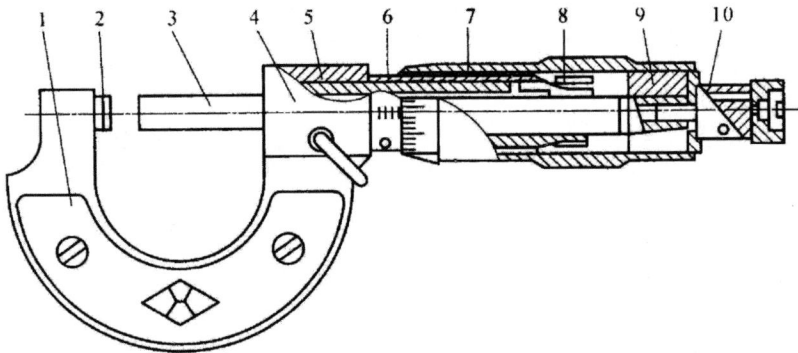

图 1 - 30　外径千分尺的结构

1—尺架　2—砧座　3—测微螺杆　4—紧装置　5—螺纹轴套　6—固定套管
7—微分筒　8—累母　9—妾头　10—测力装置

注意:测量时应擦净两个砧座和工件表面,旋动砧座接触工件,直至棘轮发出两、三声"咔咔"的响声时方可读数。

外径千分尺的读数方法如图 1 - 31 所示。外径千分尺固定套管上有两组刻线,两组刻线之间的横线为基线,基线以下为毫米刻线,基线以上为半毫米刻线。活动套管上沿圆周方向有 50 条刻线,每一条刻线表示 0.01mm 读数时,固定套管上的读数与 0.01 倍的活动套管读数之和即为测量的尺寸。

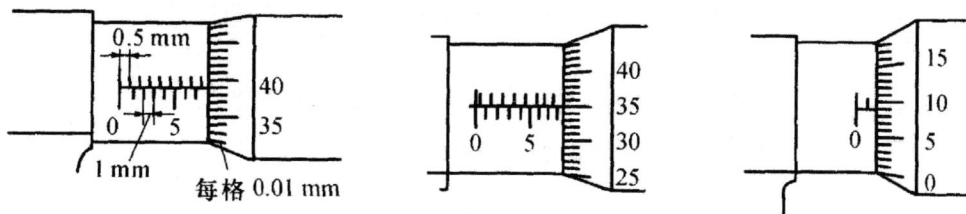

(a)正确读数为7.89mm　　(b)正确读数为8.35mm　　(c)正确读数为0.59mm

图1-31　外径千分尺的读数方法

5.百分表

百分表主要用于测量零件的形状误差(如曲轴弯曲变形量、轴颈或孔的圆度误差等)或配合间隙(如曲轴轴向间隙)。常见百分表有0~3mm、0~5mm和0~10mm3种规格。百分表的刻度盘一般为100格,大指针转动一格表示0.01mm,转动一圈为1mm,小指针可指示大指针转过的圈数。

在使用时,百分表一般要固定在表架上,如图1-32所示。用百分表进行测量时,必须首先调整表架,使测杆与零件表面保持垂直接触且有适当的预缩量,并转动表盘使指针对正表盘上的"0"刻度线,然后按一定方向缓慢移动或转动工件,测杆则会随零件表面的移动自动伸缩。测杆伸长时,表针顺时针转动,读数为正值;测杆缩短时,表针逆时针转动,读数为负值。

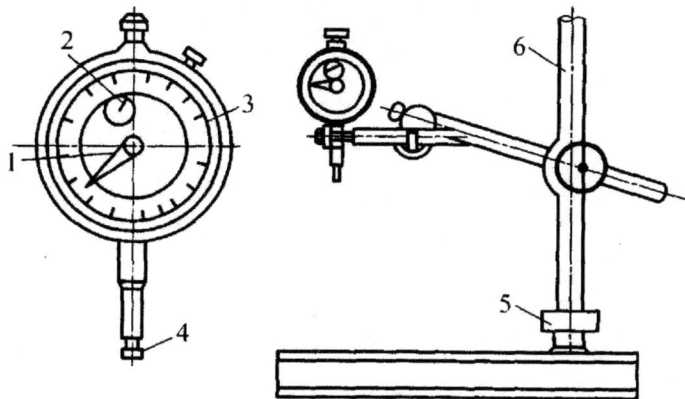

图1-32　百分表

1—大指针　2—小指针　3—刻度盘　4—测头　5—磁力表座　6—支架

6.内径百分表

内径百分表又称量缸表,主要用来测量孔的内径,如气缸直径、轴承孔直径等,主要由百分表、表杆和一套不同长度的接杆等组成,如图1-33所示。

测量时首先根据气缸(或轴承孔)直径选择长度尺寸合适的接杆,并将接杆固定在量缸表下端的接杆座上;然后校正量缸表,将外径千分尺调到被测气缸(或轴承孔)的标准尺寸,再将量缸表校正到外径千分尺的尺寸,并使伸缩杆有 2mm 左右的压缩行程,旋转表盘使指针对准零位后即可进行测量。

注意:测量过程中,必须前后摆动量缸表以确定读数最小时的直径位置,同时还应在一定角度内转动量缸表以确定读数最大时的直径位置。

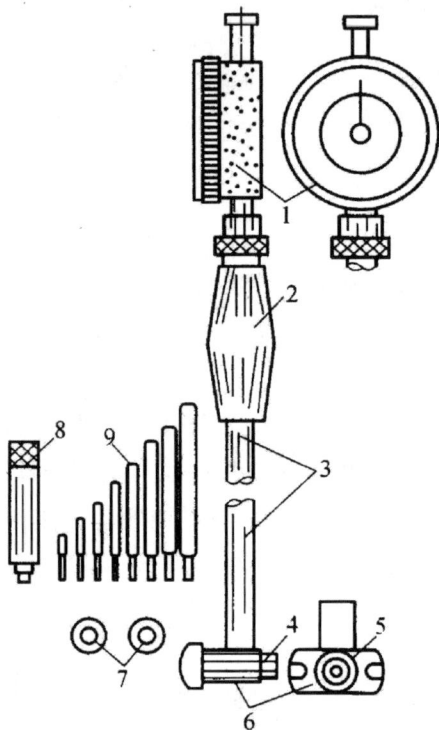

图 1-33 内径百分表

1—百分表 2—绝缘套 3—表杆 4—接杆座 5—活动测头 6—支承架
7—固定螺母 8—加长接杆 9—接杆

7. 厚薄规

厚薄规又名塞尺,如图 1-34 所示,主要用来测量两平面之间的间隙。厚薄规由多片不同厚度的钢片组成,每片钢片的表面刻有表示其厚度的尺寸值。厚薄规的规格以长度和每组片数来表示,常见的长度有 100mm、150mm、200mm、300mm 4 种,每组片数有 2~17 片。在汽车维修中,厚薄规常用来测量零件之间的配合间隙,如气门间隙、曲轴轴向间隙等。

八、维修安全知识

汽车维修安全知识是汽车维修过程中最基本、最重要的知识之一,不懂得安全作业,粗心大意或野蛮操作往往导致机损和人身伤害事故,严重时甚至会造成人身伤亡和巨大的经

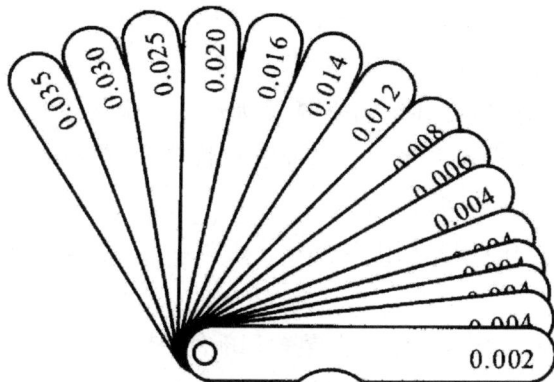

图 1-34 厚薄规

济损失。每个汽车维修人员都必须严肃认真地对待汽车维修过程中的安全问题。实施安全作业,首先要学习、掌握有关的安全知识,在汽车维修作业过程中严格遵守有关安全的规章制度和安全操作规程,时刻注意自己工作中和周围环境中的不安全因素,采取必要和及时的措施以防患于未然。

汽车维修安全主要包括两大内容:汽车维修作业安全和汽车维修工具设备的使用安全。

1. 汽车维修作业安全

汽车维修作业安全主要包括用电安全、防火安全、个人安全防护、车下作业安全等几个方面,如图 1-35 所示。

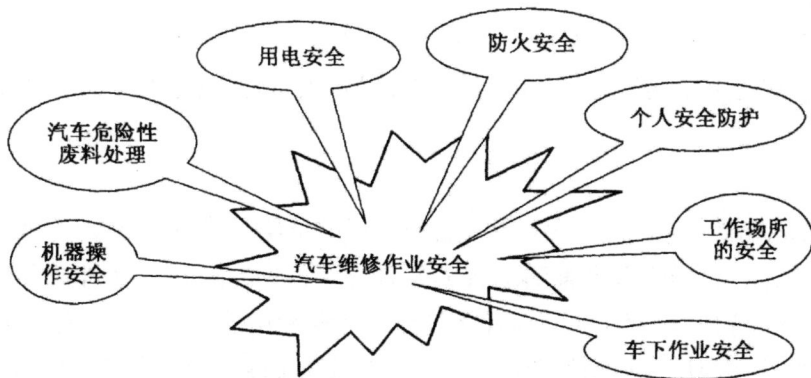

图 1-35 汽车维修作业安全的内容

2. 汽车维修工具设备的使用安全

汽车维修工人始终与工具、设备打交道,许多工伤事故是由于对工具设备使用不当、维护不善和使用时粗心大意所引起。汽车维修时工具设备的使用安全主要包括手工工具和动力工具两方面。

(1)手工工具使用安全

主要包括各种刀具、敲击工具、夹具和扳手等的安全使用。

（2）动力工具设备使用安全

所谓的动力工具是指以电力和压缩空气为动力的工具设备。一般这类工具的操作危险性大，要求更高。工作时设备大多处于高速旋转状态，对它们的操作除了要注意操作安全外，还涉及防火、防电等安全知识。

举升机是汽车维修工作中最常用的动力工具之一，常见四柱举升机的操作安全规则如下。

①每天检查举升机的机械、液压、电器装置和部件，特别是举升机的锁定机构。

②若举升机工作不正常或发现断裂、损坏部件时，切勿强行操作。

③切勿超载，举升机的额定升举力已标在制造厂的铭牌上，切勿超过额定升举力。

④升举之前，要确保车辆准确定位。

⑤车辆内有人时切勿升举汽车。

⑥保持举升机清洁，清除场地四周障碍物。

⑦在举升机上面移动车辆时，要预先留出位置，切勿推翻或碰撞举升臂、连接器或支承，因为这样有可能损坏车辆或举升机。

⑧按规定对准车辆的升举支撑点，在刚刚支起车辆时，应检查举升是否正常。

⑨在升起车辆的下面工作时，始终要把举升机锁定好。

⑩降下举升机前，应确保所有工具和其他设备从车辆下面移开，尤其是确保无人站在车辆的下面。

3. 劳动保护

（1）安全鞋

汽车维修作业中，应穿着鞋头和鞋跟均带钢片的安全鞋，以防工具、零件掉落在脚上而砸伤。

（2）安全帽

新领的安全帽须具有劳动保障部门允许生产的证明及产品合格证。戴安全帽前应将帽后调整带按自己的头型调整到适合的位置，然后系紧帽带，使缓冲层与帽体顶部的空间垂直距离保持在 25～50mm 之间（严禁使用无缓冲层的安全帽）。安全帽不能歪戴，也不能把帽檐戴在脑后。现场作业中不得摘下安全帽搁置一旁，或者当坐垫使用。安全帽在使用过程中应定期检查有无龟裂、下凹、裂痕和磨损等情况，发现异常现象要立即更换。

（3）工作服

汽车维修作业的工作服无特殊的规定，但最好是穿连体工作服。

4. 汽车维修作业注意事项

①在维修作业中，应穿紧身工作服，不宜戴手表、系领带。女士还应摘下项链、戴上安全帽，以防止头发、项链被旋转部件卷进而受伤。

②使用千斤顶时，一定要选择坚实路面并做好防护，以免车身下沉。在车下作业时，一定要注意眼睛的保护。

③使用工具时，一定要注意工具的使用方法，以免使用不当造成意外伤害。

④用汽油清洗配件、油箱漏油修补时，一定要注意静电起火。

⑤制动液、电解液、防冻液及各种油料对人体都有不同程度的伤害，一定要避免与眼睛等人体脆弱部位接触。

九、发动机的解体

下面以桑塔纳2000GSi轿车AJR发动机为例介绍发动机总成的拆装。

（一）桑塔纳2000GSi轿车AJR发动机总成的拆卸

一般在拆卸发动机前，应断开或松开所有的电缆插头，并将发动机与变速器脱离，然后从前面将发动机拆卸下来，具体拆卸步骤如下。

①在点火开关切断的情况下拆下蓄电池搭铁线。

②拆下蓄电池，注意先向外拉出后再取下。旋松蓄电池支架紧固螺栓，拆下蓄电池支架，如图1-36所示。

③在发动机下放置一个收集盘，打开冷却液储液罐盖。

④拔下电动冷却风扇的电线接头，如图1-37所示。

⑤拔下散热器左侧的热敏开关接头，如图1-38所示。

⑥如图1-39所示，松开散热器下水管夹箍，拔下散热器的下水管，放出冷却液，所抽取的冷却液必须用干净的容器予以收集，以便进行处理或再使用。

⑦松开散热器的上水管的夹箍，拔下散热器的上水管。

⑧旋松电动冷却风扇的4个紧固螺栓，拆下电动冷却风扇和散热器。

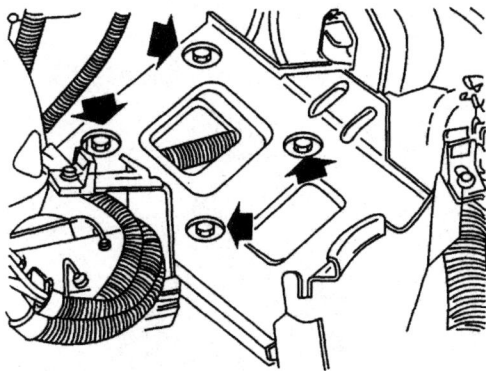

图1-36 蓄电池支架的拆卸

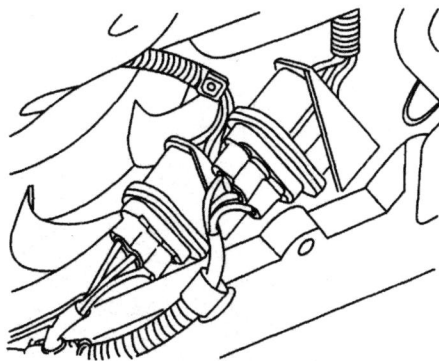

图1-37 拔下电动冷却风扇的电线接头

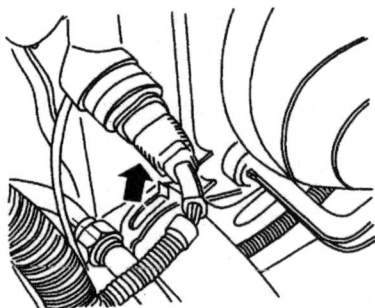

图 1-38　拔下散热器左侧的热敏开关接头　　　图 1-39　拔下散热器的下水管

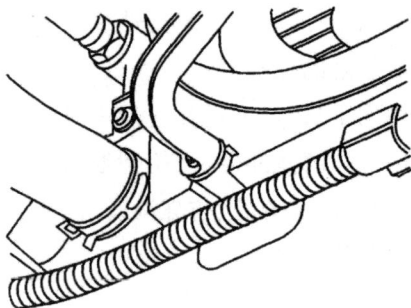

⑨拔下空气流量计的电线接头,如图 1-40 所示。

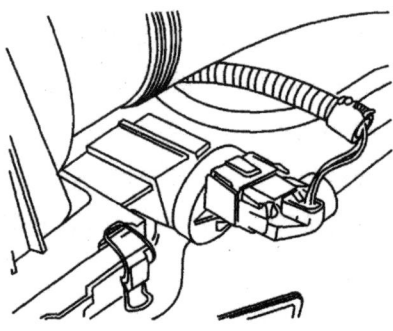

⑩拔下活性炭罐电磁阀(ACF 阀)的电线接头,如图 1-41 所示。从空气滤清器上取下活性炭罐电磁阀。

⑪拆下空气滤清器至节气门控制器之间的空气管路。

⑫拆下空气滤清器罩壳。

⑬拔下燃油分配管上的供油管 1 和回油管 2,如图 1-42 所示。注意:燃油系统是有压力的,在打开系统之前先在开口处放置抹布,然后小心地松开接头以降低压力。

⑭松开节气门拉索,如图 1-43 箭头所示。拔下通向活性炭罐电磁阀的真空管 1 和通向真空助力器的真空管 2。

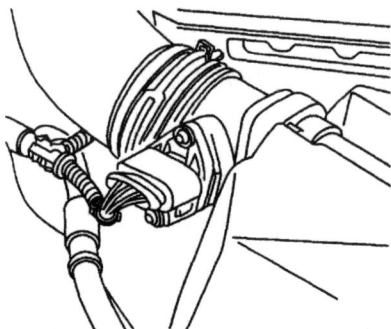

图 1-40　拔下空气流量计的电线插头　　　图 1-41　拔下活性炭罐电磁阀的电线接头

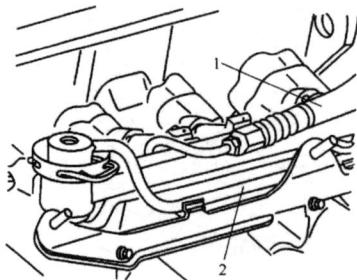

图 1-42　拔下供油管和回油管

1—供油管　2—回油管

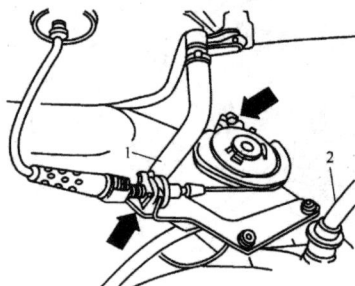

图 1-43　松开节气门拉索

1—通向活性炭罐电磁阀的真空管

2—通向制动助力器的真空管

⑮拔下位于发动机底部通向暖风热交换器的冷却液管子。

⑯拔下汽缸盖通向暖风热交换器的冷却液管2,如图1-44所示。

⑰拔下变速器上的车速传感器导线插头。

⑱拔下变速器上的倒车灯开关。

⑲松开空调压缩机与支架的连接螺栓,取下V形带,如图1-45所示。

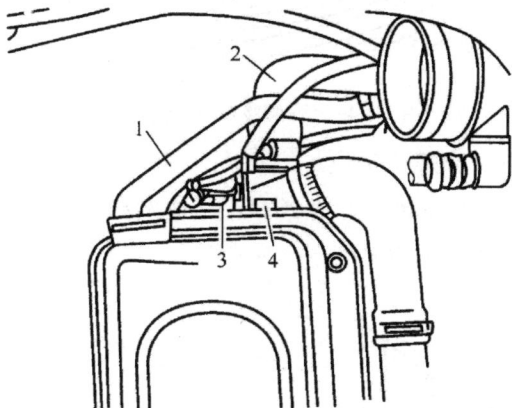

图1-44　拔下汽缸盖通向暖风热交换器的冷却液管
1—通向膨胀水箱软管　2—通向暖风热交换器软管
3—冷却液水温传感器　4—空调控制开关

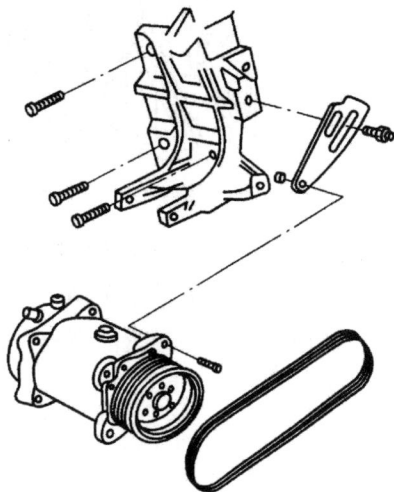

图1-45　空调压缩机驱动皮带

⑳移开空调压缩机并将其悬挂在副梁上(使用电线),不要悬挂在制冷剂管道上。此时不要打开空调管路。

㉑使用专用工具,按图1-46所示的方向扳动张紧轮,使传动带松开。

㉒使用销钉3204固定住张紧轮。从发电机上取下V形带,再取下销钉3204。

㉓松开动力转向油泵的V形带轮的螺栓,拆下V形带轮。

㉔从支架上拆下动力转向油泵,并将其固定在发动机舱内的一侧。

㉕旋下排气歧管和前排气管的连接螺栓。

㉖拔下起动机电线,并从变速器壳体上拆下起动机。

㉗松开车身上的搭铁线。

㉘旋下所有发动机与车身的连接螺栓。

㉙使用变速器托架托住变速器的底部,或者将支撑二具10-222A固定在车身两侧,如图1-47所示,使用变速器吊装工具3147吊住变速器。注意:必须按图中所示方法安装钩子,以保证发动机吊起时的平衡。

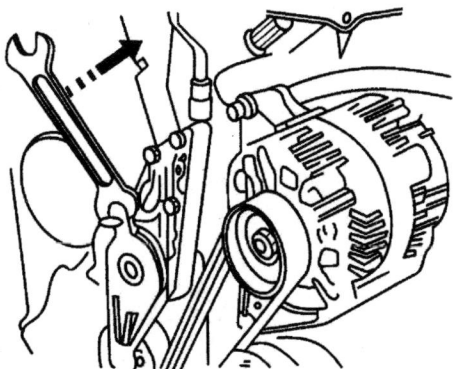

图 1 - 46　用专用工具扳动张紧轮　　　　　图 1 - 47　安装支撑工具 10 - 222A

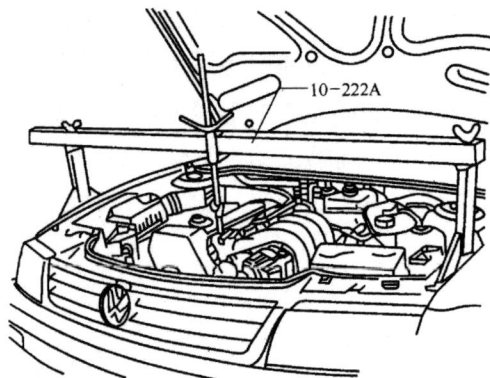

㉚旋下发动机与变速器的紧固螺栓,留下一颗螺栓定位。

㉛使用发动机吊车 V. A. G1202(图 1 - 48)和发动机吊架 2024A 吊住发动机的吊耳。

㉜松开最后一颗紧固螺栓,小心地将发动机吊离发动机舱。

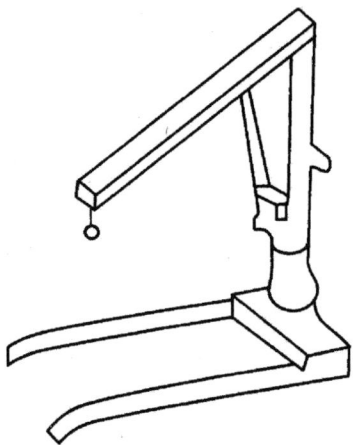

图 1 - 48　V. A. G1202 发动机吊车

(二)桑塔纳 2000GSi 轿车 AJR 发动机总成的安装

桑塔纳 2000GSi 轿车 AJR 发动机的安装按照拆卸的相反步骤进行,但是要特别注意以下几点。

①在安装时,应检查发动机和变速器之间的定位销是否安装好。

②安装时更换所有的锁紧螺母。

③更换所有已经按照拧紧力矩紧固过的螺栓。

④更换所有密封圈和衬垫。

⑤在变速器输入轴上涂薄薄的一层 G000100 润滑脂。分离轴承的导向套不必润滑。

⑥必要时检查离合器压盘的对中程度。

⑦检查曲轴后部滚针轴承是否安装上。

⑧安装驱动皮带。

⑨加注冷却液。如果汽缸盖和汽缸体都没有更换,则可以使用原来排出的冷却液。

⑩安装发动机支架时,摇动发动机使其安装到位。

⑪调整节气门拉索,使其活动灵活。

⑫在不拧紧螺栓的情况下,调整排气管。

⑬查询故障存储代码。当拔下电气元件接头时,会导致故障代码被存储。查询故障存储器,必要时删除故障存储代码。

⑭AJR 发动机主要螺栓螺母拧紧力矩,如表 1 - 1 所示。

表 1 - 1　桑塔纳 2000GSi 轿车 AJR 发动机主要螺栓螺母拧紧力矩

部位	螺栓螺母型号	拧紧力矩(N·m)
一般螺栓螺母	M6	10
	M8	20
	M10	45
	M12	65
发动机支撑与副梁螺栓		40 ± 5
发动机支架与发动机支架螺栓		40 ± 5
发动机扭力臂		23 ± 3
前排气管与排气歧管连接螺栓		25 ± 2.5
管子支撑与车头连接螺栓		65 ± 6

(三)从汽车上拆卸发动机的注意事项

①解体发动机应使用相应的通用工具和专用器具,以免损坏连接螺栓和零部件。

②解体发动机应由熟练的技术工人严格按照程序进行,以免由于不合理的拆卸引起相互干涉,损坏零件。

③解体发动机的过程应十分谨慎,当磨损后出现的台肩或堆积的污垢影响拆卸时,应仔细、合理地予以解决,不可强行敲打,以免造成零部件损坏。

④解体发动机后各零部件应分类摆放,重要零件应妥善保管,待清洁后检修。

十、发动机的清洗

(一)发动机零部件的清洗

发动机零部件的清洗我们分为积炭的清洗和零件的清洗两部分。

1. 积炭的清洗

汽车发动机工作时会在喷油嘴、火花头、气门、汽缸顶部、活塞工作面及活塞环槽等处产生积炭。积炭经时间沉积后,会造成燃烧室容积减少,工作效率变差;燃烧过程中出现许多不均匀的炙热点,引起混合气先期燃烧,造成效率下降,燃烧不完全,废气排放增多;供油、点火不良,出现怠速不稳,缺火,爆震;堵塞活塞环槽,造成缸体润滑不良,进而污染润滑系统,堵塞油路和滤油器等。

下面介绍气门、燃烧室积炭和进气管积炭的清洗方法。

(1)气门、燃烧室积炭

受电喷发动机控制特点的决定,汽缸每次工作的时候都是先喷油再点火,当我们熄灭发动机的一瞬间点火被马上切断,但是这次工作循环所喷出的汽油却无法被回收,只能贴附在进气门和燃烧室壁上。汽油很容易挥发,但汽油中的蜡和胶质物却留了下来,长此以往汽油中的蜡和胶质物越积越厚,反复受热后变硬就形成了积炭。如果发动机烧机油,或是加注的汽油质量低劣、杂质较多,那么气门积炭就更严重且形成的速度也更快。由于积炭的结构类似海绵,当气门形成积炭以后每次喷入汽缸的燃油就会有一部分被吸附,使得真正进入汽缸的混合气浓度变稀,导致发动机工作不良,出现启动困难、怠速不稳、加速不良、急加油回火、尾气超标、油耗增多等异常现象。如果再严重会造成气门封闭不严,使某缸因没有缸压而彻底不工作,甚至粘连气门使之不回位。此时气门与活塞会产生运动干涉,最终损坏发动机。

(2)进气管积炭

由于整台发动机各个活塞的工作并不是同步的,当熄灭发动机时,有些汽缸的进气门不能完全关闭,一些未燃烧的燃油不断蒸发氧化,会在进气管中尤其是节气门后方产生一些较软的黑色积炭。一方面这些积炭会使进气管的管壁变粗糙,进气会在这些粗糙的地方产生旋涡,影响进气效果及混合气的质量。另一方面,这些积炭还会阻塞怠速通道使怠速控制装置卡滞或超出其调节范围,这样一来会造成怠速低、怠速发抖、各种附属装置的提速均失灵、收油灭车、尾气超标、费油等现象。如果你在驾驶中遇到提速慢、急加油回火、冷启动困难的现象,车的气门很有可能已经积炭了。发现怠速低而且怠速时车发抖,踩下油门时发卡,换电瓶无怠速,那么车的进气管已经积炭很严重了。有了以上现象就应该及时去专业维修店检查一下车子了。

清除积炭的方法:

第一,使用燃油清洁清洗添加剂。

清洗保护剂来清洗发动机相当简单,具体的使用方法和注意事项可看产品使用说明。清洗剂在发动机工作时,被燃油泵随同燃油一起吸入供油管路内。随着燃油的流动,它不仅能清洗掉油箱内、汽油泵滤网上的胶质和喷油嘴上的胶质与积炭,还可以在发动机正常工作时,自动清洗掉气门上和发动机汽缸内的积炭,使发动机"返老还童",重新焕发出动力。由于从油箱、燃油泵滤网以及燃油管道内清洁下来的胶质会沉积在汽油滤清器内,所以免拆清洗后,必须及时更换燃油滤清器(汽油格)。须再次提醒各位车主的是,由于清洗剂中的化学清洗成分对橡胶供油管路有一定腐蚀作用,使用该方法时,一定要注意使用周期与间隔时间,不然会加快燃油橡胶供油管路的老化和腐蚀。

第二,拆机清洗。

① 机械方法。可用金属刷子或刮刀轻轻去除积炭。对气缸盖上的积炭,通常用电钻带动一体式圆柱形金属刷来清除,对于气门上的积炭,可用金属刷轮清除。机械清除积炭的方法比较简单,但积炭清除不干净,并且在零件光滑的表面会留下伤纹,而这些伤纹又会成为新的积炭中心。

②化学方法。清除钢件或铸铁上的积炭时,使用化学溶液的成分为:

苛性钠(氢氧化钠 NaOH) 25g/L 水

苏打(碳酸钠 Na_2CO_3)35g/L 水

水玻璃(硅酸钠 Na_3SiO_3)1.5g/L 水

液态肥皂 25g/L 水

将溶液加热到 90～95℃,将零件浸泡在溶液中 2～3h。

清除铝合金零件上的积炭,使用化学溶液的成分为:

苏打(碳酸钠 Na_2CO_3)15g/L 水

水玻璃(硅酸钠 Na_3SiO_3)9g/L 水

液态肥皂 10g/L 水

将溶液加热到 90～95℃,将零件浸泡在溶液中 3～4h。

由于发动机拆卸重新装配后,其动力、密封性能会逊色于原厂,所以一般情况下,清洁发动汽缸内的积炭不宜经常进行。万不得已时,也必须到正规的维修厂进行,否则发动机性能将大打折扣。

2. 零件的清洗

零件上的油污,适当的清洁方法包括蒸汽清洁、轻油清洁、酸性或碱性溶液清洁、中性制剂清洁等。清洁中可以发现损坏之处,因此在清洁中需仔细观察。

轻油与其他溶剂不同,轻油对污泥几乎没有渗透和溶解能力。除表面经过精密处理的零件外,请使用钢丝刷或其他工具来去除污泥,此后再清洗 2 次。

如果部件用合金制成,请勿使用碱性溶剂清洗。但碱性溶剂对于钢和铸铁部件具有良好的清洁效果。

清洗钢或铸铁零件时,碱性溶液的成分为:

苛性钠(氢氧化钠 NaOH) 23g/L 水

苏打(碳酸钠 Na_2CO_3)6.5g/L 水

液态肥皂 3g/L 水

碱性清洗工作温度均为 70～90℃,煮洗后都要经过清水清洗和干燥,以免表面生锈。

注意:如果要使用碱性溶剂,请同时准备好中性溶剂(例如硼酸溶液),以便于在碱性溶剂接触到皮肤或眼睛后,立即进行冲洗。

橡胶零件请勿使用矿物油,请用酒精清洗或只用清洁的布擦拭。

油道的清洗可用钢丝穿过油道,确保油路畅通。用喷嘴加压喷射溶剂,清洁油道。

(二)发动机内部清洗

1. 燃油系统的清洗保养,提高发动机工作效率

汽车发动机燃油系统需要进行清洗保养,主要有两种不同的清洗方式:一种是将"清洗剂"直接按一定比例加入燃料箱,在汽车正常运行状态中进行内循环清洗;另一种方式则需辅以专用设备,在发动机怠速的情况下进行清洗,最终将分解后的炭胶化物随废气排出。

建议老车清洗过后应及时更换燃油滤芯,汽车每行驶1万公里,可考虑做一次这样的清洗保养。

2. 润滑系统的清洗保养,增强发动机动力

汽车在运行过程中,就发动机润滑系统而言,油品的沉淀物、机件管道的氧化物、金属零件磨损的微粒、从空气中带来的灰尘等都会不断地沉积成油泥、油垢、胶质和积炭。久而久之,这些物质在各零件、管道及阀门机构上形成附着层和堆积层,将严重阻碍润滑系统的通畅,使机件散热功能降低,联接部分磨损增加,工作效率下降。因此,发动机润滑系统的清洗保养也显得尤为重要。

建议此项清洗保养在更换机油时进行,清洗完可以加注机油保护剂,这样能更有效地提高车辆机件的使用寿命,增强发动机动力。

3. 冷却系统的清洗保养,延长发动机的使用寿命

发动机高速运转时产生的热量经水循环系统送到水箱,时间一长,水箱内壁会结上一层厚厚的水垢。当水垢沉积到一定程度,就会造成水箱容积变小,影响冷却水的循环。由于水垢层的导热性差,还会造成发动机润滑条件恶化,机件出现过热现象,联动零件间不能保持正常的工作间隙,使力学性能变坏,进而使发动机功率降低和燃耗增大,甚至影响工作寿命。

因此,汽车经一段时间运行后,进行一次发动机冷却系统清洗是十分必要的。此项清洗保养可以起到去垢、去锈、防锈、防酸的功效,除垢率可达85%以上。

第二章 曲柄连杆机构的构造与维修

一、曲柄连杆机构概述

曲柄连杆机构是发动机的主要运动机构,其功用是将活塞的往复运动转变为曲轴的旋转运动,同时将作用于活塞上的力转变为曲轴对外输出的转矩,以驱动汽车车轮转动。该机构是往复活塞式内燃机将热能转化为机械能的主要机构。曲柄连杆机构由活塞组、连杆组和曲轴、飞轮组等零部件组成。如图2-1所示,曲柄连杆机构可以分为以下三部分:

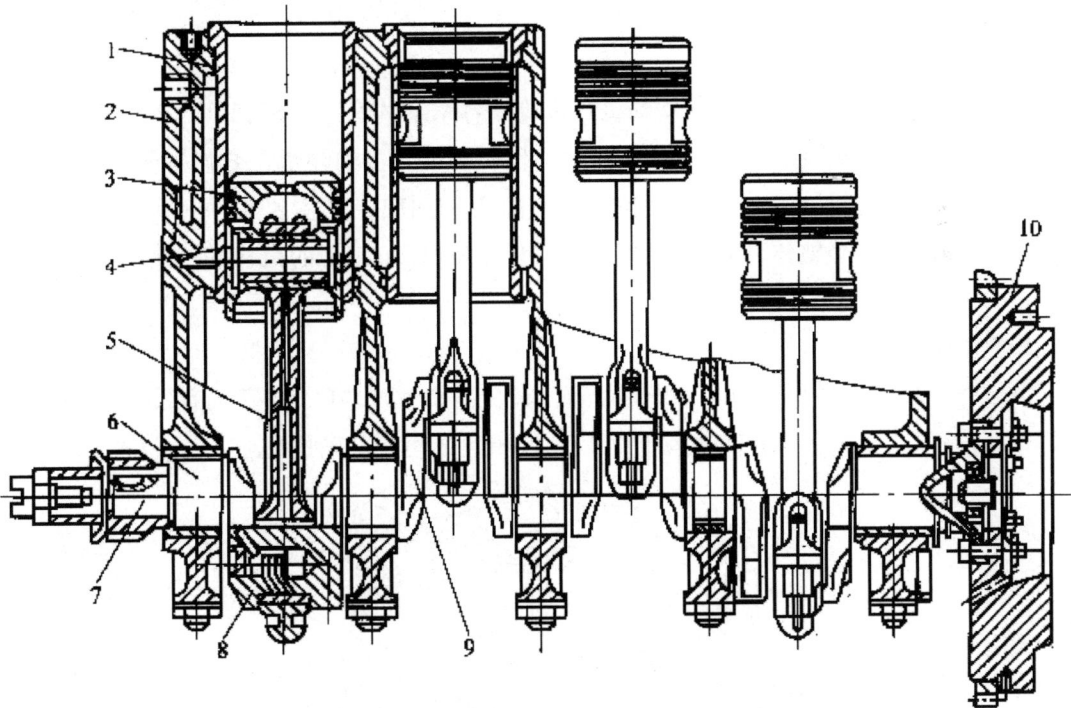

图 2-1 活塞连杆及曲轴飞轮组的组成

1—气缸套 2—气缸体 3—活塞 4—活塞销 5—连杆
6—曲轴主轴颈 7—曲轴 8—连杆轴颈 9—曲柄 10—飞轮

①气缸体与曲轴箱组:也称为机体组主要包括气缸体、曲轴箱、气缸套、油底壳等。

②活塞连杆组:主要包括活塞、活塞环、活塞销和连杆等。

③曲轴飞轮组:主要包括曲轴、飞轮和扭转减振器等。

曲柄连杆机构是往复活塞式发动机将热能转化为机械能的主要机构。气缸体上为活塞运动导向的圆柱形空腔称为气缸。气缸壁、气缸盖和活塞顶部共同组成燃烧室。燃料和空气形成的可燃混合气在燃烧室内燃烧,将燃料的化学能转变成热能,产生高温高压的燃气。高温高压燃气在气缸内膨胀产生的推力直接作用在活塞上,推动活塞作直线运动,经活塞销、连杆和曲轴,将活塞的直线运动变为曲轴的旋转运动。发动机产生的动力,大部分由飞轮传给传动系,小部分通过曲轴上的齿轮和传动带驱动发动机的其他机构和系统。总的来说,曲柄连杆机构的作用是在作功行程中把燃气作用给活塞的推力转变为曲轴的转矩,以带动工作机械作功,在进气、压缩、排气行程中又把曲轴的旋转运动转变为活塞的往复直线运动。

现代汽车发动机最高转速可达 3000~6000r/min。在发动机作功时,气缸内最高温度可高达 1900~2500℃,最高压力可达 5~9MPa,活塞的往复运动平均速度可达 12~15m/s。同时与可燃混合气和燃烧废气接触的机件不但受到化学腐蚀的作用,而且润滑困难。可见,曲柄连杆机构在高温、高压、高速、受化学腐蚀和润滑困难的条件下工作。

二、机体组的构造

机体是构成发动机的骨架,是发动机各机构和各系统的安装基础,其内、外安装着发动机的所有主要零件和附件,承受各种载荷。因此,机体必须要有足够的强度和刚度。

机体零件包括:气缸体、气缸套、气缸垫、气缸盖和油底壳等主要零件。将这些零件用螺栓、螺母连结成一个整体,即构成内燃机的总成基础部分;其他的机构和系统装在其内部或外部,即构成内燃机总成。

1.气缸体

气缸体是发动机各机构及各系统的装配基础(图2-2),其内外安装着发动机的所有零部件和附件,由气缸体来保持发动机各运动件相互之间的准确位置。

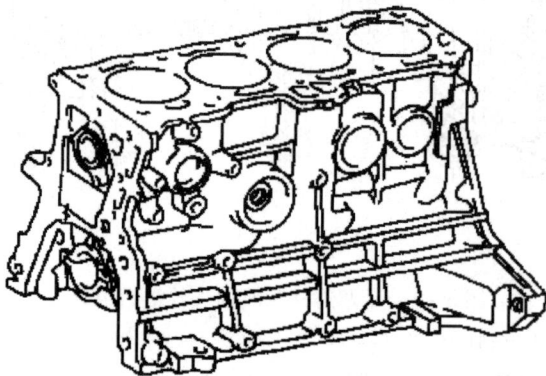

图2-2　气缸体

水冷发动机的气缸体和上曲轴箱常铸成一体,一般统称为气缸体。气缸体采用薄壁加强筋结构,这种结构由于空间结构的互相牵连,提高了整体刚度。气缸体上部设有气缸,以及为了使气缸散热而设有用以充水的空腔即冷却液套,下部设有前、后壁和中间隔板,其上设有安装曲轴的主轴承座,曲轴由主轴承盖吊挂安装在主轴承座上,这种曲轴安装方式称为吊挂式。在非顶置凸轮式发动机的气缸体上还制有凸轮轴轴承座孔。机体内根据缸数加工有垂直孔,用于装气缸套。气缸体与气缸套形成冷却内燃机的冷却水套,铸有冷却水孔,为增强机体的刚度铸有加强肋。在曲轴箱内加工有主轴承座孔,在气缸体内加工有凸轮轴套安装孔、挺柱孔、油道孔和水道孔等。为了润滑这些轴承,在气缸体的侧壁上钻有主油道,前、后壁和巾间隔板上钻有分油道。为满足各部件的安装,机体加工有安装平面,上平面装缸垫和缸盖,下平面装油底壳,前、后平面分别安装正时齿轮或飞轮壳,左、右平面分别装有机油粗滤器和机油细滤器等。

（1）气缸体的结构形式

发动机的曲轴轴线与气缸体下平面在同一平面上的气缸体称为一般式气缸体。如图2－3（a）所示。这种气缸体的特点是便于机械加工,但刚度较差,曲轴前、后端的密封性较差,多用于中小型发动机。富康 zx 轿车 TU3.2K 发动机、492Q 系列发动机的气缸体即属于这种结构。发动机的曲轴轴线高于曲轴箱下平面的气缸体称为龙门式气缸体,如图2－3（b）所示。这种气缸体的特点是结构刚度和强度较好,密封简单可靠,维修方便,但工艺性较前者复杂。捷达轿车 EA827 发动机、一汽 CA6110 系列柴油发动机均属于这种结构。隧道式气缸体的主轴承孔不分开,如图2－3（c）所示。这种气缸体的特点是其结构强度比龙门式的更高,主轴承的同轴度易保证,但不便于拆装。

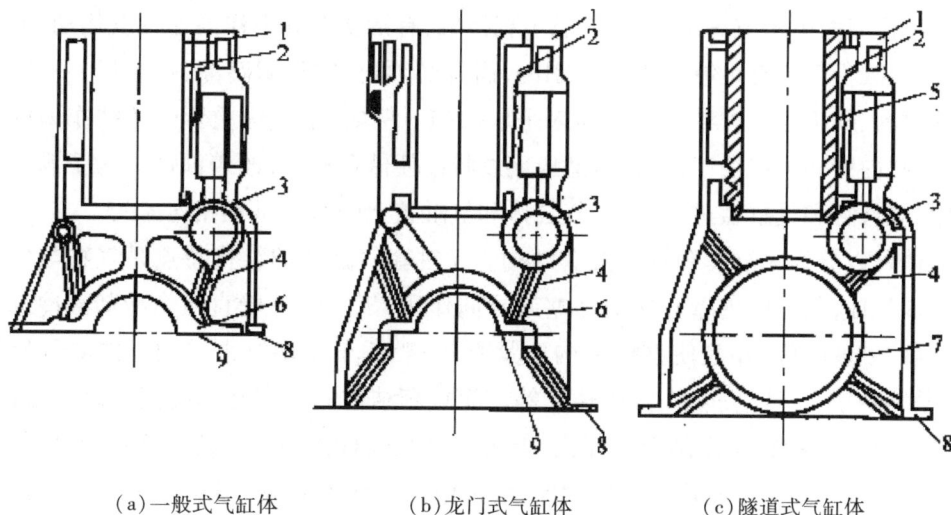

（a）一般式气缸体　　　　（b）龙门式气缸体　　　　（c）隧道式气缸体

图2－3　机体的三种形式

1—气缸体　2—水套　3—凸轮轴轴承座孔　4—加强肋　5—湿缸套

6—主轴承座　7—主轴承座孔　8—辅助基准面　9—基准面

（2）气缸体的排列形式

气缸体按气缸的排列形式可分为三种形式（图2-4）。

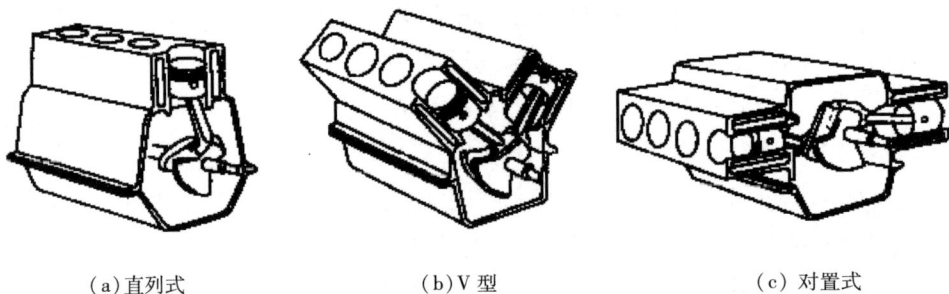

（a）直列式	（b）V型	（c）对置式

图2-4　气缸的排列形式

①直列式：各个气缸排成一列，一般是垂直布置［图2-4（a）］。直列式多缸发动机气缸体结构简单，加工容易，维修和保养方便，但长度和高度较大。一般缸数≤6的发动机多采用直列式。为了降低发动机的高度，有的发动机采用斜置式气缸体。

②V型：V型发动机左右两列气缸中心线的夹角＜180°［图2-4（b）］。V型气缸体与单列式气缸体相比，缩短了长度，降低了高度，增加了刚度，减轻了重量，但加大了宽度，且形状较复杂，加工困难。一般用于缸数≥6的发动机。

③对置式：对置式发动机左右两列气缸中心线的夹角＝180°［图2-4（c）］。其特点是高度小，但是宽度太大，维护保养不方便。应用较少，多用于发动机后置的轿车和大型客车上，这时发动机装在车厢底板下面，可增大有效装载空间。

（3）气缸

气缸工作表面由于与高温、高压的燃气相接触，有活塞在其中作高速往复运动，而且润滑不良，故气缸不仅要有足够的强度和刚度，而且必须耐高温、耐腐蚀、耐磨损。一般可以从气缸的材料、加工精度和结构等方面来采取措施。例如，采用优质合金铸铁作为气缸体的材料，气缸内壁必须精加工，并且所磨成网纹状以便储存机油，改善润滑。为了满足耐高温，也必须对气缸和气缸盖进行冷却，气缸体和气缸盖上的水套是互相连通的。

气缸体可以分为无缸套和镶气缸套结构。无缸套气缸体的结构特点是气缸与气缸体水套壁制成一体，气缸的内壁直接对活塞起导向作用，气缸的外壁直接由冷却液冷却。其优点是强度、刚度较好，并且使整机结构更紧凑，一般轿车发动机常采用无缸套气缸体结构，例如桑塔纳轿车、捷达轿车、富康轿车等。无缸套结构的缺点是为提高气缸的耐磨性，必须考虑在气缸体材料中添加合金元素，但由于是在气缸体中全部使用优质耐磨材料，将造成材料上的浪费。为了提高气缸的耐磨性，采用在气缸体中镶入用耐磨材料制造的气缸套。这时气缸体只是一个水套体，可以采用普通铸铁或铝合金来制造。这样，不仅成本低，而且便于修理和更换。气缸套有干式气缸套和湿式气缸套两种。

①干式气缸套：特点是气缸套的外表面不与冷却液接触［图2-5（a）］。干式气缸套的壁厚较薄，一般为1~3mm。气缸套与气缸体承孔采用过盈配合，其顶部（或气缸体承孔的

底部)有带凸缘和不带凸缘两种。带凸缘的过盈配合量较小,因为凸缘可帮助其轴向定位。干式气缸套的优点是不易漏水、漏气,气缸体的结构强度和刚度较好,缸心距较小使机体重量较轻;缺点是散热效果较差,修理更换不方便,要求加工精度高。干式气缸套广泛用于负荷较小的发动机。

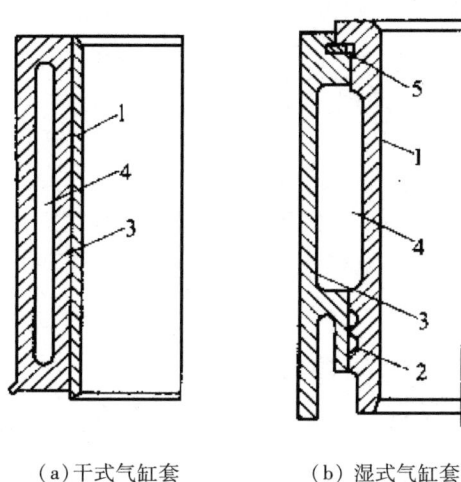

（a）干式气缸套　　　（b）湿式气缸套

图 2-5　气缸套

1-气缸套　2-橡胶密封圈　3—气缸体　4—水套　5-垫圈

②湿式气缸套:特点是其外表面直接与冷却液接触[图 2-5(b)]。它较干式气缸套大、壁厚,一般为 5~9mm。湿式气缸套的优点是散热效果较好,气缸体铸造较容易,易于修理更换。缺点是气缸体刚度较差,易漏水、漏气,易产生穴蚀。主要用于高负荷发动机和铝合金气缸体发动机。

湿式气缸套与气缸体利用上下两个导向凸缘动配合径向定位[图 2-5(b)],其上部定位凸缘直径略大于下部定位凸缘直径,以便安装。轴向定位是利用上部凸缘的下平面。

气缸套的下部靠 1~3 个耐热、耐油橡胶密封圈密封(图 2-6)。其密封形式有涨封式和压封式两种。少数发动机气缸体上在两道密封圈之间设有漏水孔,用以观察密封圈工作是否良好[图 2-6(a)]。某些柴油机气缸套有三道密封团,最上一道与冷却液接触,既能防止配合面升锈,便于拆装,又能借其吸振,减轻穴蚀[图 2-6(c)]。有的上、中两道用合成橡胶,以密封冷却液,下面一道用硅钢材料制成,以密封机油,二者不可装锗。还有的把密封圈装在气缸体上,以提高气缸套的刚度[图 2-6(d)]。

为了保证湿式气缸套上部的密封,气缸套凸肩顶面应略高出气缸体顶面,一般为 0.05~0.15mm。在气缸套凸肩下平面垫金属片(铜或铝垫)[图 2-7(a)],或者靠凸肩与气缸体光洁平整的接合面密封[图 2-7(b)]。

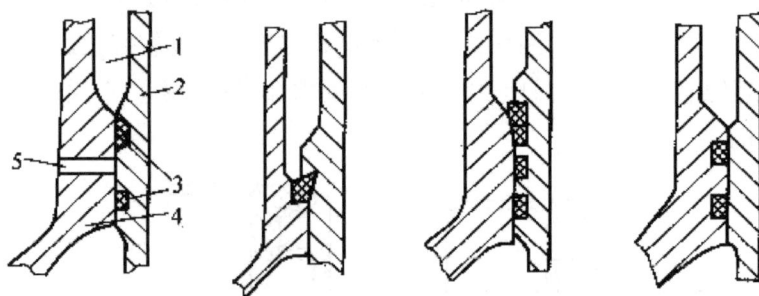

a)、c)、d)涨封式 b)压封式

图2-6 湿式气缸套下部的密封形式

1-水套 2-气缸套 3—密封圈 4—气缸体 5—漏水孔

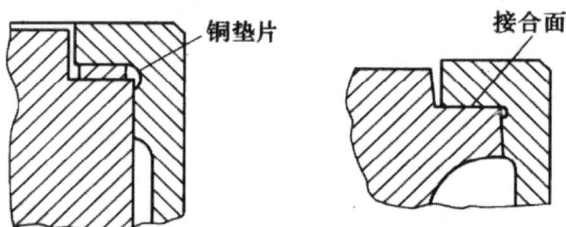

（a）垫片密封　　　　　　　（b）接合面密封

图2-7 湿式气缸套上端的密封

2.气缸盖与气缸衬垫

（1）气缸盖

气缸盖的主要功用是封闭气缸上部,并与活塞顶部和气缸壁一起形成燃烧室。

气缸盖内部有与气缸体相通的冷却水道,并有进、排气门座及气门导管孔和进、排气通道,有燃烧室、火花塞燃孔(汽油机)或喷油器安装孔(柴油机);上置凸轮轴式发动机的气缸盖上还有用以安装凸轮轴的轴承座等。

图2-8所示为桑塔纳2000轿车所用AJR发动机气缸盖分解图。

在多缸发动机中,每个气缸盖只覆盖一个气缸的,称为单体气缸盖;能覆盖部分(两个以上)气缸的气缸盖,称为块状气缸盖;能覆盖全部气缸的气缸盖,称为整体气缸盖。采用整体气缸盖可以缩短气缸中心距和发动机的总长度,但刚性较差,易变形,适用于缸径较小的发动机。轿车上所用的直列式发动机都采用整体式气缸盖,V型发动机左右两列各用一个气缸盖。缸径较大的发动机常采用单体气缸盖或块状气缸盖。

气缸盖由于结构复杂,一般采用合金铸铁或铝合金铸铁。CA6110型发动机采用铜铂低合金铸铁铸造的整体式气缸盖。捷达等轿车的发动机均采用铝合金的气缸盖,因铝合金的热导性优于铸铁,有利于提高压缩比,以适应高速高负荷强化汽油机散热及提高压缩比的需要。铝合金气缸盖的缺点是刚度低,使用中易变形。

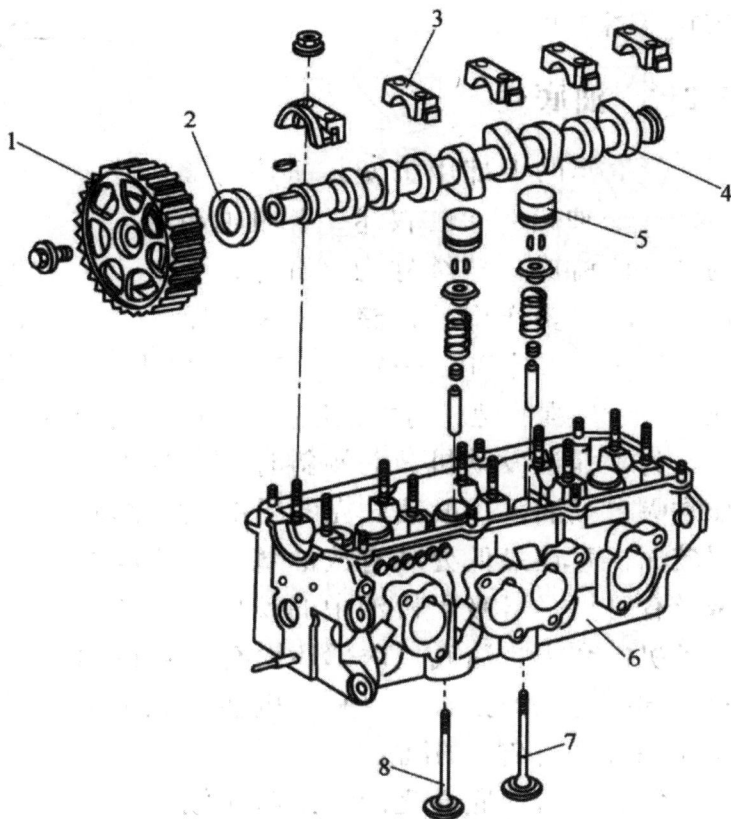

图 2 - 8　AJR 型发动机的气缸盖及其相关零件
1 - 凸轮轴同步带轮　2 - 凸轮轴油封　3—凸轮轴轴承盖　4—凸轮轴
5—液压挺杆　6 - 气缸盖　7 - 进气门　8 - 排气门

　　气缸盖的结构随发动机的类型、气门和顶置凸轮轴的布置、冷却方式以及燃烧室的形式而异。水冷发动机气缸盖内有水套,其下端面的冷却液孔与气缸体的冷却液孔相通,利用冷却液循环来冷却燃烧室等高温部分。顶置气门发动机气缸盖设有进排气门座、气门导管孔、进排气道等。汽油机的气缸盖上加工有火花塞座孔,而柴油机的气缸盖上加工有安装喷油器的孔。顶置凸轮轴式发动机的气缸盖上加工有凸轮轴轴承孔,用于安装凸轮轴。

　　燃烧室的形状对发动机的工作性能影响很大。由于可燃混合气形成与燃烧方式不同,汽油机的燃烧室主要设置在气缸盖上,而柴油机的燃烧室主要是活塞顶部的凹坑。因此这里只介绍汽油机燃烧室,柴油机的燃烧室在柴油机燃料供给系统一章介绍。对汽油机燃烧室的主要要求是结构紧凑、面容比小、缩短火焰传播距离,以减少爆燃倾向而减小热损失;能产生适当的压缩涡流,以提高燃烧速度;充气效率高等。常见的形式有三种(图 2 - 9)。

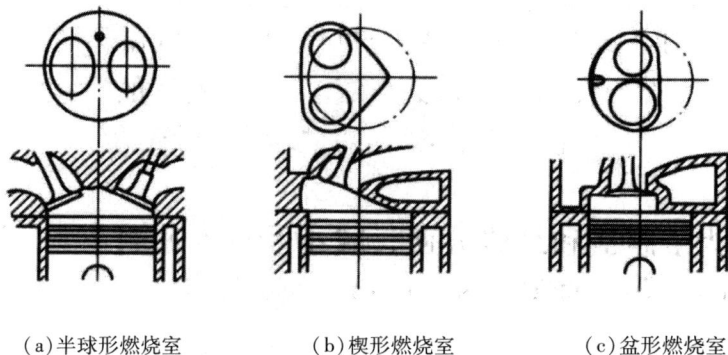

(a)半球形燃烧室　　　　(b)楔形燃烧室　　　　(c)盆形燃烧室

图2-9　汽油机的燃烧室

①楔形燃烧室:切诺基汽车所用的发动机采用这种燃烧室[图2-9(b)]。楔形燃烧室结构紧凑,允许采用直径较大的进气门,充气性好,因此这种燃烧室的经济性和动力性都较好。

②盆形燃烧室:捷达轿车发动机、奥迪轿车发动机都采用这种燃烧室[图2-9(c)]。盆形燃烧室工艺性好,制造成本低,结构紧凑。缺点是气门直径受限制较大,充气性较楔形差,因此高速时的动力性稍差。

③半球形燃烧室:它被轿车发动机广泛采用,如桑塔纳轿车发动机、富康轿车发动机都采用这种燃烧室[图2-9(a)]。半球形燃烧室结构最紧凑,允许气门直径较大,充气性好,发动机动力性最好,激冷面积小,对排气净化有利。

(2)气缸衬垫

气缸垫安装在气缸盖与气缸体之间,其作用是保证气缸体与气缸盖结合面间的密封,防止漏气、漏水和漏油。气缸垫接触高温、高压气体及冷却液,在使用过程中很容易被烧蚀,尤其是在气缸口周围。因此要求气缸垫耐热、耐蚀、耐压,有一定的弹性和导热性,以保证可靠的密封。气缸衬垫应满足以下要求:

①在高温高压燃气作用下有足够的强度,不易损坏。

②耐热和耐腐蚀。即在高温、高压燃气或有压力的润滑油和冷却液的作用下不易被烧损或变形。

③具有一定的弹性,能补偿接合面的不平度,以保证密封。

④拆装方便,耐高温高压,使用寿命长等。

目前汽车发动机采用的气缸衬垫结构如下。

应用最多的是金属-石棉气缸盖衬垫,如图2-10(a)(b)所示。石棉中间夹有金属丝或金属屑,且内夹铁皮或外包铜皮。水孔和燃烧室周围另用镶边增强,以防被高温燃气损坏。这种衬垫压紧厚度为1.2~2mm,有很好的弹性和耐热性,其厚度和质量的均匀性较差。

有的发动机采用在石棉中心用编织的钢丝网或有孔钢板为骨架,两面用石棉胶粘剂压成气缸盖衬垫,如图2-10(c)(d)所示。近年来,国内正在试验采用膨胀石墨作为衬垫的材料。

有的汽车发动机采用金属片叠加后作为气缸盖衬垫,如红旗轿车 488 发动机即采用如图 2 - 10(e) 所示的钢板衬垫。这种衬垫在需要密封的气缸孔和水孔、油孔周围冲压出一定高度的凸纹,利用凸纹的弹性变形实现密封。

有的发动机采用了较先进的加强型无石棉气缸垫结构,在气缸口密封部位采用 5 层曲钢片,并设计成正圆形,没有石棉夹层,从而消除了气囊的产生,在油孔和水孔处均包有钢片护圈以提高密封性,如图 2 - 10(f) 所示。安装气缸盖衬垫时,应注意安装方向:一般是衬垫卷边的一面朝向气缸盖,光滑面朝向气缸体;也可根据标记或文字要求进行安装,如衬垫上的文字标记"TOP""OPEN"表示朝上,"FRONT"表示朝前。

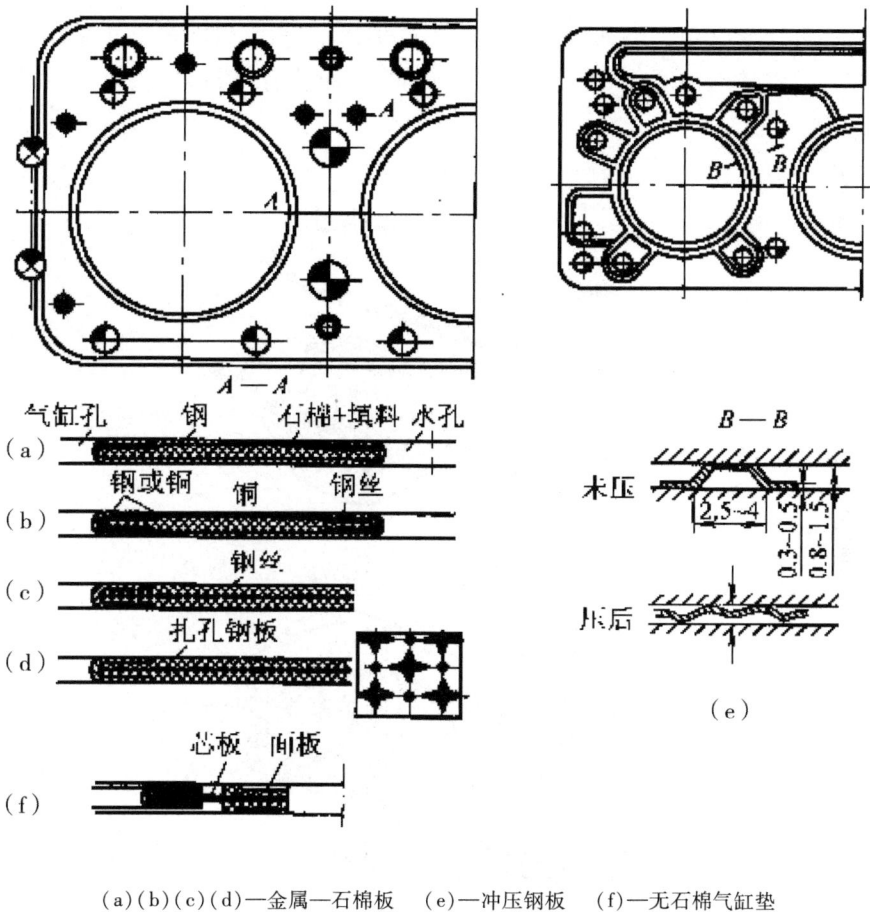

(a)(b)(c)(d)—金属—石棉板　(e)—冲压钢板　(f)—无石棉气缸垫

图 2 - 10　气缸盖衬垫结构

气缸盖用螺栓紧固在气缸体上。在拧紧螺栓时必须按由中央对称地向四周扩展的顺序分几次进行,并用扭力扳手按出厂规定的拧紧力矩拧紧,以免损坏气缸衬垫而发生泄漏的现象。如果气缸盖由铝合金制成,则安装过程必须在发动机冷机状态下进行,这样能增加发动机热机状态时密封的可靠性。

3. 油底壳

油底壳的主要作用是储存润滑油并封闭曲轴箱。其结构如图 2-11 所示。油底壳受力很小,一般采用薄钢板冲压而成。油底壳的形状决定于发动机的总体布置和润滑油的容量。在有些发动机上,为了加强油底壳内润滑油的散热,采用了铝合金铸造的油底壳,在壳的底部还铸有相应的散热肋片。

为了保证在发动机纵向倾斜的同时机油泵吸到润滑油,对应机油泵的油底壳部位一般做得较深。油底壳内还设有挡油板,以防止汽车振动时油面有较大的波动。油底壳底部装有放油塞。一般放油塞中镶有磁铁,能吸附润滑油中的金属粉屑,以减少发动机运动零件的磨损及堵塞油路。

油底壳内部还设有防止机油过分激荡的稳油挡板,以利于机油泵的正常工作和机油内杂质的沉淀。气缸体与油底壳之间为了防止漏油,一般垫有密封衬垫,也有的铸造油底壳用密封胶密封。

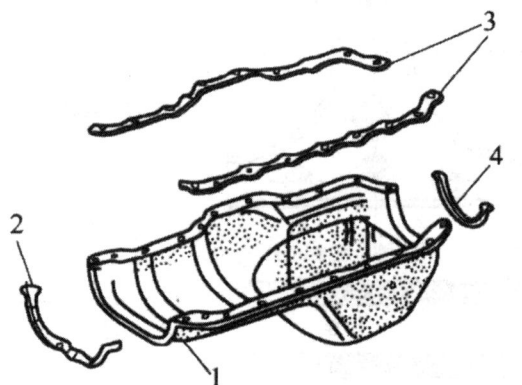

（a）BJC1-4型的油底壳

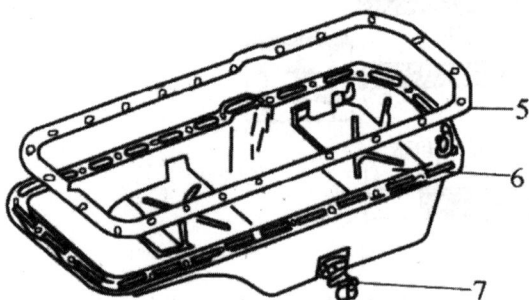

（b）BQ6100-1型的油底壳

图 2-11　油底壳

1-油底壳　2-前油封　3—测油封　4—后油封　5—衬垫　6—稳油挡板　7-放油塞

三、活塞连杆组的构造

如图 2-12 所示,活塞连杆组由活塞、活塞环、活塞销、连杆等组成。

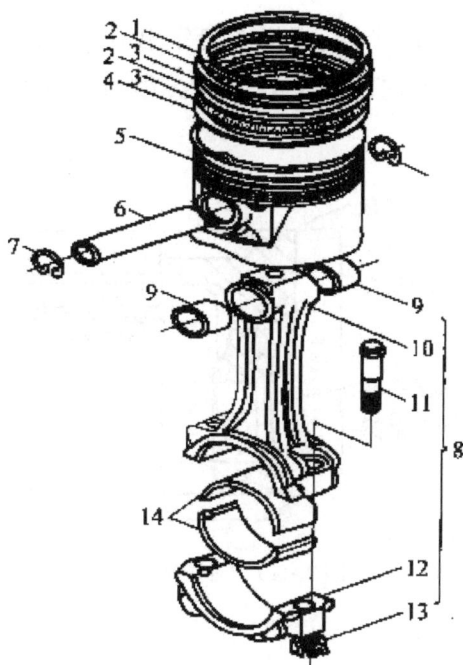

图 2 - 12　活塞连杆组

1,2—活塞环　3—油环刮片　4—油环衬套　5—活塞　6—活塞销　7—活塞销卡环　8—连杆组

9—连杆衬套　10—连杆　11—连杆螺栓　12—连杆盖　13—连杆螺母　14—连杆轴瓦

1. 活塞

活塞的作用是与气缸盖、气缸壁等共同组成燃烧室,并承受气缸中气体压力,通过活塞销将作用力传给连杆,以推动曲轴旋转。活塞和气缸、气缸盖形成燃烧室;吸入、压缩和排出气体,传出部分热量,将燃烧产生的热传给气缸壁,起到散热的作用。

活塞直接与高温(可达 2000 ~ 2500 ℃)、高压(汽油机达 3 ~ 5MPa,柴油机达 6 ~ 9MPa,增压强化发动机达 14 ~ 16MPa)燃气接触,而且又作高速(平均速度可达 9 ~ 13m/s)及变速运动。这使活塞销座承受着由周期性燃气压力和惯性力引起的交变拉伸和压缩,使活塞顶部承受着弯曲负荷,同时活塞工作温度很高（其顶部高达 400 ~ 500℃）,且不均匀,也引起活塞变形和热应力,活塞在润滑不良条件下高速滑动,使活塞裙部承受侧压力和摩擦,即活塞长期处于高机械负荷、高热负荷和强烈磨损情况下工作,工作条件十分严酷。因此活塞必须具有如下性能:

①具有足够的强度和刚度,耐高温、耐磨损。

②质量小,以减小往复惯性力。

③导热性好,热膨胀系数小。

现代汽车发动机广泛采用高强度铝合金活塞,主要优点是质量小、导热性好、摩擦系数小。这些优点有利于使发动机转速增高,活塞温度降低,活塞与气缸壁之间的摩擦损失减小。

活塞的基本构造如图 2 – 13 所示,根据所起作用不同,可分为顶部、头部和裙部三部分。为便于选配和安装,在活塞顶标有尺寸、重量分组和安装箭头等标记。同组活塞的重量差不得大于 10g。

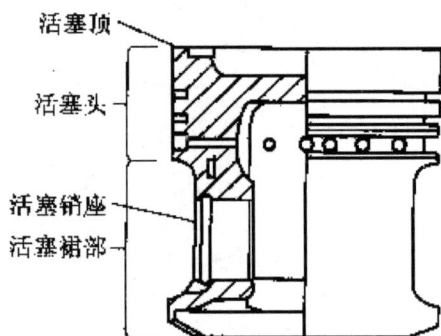

图 2 – 13　活塞结构

（1）活塞顶部

活塞顶部的外形必须满足燃烧室的形状需要.以满足可燃混合气形成与燃烧的要求。活塞顶部的基本形状有三种,平顶、凸顶和凹顶(图 2 – 14)。另外有些发动机活塞顶部设有避让气门的凹坑。在活塞、连杆上设有朝前标记(图 2 – 15),用来保证发动机装配后,活塞顶上的燃烧室凹坑、避让气门的凹坑、活塞销座孔轴线的偏置和上下连杆瓦片等相互处于正确的位置。

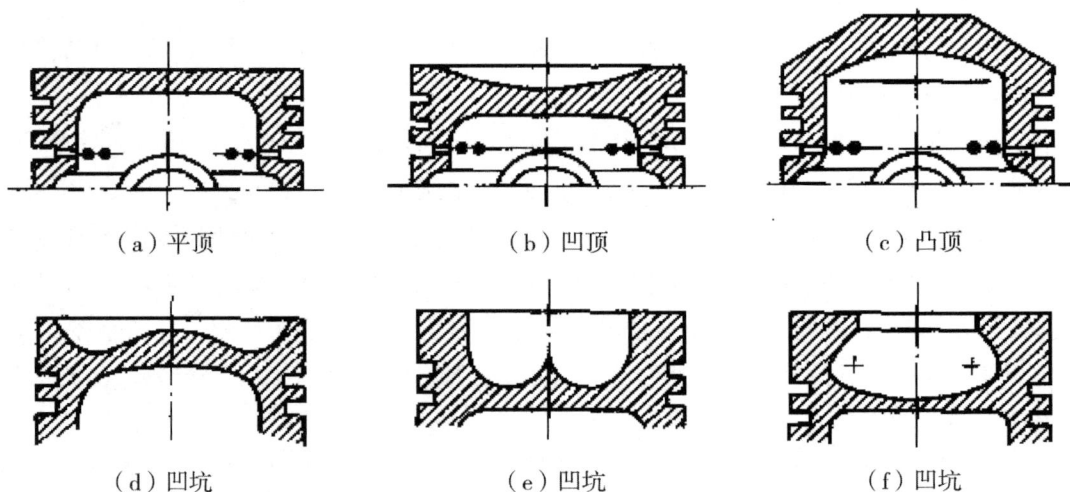

（a）平顶　　　　　　　（b）凹顶　　　　　　　（c）凸顶

（d）凹坑　　　　　　　（e）凹坑　　　　　　　（f）凹坑

图 2 – 14　活塞顶部形状

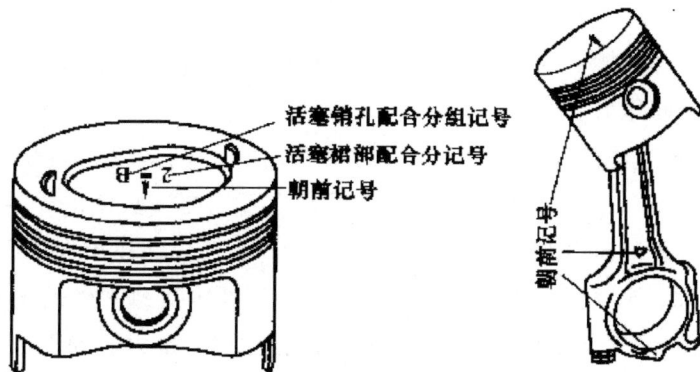

图 2 - 15　活塞连杆组

平顶活塞顶部为一平面,其优点是结构简单,受热面积小,一般用于汽油机和非直喷式柴油机。凸顶活塞顶部有突起,组织进入气缸中的气流运动,有利于改善换气过程,仅用于小型二冲程汽油机。

凹顶活塞顶部有凹坑,用以改善混合气的形成和燃烧,直喷式柴油机都采用凹顶活塞,汽油机采用也渐多,如捷达、桑塔纳、切诺基、夏利等轿车发动机都采用凹顶活塞。

(2)活塞头部

活塞头部是指活塞环槽以上的部分,即包括顶部与环带两部分。活塞环带又称为密封部,是销座以上安装活塞环的部位。活塞头部的作用是承受气体压力,保证工作容积的密封性,将活塞顶所吸收的热量通过活塞环传导到气缸壁,再由冷却液传出安装活塞环的沟槽称为环槽,环槽下支承环的部分称为环岸。柴油机压缩比高,一般有四道环槽,上部三道安装气环,最下一道安装油环。汽油机一般三道环槽,上部两道为气环,最下一道为油环。在油环槽底面上钻有许多径向小孔,以便被油环从气缸壁上刮下来的多余机油经过这些小孔流回油底壳。

由活塞环带传导的热量大多是由第一环槽传出的。为了使第一道活塞环能正常地工作而不至过早的损坏,一般顶岸高度较大,有的发动机活塞在顶岸上切出较环槽窄的隔热槽,以降低第一环槽的工作温度。

活塞环槽的磨损常常是影响活塞使用寿命的一个重要因素,为了保护和加强活塞环销,有的铝合金活塞在环槽部位铸入采用耐热材料制造的环槽护圈(图 2 - 16)。

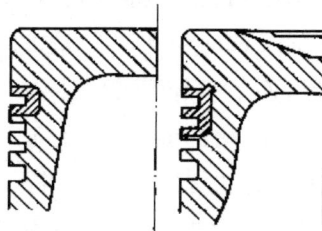

(a)一道护圈　　(b)两道护圈

图 2 - 16　活塞环槽护圈

（3）活塞裙部

活塞裙部是指油环槽下端面至活塞底面的部分，其作用是为活塞在气缸内作往复运动起导向作用并承受侧压力。

活塞工作时，由于连杆与气缸中心线存在夹角，则垂直于活塞顶的作用力引起部分压力作用到活塞裙上，使其压向气缸壁，这个使活塞裙部压向气缸壁的作用力称为侧压力。压缩行程与作功行程侧压力的方向相反（图2-17）。由于燃烧压力大于压缩压力，所以作功行程的侧压力大于压缩行程的侧压力。因此作功行程中活塞承受侧压力的一面称为主推力面，压缩行程中活塞承受侧压力的一面称为次推力面。推力面处于与活塞销轴线垂直的方向。

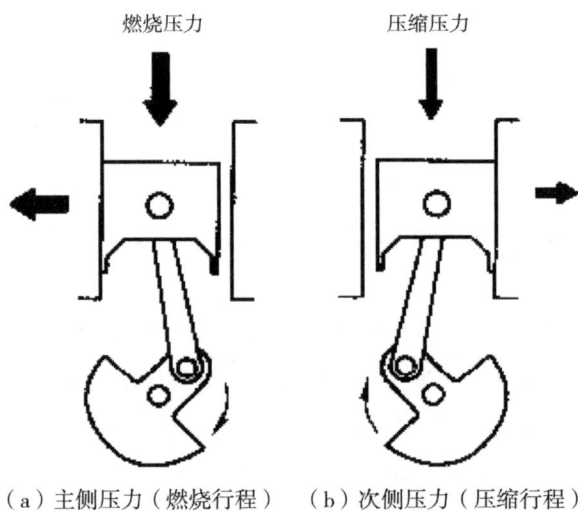

（a）主侧压力（燃烧行程）　　（b）次侧压力（压缩行程）

图2-17　活塞裙部在气缸中承受的侧压力

活塞与气缸壁之间应沿圆周保持均匀且较小的安全间隙，以防止因工作间隙过大造成敲缸、漏气、窜机油，或因工作间隙过小而造成磨损加剧、严重时拉缸，其至抱缸（卡死）。气缸是圆柱形的，所以活塞在正常工作时也应具有正确的圆柱形。但是，活塞裙部在侧压力作用下其直径沿活塞销座轴线方向增大［图2-18（b）］；活塞顶部在气体压力作用下弯曲，而造成裙部沿活塞销座轴线方向向外扩张变形［图2-18（c）］；由于活塞裙部销座孔方向壁厚，沿活塞销座轴线方向受热膨胀量大［图2-18（a）］所以活塞在正常工作时产生的机械变形和热变形，使活塞裙部变成长轴在活塞销方向上的椭圆［图2-18（d）］，导致活塞与气缸壁之间沿圆周的间隙不均匀。因此，在常温下，必须预先把活塞裙部加工成长轴垂直于活塞销方向的椭圆形，以保证活塞在正常工作时趋近正圆。有的活塞将销座附近的裙部外表面制成向内凹，也是用于抵消活塞引起的椭圆变形，使活塞横断面与变形相适应。

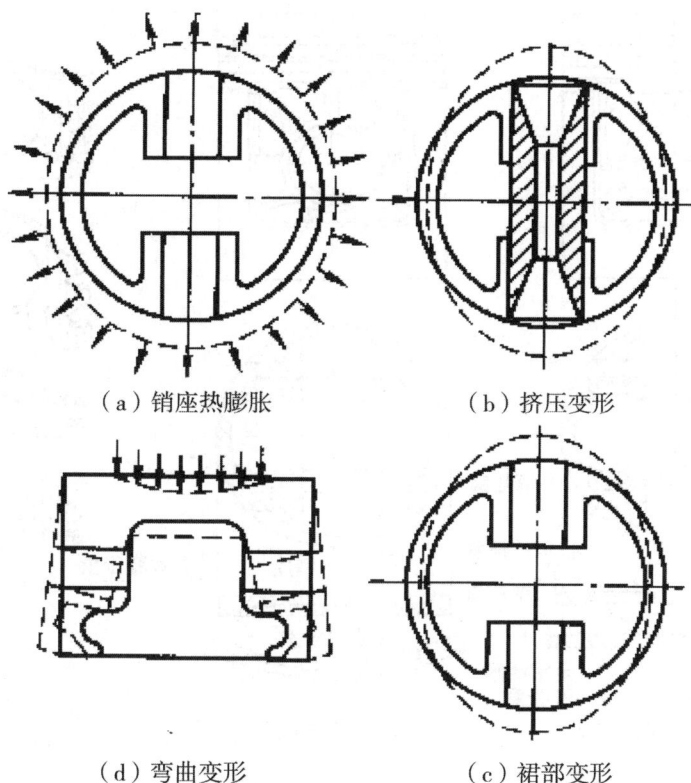

（a）销座热膨胀　　　　　　　（b）挤压变形

（d）弯曲变形　　　　　　　（c）裙部变形

图 2-18　活塞裙部的椭圆变形

　　由于活塞沿轴线方向温度分布上大下小，膨胀量相应也是上大下小，为了使活塞在正常工作下接近圆柱形，在常温下，必须把活塞直径制成上小下大的近似圆锥形，即在纵断面形状上与变形相适应。有的活塞横断面的圆度自下而上不变；有的活塞横断面的圆度自下而上渐变；有的活塞头部为圆柱形；有的活塞头部也为椭圆及锥形。目前活塞裙中部凸出的桶形得到广泛应用，其优点是形成双向楔形，形成承载油膜，改善了摩擦与磨损。缺点是油楔造成"泵油"效应，应配合刮油作用好的油环。

　　为了减少传到活塞裙部热量，一般在裙部开有横向隔热槽，为了增加裙部的弹性，以提供受热膨胀的余地，裙部又开有纵向膨胀槽。开隔热槽和膨胀槽也是为了使活塞与气缸装配间隙尽可能小。

　　为了限止铝合金活塞裙部推力面方向的热膨胀量，以使活塞与气缸装配间隙减小，有些汽油机活塞裙部或销座内嵌入有钢片（图 2-19）。恒范钢片活塞[图 2-19（a）]的特点是，由于恒范钢为含镍 33% ~ 36% 的低碳铁镍合金，其膨胀系数仅为铝合金的 1/10，而销座通过恒范钢片与裙部相连，牵制了热膨胀变形量。自动调节活塞[图 2-19（b）]将低碳钢片贴在销座铝层内侧，不仅起到抑制膨胀作用，而且利用双金属作用可以减小裙部推力面的膨胀量，故称为热膨胀自动调节活塞。

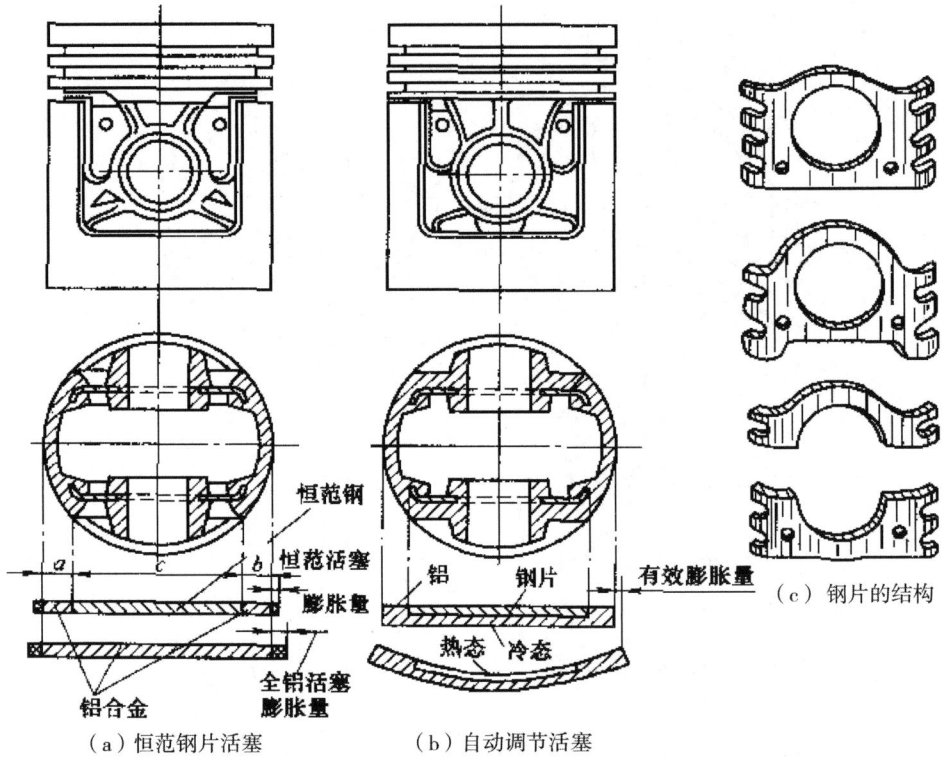

（c）钢片的结构

（a）恒范钢片活塞　　　（b）自动调节活塞

图2-19　双金属活塞

高速发动机常采用拖鞋式活塞,即在保证足够承压面积的情况下,把裙部不受侧压力的两边切去一部分,其优点是减轻了重量,以减小惯性力,减少了摩擦损失,裙部弹性好,可使活塞与气缸的配合间隙减小。

有的汽油机的活塞销孔中心线向主推力面偏离活塞中心线1～2mm(图2-20),其作用是减小活塞对缸壁的"拍击"(减小敲缸的声音)。因为活塞销对中布置时,因侧压力方向突然的改变,会使活塞从次推力面突然整个横向拍向主推力面(图2-21)。当销孔向主推力面偏移后,会使活塞先向次推力面摆动,再分步过渡到主推力面(图2-21),减小了敲击声。在安装时要注意,这种活塞方向不能装反。

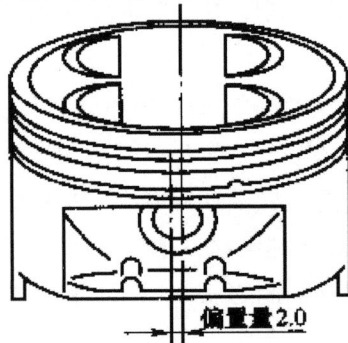

图2-20　活塞销孔偏置

（a）活塞销中置　　　　　　　　　　（b）活塞销偏置

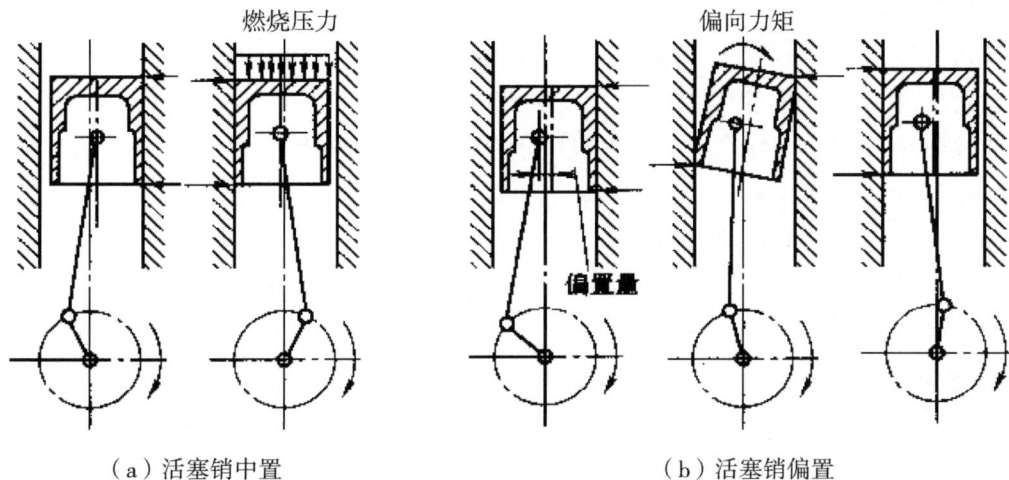

图 2 - 21　活塞换向拍击和偏置销孔活塞换向说明

2. 活塞环

活塞环是一个具有开门的弹性圆环,一般用优质灰铸铁或合金铸铁制成。活塞环有气环和油环两种。气环的作用是密封和导热;油环的作用是刮油和布油。

（1）气环

气环根据截面形状不同可分为多种,如图 2 - 22 所示。

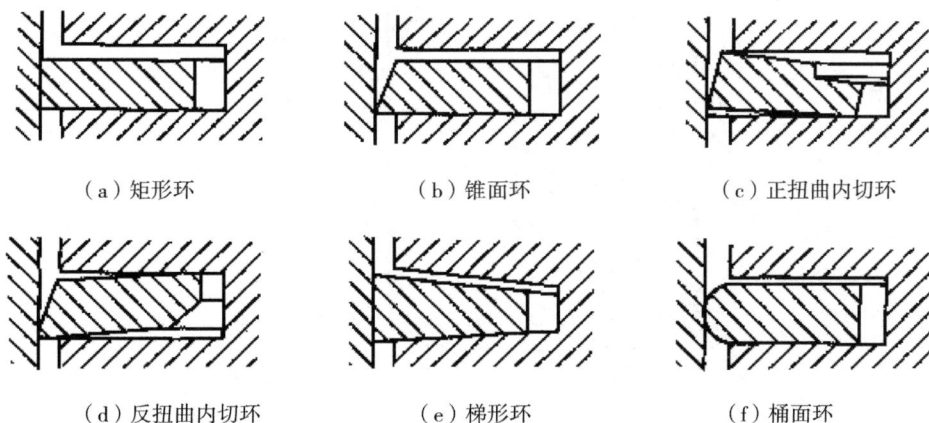

（a）矩形环　　　　　　　（b）锥面环　　　　　　（c）正扭曲内切环

（d）反扭曲内切环　　　　　（e）梯形环　　　　　　（f）桶面环

图 2 - 22　活塞环的断面形状

①矩形环:也称为平环,多用于发动机第一道环。为满足各道环的使用寿命趋于相同,其表面多采用多孔镀铬(多孔可储油改善润滑条件,镀铬可增加硬度耐磨)。

②锥面环:其断面为梯形。此环装入气缸后与缸壁呈线接触,比压大、易磨合,具有刮油作用,并可防止润滑油串入气缸,但安装时必须注意方向。

③扭曲环:在矩形断面的内侧或外侧去除了部分金属(也称内切口和外切口)。此环装入气缸后随活塞的运动产生扭转,具有锥形环一样的作用,广泛用于二、三道环。安装扭

曲环时要注意方向,内切口朝上,外切口朝下。

④梯形环:其断面呈梯形。梯形环在环槽(也制成梯形截面)中内外移动时槽中的间隙发生变化,将槽中的焦状油挤出,防止发生焦环故障。

⑤桶面环:其表面呈桶形。装入气缸壁呈线接触,活塞在上、下止点换向运动时,产生倾斜,桶形环将沿缸壁微量移动;且活塞上、下运动时均有油楔作用,所以,此种环易磨合、磨损小,广泛用于内燃机的第一道气环。

活塞环装入气缸后两端面的距离称为端间隙(开口间隙)。其作用是防止环受热膨胀后卡缸造成断环。但端间隙不能过大,过大会导致弹力下降,密封不良。端间隙第一道环最大,依次减小(这是因为气缸工作温度所致)。

活塞环装入环槽中,活塞环的一边贴紧环槽一侧,另一侧留有的间隙称为边间隙。其作用是防止活塞和活塞环受热后,活塞环被活塞环槽夹住失去弹力。边间隙一般为:第一、第二道环是 0.18~0.22mm,最大不能超过 0.5mm;第三道环为 0.08~0.13mm,最大不能超过 0.5mm。边间隙过大会使活塞环泵油增加,导致润滑油进入气缸参与燃烧过程。

气环的泵油作用:如图 2-23 所示,随着活塞在气缸内上下往复运动,气环第二密封面(边间隙)经常变化,进入活塞环与活塞环槽间隙中的润滑油不断地被挤入气缸,这种现象称为气环的泵油作用。减小环的边间隙能减少泵油量,但无法完全消除这种不利作用。为此,用油环将气缸壁的润滑油刮掉,以减少气环的泵油作用。

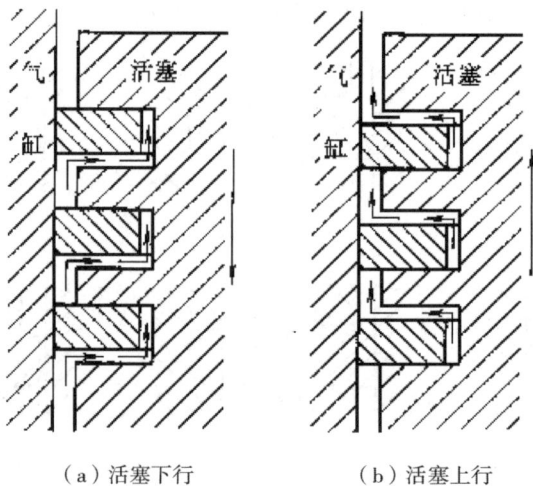

(a)活塞下行　　　　　(b)活塞上行

图 2-23　气环的泵油作用

(2)油环

油环又称刮油环。其作用是刮下气缸壁上多余的润滑油,避免过多的润滑油进入气缸烧掉,造成浪费、环境污染和使气缸内积炭增加。同时,还能使气缸壁上的润滑油均布,改善气缸壁的润滑条件,如图 2-24 所示。

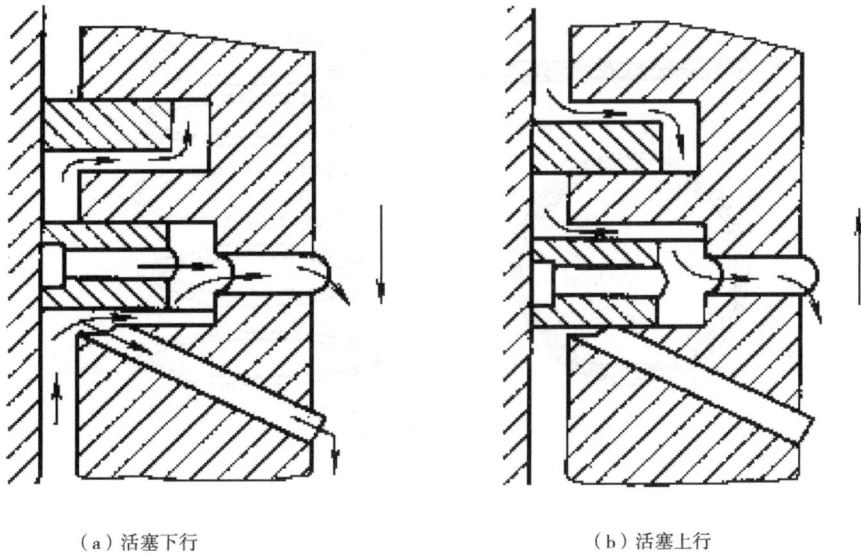

（a）活塞下行　　　　　　　　　　　　　　（b）活塞上行

图 2 - 24　油环的布油和刮油

　　油环有两种:一种是整体式油环,另一种是组合式油环。目前,中小型汽油机用组合式油环,如图 2 - 25 所示。图 2 - 25(a)所示为普通油环,图 2 - 25(b)所示为组合油环,其弹簧既是径向弹簧又是轴向弹簧;其轴向弹力将上、下刮片压向环槽,径向弹力增强刮片对缸壁的压力。此环安装时,应先安撑簧片,立面朝外,对接的上、下切口在内,然后装上、下两片刮片环,且三者的开口互相错开。图 2 - 25(c)所示为普通涨簧油环,由油环体和油环衬簧组成,多用于柴油机。

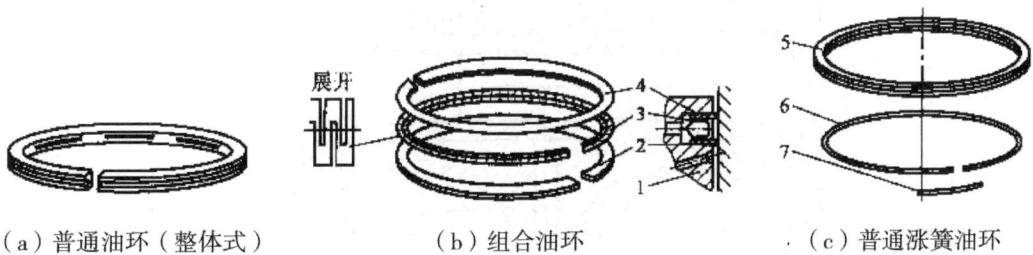

（a）普通油环（整体式）　　　　　（b）组合油环　　　　　　（c）普通涨簧油环

图 2 - 25　油环

1—活塞　2—下刮片　3,6—衬簧　4—上刮片　5—油环体　7—锁口钢丝

　　图 2 - 26 所示为三片双簧式组合油环。它由上两片刮片环、下一片刮片环、轴向强力环和径向强力环组成。轴向强力环将上、下刮片环压向环槽,径向强力环将刮片环压向气缸壁。这种环的弹力大且不易下降,因此,其性能佳、寿命长。

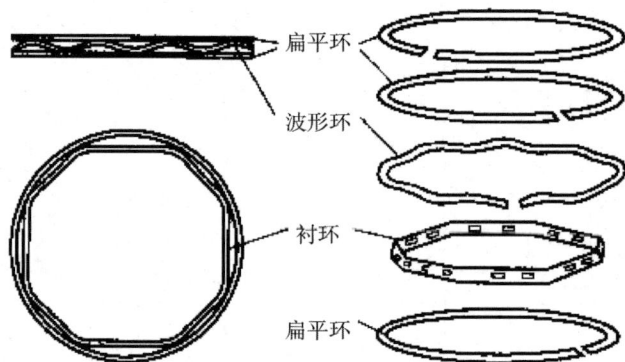

图 2 - 26　三片双簧式组合油环

3. 活塞销

活塞销的功用是把活塞与连杆小端铰链连接在一起,并把活塞的受力传给连杆或将连杆的受力传给活塞。

活塞销的材料一般为低碳优质钢或低碳合金钢,表面经渗碳淬火处理后进行精加工,使其具有较高的强度、刚度和耐磨性。

图 2 - 27 所示为活塞销的一般构造和安装定位方式。为减轻重量、增加抗弯强度,活塞销制成空心的短管;直通圆柱形孔或圆锥形孔的活塞销质量较小;中间或单侧封闭的活塞销适用于二行程的发动机,如图 2 - 28 所示。

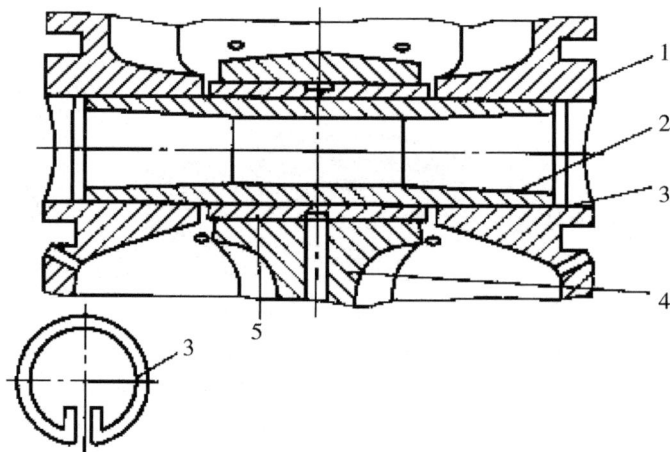

图 2 - 27　活塞销

1—活塞　2—活塞销　3—卡簧　4—连杆　5—铜套

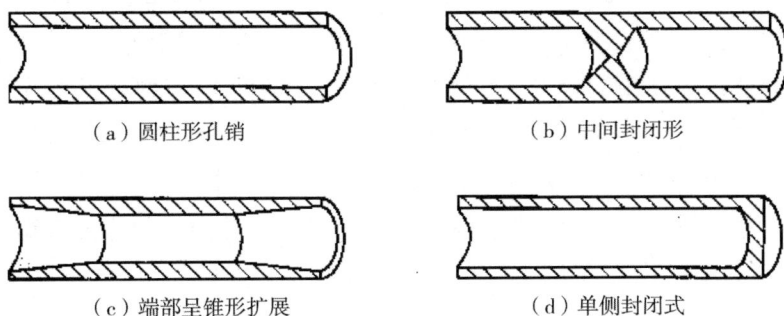

（a）圆柱形孔销　　　　　　　　　（b）中间封闭形

（c）端部呈锥形扩展　　　　　　　　（d）单侧封闭式

图 2 - 28　活塞销形状

　　活塞销与活塞、连杆的连接一般都采用全浮式,以使活塞销的磨损均匀。为防止活塞销轴向窜动,在活塞销的座孔两端卡簧槽中装有弹性卡簧。由于活塞销和销孔是摆动摩擦,油膜不易形成,所以其配合间隙较小,活塞销与铜套间隙一般是 0.025 ~ 0.048mm。活塞销与座孔的配合早期采用过渡配合,装配时应把活塞放在油或水中加热到100℃左右,再将活塞销推入孔中。目前,由于材料品质的提高,活塞销与座孔大多采用间隙配合,给维修、安装工作带来了极大的方便。

　　4.连杆

　　连杆的功用是连接活塞与曲轴,在变活塞的往复直线运动为曲轴的旋转运功,或变曲轴的旋转运动为活塞的往复运动中传递动力。连杆组件如图 2 - 29 所示。连杆采用中碳钢或中碳铬钢模锻、调质,经机械加工而成。

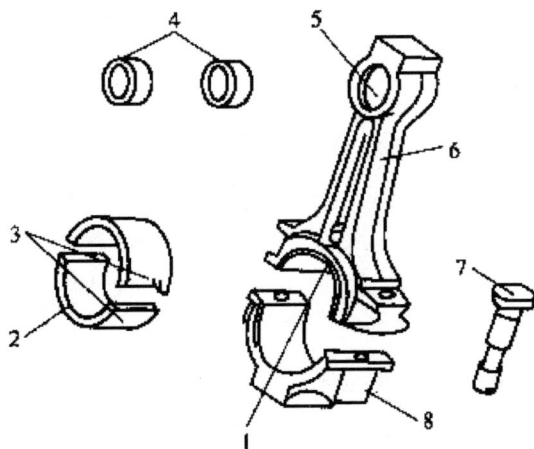

图 2 - 29　连杆组件

1—连杆大端　2—连杆轴承　3—止推凸唇　4—衬套　5—连杆小端

6—连杆杆身　7—连杆螺栓　8—连杆端盖

　　连杆分为小端、杆身和大端三部分。小端孔中压装铜套。活塞销与钢套的润滑有两种:一种是压力润滑,连杆杆身钻有油道孔,将油压入活塞销与铜套摩擦表面;另一种是集油润滑,在连杆小头制有集油孔或槽,把飞溅的润滑油集在集油孔或槽中渗入摩擦表面。

连杆杆身做成"工"字形断面,既减小质量又有足够的抗弯强度。大端孔中装有轴承(瓦),与曲轴的连杆轴颈相配合安装。大端的切分面有两种:一种是平切式,即连杆大端沿着与杆身轴线垂直的方向切开,多用于汽油机;另一种是斜切式。斜切式切分团一般与杆身中线成45°或60°夹角,其目的便于活塞连杆组向气缸中安装。斜切后会使连杆螺栓产生剪切应力,因此,必须使连杆大端盖有可靠的定位。其主要定位方法有锯齿定位、止口定位和套筒定位等多种形式,如图2-30所示。

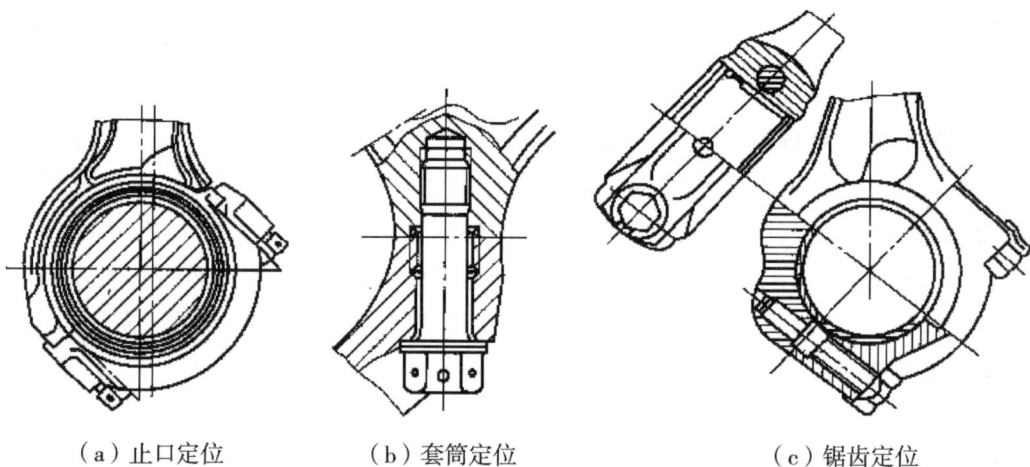

(a)止口定位　　　　　(b)套筒定位　　　　　(c)锯齿定位

图2-30　斜切口连杆大头的定位方式

斜切式多用于卧式柴油机和大型柴油机,其目的是便于连杆大端螺栓(螺母)的拆卸与安装。连杆大端是配对加工的,装配中没有互换性,且必须按规定方向安装,故在其侧面打有配对标记和重量分组标记。

大端盖一般用两根连杆螺栓紧固,大端为平切式的一般用螺栓外圆柱面定位,连杆螺栓或螺母必须可靠锁定;否则,会产生松动以致酿成重大机械事故。其锁定方法有:锁片法、开口销法、锥螺纹法、螺母开槽法、变螺距法、螺纹胶法、螺纹镀层法以及采用高强度精制螺栓等。为防止连杆瓦转动和轴向窜动,在大端剖分面处加工有定位舌槽与瓦片上的凸舌相配合。

V形发动机连杆结构通常有3种,如图2-31所示。

①并列连杆式:连杆可以通用,两列气缸的活塞连杆组的运动规律相同,但曲轴的轴颈长度增加。该结构便于拆卸与安装。

②主副连杆式:可不增加发动机的轴向长度,但主副连杆不能互换,两列气缸的活塞连杆组的运动规律不同。轴瓦之间的单位面积压力减小,耐磨性增加。

③叉形连杆式:两列气缸中的活塞连杆组的运动规律相同,但叉形连杆的制造工艺复杂,且大头的刚度较低。轴瓦之间的受力均衡,提高了工作的平衡性。

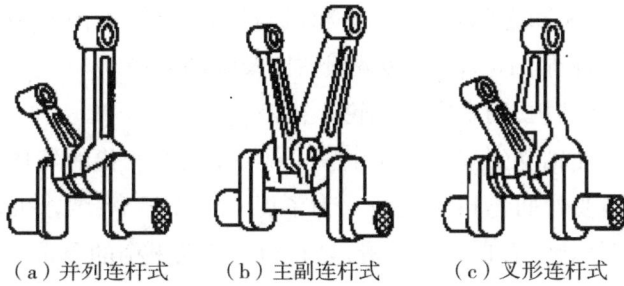

（a）并列连杆式　　（b）主副连杆式　　（c）叉形连杆式

图 2－31　V 型发动机连杆示意图

四、曲轴飞轮组的构造

曲轴飞轮组主要由曲轴、飞轮、扭转减振器、带轮、正时齿轮（齿形带或链条）等组成，如图 2－32 所示。

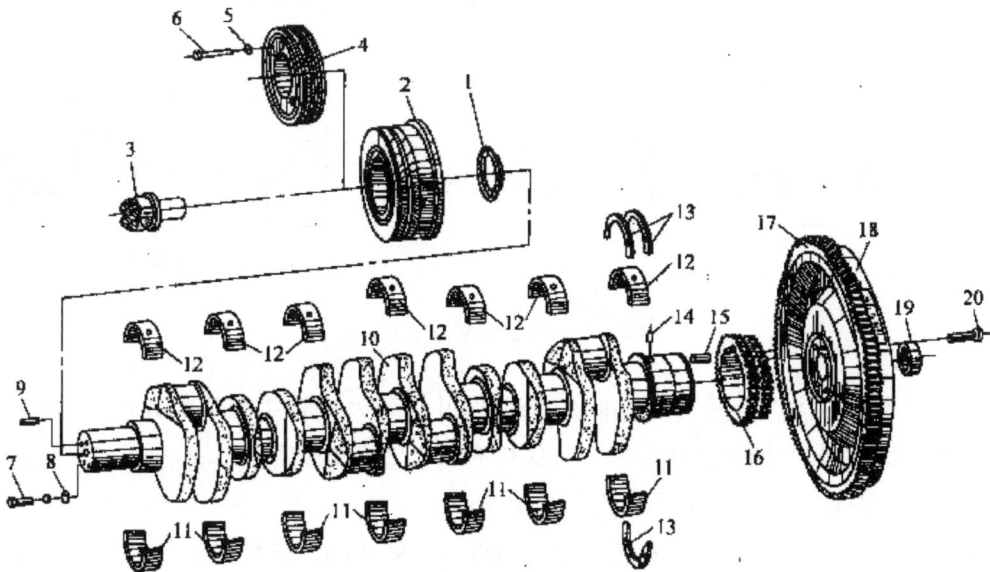

图 2－32　曲轴飞轮组

1—曲轴挡油片　2—减震器总成　3—起动爪　4—前带轮　5—弹簧垫圈　6—六角头螺栓
7—减震器螺栓　8—减震器螺栓垫圈　9—定位销　10—曲轴　11—下主轴瓦　12—上主轴瓦
13—止推轴承片　14—正时齿轮定位销　1 5—飞轮定位销　16—曲轴齿轮　17—飞轮齿环
18—飞轮　19—滚动轴承　20—飞轮螺栓

1. 曲轴

曲轴是发动机最重要的机件之一。曲轴的功用是承受连杆传来的力，并将此力转化成曲轴旋转的力矩，然后通过飞轮输出旋转的力矩；还用来驱动发动机的配气机构及其他辅助装置(如发电机、风扇、水泵、机油泵、转向助力油泵等)。

曲轴前端主要用来驱动配气机构、水泵和风扇等附属机构,前端轴上安装有正时齿轮(或同步带轮)、风扇与水泵的带轮、扭转减振器以及起动爪等。

曲轴后端采用凸缘结构,用来安装飞轮。

在发动机工作中,曲轴受到旋转质量的离心力、周期性变化的气体压力和往复惯性力的共同作用,使曲轴承受弯曲与扭转载荷。为了保证工作可靠,要求曲轴具有足够的刚度和强度,各工作表面要耐磨、有良好的润滑,且必须达到动平衡的要求。

曲轴一般由主轴颈、连杆轴颈、曲柄、前端轴和后端法兰部分组成。一个连杆轴颈和它两端的曲柄及相邻两个主轴颈构成一个曲拐。

曲轴的曲拐数取决于气缸的数目和排列方式。直列式发动机曲轴的曲拐数等于气缸数;V 形发动机曲轴的曲拐数等于气缸数的一半。

按照曲轴的主轴颈数,可以把曲轴分为全文承曲轴和非全文承曲轴两种。在相邻的两个曲拐之间都设置一个主轴颈的曲轴,称为全支承曲轴。否则,称为非全支承曲轴。因此,直列式发动机的全支承曲轴,其主轴颈总数(包括曲轴前端和后端的主轴颈)比气缸数多一个;V 形发动机的全支承曲轴,其主轴颈总数比气缸数的一半多一个,如图 2 - 33 所示。

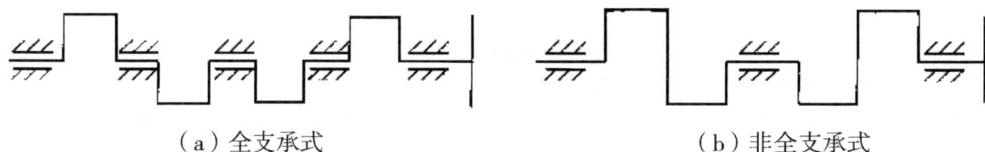

（a）全支承式 　　　　　　　（b）非全支承式

图 2 - 33　曲轴支承形式示意图

全支承曲轴的优点是可以提高曲轴的刚度,并且可以减轻主轴承的载荷;其缺点是曲轴的加工表面增多,主轴承数增多。一汽捷达 EA827 型发动机、上海桑塔纳 AJR 型发动机均采用全支承曲轴。柴油机也多采用全支承曲轴。

如图 2 - 34 所示,多缸发动机的曲轴一般做成整体式的。连杆大头为整体式的某些小型汽油机,或采用滚动轴承作为曲轴主轴承的发动机必须采用组合式曲轴(二冲程摩托车、B5 系列的柴油机等),即将曲轴的各部分分段加工,然后用螺栓组合成整体。

曲轴必须进行动平衡试验。对不平衡的曲轴常在其偏重的一侧钻孔,根据要求除掉部分质量。

曲轴前端是第一道主轴颈之前的部分。该部分装有驱动配气凸轮轴的正时齿轮、驱动风扇和水泵的带轮等。为了防止润滑油沿曲轴轴颈外漏,在曲轴前端上还装有一个甩油盘(注意其安装方向)。

曲轴后端是最后一道主轴颈之后的部分,即安装飞轮用的法兰。

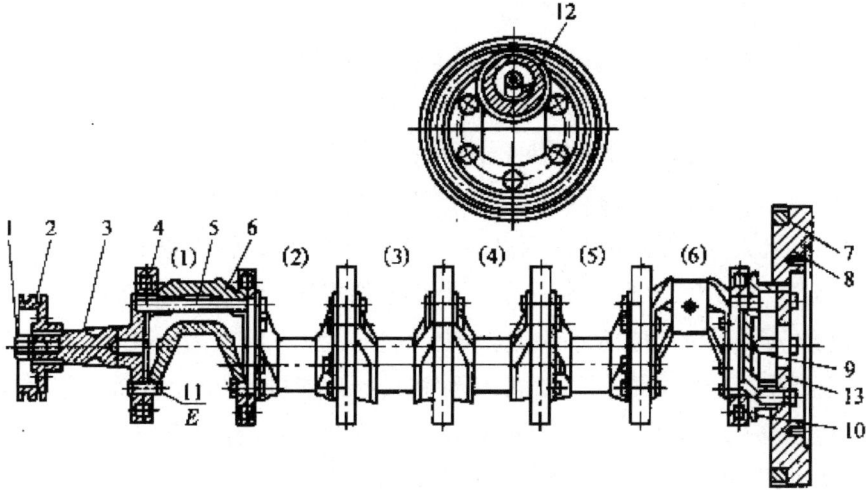

图 2 - 34 组合式曲轴

1—起动爪 2—传动带盘 3—前端轴 4—滚动轴承 5—连接螺栓 6—曲柄 7—飞轮齿圈
8—飞轮 9—后端凸缘 10—挡油圈 11—定位螺钉 12—油管 13—锁片

曲轴作为转动件,必须与其固定件之间有一定的轴向间隙。在发动机工作时曲轴经常受到离合器施加于飞轮的轴向力作用而有轴向窜动;曲轴轴向窜动会导致连杆等各零件的相对位置变化,因此,曲轴必须有轴向定位装置(一般采用滑动推力轴承)。

曲轴推力轴承的形式有两种:组合翻边轴承和片式推力轴承,如图 2 - 35 所示。

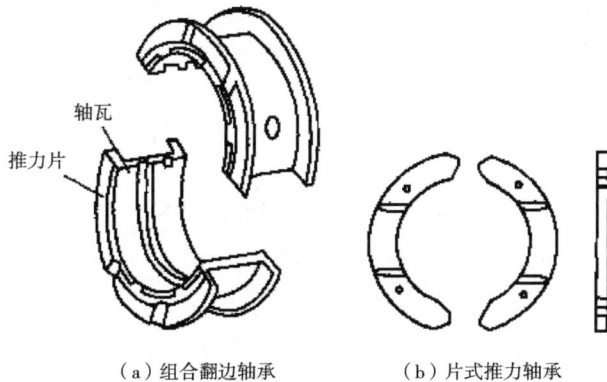

轴瓦

推力片

(a) 组合翻边轴承　　(b) 片式推力轴承

图 2 - 35 曲轴推力轴承

2. 曲轴扭转减振器

在发动机工作过程中,连杆作用于连杆轴颈的作用力大小和方向都是周期性变化的,这种周期性变化的力作用在曲轴上,引起曲轴回转的瞬时角速度也呈周期性变化(由于固装在曲轴上的飞轮转动惯量大,其瞬时角速度基本上可看作是均匀变化的),曲拐旋转便会忽快忽慢,形成相对于飞轮的扭转摆动,这就是曲轴的扭转振动。当激励频率与曲轴自振频率成整数倍关系时,曲轴扭转振动便因共振而加剧。这将使发动机的功率受到损失,正时齿轮、链条或传动带磨损增加,严重时甚至会将曲轴扭断。为了消减曲轴的扭转振动,一般在发动机曲轴的前端装有扭转减振器。

汽车发动机最常用的曲轴扭转减振器是摩擦式扭转减振器,多为橡胶式扭转减振器。

如图 2 - 36 所示,在橡胶摩擦式扭转减振器中,转动较大的惯性圆盘(主动毂)用一层橡胶垫和带轮(惯性盘)相连,惯性圆盘(主动毂)与带轮(惯性盘)同橡胶垫硫化粘结,惯性团盘(主动毂)通过锥型套用减振器固定螺栓装于曲轴前端。当曲轴发生扭转振动时,曲轴前端的角振幅最大,而且通过惯性圆盘(主动毂)带动带轮(惯性盘)一起振动,惯性圆盘(主动毂)和带轮(惯性盘)实际上相当于一个小型的飞轮。这样,惯性圆盘(主动毂)就与带轮(惯性盘)有了相对的角振动,而使橡胶垫产生正、反方向交替变化的扭转变形。由于橡胶垫变形而产生橡胶内部的分子摩擦,消除扭转振动能量,使整个曲轴的扭转振幅减小,把曲轴共振转速移向更高的转速区域内,从而避免在常用转速内出现共振。一汽捷达 EA827 型发动机、上海桑塔纳 AJR 型发动机和一汽大柴 CA6110 发动机的曲轴都采用了橡胶摩擦式扭转减振器。

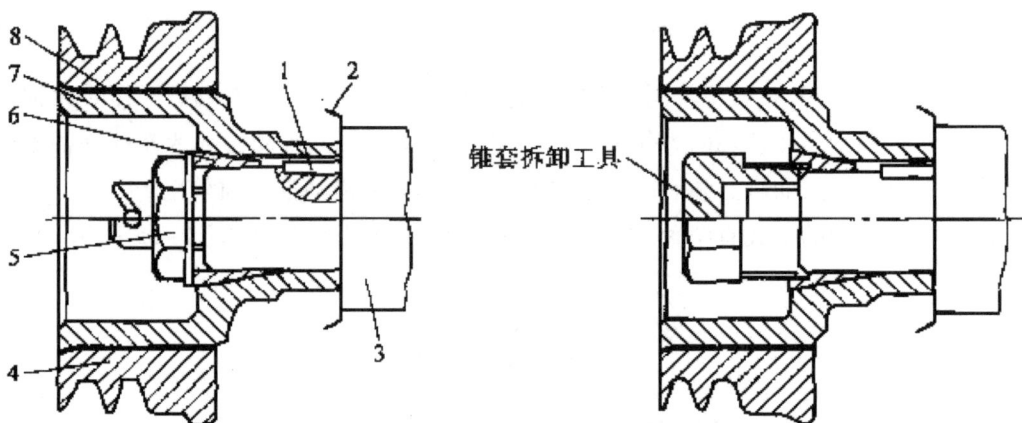

图 2 - 36　橡胶摩擦式扭转减震器

1—平键　2—甩油圈　3—曲轴　4—带轮(惯性盘)　5—减震器固定螺栓
6—锥形套　7—惯性圆盘(主动毂)　8—橡胶垫

3. 飞轮

飞轮是一个转动惯量很大的圆盘,其主要的功用是在发动机做功行程中储存能量,用以在其他行程中克服阻力,带动曲柄连杆机构越过上、下止点;保证曲轴的旋转角速度和输出转矩尽可能地均匀,使发动机有可能克服短时间的超负荷。此外,飞轮常用作摩擦式离合器的驱动件。

为了在保证有足够的转动惯量的前提下,尽可能减小飞轮的质量,应使飞轮的大部分质量都集中在轮缘上,因而轮缘通常做的宽而厚。

飞轮多采用铸铁制造,当轮缘的圆周速度超过 50m/s 时,要采用强度较高的球铁或铸钢制造。

飞轮外缘上压有一个齿圈,与起动机的驱动齿轮啮合,供发动机起动用。飞轮上通常刻有第一缸的点火正时标记,以便于查找压缩上止点、调整气门间隙和供油时间。一汽大柴 CA6110 型发动机的正时记号为 0 + 20°。"0"与飞轮壳上的指针对正时,即表示 1—6 缸的活塞处在上止点位置,如图 2 - 37 所示。

飞轮与曲轴装配后应进行动平衡试验,否则若在旋转时因质量不平衡而产生离心力,将引起发动机振动,并加速主轴承的磨损。为了在拆装时不破坏它们的平衡状态,飞轮与曲轴之间应有严格的相对位置,一般用固定销或不对称螺栓予以保证。

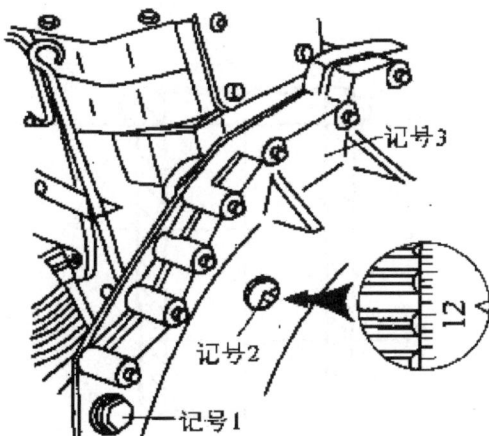

图 2 - 37　发动机点火正时记号

五、曲柄连杆机构的检修

(一)气缸的检修

气缸的检查一般包括两项内容:一项是外观检查,检查气缸的机械损伤、表面质量和化学腐蚀程度等;另一项是用内径量缸表检测气缸的磨损量、圆度、圆柱度和间隙。

1. 测量方法

(1)安装百分表

将百分表安装在表杆的上端,使表的触头与表杆上端接触,并使表有一定的压缩量,使小表针指向约 0.5,并将百分表头固定在表杆上。

(2)选千分尺

根据所测量气缸套的公称尺寸选择合适的千分尺;将千分尺校正并调整到气缸套的公称尺寸数值,锁定千分尺。

(3)选择量杆

根据所测量的数值选择合适的量杆。

（4）校表

用调整好的千分尺，量取测杆与接杆端的尺寸，并使测杆有 1mm 左右的压缩量，即小表针指向"1"或"1"的左右；否则，可通过改变量杆的接杆长度予以调整。

（5）测量部位

一般在气缸的轴向上选取 3 个截面，如图 2-38 所示，即 S_1-S_1（活塞在上止点时，第一道环所对应的缸壁位置）、S_2-S_2（活塞在上止点时，活塞裙部所对应的缸壁位置，即气缸中部）、S_3-S_3（活塞在下止点时，活塞裙部所对应的缸壁位置，一般距气缸下边缘 10 ~ 15mm）。

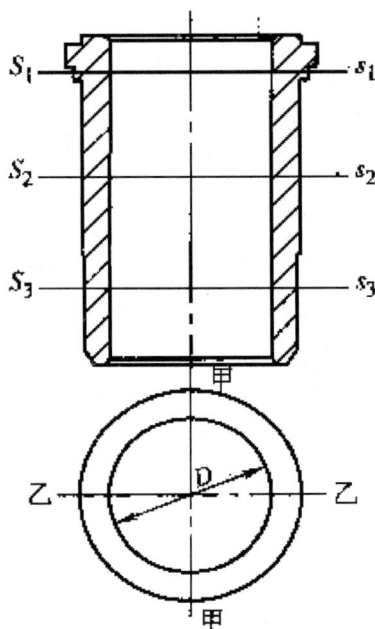

图 2-38　气缸的测量部位

（6）测量读数

如图 2-39 所示，测量时手应握住绝热套，把量缸表整体倾斜放入气缸被侧处，使量缸表整体向直立方向摆动，表针摆动停止或量缸表的指针左右摆动相等（在气缸中心线与测杆垂直）即为所读数值。如果指针正好对"0"处，则被测缸径与公称尺寸相等；当指针顺时针方向离开"0"，则缸径小于公称尺寸；如逆时针方向离开"0"位，则读数大于公称尺寸。记录下所测得 3 个截面不同方向上的数值。

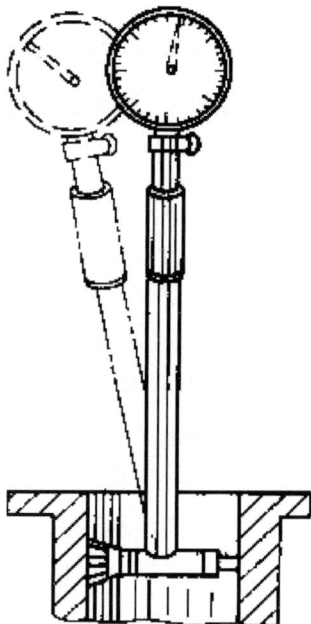

图 2 - 39　量缸表测量法

2. 最大磨损量与间隙的计算

在所测得的数值中,最大的直径(一般在 $S_1—S_1$ 位置)与公称尺寸之差(或 3 个截面不同方向上的最大直径与公称尺寸之差)为气缸套的最大磨损量。

在剖面 $S_2—S_2$ 侧压方向所测取的直径值,与活塞裙部所测得的直径值之差,为缸套与活塞的配合间隙。

3. 圆度与圆柱度的计算

被测气缸的圆度值以同截面两个方向(甲、乙)测得差值的一半计;取其 3 个横截面上的最大值为该气缸的最大圆度值。

气缸的圆柱度以同一方向 3 个横截面上的最大与最小差值的一半计;取其两个方向测得的最大值为该气缸的最大圆柱度值。

4. 气缸修理尺寸的确定(干式气缸)

当气缸磨损超过允许的极限时,应确定气缸的修理尺寸进行修理,并选配与气缸修理尺寸相适应的活塞、活塞环,以恢复气缸的几何形状和正常的配合间隙。

修理尺寸是指零件表面通过修理形成符合技术要求的,大于原始设计公称尺寸的新尺寸。

气缸的修理尺寸通常通过计算方法来确定。修理尺寸等于气缸最大磨损直径与加工余量之和。其数值再与标准修理尺寸对照,以选出合理的修理级别。

(二)气缸套拆装

1. 气缸套的拆卸

①经测量并确定不能继续使用到下一个大修循环的气缸套,应拆卸并更换新的气

缸套。

②使用拉缸器拆卸气缸套。选择圆托盘,把拉缸器总成安装到需拆卸的气缸套上,注意下端的圆托盘不能抵在缸体上,以免损坏缸体,然后进行操作,把气缸套从机体上拉出。

2.气缸套的安装

①清除水套内的水垢,清除气缸套台肩下平面与机体气缸套安装孔上平面阻水圈环槽内的水垢和杂物。

②试装气缸套:在不装阻水圈的情况下,将气缸套装入机体气缸套安装孔内,应能转动气缸套但无过大的晃动量。气缸套凸出机体上平面的高度应为 0.08 ～ 0.21mm(一般用深度卡尺或平尺加塞尺配合测量)。如果凸出的高度不够,可在气缸套台肩下加垫薄铜环来调整。同一机体上的气缸套高度差不应超过 0.03mm。

③安装阻水圈:检查阻水圈是否是合格产品(特征是粗细均匀、无裂纹,表面平整光滑),将阻水圈装入槽内(不准扭卷和损伤,应沿整个圆周均匀凸出环槽)。

④气缸套安装前应确认圆度方向,用钢字码在气缸套短轴方向的缸沿作标记,表示安装方向及安装位置(该方向应位于侧压力方向)。

⑤安装气缸套:用肥皂水涂阻水圈表面及气缸套下部的外表面,将气缸套按所作标记分别压入安装孔内。检查阻水圈是否被挤出或剪损,如果被挤出或剪损,应更换阻水圈再重新安装。检查气缸套是否变形,若圆度或圆柱度超过 0.03mm,应卸下气缸套,查明原因,重新安装。

⑥复查各气缸套出高度及高度差。

3.气缸套安装后的检查

更换后的气缸套应进行质量检查,并将结果填入气缸修理鉴定表中。对维修后有如下技术要求:

①气缸套直径应在修理尺寸的公差范围内,其圆度与圆柱度应在标准范围内,气缸套下部(50～80mm 处)圆度允许在 0.005mm 范围内。

②气缸套的中心偏斜,在 100mm 长度内不得超过 0.05mm。

③气缸套装入后,应进行水压试验,一般在 0.3～0.5MPa 的压力下,阻水圈处应没有漏水现象。

(三)连杆衬套的铰削、连杆的检验与校正

1.连杆衬套的铰削

活塞销与连杆衬套的配合一般是通过铰削、镗削或滚压来完成的,其配合要求是:在常温下,汽油机的活塞销与连杆衬套的间隙为 0.005～0.010mm,且要求活塞销与连杆衬套的接触面积在 75% 以上。中、大型柴油机活塞销与连杆衬套的间隙一般为 0.03～0.05mm。

(1)选择铰刀

按活塞销的实际尺寸选用铰刀,将铰刀的刀杆垂直地夹在台虎钳的钳口上。

(2)调整铰刀

将连杆衬套孔套在铰刀上,一手托住连杆大端,一手压住连杆小端,以铰刀刃露出衬套上面 0.3~0.5mm 作为第一刀的铰削量为宜。

（3）铰削

铰削时,一只手托住连杆大端均匀用力扳转,另一只手将小端向下略施压力。铰削时应保持连杆轴心线垂直于铰刀轴线,以防铰偏。如图 2 – 40 所示。当衬套下平面与刀刃相平时停止铰削,将连杆下压退出,以免铰偏或衬套起棱。然后在铰刀量不变情况下,将连杆翻转 180° 再铰削一次,铰刀的铰削量以调整铰刀的螺母转过 60°~90° 为宜。

（4）试配

每铰削一次都要用相配的活塞销试配,以防铰大。当用手能将活塞销推入衬套 1/3~1/2 时停铰,用木锤将活塞销打入衬套内,并夹持在台虎钳上按连杆工作摆动方向扳转连杆,如图 2 – 41 所示。然后压出活塞销,视衬套的痕迹适当修刮。

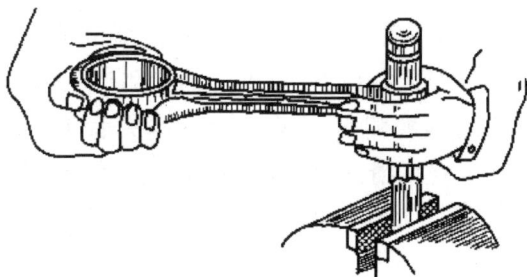

图 2 – 40　连杆衬套的铰削　　　　图 2 – 41　检验活塞销与连杆衬套的配合（一）

活塞销与连杆衬套的配合也可凭感觉判断:以拇指能将涂润滑油的活塞销推过衬套为符合要求,如图 2 – 42 所示;或将涂有润滑油的活塞销装入衬套内,连杆与水平面倾斜成 45°,活塞销应能依靠其自重缓缓下滑。此外,活塞销与连杆衬套的接触面积应在 75% 以上。

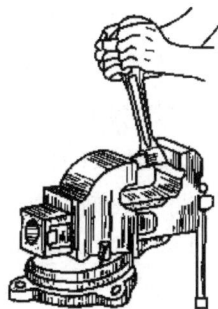

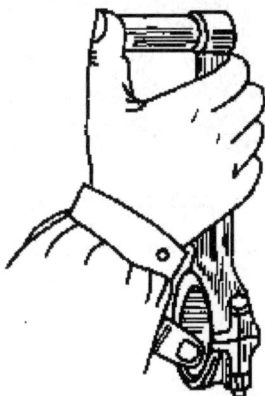

图 2 – 42　检验活塞销与连杆衬套的配合（二）

2. 连杆的检验与校正

连杆的检验与校正采用连杆校正仪进行。该校正仪适用于中小型发动机连杆产生的弯曲、扭曲及其双重变形的检验和校正。

（1）技术数据

①心轴可调范围：38～51.5mm、51～66mm。

②外形尺寸（长×宽×高）：550mm × 300mm × 340mm。

③滑板移动距离：140mm。

④工作台面与芯轴中心高：75mm。

⑤误差：弯曲≤0.03mm、扭曲≤0.05mm。

（2）连杆扭曲及弯曲的检验

连杆衬瓦加工完毕后，装配好活塞销，如图2-43所示，将连杆大端轴孔穿入芯轴1，置于涨块2的中部，边旋升心轴涨块边轻动连杆（全方位轻动），直至连杆完全固定、没有位移量为止（切忌无限度涨紧，以免损坏连杆衬瓦）。用支承架11顶住连杆小端活塞销孔下部，以防连杆小端下垂影响精度。装好百分表，将调整架调好位置：使上表的检测头位于活塞销轴心线的正上面，侧表的检测头位于活塞销轴心线的侧面，即两个表的测头垂直指向活塞销的轴心线。将两表刻度盘归零，用滑板手柄8轻推滑板，使表的检测头置于活塞销最末端。此时，上表显示值为连杆扭曲量，侧表显示值为连杆弯曲量。

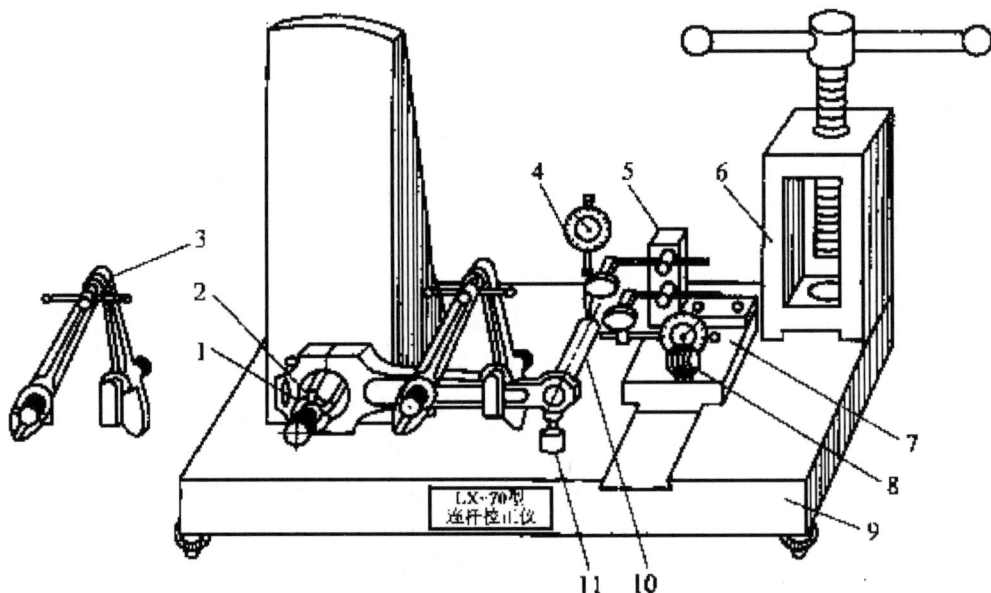

图2-43 连杆校正仪

1—芯轴 2—涨块 3—扭曲架 4—百分表 5—调整架 6—衬瓦压力架

7—滑板 8—滑板手柄 9—工作台 10—活塞销 11—支承架

（3）连杆扭曲及弯曲的校正

连杆扭曲的校正如图 2 - 44 所示，保持在上述检验状态不变，装上扭曲架旋紧钩爪螺母（扭曲架安装一正一反，根据连杆扭曲方向确定扭曲架左右钩爪位置），边旋紧校正紧固螺钉边观察表针的变化，直至表针归零，并根据扭曲量适当校正有一定的过盈量（由材料的弹性后效应作用，卸荷后连杆有复原的趋势）。对于变形量较大的连杆校正后，必须进行时效处理。

连杆弯曲的校正加图 2 - 45 所示，根据连杆的弯曲方向装上弯曲校正架，边旋紧校正紧固螺钉边观察表针的变化，直至表针归零，并根据弯曲量适当校正有一定的过盈量，在校正负荷下保持一定时间。

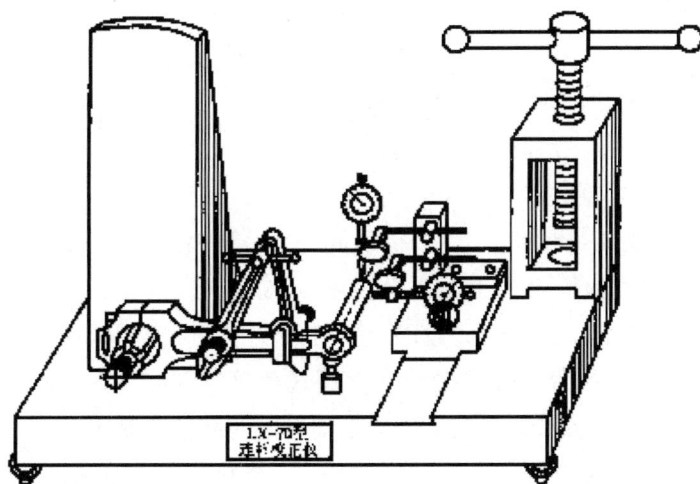

图 2 - 44　连杆扭曲的校正

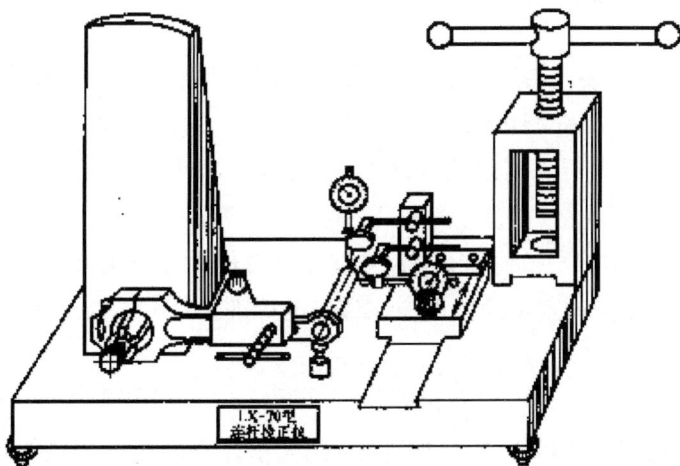

图 2 - 45　连杆弯曲的校正

（4）注意事项

①检验前，调整工作台的 4 个支脚，使各支脚支承力均匀，以保证工作台的平衡和精度。

②保持工作台及心轴无锈蚀现象。

③检验连杆时，要确保表头固定可靠、调整架碟形螺母紧固可靠并无松动现象，芯轴和涨块应无杂物，以免影响精度。

④连杆弯曲量≥0.3mm 时，不应再做校正。这是由于其内应力过大，即使校好，装入发动机后仍会变形，而且还会损坏设备。

（四）活塞连杆组装

1. 活塞的选配

当磨损的活塞超过使用限度不能修复再用时，应当更换新活塞。汽油机选配活塞时应以气缸的修理尺寸为依据，即气缸加大到哪一级修理尺寸。活塞的修理分级尺寸与气缸的相同，加大的尺寸数字，一般都刻在活塞顶上。

选配时应注意下列要求：

①为保证材料、性能、质量和尺寸的一致性，要求同一台发动机必须选用同一厂家生产的同组活塞，即选用配套活塞组，不得拼凑。

②同一台发动机上同一组活塞的直径差不得大于 0.02 ~ 0.025mm。

③同一台发动机内各活塞的质量差不得超过活塞质量的 3%。如果同一组活塞仅质量不符合规定，可车削活塞裙部内壁下部向上 20mm 的部位来修正。

④活塞裙部的圆度和圆柱度应符合规定。汽油机活塞裙部的圆柱度为 0.005 ~ 0.015mm，最大不得超过 0.025mm。活塞的圆度误差一般为 0.10 ~ 0.20mm。

⑤由于活塞头部壁较厚、质量大，工作时的温度比裙部的高，所以在设计或制造时，头部与裙部的直径大小有差异，以防活塞头部热胀后"卡死"在缸内，提高活塞环工作的可靠性。

⑥活塞销座两孔内端面与连杆小头两端面之间的间隙，一般均应保持在 2mm 左右。

⑦为了获得活塞与气缸的正确配合，应测定气缸与活塞的间隙。除用外径千分尺和内径百分表（量缸表）外，还可采用塞尺检查；用塞尺检查时，应先清洗活塞和气缸壁，再将不带活塞环的活塞倒置于气缸内，低于气缸上平面 15 ~ 20mm；同时，选取与标准间隙相同厚度的塞尺塞在活塞的裙部与气缸壁之间，其圆周位置应在垂直活塞销孔处，使塞尺具有适当的阻力又能拉出。此时，塞尺的数据应在该机的标准间隙范围内。

2. 活塞连杆组装工艺

（1）注意事项

①同一台发动机要选用同一厂家的连杆，其同组连杆的质量差应符合规定：装配好的活塞连杆各总成的质量不大于 40g。连杆在组装前应进行弯曲、扭曲的检查及校正。

②活塞销与活塞销孔的配合应适宜。其校查方法是：在室温条件下，将活塞销一端插

座入座孔,以能用手推入销孔 1/2 左右深度内为合适。

③连杆瓦与连杆轴颈的配合间隙应符合要求。

④活塞连杆组装时,应注意安装方向:连杆杆身向前标记(小凸起)应与活塞顶向前标记(箭头)对正。

(2)活塞连杆组装

①清洗:将活塞连杆彻底清洗干净。尤其是连杆杆身有油道及连杆大端有喷油孔的活塞连杆(如 cA6110 型),应用细钢丝(注意不要划伤油道)逐一清理油道、油孔中的污垢,并在冲洗后用压缩空气吹净。

②加热:活塞需加热的,一船是将活塞放入水中或放入恒温箱中加热,最高温度不得超过 100℃。不允许用火烧的方法来加热活塞。先将活塞放入冷水中,让活塞随水温的逐渐升高而升高,以达到所需温度。由于工艺与材质的提高,目前使用的活塞可无需加热直接安装。

③涂油:将活塞销及衬套均匀地涂上润滑油。

④组装

将加热的活塞迅速擦净销孔,随即将连杆小端伸入活塞内(注意安装方向),装上导向销,然后用拇指将活塞销推入销孔及连杆衬套中,直至另一端销孔的锁环槽内端面。

锁环嵌入环槽中的深度相当于锁环钢丝直径的 2/3。

3.检查

①当活塞逐渐降至常温后,测量其裙部尺寸,应满足其与该气缸的间隙配合;否则,可用木锤敲击使其满足与该气缸的配合间隙。

②活塞连杆组的质量差应在规定范围内。

(五)活塞连杆组安装

将待安装的零、部件清洗干净,将零、部件上有相互运动的表面涂上润滑油。

1.检查偏缸

①将已装好的气缸套及曲轴的机体侧置在工作平台上,用木方平稳垫牢。

②将不带活塞环的活塞连杆组按原定气缸标记装入气缸内,保证安装方向正确。CA6110 型发动机连杆方向是活塞顶部标记朝向机体前方。将下瓦片装在相应的连杆盖上,同连杆大端及上瓦片一起安装在连杆轴颈上,并使连杆配对记号或瓦片定位槽在同侧。按规定力矩分次拧紧连杆螺母。

③转动曲轴,逐个气缸检查活塞在上、下止点和气缸中部时,活塞头部前、后两个方向上与气缸壁的间隙,其差不应大于 0.1mm;否则说明有"偏缸"现象,应进行校正。

④拆下各活塞连杆组,并对"偏缸"的活塞连杆组进行重新校正。

2.活塞环的检查

(1)活塞环弹性的检查

活塞环弹性可在专用检验仪上进行,其弹力应符合规定。如,CA6110 型发动机气缸的开口间隙在 0.25 ~ 0.45mm 时,弹力不小于 44.1N 。

（2）活塞环漏光度的检查

一般对平环进行漏光度检查时,漏光部位不应超过两处,每处漏光弧长不得超过 25°,在同一环上漏光总和不得超过 45°,且光隙不超过 0.02mm,在开口处左、右 30°范围内不允许漏光。扭曲环的漏光度要求可适当放宽。

（3）活塞环的端间隙检查

活塞环的端间隙（开口间隙）是将活塞环装入相应的气缸时开口处两端应有的一定间隙。CA6110 型发动机第一道环为 0.35 ~ 0.40mm,第二道环为 0.30 ~ 0.35mm,第三道环为 0.20 ~ 0.30mm。如端间隙过小,允许在活塞环的端面用平锉修复。其检查方法如图 2 - 46 所示。

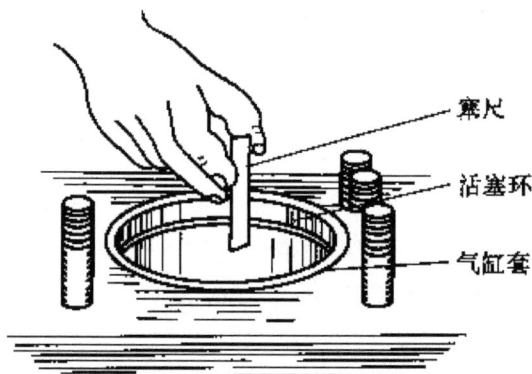

图 2 - 46　活塞环端间隙检查

（4）活塞环的背隙和边间隙的检查

背隙是指活塞与活塞环装入气缸后,在活塞环背部与活塞环槽部的间隙（通常以槽深与环宽之差来确定）。活塞环一般应低于环槽 0.20 ~ 0.35mm,以免工作中在气缸内卡住。

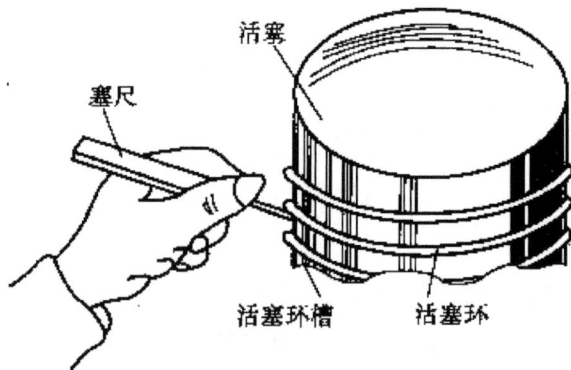

图 2 - 47　活塞环边间隙检查

边间隙是指活塞环与槽平面的上下间隙。边间隙过大,将影响活塞的密封作用,导致润滑油窜入气缸;边间隙过小,则会使活塞环卡死在环槽内,所以要求边间隙符合规定。CA6110 型发动机的边间隙是 0.035~0.072mm。如图 2-47 所示,活塞环边间隙检查时,如边间隙过小可在平板上面铺上 0 号砂纸研磨。

3.安装活塞环

①活塞环在组装时,应按指定的气缸及活塞的环槽进行选配,不可错装。

②活塞环容易折断,因此不可将开口张得过大,应用专用装卸钳来安装,如图 2-48 所示。

③装活塞环时应由下而上安装,先装油环后装气环。

④各环应注意安装方向。扭曲环内切口朝上,外切口朝下。第一道气环大多数是镀铬的平环,有方向性要求,环向上有记号或文字,应将记号或文字朝上安装。

⑤在安装组合式油环时应注意:钢片组合油环的两钢片开口应错开 180°。螺旋弹簧涨圈式油环的弹簧涨圈插头与油环开口要错开 180°。

⑥活塞环安装后,用手转动活塞环应灵活,如有卡阻现象应排除。

4.活塞连杆组装入气缸套

①清洗:将待装部件清洗干净,均匀地涂上润滑油。

②转动曲轴:将待安装的连杆轴颈转到下止点的位量。

③活塞环的开口方向:将一、二道气环的开口方向错开 180°,且开口方向要避开活塞销轴方向和侧压力方向(使开口方向位于销轴与侧压力方向 45° 夹角处);将油环开口方向与其错开如 90°;如有第三道气环,其开口方向与油环开口错开 180°。

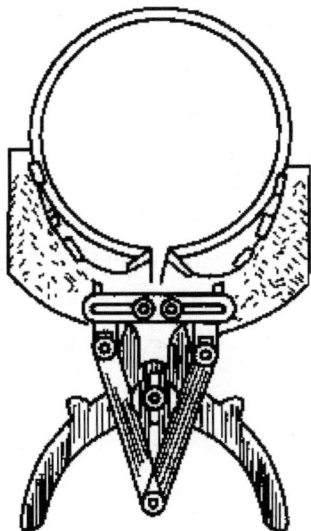

图 2-48　活塞环的拆装工具

④装活塞连杆组:将活塞连杆组校正确位置和方向,使连杆全部及活塞的 2/3 装入气缸(活塞裙部有油环的除外)。

⑤将活塞连杆组推入气缸：用活塞环卡箍压紧活塞环,用木棒将活塞推入气缸。

⑥安装连杆瓦盖：用双手拉动连杆大端,将大端及上瓦片靠在连杆轴颈上。将连杆瓦盖与下瓦片一起按正确方向与连杆大端及上瓦片装合在一起。

⑦拧紧连杆螺母：按规定力矩,分次拧紧连杆螺母以达到规定力矩。

⑧检查：用锤子或铜棒沿曲轴轴向前后敲击连杆瓦盖,连杆应能前后移动。转动曲轴数圈,曲轴应转动灵活,确定无误后再按同样方法安装其他活塞连杆组。

⑨全部活塞连杆组装后,转动曲轴数圈,其转动阻力应正常。确定无任何问题后,锁止各连杆螺母或螺栓。

（六）气缸套的更换、镗削、磨削工艺

1. 气缸套的更换

气缸超过最后一级修理尺寸或缸壁上产生较深的沟痕和裂纹损伤时,可在气缸内镶嵌新缸套（干式）,或在缸体上换配新缸套（湿式）,以恢复气缸的技术尺寸,延长气缸体的使用寿命。

气缸第一次镶套时,应选用外径尺寸最小的气缸套,以便以后能进行多次镶套修理。已镶过缸套的气缸,应先用专用工具将废缸套拉出或压出,也可用镗床镗掉废缸套。然后检查气缸套承孔,圆柱度误差不大于 0.01mm,表面粗糙度 R_a 不大于 3.2μm。湿式气缸套座孔,上、下承孔的圆柱度误差不大于 0.015mm。

（1）干式气缸套的镶配工艺

①对于第一次镶配气缸套的气缸,应根据选用的气缸套外径尺寸,镗修所需要镶套的尺寸和表面粗糙度,以保证气缸套与气缸承孔结合紧密牢固、导热性能完好。

②检查气缸套外径的过盈尺寸,上端有突缘的气缸套过盈量为 −0.04 ~ −0.07mm;无突缘的气缸套为 −0.07 ~ −0.10mm。厂家有分组规定的,应按厂家规定选配。气缸套外圆下口处应有 1×5° 的倒角,以便于镶装。

③镶装时,先在气缸套的外壁和气缸的内壁上涂以润滑油（润滑油和石墨的混合液也可以）,放正气缸套,先插入气缸承孔内一部分,再垫以平整的厚板,将气缸套压入气缸内。在开始压入 20~30mm 时,应将压力卸荷几次,以使气缸套产生的稍许歪斜得以自行校正。同时,也可用直角尺检查气缸套是否垂直,以便及时矫正。待确认无误后,再将气缸套压入气缸。

④为防止气缸体变形,镶装气缸套时应采用隔缸压入法。气缸套压入后,应高出气缸体上平面,可在理修时镗平。

⑤气缸套镶配后,应进行水压试验;再按气缸规定的修理尺寸进行镗缸或珩磨。

（2）湿式气缸套的更换

①拆除旧缸套,可选择专用拉卸器将旧缸套取出;刮除气缸体内的锈蚀、污垢等杂物,并用细纱布擦拭气缸体与气缸套配合的定位部,使其露出金属光泽,特别是密封圈接触的气缸孔壁必须干净光洁。

②换装新气缸套。在安装前,应先将未装密封圈的气缸套与气缸体试装。将选好的气缸套先装入气缸体中,计算垫片的厚度(B = H + △e),以保证气缸套凸出的高度。

③将新的橡胶圈、垫片等套在气缸套上或气缸承孔中,将气缸套压入气缸内。

2. 气缸套的镗削

(1)镗前的准备

以 T8014 型镗缸机为例介绍,如图 2 - 49 所示。

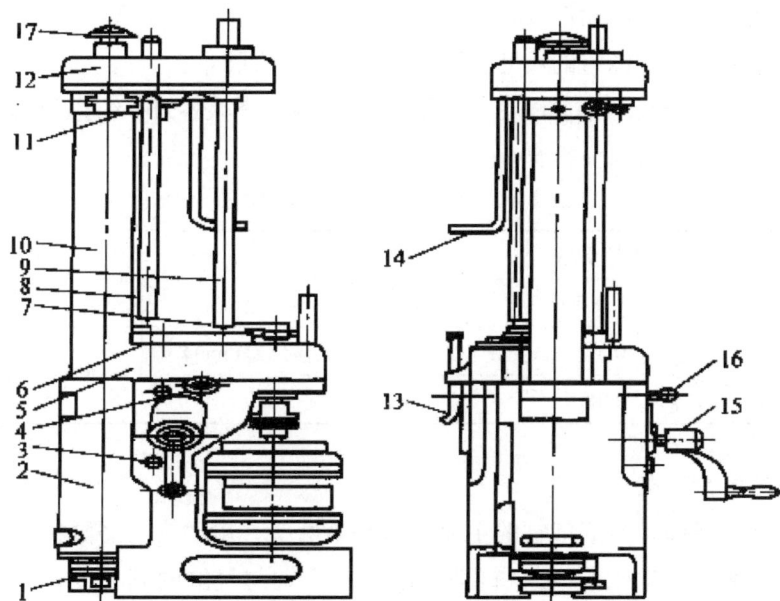

图 2 - 49　T8014 型镗缸机

1—镗头　2—机体　3—放油孔　4—油标　5—变速器盖　6—注油孔

7—磨刀轮　8—升降丝杠　9—光杆　10—镗杆　11—张紧轮装置　12—带轮箱

13—开关　14—自动停刀装置　15—升降把手　16—进给量变换杆　17—定心爪控制旋钮

①检查气缸体水压合格后,掌握气缸体的磨损状况。

②清洁气缸体及定位平面。

③确定气缸的修理尺寸等级:

$$n \geqslant \frac{D_{max} - D_0 + X}{0.25} \qquad (取整数)$$

式中:n ——修理尺寸等级;

　　　D_{max} ——气缸最大磨损处直径,mm;

　　　D_0 ——气缸标准直径,mm;

　　　X ——气缸镗削余量,取 0.10 ~ 0.15mm。

④按计算的修理尺寸等级选配同一厂家生产、同一修理尺寸的成组活塞。

⑤计算气缸镗削后直径:

镗削后直径 = 活塞直径 + 气缸间隙 - 珩磨余量

⑥计算气缸最大锤削量：

最大镗削量 = 镗削后气缸直径 - 镗削前气缸最小尺寸

（2）镗缸机调整与切削量选择

①安装固定镗缸机：在需镗缸的邻近缸孔内用压紧装置将镗缸机压紧在气缸体上，用定心调节器使主轴与被镗缸孔同轴。

②根据缸孔深度调节制动杆，以控制工作行程。

③用专用千分尺测量镗刀的尺寸，按需要调整镗刀的尺寸。

④选择切削量。一般第一刀和最后一刀为 0.1~0.15mm，其余各刀应不超过镗缸机的规定。

气缸镗削后的质量要求应符合表 2-1 要求。

表 2-1　气缸镗削后的质量要求

项目	质量要求	项目	质量要求
圆度公差（mm）	0.005	气缸轴线横向位移公差（mm）	0.01
圆柱度公差（mm）	0.01	气缸轴线纵向位移公差（mm）	0.07
轴线垂直度公差（mm）	0.05	表面粗糙度（μm）	$R_a \leqslant 1.6$

3. 气缸套的磨削工艺

磨削气缸又称珩磨。磨削气缸的主要工具是珩磨头。珩磨头与磨缸机挠性联接，依靠珩磨的气缸内圆表面自动定心，可自行消除磨缸机主轴与气缸的同心度偏差。工作时，珩磨头由磨缸机带动旋转并做上下往复运动，从而实现珩磨头对气缸内表面的连续加工。珩磨后的气缸内表面留下相互交叉的细微网状，如图 2-50 所示。实践证明 α 角以 60°为宜。EA827 型发动机的气缸 α 角规定为 35°±5°。珩磨后气缸的表面粗糙度 $R_a \leqslant 0.32\mu m$。

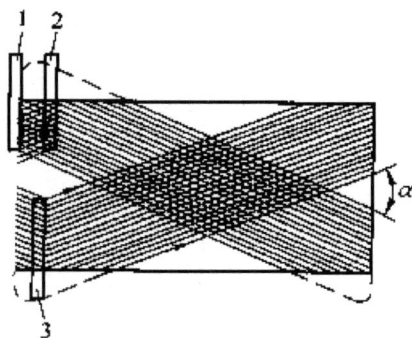

图 2-50　珩磨后的网状磨痕

1—前进行程开始时的砂条位置　2—返回行程终了时的砂条位置

3—前进行程终了时的砂条位置　α-磨痕螺旋线相交的角

东风 TMl 型镗磨缸机珩磨气缸的工艺步骤如下：

①将选择好的成组磨条装在珩磨头上，如图 2-51 所示，调整圆柱度超差小于 0.2mm。圆柱度超差时可在磨条内侧加减垫片调整。

②将珩磨头装在珩磨机上。

③调整珩磨头磨条的压力（即磨条对气缸壁的压力）。将珩磨头放入气缸内，用手旋转调整盘，使磨条向外扩张，直到磨条紧贴气缸壁，松手后珩磨头不会自由下落，上下移动又没过大的阻力时为宜。

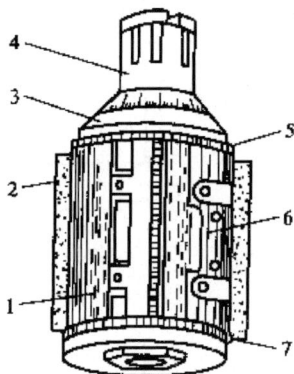

图 2-51　珩磨头

1—连接杆　2—磨条　3—调整盘　4—摇头座　5,7—箍箕　6—砂条导片

④打开切削液开关，使切削液注入珩磨头与气缸壁之间。切削液使用煤油、柴油或者在煤油中加入 15% ~ 20% 的全损耗系统用油。

⑤接通电源，珩磨头开始旋转的同时，必须作上下往复运动，以防磨削不均匀而产生锥度。磨头转数和上下往复运动的关系根据厂家规定的 α 角的大小决定。

⑥磨削时，上下往复运动行程的大小以上、下两端各露出磨条 15 ~ 20mm 为宜。上下行程过大易使气缸产生喇叭形；上下行程过小易使气缸产生腰鼓形。

珩磨气缸过程中必须勤测量，以确保磨缸质量。应注意尽可能使磨缸机的主轴、珩磨头和气缸在同一中心线上，以防偏磨。

用粗磨条珩磨气缸到一定程度后（一般为磨削量的一半），应改换细磨条。当用活塞试配并确认间隙合格后，可用"00"号砂布包在珩磨头上进行气缸的抛光。

经过珩磨的气缸应符合《汽车修理技术标准》中规定的有关技术要求。

①气缸表面应光滑看不到磨痕，表面粗糙度 $R_a \leqslant 3.2\mu m$，气缸壁表面应呈蓝黑色。

②干式气缸圆度误差值应不大于 0.005mm，圆柱度误差值不大于 0.0075mm。

③气缸与活塞的配合间隙应符合技术要求，达到该机的规定标准。

④进行气缸轴线偏斜的检查，即检查气缸轴线与气缸体主轴承座孔轴线垂直度，应符合规定。

（七）曲轴的检修

1. 曲轴的检验

曲轴轴颈磨损的检验如图 2-52 所示。

根据轴颈的磨损规律，在每一道轴颈上选取两个截面Ⅰ-Ⅰ与Ⅱ-Ⅱ，在每一道截面上与曲柄平行及垂直的两个方向 $A - A$ 和 $B - B$ 用外径千分尺进行测量。此时,轴颈同一横断面上两个方向测得的最大数值与最小数值差的一半即为圆度值;轴颈在纵断面上测得的两个截面上最大数值与最小数值差的一半即为圆柱度误差值。

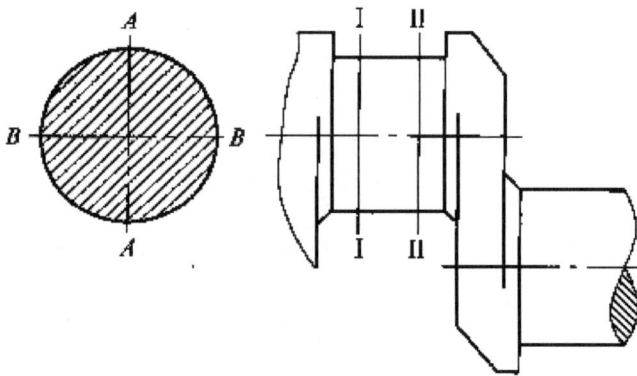

图 2 - 52   曲轴轴颈磨损的检验

2. 曲轴的磨削修理

(1)曲轴磨修前的检查

①曲轴弯曲的检查:曲轴弯曲变形后,曲轴主轴颈的同轴度误差增大。将曲轴置于平台上的两块 V 形架上,再将百分表测头抵在中间的主轴颈上(通常此道轴颈的变形量是最大的),然后转动曲轴一周,此时百分表指针所示的的最大摆差,即为该轴颈对前、后两主轴颈轴线的同轴度误差。该数值一般不大于 0.15mm,否则应校正,低于该值可结合磨削轴颈予以修复。

②曲轴扭曲的检查:检测曲轴扭曲时,可将曲轴置于平台上的两块 V 形架上,然后将第一、第六缸连杆轴颈转到水平位置,用百分表分别测量第一缸连杆轴颈和第六缸连杆轴颈至平台的距离,求得这一方向上两个连杆轴颈的高度差△A,扭转变形的扭转角为:

$$\theta = \frac{360 \triangle A}{2\pi R} = \frac{57 \triangle A}{R}$$

式中:R ——曲柄半径,mm。

③轴颈的测量:用外径千分尺测量轴颈的直径尺寸,按测量结果算出圆柱度和圆度值。各种发动机的规定圆度、圆柱度修理参数见表 2 - 2。

表 2 - 2   气缸、主轴颈、连杆轴颈的规定圆度、圆柱度修理参数

项目		圆度	允许	极限	圆柱度	允许	极限
气缸	汽油机	0.005	0.012	0.10 ~ 0.125	0.010	0.025	0.35 ~ 0.55
	柴油机	0.005	0.020	0.10 ~ 0.125	0.012	0.025	0.50 ~ 0.80
主轴颈	汽油机	0.005	0.075 ~ 0.20	0.25	0.004	0.075 ~ 0.20	0.25
	柴油机	0.005	0.10 ~ 0.18	0.30	0.005	0.10 ~ 0.18	0.30
连杆轴颈	汽油机	0.003	0.01	0.05	0.003	0.01	0.05
	柴油机	0.003	0.10	0.05	0.003	0.10	0.05

（2）曲轴主轴径的磨削

①将床头、床尾的活动卡盘调到中心位置。

②装曲轴：以飞轮接盘法兰和安装正时齿轮轴颈表面作为安装基准（如飞轮法兰带有缺口，应自制一个接盘）。

③粗调整：利用曲轴磨床配备的 V 形规和 K 形规进行初校正。

④精调整第一道主轴颈和最后一道主轴颈，使其径向偏差量不大于 0.03~0.05mm。

⑤用手转动曲轴一圈，检查曲轴转动是否灵活（即找平衡）。

⑥调整砂轮位置，使砂轮对正待磨削的轴颈。

⑦检查快速进给后的位置，使其与所磨轴颈距离合适（在没有快速进给之前，为避免砂轮与曲轴相撞，应用手动手柄将砂轮退回到最后的位置）。

⑧起动床头和砂轮，同时供给切削液。

⑨缓慢进给砂轮，使其与轴颈接触。

⑩从中间主轴颈开始依次磨削其余各主轴颈。

（3）曲轴连杆轴径的磨削

①移动床头、床尾活动卡盘，使偏心标尺偏移数值等于曲轴的回转半径。根据曲轴的重量，初步加上配重铁。

②单独进行床尾的平衡工作，加、减配重铁并调整配重铁的位置，使床头在任何位置上均可停止。

③装曲轴：定位基准与磨削主轴颈相同。

④用 V 形规找正，使 1、4 道连杆轴颈与床头主轴中心线重合。

⑤用 K 形规校正，使曲轴中心线在垂直平面内，否则应调整两卡盘的偏心距。

⑥对床头、床尾和曲轴进行总的平衡调整。

⑦初步校正后，用百分表复查，进行精确定心。

⑧复查曲轴的平衡状态。

⑨检查连杆轴颈的扭曲，将曲轴转到连杆轴颈处于水平位置，用 K 形规检查同心的连杆轴颈的高度，如图 2-53（a）所示。当偏差超过 0.15mm 时，进行补充调整；方法是放松卡盘，微量转动曲轴，使连杆轴颈高度偏差对称于磨床中心，如图 2-53（b）所示。

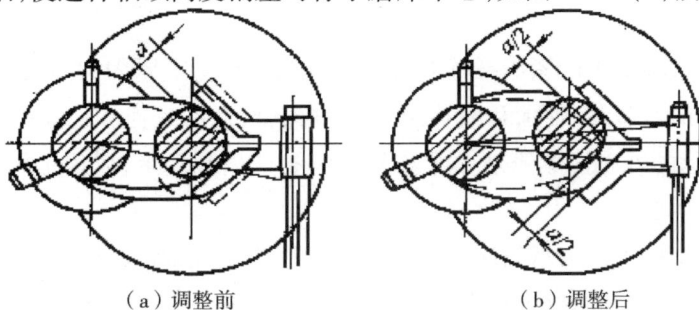

（a）调整前　　　　　　　　　　（b）调整后

图 2-53　连杆轴颈磨削时补充调整

⑩检查实际回转半径。检查时,以床面为基准,用高度游标卡尺测量主轴颈处于最高和最低位置的高度,其差值的一半即为实际回转半径。

⑪检查快速进给的位置,使其与所磨轴颈距离合适(在没有快速进给之前,为避免砂轮与曲轴相撞,应用手动手柄将砂轮退到与轴颈最远的位置)。

⑫起动床头和砂轮,同时供给切削液。

⑬慢慢进给砂轮,使其与轴颈接触。

⑭从两端的轴颈开始磨削。

⑮磨完同一轴线的各连杆轴轴颈后,放松卡盘,转动曲轴,对其余的连杆轴轴颈进行调整并紧固卡盘,逐个磨削。

3.连杆轴承、曲轴轴承的选配

发动机的曲轴轴承一般采用薄壁、双金属的滑动轴承(瓦),只有少数汽车上采用组合式曲轴的发动机使用滚动轴承。双金属轴承的内圆有 0.25~0.50mm 厚的一层减磨合金(巴氏合金、铜铝合金或高锡铝合金等),有利于形成油膜、减小摩擦阻力,同时可以提高导热性、抗压性和抗疲劳性。

(1)轴承常见的损伤及其原因

曲轴或连杆作用于轴承上的压力、离心惯性力等多变载荷,是轴承磨损、损坏的主要原因。润滑不良、润滑油不清洁、温度过高、配合间隙过大或过小、曲轴轴颈磨损后几何尺寸精度的下降、表面粗糙等加剧了轴承的磨损和损坏。长期非正常的运转引起疲劳,是产生疲劳裂纹和块状脱落的重要原因。曲轴轴承损坏的主要现象有合金磨损、刮伤或划伤、裂纹、脱落及烧蚀等。

(2)选配要求

①检变轴承座孔(包括连杆大端孔):薄壁轴承刚度较低,其内孔的几何形状和尺寸精度在很大程度上取决于轴承座孔的精度。选配时,应先检查轴承座孔是否符合技术要求。

检查时,先将轴承盖按规定的力矩紧固螺栓,再用内径量表测量内孔的直径,检查圆度、圆柱度。圆度和圆柱度值不得大于 0.025mm。

②检测轴承的预紧力:轴承的预紧力的大小应适度,预紧力过大,会引起轴瓦变形、挤裂或使合金脱落,螺栓或螺母产生屈服变形等损伤;预紧力过小,会导致配合间隙变大,加速轴承磨损和螺栓的松退。

预紧力是通过轴承盖的紧固螺栓和螺母实现的。厂家对紧固力矩的大小均有规定。

③选择轴承的过盈量:轴承和座孔采用过盈配合,目的是使轴承座孔与轴承具有一定的贴合度,把轴承的外表面紧密地贴合在轴承座孔的内圆面上,以保证轴承在座孔内受力后不会使间隙发生变化。

过盈量的大小取决于轴承与座孔的加工精度。为实现轴承在座孔内的过盈量,轴承在自由状态下并非正圆,其曲率半径大于座孔的半径,如图 2-54 所示。当轴承装入座孔内,上、下两片瓦均应高出座孔平面一定距离,此距离称为瓦片的高出量(H)。轴承与座孔过盈配合的过盈量就是以高出量 H 值来衡量的。一般过盈量的推荐数据:汽油发动机,轴颈在 直径为 $55\sim65$mm 时 H 值为 $0.03\sim0.07$mm;CA6110 柴油发动机规定的 H 值为$0.02\sim0.045$mm。

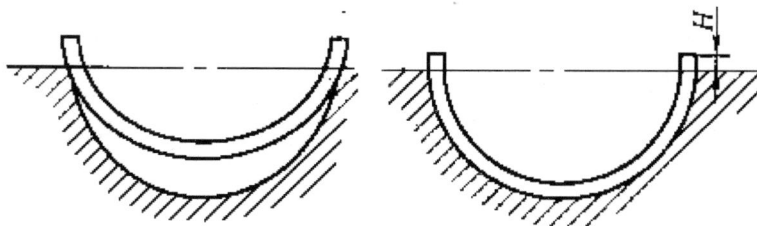

图 2 - 54　轴承装入轴承孔的要求

当 H 值没有具体规定时,可按下式计算:

$$H=\frac{0.0006\pi d}{4}$$

式中: d ——轴承外径。

H 值的选择是否适当,可按下述方法进行验证:将轴承装入座孔中,装上轴承盖,按规定力矩先拧紧一侧的紧固螺栓,在轴承盖另一边的接合面间垫入厚度为 0.05mm 的塞尺后,在拧紧力矩达到 $10\sim20$N·m 时,抽动塞尺。如果抽不动,则说明 H 值选择合适;如果能将塞尺抽出,则说明 H 值选大,可将轴承没有定位凸台的端面锉削,以降低 H 值。如果螺栓紧固力矩尚未达到上述规定标准时,塞尺已抽不动,则说明 H 值太小,应重新选配轴承。

④选择配合间隙:曲轴轴颈与轴承配合间隙的正确选择,是保证发动机正常运转,延长其使用寿命的重要条件。其大小与轴承的减磨材质、润滑油性能、润滑条件、发动机的负荷大小及特征、轴承和轴颈的加工精度、表面质量等有关。其数值一般是厂家试验后规定的。为保证修理质量,必须严格按厂家规定的数据执行,不得任意修改。

(3)轴承的选配

①轴承的直径选配:也称为成品轴承的选配。目前,许多生产厂家将轴承配件直接加工到各级修理尺寸,不留镗、铰、刮削余量;修理时,只需将曲轴轴颈修磨到与之相配合的修理尺寸即可。将曲轴轴颈与轴承擦干净,在主轴颈或连杆轴颈上放一根塑料间隙条,如图 2 - 55 所示。将轴承或连杆盖按原规定位置安装,以规定力矩拧紧螺母或螺栓,如图 2 - 56 所示。

拆下轴承盖,用测量规对照测量间隙条的宽度。测量规宽度所对应的塑料间隙条宽度值,即为该轴颈与轴承的配合间隙,如图 2 - 57 所示。

目前,发动机曲轴轴承和连杆轴承是不用修刮的。EA827 型发动机在分解连杆时,应进行连杆轴承轴向间隙的检查,检查方法如图 2 - 58 所示。连杆的轴向间隙不得超过 0.37mm。

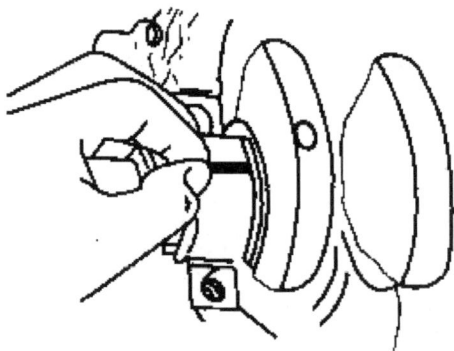

图2-55 在曲轴颈上放置塑料间隙条

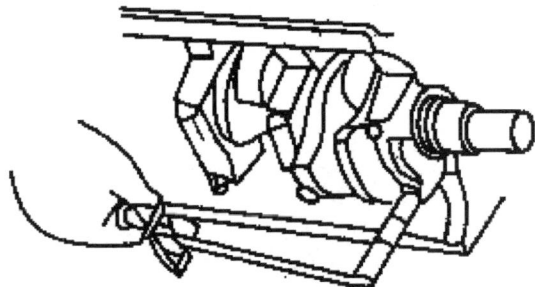

图2-56 拧紧曲轴轴承的螺栓

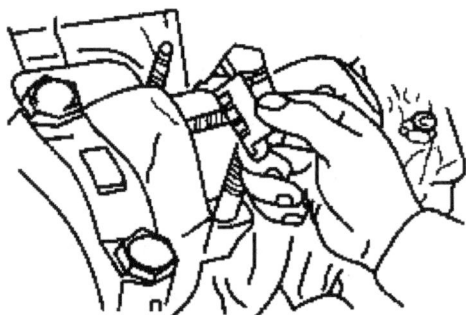

图2-57 用测量规检查轴承间隙

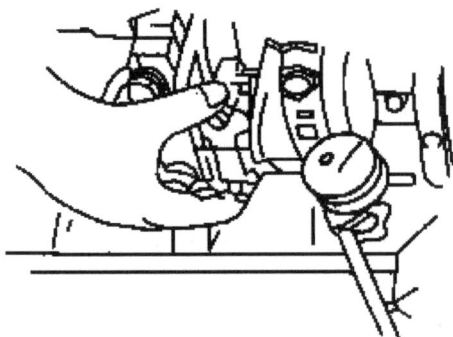

图2-58 检查连杆轴承轴向间隙

②加大轴承的选配：根据曲轴连杆轴颈的磨损情况，确定连杆轴颈的修理尺寸（按修理尺寸标准）；根据连杆轴颈确定的修理尺寸选择轴承。新轴承的背面有供选择的尺寸标记，如果没有标记或修理尺寸级别与轴承的厚度不符，可先测量轴承厚度，再用标准核定其修理尺寸级别。

检查选配的轴承有无裂纹和其他机械损伤，尺寸是否符合修理尺寸级别。用选配法将轴承装入连杆大端承孔中，结合面积不得少于85%，轴承的榫舌与座孔的凹槽应吻合牢固，轴承两端的 H 值应符合标准。

组装连杆轴承，安装连杆端盖，按规定力矩拧紧螺栓，用手指推轴承无松旷现象为合格；如有松动，应重新进行选择。确认轴承选择合格后，按规定力矩拧紧连杆螺栓或螺母。

（4）推力轴承的修配

曲轴的轴向间隙是靠推力轴承来保证的。常用曲轴推力轴承的形式有单片式和组合式两种。单片式推力轴承还可以分为半圆形和圆形。组合式推力轴承是将主轴承和推力轴承铸造加工为一体，利用轴承的翻边为推力凸缘。

选择推力轴承时应注意以下几点：

①检查气缸体主轴承座孔的支承端面是否平整，端面相对于主轴承的摆差不应大于0.02mm。

②推力轴承与轴承座的接合面底板应平整无变形,合金层应结合得牢固可靠。

③推力轴承的轴向间隙可用撬杠将曲轴撬向前或后靠紧一端,然后用塞尺测量其间隙,也可用百分表抵在曲轴的某一端,撬动曲轴,检验曲轴的轴向窜动量(其值应符合规定值)。

④若曲轴轴向间隙超差,则先进行以下有关计算,再决定修复方案:

$$D = \frac{A + B - C}{2}$$

式中A——实际测得的轴向间隙;

　　B——左、右侧曲轴推力轴承厚度和;

　　C——规定的轴向间隙值。

根据 D 值选用或修复推力轴承。

⑤单片式推力轴承安装时,应注意将有合金层的面朝向曲轴,切勿装错。

(八)曲柄连杆机构故障诊断

1.活塞常见损伤分析

(1)顶部热裂纹

现象:活塞顶面(主要在燃烧室边缘)出现裂纹,如图2-59所示。

原因:喷油量过大;超负荷运行;发动机负荷波动大,负荷波动频繁,增压压力过高。

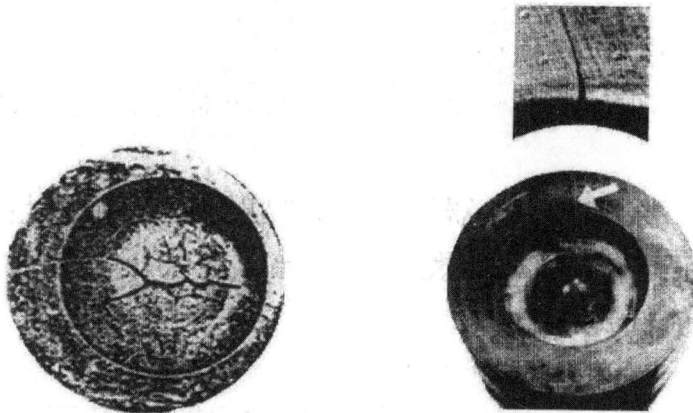

图2-59　活塞顶部热裂纹

(2)四点划伤

现象:活塞销孔两侧裙部拉伤,如图2-60所示。

原因:冷却故障,冷却液温度过高或过低;超负荷运行;不适当的连续起动;大负荷工作后马上停车;长期低负荷运行;全浮式连接活塞销,销与销孔配合过紧或在连杆衬套中卡住;半浮式连接活塞销,销与销孔配合间隙过小。

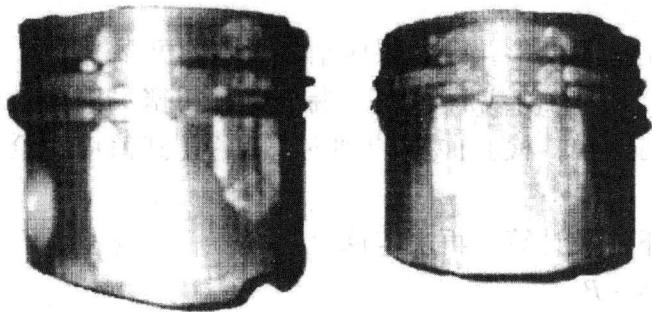

图 2 - 60　活塞四点划伤

（3）活塞倾斜运行

现象：活塞推力面出现倾斜磨痕，其结果可能导致窜油、窜气、不均匀磨损和发动机敲击，如图 2 - 61 所示。

原因：曲柄连杆机构中的个别件出现变形、扭曲、不均匀磨损，或曲轴窜动。

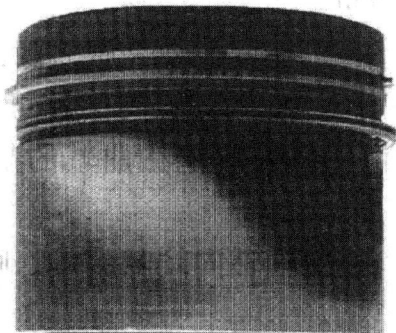

图 2 - 61　活塞倾斜运行

（4）环岸损坏

现象：环岸损伤或断裂，如图 2 - 62 所示。

原因：喷油或点火正时不当（过早）；燃料不合要求（十六烷值或辛烷值低）；积炭严重，压缩比增大；活塞环与环槽严重磨损，侧间隙过大；活塞环断裂撞击环岸；不正确装配或更换活塞环时没有修去缸肩，使环岸受力过大；在低温下频繁冷起动。

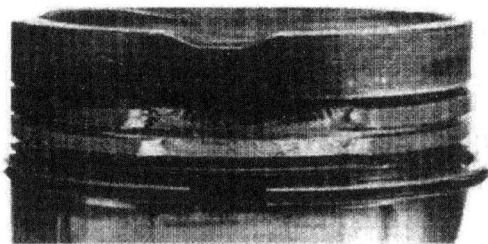

图 2 - 62　活塞环岸损坏

（5）活塞销孔周围损伤

现象：销孔周围出现抛击状（类似熔化状）的损伤痕迹，气缸壁相应被损伤，如图 2 - 63 所示。

图 2 - 63　活塞销孔周围损伤

该损伤是由于活塞销挡圈脱落或断裂所引起，其原因可能是：安装了旧的受损的挡圈；挡圈刚度不够或在槽中的位置不对；连杆弯曲；曲轴轴向间隙过大；连杆轴颈或曲轴回转中心与气缸不垂直等。

（6）活塞顶烧穿、局部烧蚀

现象：活塞顶面烧熔，甚至烧穿，在活塞顶边缘出现局部蜂窝状烧蚀坑，如图 2 - 64 所示。

原因：喷油器故障，如喷射不良、喷油量过大、喷油器安装不当等；喷油或点火过早；非正常燃烧（如爆燃、早燃）导致燃烧压力过大；超负荷运行；使用燃油不当（辛烷值或十六烷值低）。

图 2 - 64　活塞顶烧穿、局部烧蚀

（7）气门顶撞活塞

现象：活塞顶受气门撞击形成深坑。工作中，气门连续高频率地撞击活塞顶部，造成气门断裂，或活塞破碎，如图 2 - 65 所示。

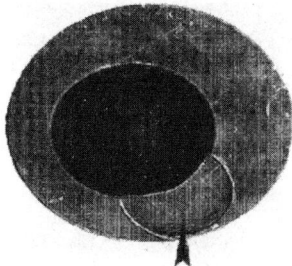

图 2 - 65　气门顶撞活塞

原因:配气相位紊乱,或气门间隙调整不正确。

(8)裙部拉伤

现象:活塞裙部一侧或两侧出现大面积拉伤,如图2-66所示。

原因:气缸变形或缸垫损坏;冷却系统故障,冷却不良;缺润滑油、润滑油不洁或品质不好;怠速转速过低;长期大负荷运行或超负荷运行;不适当的连续冷起动或起动后马上加大负荷;新活塞与气缸未良好磨合即投入大负荷运行。

图2-66 活塞裙部拉伤

(9)销孔内侧压裂

现象:销孔内侧出现裂纹,严重时裂纹沿销座扩展至活塞顶部,如图2-67所示。

原因:供油量过多;点火或供油提前角过大;不适宜的燃油;增压压力过高;超负荷运行等因素引起过大机械负荷将销孔压裂。

图2-67 活塞销孔内侧压裂

(10)活塞裙部破裂

现象:活塞推力面开裂,甚至破损,如图2-68所示。

图2-68 活塞裙部破裂

原因:喷油、点火提前角过大;燃烧不合适(十六烷值或辛烷值过低);气缸活塞磨损过度,配缸间隙增大过多。

(11)活塞头部损伤

现象:活塞头部环岸至顶面区域烧伤或扤伤,活塞环粘结,如图2-69所示。

原因:喷油或点火定时不当(过早或过迟),长期超负荷运行使发动机过热;循环供油量过多;冷却系统故障、传热不良;润滑不良或润滑油品质不好;环槽积炭太多,环黏结或折断;进气系统故障,进入的空气不洁。

图2-69　活塞头部损伤

(12)活塞顶撞缸盖

现象:活塞顶部变形、顶面有缸盖气门口凸台;活塞顶受到缸盖连续撞击,造成顶部变形,甚至活塞破碎,如图2-70所示。

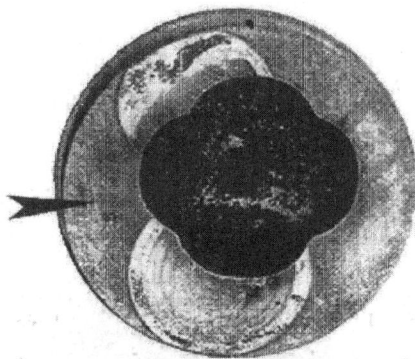

图2-70　活塞顶撞击缸盖

原因:活塞顶部余隙过小,选用的气缸垫型号不符或曲柄连杆机构故障造成活塞行程加长。

(13)活塞拉缸

现象:气缸内表面或活塞表面拉毛或拉出沟槽。

原因:缸套与活塞或活塞环装配间隙过小,润滑不足;活塞裙边有毛刺、砂粒附着在表面;润滑油变质或有杂质;节温器失效,造成发动机温度过高;超载、超速行驶,发动机长期大负荷运转;活塞环断裂;连杆弯曲,使活塞一侧压紧气缸,产生单边拉缸。

排除:保证装配质量;室温在20℃时取拉力为10~20N,气缸间隙为0.05~0.07mm;清除活塞毛刺及表面上的磨粒;保证良好润滑,按要求选用优质润滑油;更新节温器;按规定的装载量,避免发动机长时间大负荷运转;更新活塞环;检查连杆,校正或更换连杆。

2. 曲轴常见损伤分析

(1)小头端

①键槽破损:

现象:键槽侧面缺损并有严重挤伤痕迹,如图2-71所示。

原因:使用非标准键;起动爪拧紧力不足;带轮-减振器内孔大;带轮-减振器内锥套失效。

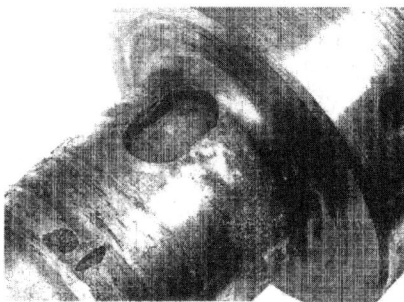

图2-71 曲轴键槽破损

②前端断裂(小头端断裂):

现象:靠近小头端方向的曲柄断开,如图2-72所示。

原因:带轮-减振器总成失效(减振效果差,减振橡胶破损或脱出;带轮平衡差);小头端负荷增加,如加长带轮或在原带轮上叠加带轮等;使用了劣质带轮-减振器。

图2-72 曲轴前端断裂

③小头轴颈表面损伤:

现象:小头轴颈处有划痕,呈凹凸不平,手感较明显,如图2-73所示。

原因:齿轮没有采用加热装配、加热拆卸;选错曲轴型号后,齿轮仍用了冷装拆等不正确的方法。

图 2 - 73　曲轴小头轴颈表面损伤

（2）大头端

①法兰盘端面或螺栓孔损坏：

现象：飞轮螺栓孔缺损，端面磨损变形；严重时，法兰端面也出现划痕，如图 2 - 74 所示。

原因：没有按规定的顺序和力矩紧固螺栓；飞轮锁片没有安装，造成螺栓松动；飞轮与曲轴接触平面有磨损；使用了不合格螺栓，联接力矩不足。

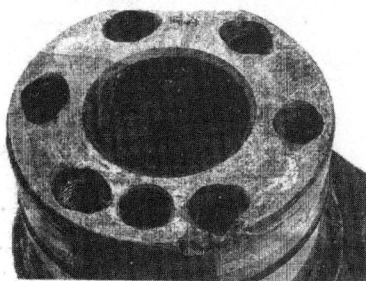

图 2 - 74　曲轴法兰盘端面或螺栓孔损坏

②大头端凸缘破损：

现象：大头端凸缘局部或整圈脱落，如图 2 - 75 所示。

原因：齿轮没有采用加热装配、拆卸，如用锤敲打过量等；漏装齿轮定位销。

图 2 - 75　曲轴大头凸缘破损

（3）与机体装配部位

①止推轴颈侧面异常磨损：

现象：止推面出现拉痕；严重时，造成止推面磨出凹环，如图 2-76 所示。

原因：装错止推片、装反止推片或紧固不牢。

图 2-76　曲轴止推轴颈侧面异常磨损

②化瓦、烧瓦：

现象：轴瓦出现拉痕、合金层熔化脱落，轴颈表面拉伤严重，如图 2-77 所示。

图 2-77　曲轴化瓦、烧瓦

原因：

a. 润滑油方面：使用润滑油牌号与适用温度不正确或润滑油质量差；油底壳内润滑油量不足，导致润滑不良；润滑油太脏或机油滤清器失效；润滑油进水和柴油变稀，造成润滑不良。

b. 润滑油路方面：润滑油压力过低或润滑油道不畅通。

c. 装配方面：轴颈与轴瓦研合间隙过大或过小，无法形成油膜；轴瓦与轴颈的配合接触面没有达到规定的要求；轴承孔变形；选用轴瓦材料有误。

d. 使用方面：没有经过磨合运行；机体内冷却液温度过高等。

③曲轴疲劳断裂：

现象：曲轴断口在疲劳区，断口表面光亮有摩擦痕迹，出现呈沙滩状的疲劳纹，如图 2-78 所示。

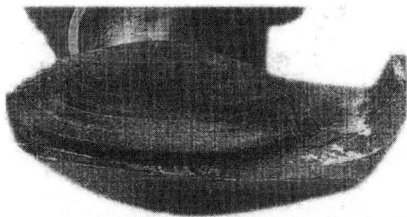

图 2 - 78 曲轴疲劳断裂

原因:

a. 装配方面:选用高强度螺栓有误,增压与不增压使用了相同螺栓;没有按规定的顺序和力矩紧固螺栓,螺栓松动。

b. 相关件方面:化瓦、抱瓦;减振器总成的损坏引起曲轴自身扭转振动;机体主轴承孔不同轴度过大或轴瓦间隙过大;各缸工作不均衡,活塞连杆组的组合质量偏差过大,飞轮偏摆过大等引起的曲轴受力不均。

c. 使用方面:工作严重超重超负荷,或运行时的不正确操作(如起步太猛等);轴颈磨损超过磨损极限,引起疲劳强度下降。

④烧、化瓦引起的曲轴断裂:

现象:轴颈烧、化瓦严重,致使曲轴运转有阻造成断裂;轴颈表面有明显拉痕;轴颈局部变黑,断口疲劳纹理不明显,如图 2 - 79 所示。

原因:烧瓦、化瓦没有及时停车。

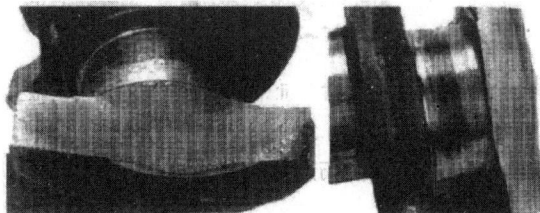

图 2 - 79 烧、化瓦引起的曲轴断裂

⑤异常断裂:

现象:断口无疲劳纹,如图 2 - 80 所示。

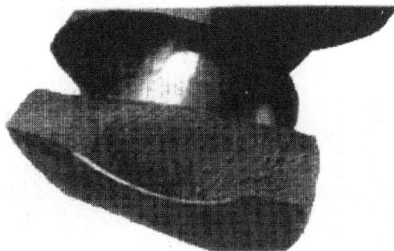

图 2 - 80 曲轴异常断裂

原因:曲轴受外力一次性冲击而导致断裂。

⑥曲轴异常磨损:

现象:日测轴颈表面并无异常,但手感凹凸不平,如图2－81所示。

原因:润滑油压力不足;轴颈与轴瓦之间装配间隙不当;润滑不良:润滑油内杂质太多或润滑油道内杂质没有清洗干净;相关件异常:润滑油滤芯、空气滤芯没有及时更换或清洗。

图2－81 曲轴异常磨损

3. 轴瓦常见损伤分析

(1)轴瓦使用要点

轴瓦使用的正确与否,关系到发动机的使用寿命长短。为了保证其得到正确使用,需注意以下事项:

①购买前应注意选择轴瓦的规格。

②装配前必须清洁相关部件。

③检查相关的孔径、轴颈尺寸,以保证装配间隙。

④在检奋装配间隙时,瓦背上严禁垫纸片、铜片等;轴瓦内圆合金面严禁刮削。

⑤润滑油必须符合国标要求。

⑥应防止任何条件下长时间超负荷行驶。

⑦若遇以下情况,请勿装机使用:自由弹张量较小,以致装入座扎中轴瓦松动;压紧状态下其贴合面＜85％。

(2)轴瓦常见损伤分析

①划伤:

现象:工作表面沿旋转方向出现数根较深的划痕,如图2－82所示。

原因:在轴瓦润滑间隙中进入了硬质颗粒(主要是由润滑油带入,或因装配时清洁工作不佳而混入)。

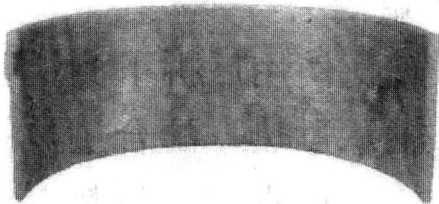

图2－82 轴瓦划伤

改进措施:检查滤清效果;装配时严格进行清洁工作。

②钢背烧伤:

现象:钢背表面呈大面积发暗区,如图2-83所示。

原因:轴瓦与座孔贴合不佳,热量不能及时散出。

改进措施:严格控制贴合质量;检查过盈量是否足够;检查座孔刚度是否足够。

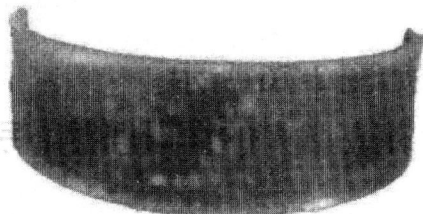

图2-83 轴瓦钢背烧伤

③侵蚀磨损:

现象:在油孔、油槽边缘呈现冲刺状磨损,如图2-84所示。

原因:润滑油润滑质量不佳。

改进措施:检查滤清效果。

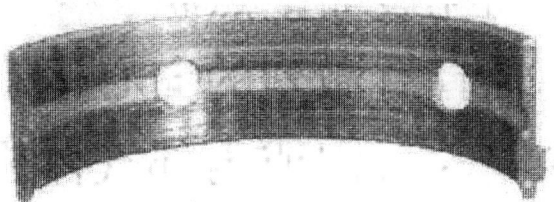

图2-84 轴瓦侵蚀磨损

④磨粒磨损:

现象:工作表面主要承载区呈现大面积沿旋转方向的细微擦痕,如图2-85所示。

原因:润滑油润滑质量不佳,允许通过异物颗粒度太大或润滑油受到污染。

改进措施:提高滤清效果;及时更换润滑油。

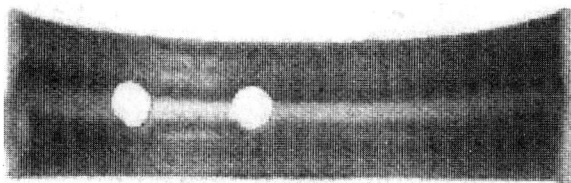

图2-85 轴瓦磨粒磨损

⑤混合摩擦磨损:

现象:工作表面局部区域呈现比较光滑的磨痕,轴承间隙加大,如图2-86所示。

原因:油膜承载力不够,油膜厚度太薄;长时间过载;频繁起动、制动。

改进措施:合理选配轴瓦,保证配合间隙;避免超载;规范行车。

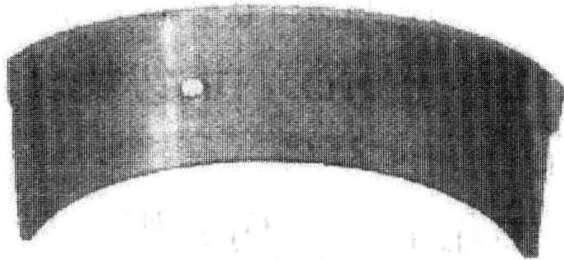

图2－86　轴瓦混合摩擦磨损

⑥龟裂:

现象:合金层表面出现网状裂纹,如图2－87所示。

原因:轴承过载;轴承工作温度太高,由于变形或其他原因,轴承工作表面载荷分布不均产生局部峰值压力。

改进措施:检查有无引起温度过高的因素,加强轴承的冷却效果;检查轴承间隙。

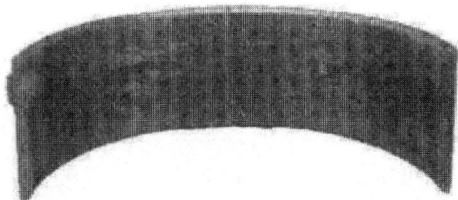

图2－87　轴瓦龟裂

⑦ 弹张量消失:

现象:轴瓦使用后拆下测量,发现自由弹张量减小,甚至消失,如图2－88所示。

原因:轴承过热;配合过盈量太大。

改进措施:检查过盈量是否太大;检查轴承是否发生过热现象。

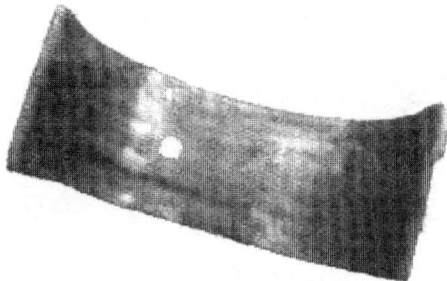

图2－88　轴瓦弹张量消失

⑧腐蚀:

现象:工作表面呈大面积麻点,瓦面发黑,严重者大块剥落,如图2－89所示。

原因:润滑油长期工作后变质;气缸中燃气泄入曲轴箱,污染了油底壳中的润滑油。

改进措施:及时更换润滑油;采用腐蚀添加剂。

图 2-89　轴瓦腐蚀

⑨气蚀:

现象:轴瓦表面呈点状、斑状剥落痕迹,边缘清晰,如图 2-90 所示。

原因:轴承有激烈的向心运动区域,润滑油不能及时补充增大的润滑间隙,引起瞬时低压;润滑油混入气泡或内部气体析出形成气泡。

改进措施:改善主轴的动平衡;提高润滑油质量,加人防泡沫添加剂或采用防泡沫性能较好的润滑油。

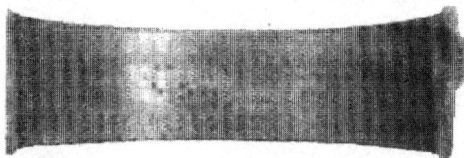

图 2-90　气蚀

⑩咬胶:

现象:合金层熔化,工作表面呈现大面积沿圆周方向被拖动的沟痕、油孔、油槽以及瓦背边缘有合金熔化铺开的痕迹,轴颈表面亦粘焊着轴承合金,如图 2-91 所示。

原因:轴承过载;断油;剧烈的磨料磨损及发热;间隙过小,轴承发热卡死;润滑油黏度太低;瓦背贴合不好,热量不能及时散出。

改进措施:提高油膜的承载能力;选择合适的配合间隙;保证贴合度。

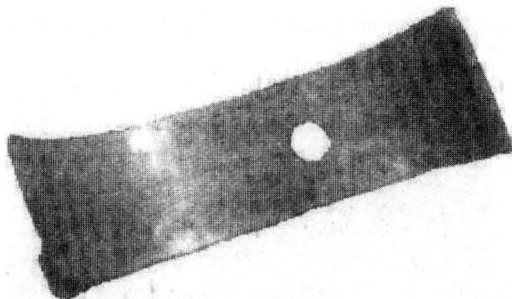

图 2-91　轴瓦咬胶

⑪剥落：

现象：合金层呈片状剥落，剥落区底面呈碎粒状，如图 2 - 92 所示。

原田：轴承过载；轴承工作温度太高，由于变形或其他原因，轴承工作表面载荷分布不均产生超过局部峰值压力。

改进措施：检查有无引起温度过高的因素，加强轴承的冷却效果；检查轴承间隙。

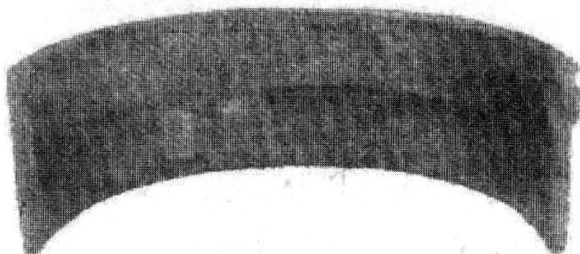

图 2 - 92　轴瓦合金层剥落

⑫脱壳剥落：

现象：合金层呈片状剥落，剥落区底部露出钢背的清晰的结合面，如图 2 - 93 所示。

原因：合金层复合质量不佳。

改进措施：提高合金层复合质量。

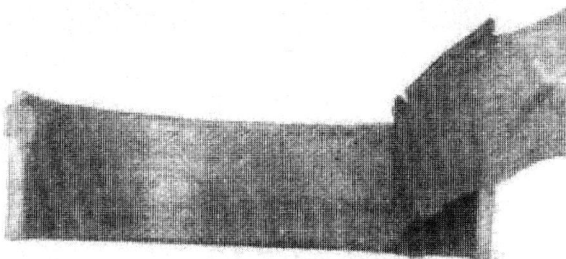

图 2 - 93　轴瓦脱壳剥落

⑬轴瓦中部偏磨：

现象：轴瓦中部出现磨损，如图 2 - 94 所示。

原出：轴颈母线呈现股形突出；轴承座孔边缘刚性不足，负荷主要由轴瓦中部承受。

改进措施：提高轴颈加工精度。

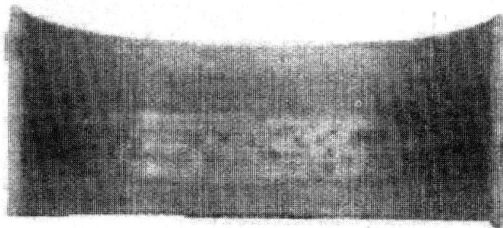

图 2 - 94　轴瓦中部偏磨

⑭轴瓦一侧偏磨：

现象：轴瓦一侧边缘呈现磨损痕迹，如图2-95所示。

原因：轴颈、轴承座产生倾斜变形或有加工误差。

改进措施：提高轴颈和座孔的加工精度。

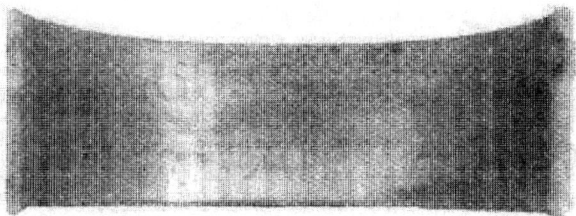

图2-95 轴瓦一侧偏磨

⑮轴瓦两侧偏磨：

现象：轴瓦两侧边缘呈现磨损痕迹，如图2-96所示。

原因：轴颈圆柱度不符合要求，母线中凹，负荷集中在轴瓦边缘区域。

改进措施：提高轴颈加工精度。

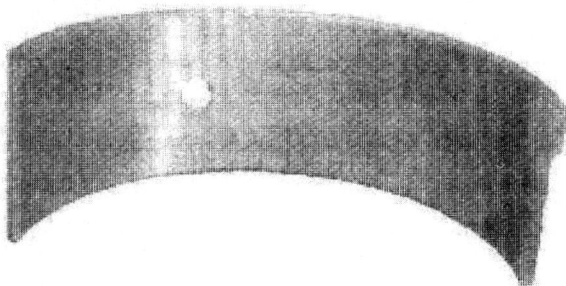

图2-96 轴瓦两侧偏磨

4. 发动机不能起动或排气管冒黑烟

（1）故障现象

现象一：发动机不能起动或排气管冒黑烟。

现象二：起动机运转正常，发动机达不到正常转速。

现象三：润滑油消耗大，排气冒蓝烟。

（2）故障分析

活塞环无弹力或断裂，导致发动机不能起动、排气管冒黑烟等故障发生。

（3）故障排除

发动机出现上述故障时，在简单排除其他故障的前提下，将活塞环无弹力或断裂视为主要原因进行判断。经判断确定后，解体发动机，拆下活塞环，清洗或更换以排除故障。

5. 缸套的早期磨损

（1）故障现象

发动机工作时间不到大修间隔,气缸压力便下降至 0.59～0.64Mpa 以下,燃料消耗增加,润滑油消耗严重。

(2)故障分析

①气缸套严重磨损。

②润滑油变质、润滑不良,润滑油中含有杂质。

③空气滤芯失效,灰尘进入气缸,导致缸壁磨损加剧。

④长时间超负荷运行,导致发动机温度过高,高温气体腐蚀缸壁。

⑤活塞环开口间隙过小,导致活塞环断裂,使气缸壁刮痕。

(3)故障排除

①检修或更换节温器,使其作用正常,保持发动机在最佳的温度工作。

②换用优质的润滑油。

③更换空气滤清器滤芯,确保进气清洁。

④按规定装载、按要求行驶,避免发动机过热,减少腐蚀磨损。

⑤更换新的活塞环,并保证活塞环间隙准确。

第三章　配气机构的构造与维修

一、配气机构概述

（一）配气机构的功用和要求

配气机构是发动机的重要组成部分之一。它的作用是根据发动机每一气缸工作循环的要求，定时打开和关闭各气缸的进、排气门，使新鲜可燃混合气（汽油机）或空气（柴油机）得以及时进入气缸，气缸内燃烧所产生的废气得以及时排出，使换气过程最佳，以保证发动机在各种工况下工作时发挥最好的性能。

进入气缸内的新鲜可燃混合气或空气（也称进气量）对发动机性能的影响很大。进气量越多，发动机的有效功率和转矩越大。因此，配气机构首先要保证进气充分，进气量尽可能多。同时，废气要排除干净，因为气缸内残留的废气越多，进气量就会越少。其次，配气机构的运动件应该具有较小的质量和较大的刚度，保证配气机构具有良好的动力特性。

（二）配气机构的常见形式和组成

配气机构常见的有两种形式：一是气门式配气机构，它由凸轮驱动，通过传动机构来控制进排气门开闭，这是四冲程发动机最常用的一种机构。二是气孔式配气机构，它是在气缸套中开有进排气孔，通过活塞的移动来控制进排气过程，常用在二冲程发动机上。

四冲程气门式配气机构的基本组成可分为气门组和气门传动组两部分，如图 3 - 1 所示。气门组的组成与配气机构的形式基本无关，主要零件包括气门、气门座、气门弹簧、气门导管等。气门传动动组包括驱动气门动作的所有零件，其组成取决于配气机构的形式，主要零件包括正时齿轮（或正时链轮和链条、或正时带轮和传动带）、凸轮轴、挺杆、推杆、摇臂轴和摇臂等。发动机工作时，曲轴通过正时齿轮驱动凸轮轴旋转，使凸轮轴上的凸轮凸起部分通过挺杆和推杆推动摇臂绕摇臂轴摆转，摇臂的另一端便向下推开气门，并使气门弹簧进一步压缩。当凸轮的顶点转过挺杆后，便逐渐减小了对挺杆的推力，气门在其弹簧弹力的作用下，开度逐渐减小，直至最后关闭。为防止发动机工作中，配气机构零件受热膨胀而导致气门关闭不严，摇臂与气门尾端有一定的间隙（气门间隙）。在装有液力挺杆的配气机构中，不需留气门间隙。

（三）配气机构的分类

配气机构有多种类型，现代汽车发动机采用顶置气门式配气机构，即气门安装在燃烧室顶部。每个气缸一般安装 2~5 个气门，气门一般沿发动机纵向排成一列或两列。

1. 按凸轮轴的安装位置分类

配气机构按凸轮轴的安装位置分为下置凸轮轴式、中置凸轮轴式和顶置凸轮轴式三种类型。

（1）下置凸轮轴式配气机构

下置凸轮轴式配气机构如图 3－1 所示，其特点是凸轮轴安装在气缸体下部的曲轴箱内，平行布置在曲轴的一侧。由于曲轴和凸轮轴位置靠近，用一对分别安装在凸轮轴和曲轴前端的正时齿轮驱动，传动装置比较简单，润滑比较方便；但凸轮轴远离气门，需用较长的推杆来传动。

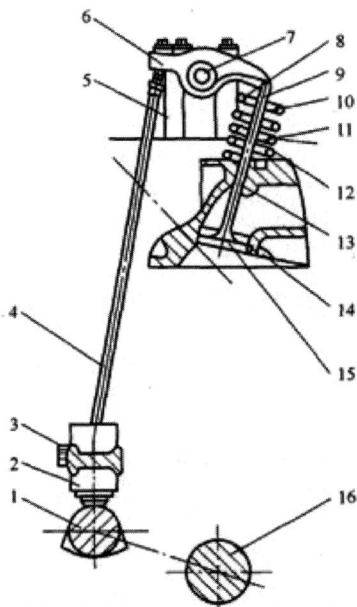

图 3－1　配气机构的基本组成

1—凸轮轴　2—气门挺杆　3—挺杆导向体　4—推杆　5—摇臂轴承座　6—摇臂
7—摇臂轴　8—气门弹簧座　9—气门间隙　10—气门锁片　11—气门油封
12—气门弹簧　13—气门导管　14—气门座　15—气门　16—曲轴

（2）中置凸轮轴式配气机构

为减小气门传动组零件往复运动的惯性力，一些速度较高的发动机将下置式凸轮轴的位置抬高到气缸体的中上部，如图 3－2 所示，其组成与下置凸轮轴式配气机构基本相同。

中置凸轮轴式配气机构推杆长度较短，甚至有些发动机省去了推杆，而由凸轮轴经过挺杆接驱动摇臂，减小了气门传动机构的往复运动质量。中置凸轮轴式配气机构中，凸轮轴离曲轴较远，一般采用链传动或带传动，有的也采用齿轮传动。

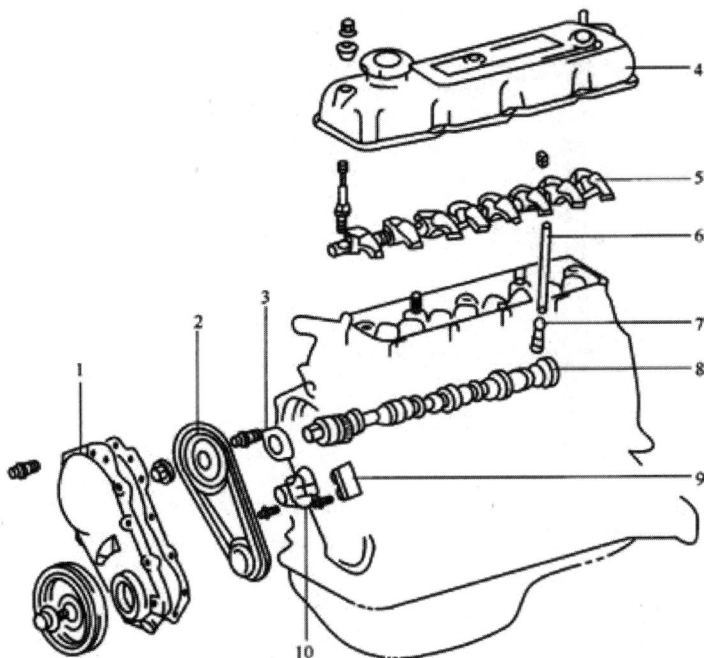

图 3 - 2　中置凸轮轴式配气机构

—正时链罩　2—正时链条和链轮　3—凸轮轴止推凸缘　4—气缸盖罩　5—摇臂轴总成
6—推杆　7—液力挺杆　8—凸轮轴　9—链条减震器　10—链条张紧装置

（3）顶置凸轮轴式配气机构

顶置凸轮轴式配气机构的主要特点是凸轮轴安装在气缸盖上，气门传动组不需推杆，用凸轮轴直接驱动摇臂或气门，不仅减少了配气机构零件，而且往复运动质量大大减小，因此在轿车发动机上应用广泛。由于凸轮轴离曲轴中心较远，因而采用链条传动或齿形带传动，使得正时传动机构较为复杂，而且拆装气缸盖也比较困难。

顶置凸轮轴式配气机构根据凸轮轴数通常分为单顶置凸轮轴式和双顶置凸轮轴式两种。

①单顶置凸轮轴式配气机构。单顶置凸轮轴式配气机构的布置形式有很多，但都是用一根凸轮轴（安装在气缸盖上），通过挺杆直接（无摇臂总成）或间接（有摇臂总成）驱动所有气缸的进气门和排气门。

单顶置凸轮轴、无摇臂总成、一列气门式配气机构如图 3 - 3 所示。凸轮轴通过液力挺杆直接驱动气门开启，气门传动组不但没有推杆，也取消了摇臂总成，使配气机构更简单，这种结构形式在轿车发动机上应用越来越广泛。

单顶置凸轮轴、单摇臂总成、两列气门式配气机构如图 3 - 4 所示。凸轮轴通过摇臂驱动气门开启，由于气门排成两列，所以驱动进、排气门的摇臂相对安装在一根摇臂轴上。

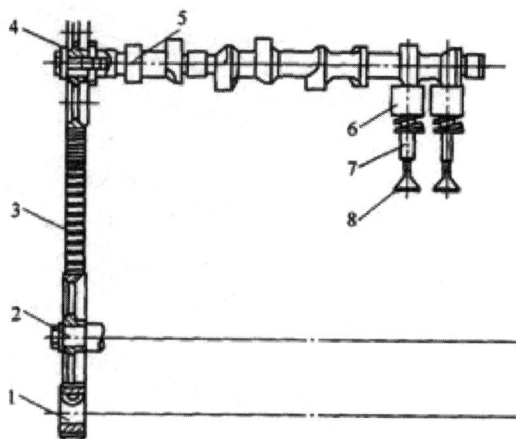

图 3 - 3 单顶置凸轮轴、无摇臂总成、一列气门式配气机构
1—曲轴正时带轮 2—中间轴正时带轮 3 —正时带
4—凸轮轴正时带轮 5—凸轮轴 6—液力挺杆 7—气门弹簧 8—气门

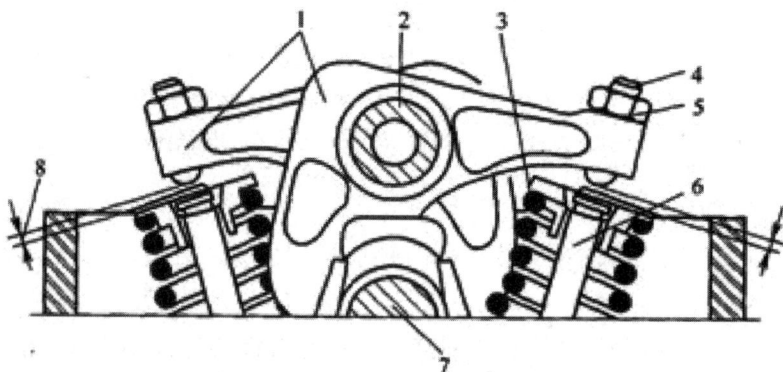

图 3 - 4 单顶置凸轮轴、单摇臂轴、两列气门式配气机构
1—摇臂 2—摇臂轴 3—气门弹簧 4—气门间隙调整螺钉
5—锁止螺母 6—气门 7—凸轮轴 8—气门间隙

单顶置凸轮轴、双摇臂轴总成、两列气门式配气机构如图 3 - 5 所示。凸轮轴分别通过进气摇臂和排气摇臂驱动进气门和排气门开启，由于进、排气门排成两列，所以驱动进、排气门的进气摇臂和排气摇臂分别安装在各自的摇臂轴上。

单顶置凸轮轴、浮动摇臂、一列气门式配气机构如图 3 - 6 所示。其特点是驱动摇臂的凸轮轴位于摇臂上方，采用浮动式摇臂（只有摇臂而无摇臂轴），为减轻凸轮和摇臂之间的磨损，在摇臂上设有滚动轴承。液力挺杆安装在位于气缸盖上的挺杆导孔内，摇臂与挺杆采用球面接触，并作为摇臂摆转的支点。

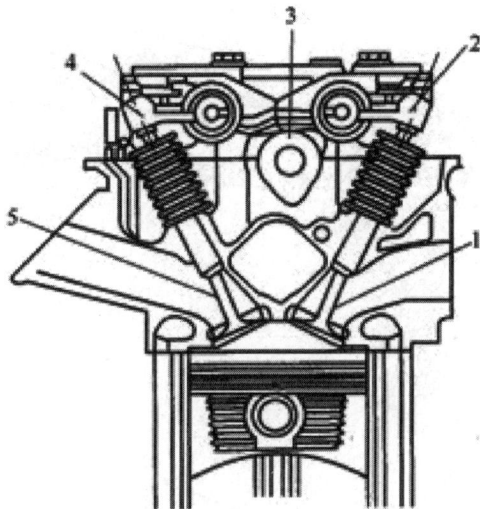

图 3 - 5　单顶置凸轮轴、双摇臂轴、两列气门式配气机构
1—排气门　2—排气摇臂　3—凸轮轴　4—进气摇臂　5—进气门

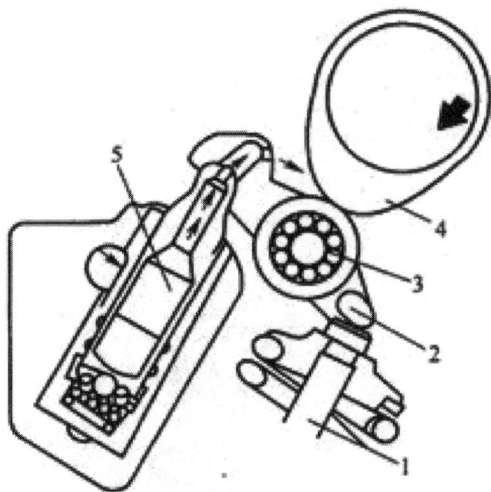

图 3 - 6　单顶置凸轮轴、浮动摇臂、一列气门式配气机构
1—气门　2—摇臂　3—滚动轴承　4—凸轮轴　5—液力挺杆

　　②双顶置凸轮轴配气机构。双顶置凸轮轴配气机构如图 3 - 7 所示,特点是通过两根凸轮轴分别驱动排成两列的进气门和排气门,这种结构多用在多气门发动机上。与单顶置凸轮轴式配气机构很相似,既可通过凸轮轴直接驱动气门,也可通过摇臂间接驱动气门。

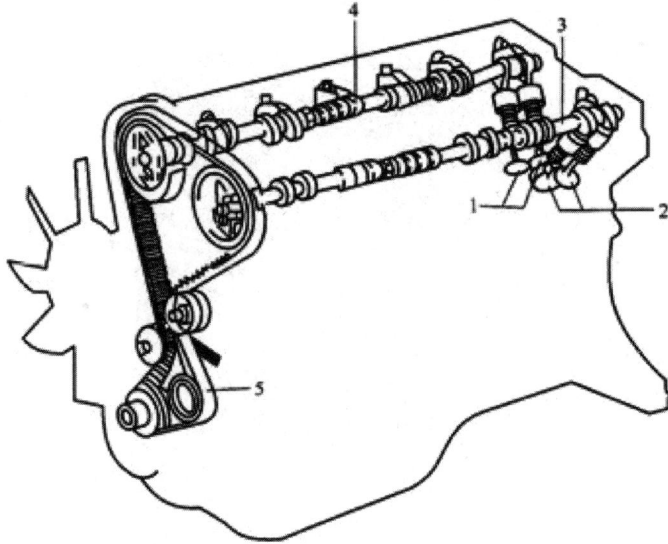

图 3 – 7　双顶置凸轮轴式配气机构

1—排气门　2—进气门　3—进气凸轮轴　4—排气凸轮轴　5—正时齿形带

2. 按凸轮轴的传动方式分类

配气机构按凸轮轴的传动方式可分为齿轮传动式、链条传动式和齿形带传动式三种。由于四冲程发动机每完成一个工作循环,曲轴转两圈,而各缸只进、排气一次,即凸轮轴只需转一圈,所以曲轴与凸轮轴的传动比为2∶1。

（1）齿轮传动式

下置凸轮轴式配气机构一般都采用圆柱形正时齿轮传动,如图3 – 8所示。

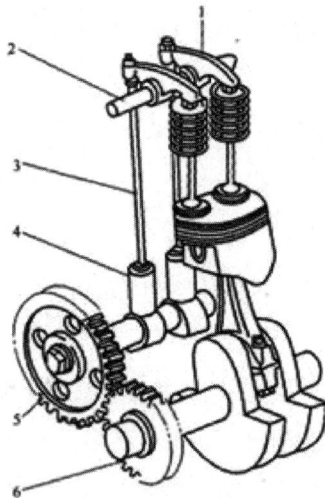

图 3 – 8　凸轮轴的齿轮传动机构

1—摇臂　2—摇臂轴　3—推杆　4—挺柱　5—凸轮轴正时齿轮　6—曲轴正时齿轮

为了保证啮合平稳,减少传动噪声,正时齿轮大多采用斜齿轮且用不同的材料制成,通常曲轴上的小齿轮用金属材料制造,而凸轮轴上的大齿轮用非金属材料制造。凸轮轴正时齿轮的齿数为曲轴正时齿轮的两倍,以实现传动比为2∶1。为保证气门的开启和关闭时刻正确,装配时,必须对正两正时齿轮上的正时标记。其特点是结构简单,传动平稳可靠,不需调整,传动噪声小。

有些中置凸轮轴式配气机构也采用正时齿轮传动装置,但由于凸轮轴离曲轴较远,中间通常加入惰轮传动。装配时,两个正时齿轮与中间惰轮之间有两个正时标记必须对正,如图3-9所示。

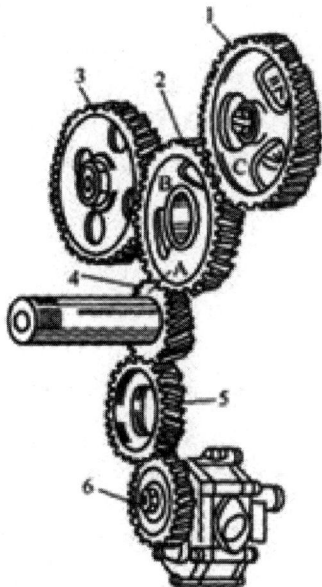

图3-9　加中间惰轮的齿轮传动机构

A、B、C—正时记号

1—喷油泵正时齿轮　2—中间齿轮　3—凸轮轴正时齿轮
4—曲轴正时齿轮　5—中间齿轮　6—机油泵传动齿轮

（2）链条传动式

顶置凸轮轴式配气机构的凸轮轴离曲轴较远,适合采用链条传动或齿形带传动。采用链条传动时,在曲轴和凸轮轴上装有链轮,曲轴通过链条驱动凸轮轴。凸轮轴正时链轮的齿数为曲轴正时链轮的两倍,以实现传动比为2∶1。为了防止链条震动,链条传动装置中都设有导链板和张紧机构(链条张紧器),利用张紧机构调整链条的张紧力,如图3-10所示。采用链条传动装置的配气机构,正时标记多种多样,装配时应特别注意。常用的正时方法有对正两链轮上的标记、在两链轮标记之间保持一定的链节数、对正链条与链轮上的标记、一缸活塞处于压缩上止点时对正凸轮轴链轮与缸盖或缸体上的标记四种。其特点是工作可靠,使用寿命长,但传动噪声大,润滑、维修较麻烦。

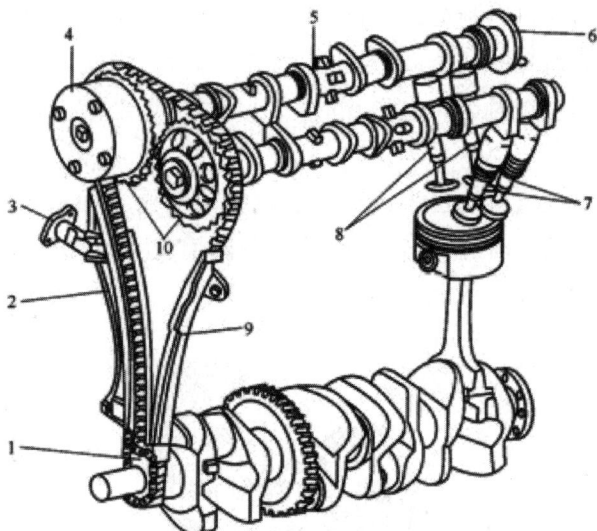

图 3 – 10　凸轮轴的链传动机构

1—曲轴正时链轮　2—张紧器导板　3—链条张紧器　4—可变配气正时控制器

5—进气凸轮轴　6—正时转子　7—排气门　8—进气门　9—导链板　10—凸轮轴正时链轮

（3）齿形带传动式

与链条传动相似,采用齿形带传动时,曲轴上的齿形带轮通过齿形带驱动凸轮轴上的齿形带轮,并用张紧轮调整齿形带张紧力,如图 3 – 11 所示。凸轮轴正时带轮的直径等于曲轴正时带轮直径的两倍,传动比为 2：1。齿形带传动装置与链条传动装置一样,正时标记多种多样,装配时必须按相关维修手册中的规定对正正时标记。其特点是齿形带传动噪声小,不需要润滑。现代高速车用发动机广泛采用这种传动方式。

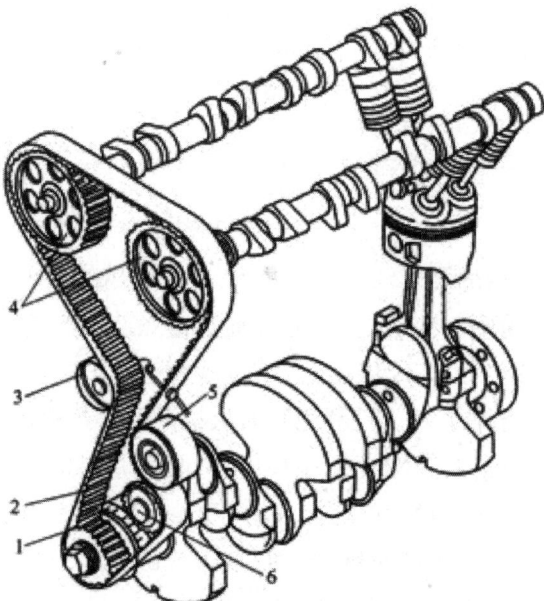

图 3 – 11　凸轮轴的齿形带传动机构

1—曲轴正时齿形带轮　2—齿形带　3—张紧轮　4—凸轮轴正时齿形带轮

5—中间轮　6—水泵传动齿形带轮

3. 按每个气缸的气门数量分类

配气机构按每个气缸的气门数量可分为双气门式和多气门式两种。一般发动机采用双气门结构,即一个进气门和一个排气门。为了进一步改善换气过程,在可能的条件下,应尽可能地加大气门的直径。但由于受到燃烧室结构尺寸的限制,在实际发动机上,常采用适当减小排气门直径的方法来达到增大进气门直径的目的。在双气门结构中,进气门直径比排气门直径大 15% ~30% ,这是由于排气阻力对发动机性能的影响比进气阻力小得多,但排气门的直径也不能过分减小,否则会引起排气阻力过大。每缸气门数量超过两个以上的发动机称多气门发动机。采用多气门结构能改善发动机的换气过程,提高发动机的动力性和经济性。现代高性能发动机通常采用三气门、四气门和五气门结构,目前应用较多的是四气门结构。

四气门结构每缸采用两个进气门和两个排气门,一般采用双顶置式凸轮轴配气机构,如图 3 – 12 所示。其突出优点是气流通过截面大,进气充分,排气彻底,进气量增加,发动机的动力性提高。每个气门的头部直径较小、质量减轻、运动惯性力减小,适用于高速发动机。四气门发动机多采用盆形燃烧室,火花塞布置在燃烧室中央,有利于燃烧。缺点是配气机构复杂,制造成本增加。广州本田雅阁、上海别克等轿车发动机均为四气门。

图 3 – 12　四气门双顶置式凸轮轴配气机构
1—进气门　2—进气凸轮轴　3—排气凸轮轴　4—排气门

(四)气门间隙

1. 气门间隙的功用

气门间隙的功用是补偿气门受热后的膨胀量。

发动机冷机状态装配时,在不装用液力挺杆的配气机构中,气门组与气门传动组之间必须留有一定的间隙,这一间隙称气门间隙。在凸轮轴通过摇臂间接驱动气门开启的配气机构中,气门间隙是指摇臂与气门杆尾部之间的间隙(见图 3 – 1 和图 3 – 4)。在凸轮轴直接驱动气门开启的配气机构(如上海桑塔纳轿车发动机装用普通挺杆的配气机构)中,气门间隙是指凸轮与挺杆之间的间隙。

在装有液力挺杆的配气机构中,由于液力挺杆能自动"伸长"或"缩短",以补偿气门的热胀冷缩,所以不需留气门间隙。

2. 气门间隙过大、过小的危害

在发动机的使用过程中,气门间隙的大小会发生变化。如果气门间隙过小或没有气门间隙,就会导致发动机工作时,气门关闭不严而漏气;若气门间隙过大,不仅会造成配气机构产生异响,而且气门开启升程和开启持续角度也会减小,影响发动机的进排气过程。

二、气门组零件的构造

气门组零件主要包括气门、气门座、气门导管和气门弹簧等,其功用是保证实现气门对气缸的可靠密封。为保证实现气门对气缸的可靠密封,气门组应符合如下要求。

①气门头部与气门座贴合严密。

②气门导管对气门杆的上下运动有良好的导向。

③气门弹簧的两端面与气门杆的中心线互相垂直,以保证气门头在气门座上不偏斜。

④气门弹簧的弹力足以克服气门及其传动件的运动惯性力,使气门能及时关闭,并保证气门紧压在气门座上。

(一)气门

1. 气门结构

气门分进气门和排气门,结构基本相同。气门由头部与杆部两部分组成,如图3-13所示。气门头部的作用是与气门座配合,对气缸进行密封;杆部则与气门导管配合,对气门的运动起导向作用。

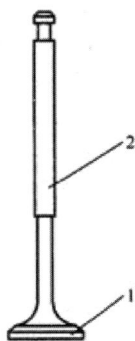

图3-13 气门的组成
1—杆部 2—头部

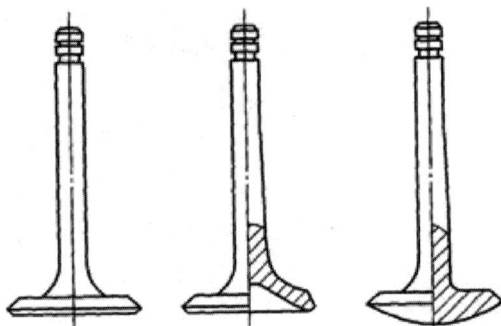

(a)平顶　(b)喇叭形顶　(c)球面顶
图3-14 气门头部的结构形式

气门头顶部的形状有平顶、喇叭形顶和球面顶等,如图3-14所示。目前使用最多的是平顶气门头[见图3-14(a)]。平顶气门头有结构简单、制造方便、受热面积小、质量小等优点,进、排气门都可采用。喇叭形顶气门头部[见图3-14(b)]与杆部的过渡部分具有一定的流线型,进气阻力小,但其顶部的受热面积大,故适用于进气门。球面顶气门头[见图3-14(c)]强度高,排气阻力小,耐高温能力强,但其顶部的受热面积较大,加工较复杂,故适用于排气门。

气门头部与气门座之间接触的工作面称气门密封锥面,该密封锥面与气门顶平面之间的夹角称为气门锥角,如图3-15所示。气门锥角一般为45°,有些发动机的进气门锥角为30°。

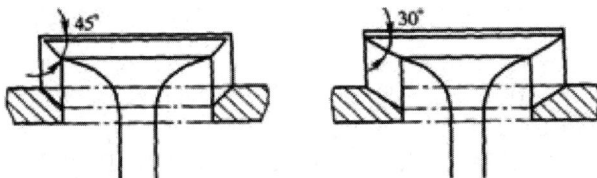

图3-15 气门锥角

为了减小进气阻力,提高充气效率,多数发动机进气门的头部直径比排气门的大。有时为了加工简单,进、排气门直径做成一样。由于进、排气门工作条件不同,所用材料不同,为了避免装错,往往在排气门头部刻有记号。

气门杆与气门导管配合,为气门运动时导向、承受侧压力并传走一部分热量。气门杆身为圆柱形,气门杆的尾部形状决定于弹簧座的固定方式,一般在靠近尾部加工有环形槽或锁销孔,常见的固定方式有锁片式和锁销式两种,如图3-16所示。锁片式固定方式的气门杆端制有环形槽,其中嵌入制成两半的锥形锁片(外圆为锥形、内孔有环形凸台)。气门组装配到气缸盖上后,在气门弹簧作用下,锁片外圆锥面与气门弹簧座孔内圆锥面配合,使气门弹簧座固定。销式固定方式则是将锁销插入气门杆端的锁销孔内,由于锁销长度大于气门弹簧座通孔直径,所以使弹簧座固定。

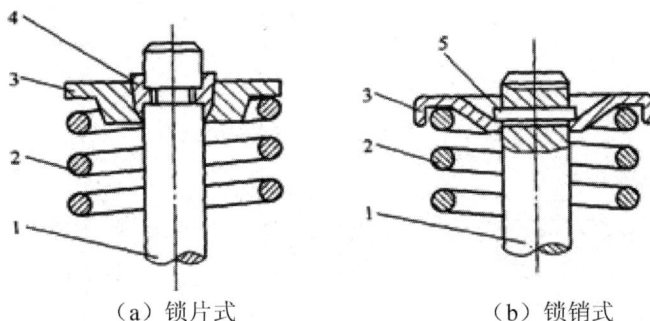

（a）锁片式　　　　　　（b）锁销式

图3-16 弹簧座的固定方式

1—气门杆　2—气门弹簧　3—气门弹簧座　4—锁片　5—锁销

2. 工作条件与材料

气门的工作条件十分恶劣,它直接与气缸内的高温燃气接触,受热严重,且散热困难,因此,气门工作温度很高。气门承受气体力和气门弹簧力的作用,以及配气机构运动件惯性力的作用,使气门落座时受到冲击。气门在润滑条件很差的情况下以极高的速度开启和关闭,并在气门导管内做高速往复运动以及在高温燃气中与腐蚀性气体接触而受到腐蚀。

故要求气门必须具有足够的强度、刚度、硬度,能耐高温、耐腐蚀、耐磨损。

进气门一般采用中碳合金钢制造,如铬钢、铬钼钢和镍铬钢等。而排气门多采用耐热合金钢制造,如硅铬钢、硅铬铝钢等。为了节约耐热的合金钢材料,有时采用组合的排气门,即头部用耐热合金钢,而杆部用一般合金钢,然后将两者对焊在一起。有时在排气门的气门锥面上堆焊或喷涂一层钨钴合金,提高其硬度、耐磨性、耐高温性和耐腐蚀性,以提高气门的使用寿命。

3.气门的拆装

拆装气门时,必须先使用专用气门拆装钳压缩气门弹簧,如图3-17所示,然后拆下或装上气门锁片或锁销,并慢慢放松气门弹簧即可。拆下的气门,必须作好标记并按顺序摆放,以免破坏气门与气门座及气门导管的配合。气门锁片或锁销很小,应注意防止丢失。

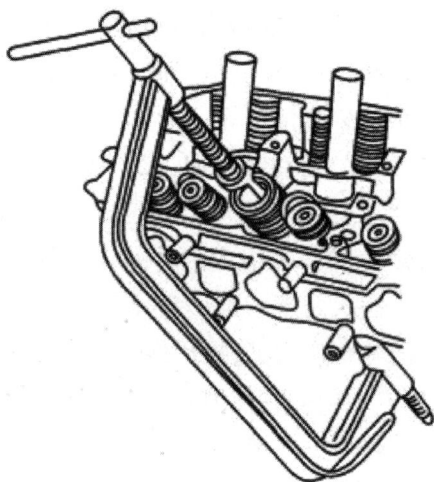

图3-17 气门的拆装

4.机油防漏装置

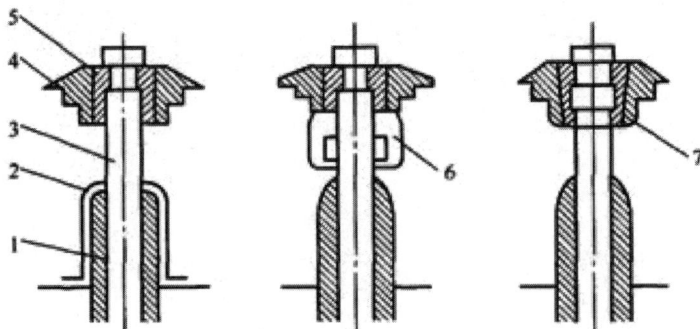

图3-18 气门机油防漏装置

1—气门导管 2—防油罩 3—气门杆 4—弹簧座 5—锁片 6—防油罩 7—密封圈

由于进气管中有一定的真空度,气缸盖上的机油会从气门杆与导管之间的间隙被吸入气缸。适量的机油进入气门导管与气门之间的间隙,对于保证气门杆的润滑是必要的。但如果进入的机油量过多,将会使气缸内产生积炭和气门上沉积物的数量增多,使机油消耗增加。为了减少机油消耗和沉积物的数量,有些发动机在气门杆上设有机油(润滑油)防漏装置。常见的几种防漏装置结构形式如图3-18所示。

5. 气门旋转装置

为了改善密封锥面和气门杆的工作条件,有些发动机的气门装有使之可能相对于气门座旋转的装置。气门缓慢旋转时在密封锥面上产生轻微的摩擦,阻止沉积物形成,可减轻不均匀磨损,具有自洁作用,同时可使气门头部沿圆周方向的温度分布比较均匀,减小气门头部变形的可能性。气门旋转后,气门杆的润滑条件得到改善,气门杆中所形成的沉积物也相应减少。实践表明,采用气门旋转装置后,极大提高了气门的使用寿命。

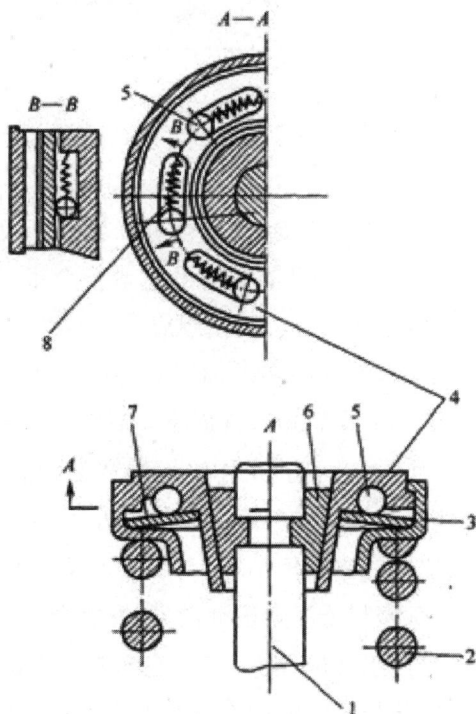

图3-19　强制式气门旋转机构示意图

1—气门　2—气门弹簧　3—气门弹簧座　4—旋转机构壳体
5—钢球　6—气门锁片　7—碟形弹簧　8—回位弹簧

图3-19所示为强制式气门旋转机构。在气门弹簧座中制有六个变深度的凹槽,每个凹槽中装有带回位弹簧的钢球。碟形弹簧安装在旋转机构壳体与气门弹簧座之间。当气门关闭时,碟形弹簧并没有压紧在钢球上,这时钢球在回位弹簧的作用下位于凹槽的最浅位置;当气门升起时,不断增加的气门弹簧力将碟形弹簧压平,迫使钢球克服回位弹簧的作用力沿凹槽斜面向凹槽深处滚动,并带动旋转机构的壳体、气门锁片及气门转过一定角度。当气门关闭时,碟形弹簧上的作用力减小,在自身弹力作用下恢复碟形原状,钢球即在回位

弹簧的作用下回到原来位置。这样气门每开启一次就使气门转过一定角度。

(二)气门座

进、排气道口与气门密封锥面直接接触的部位称气门座,如图 3 - 20 所示。其功用是与气门头部密封锥面配合对气缸起密封作用,同时对气门还起散热作用。

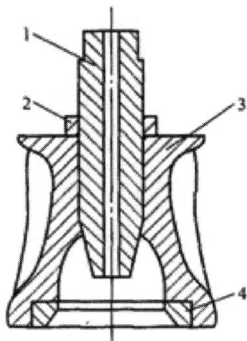

图 3 - 20　气门座及气门导管
1—气门导管　2—卡环　3—气缸盖　4—气门座

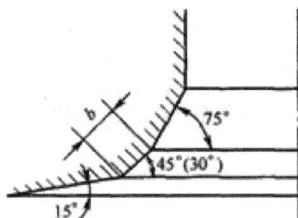

图 3 - 21　气门座锥面与密封干涉角
1—气门座　2—气门

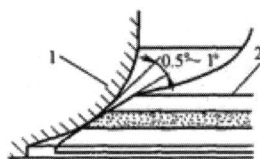

气门座可以在气缸盖或气缸体上直接键出;也可以单独制成气门座圈,然后压装到燃烧室内的进排气道口处,气门座圈与座孔有足够的过盈配合量,以防止发动机工作时气门座脱落:气门座圈用耐热合金钢或耐热合金铸铁制成。

为保证气门与气门座可靠密封,气门座上加工有与气门相适应的锥面,气门座的锥面包括三部分,如图 3 - 21 所示。45°(或 30°)锥面是与气门密封锥面配合的工作面,宽度 b 为 1 ~ 3mm,15°锥面和 75°锥面是用来修正工作锥面的宽度和上、下位置的,以使其达到规定的要求。在安装气门前,还应采用与气门配对研磨的方法,以保证贴合得更紧密、可靠。

有些发动机的气门锥角比气门座锥角小 0.5° ~ 1°,该角称为密封干涉角。这样做有利于走合期的磨合。走合期结束,密封干涉角逐渐消失,恢复全锥面接触。

气门与气门座的配合是配气机构的重要环节,它影响到气缸的密封性,对发动机的动力性和经济性影响很大。对气门与气门座的配合要求如下:

①气门与气门座的工作锥面角度应一致。为改善气门与气门座的磨合性能,磨削气门的工作锥面时,其锥面角度比气门座小 0.5° ~ 1°。

②气门与气门座的密封带位置在中部靠内侧。过于靠外,会使气门的强度降低;过于靠内,会造成与气门座接触不良。

③气门与气门座的密封带宽度应符合原设计规定,一般为 1.2 ~ 2.5mm;排气门大于进气门的宽度;柴油机大于汽油机的宽度。密封带宽度过小,将使气门磨损加剧;而宽度过大,容易烧蚀气门。

④气门工作锥面与杆部的同轴度误差应不大于 0.05mm。

⑤气门杆与导管的配合间隙应符合原厂规定。

(三)气门导管

气门导管的主要功用是为气门运动导向,以保证气门上下运动时不发生径向摆动而准确落座,并将气门杆所承受的热量传给气缸盖。

气门导管为一空心管状结构,如图 3-22 所示。气门导管压装在气缸盖上的导管孔中,其外圆柱面与导管孔的配合有一定的过盈量,以保证良好的传热性能和防止松脱。有些发动机为防止气门导管脱落,利用卡环对气门导管定位。气门导管的下端伸入气道,为减小对气流造成的阻力,伸入气道的部分制成锥形。

气门导管内孔与气门杆之间为间隙配合,间隙一般为 0.05~0.12mm。间隙过大,导向不好,散热不良;间隙过小,热状态下可能卡死。为防止润滑油从气门杆与气门导管的间隙中漏入燃烧室,在气门导管的上端安装气门油封。

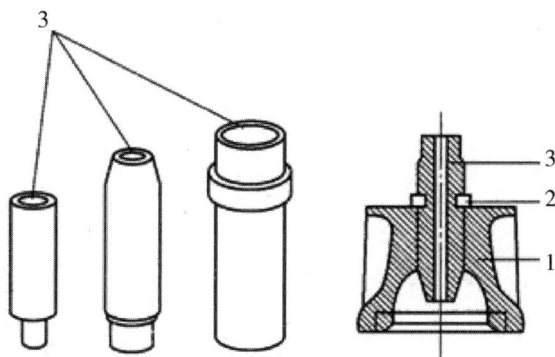

图 3-22 气门导管
1—气缸盖 2—卡环 3—气门导管

(四)气门弹簧

气门弹簧的功用是使气门关闭并与气门座压紧,同时还可在气门开启或关闭过程中,使气门传动组零件紧密连接,防止因惯性力分离而产生异响。

气门弹簧应满足以下要求。

①必须有足够的预紧力,以保证气门迅速回座,保证气门和气门座密封。

②必须克服在气门开闭的过程中气门及传动零件产生的惯性力。

③高速度、长时间运转下具有良好的耐久性。

④保证气门不会发生跳动。

气门弹簧多采用优质弹簧钢丝绕制而成,并经热处理。气门弹簧为圆柱螺旋弹簧,弹簧两端磨平,装配后弹簧一端支撑在气缸盖上,另一端靠气门弹簧座和锁片或锁销与气门杆定位。

气门弹簧的类型如图 3-23 所示。等螺距弹簧是最简单的一种,但使用中容易因震动而折断。变螺距弹簧各圈之间的螺距不等,安装时其螺距较小的一端应朝向气缸盖。采用内外两个气门弹簧时,两弹簧的旋向相反,以防止工作时一个弹簧卡入另一个弹簧中,一般内弹簧弹力比外弹簧小。

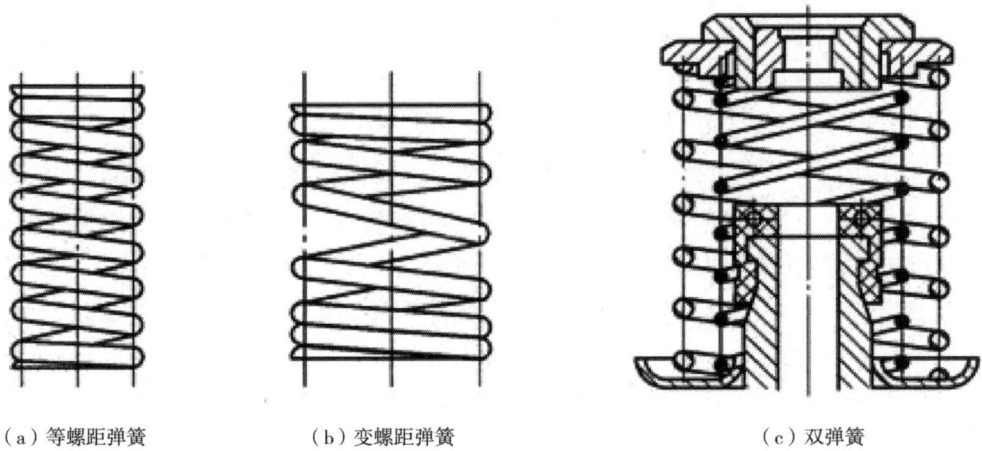

（a）等螺距弹簧　　　　　（b）变螺距弹簧　　　　　（c）双弹簧

图 3 - 23　气门弹簧的类型

三、气门传动组零件的构造

气门传动组零件包括凸轮轴、正时传动装置、挺杆、推杆及摇臂总成等,其功用是使进、排气门按配气相位规定的时刻开启和关闭,且保证有足够的升程。

（一）配气相位

在发动机的实际工作中,为使进气充分、排气干净,进气门和排气门均存在早开晚关的情况,进气门和排气门的开启持续时间也大于 180° 曲轴转角。发动机进气门、排气门实际开启或关闭的时刻和开启持续时间,称为配气相位,通常用曲轴转角来表示。发动机的配气相位如图 3 - 24 所示。

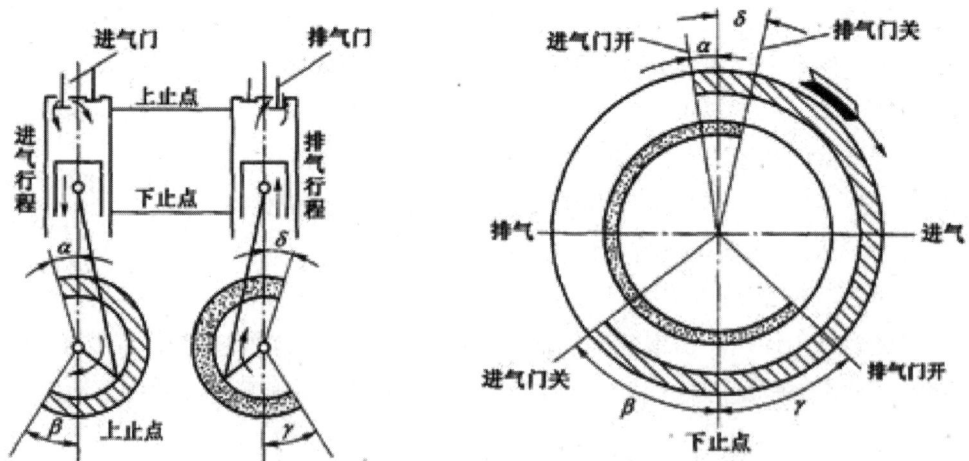

图 3 - 24　发动机的配气相位图

1. 进气门的配气相位

实际在发动机工作过程中,进气门是在活塞运行到排气行程上止点之前开始打开的,而在活塞运行到进气行程下止点之后才关闭。从进气门开始开启到活塞运行到上止点,曲轴转过的角度称为进气门提前开启角,用 α 表示,一般 α 为 $10^\circ \sim 30^\circ$。从活塞位于进气行程下止点到进气门完全关闭,曲轴转过的角度称为进气门的迟后关闭角度,用 β 表示,一般 β 为 $40^\circ \sim 80^\circ$。

由于进气门提前开启和迟后关闭,进气门实际开启的持续时间为 $\alpha + 180^\circ + \beta$。

2. 排气门的配气相位

实际发动机工作过程中,排气门是在活塞运行到做功行程下止点之前开始打开的,而在活塞运行到排气行程上止点之后才关闭。从排气门开始开启到活塞运行到下止点,曲轴转过的角度称为排气门提前开启角,用 γ 表示,一般 γ 为 $40^\circ \sim 80^\circ$。从活塞位于排气行程上止点到排气门完全关闭,曲轴转过的角度称为排气门的迟后关闭角度,用 δ 表示,一般 δ 为 $10^\circ \sim 30^\circ$。

由于排气门提前开启和迟后关闭,排气门实际开启的持续时间为 $\gamma + 180^\circ + \delta$。

活塞处于排气行程上止点附近时,由于进气门的提前开启和排气门的滞后关闭,存在进气门和排气门同时开启的现象,称为气门叠开。气门叠开过程中,曲轴转过的角度称为气门叠开角。气门叠开角等于 $\alpha + \delta$。

3. 对配气相位的要求

配气相位对发动机性能有很大影响,即使是同一台发动机,随转速的不同,对配气相位的要求也不同,转速提高时,要求气门提前开启角和滞后关闭角相应增大,反之则要求减小。

目前,汽车发动机一般都是根据性能的要求,通过试验来确定某一常用转速下较合适的配气相位,在装配时,对正凸轮轴驱动装置中的正时标记,即可保证已确定的配气相位。在发动机使用中,已确定的配气相位是不能改变的。自然发动机性能只有在某一常用转速下最好,而在其他转速下工作时,发动机的性能较差。为解决上述问题,在有些汽车发动机上采用了可变配气相位控制机构。

由于进气门配气相位对发动机性能的影响比排气门大,所以各种发动机装用的可变配气相位控制机构一般只控制进气门配气相位,以免使配气机构过于复杂。此外,配气相位取决于凸轮的形状及凸轮轴与曲轴的相对位置,在发动机工作中,变换驱动凸轮或改变凸轮轴与曲轴相对位置,均可实现配气相位的调节。

（二）凸轮轴

凸轮轴是气门传动组的主要零件,其功用主要是利用凸轮控制气门的开启和关闭,使其符合发动机的工作顺序、配气相位及气门开度的变化规律等要求。此外,在有些发动机上,还利用凸轮轴驱动分电器、汽油泵和机油泵。

凸轮轴的材料多为优质碳钢或合金钢,也有采用合金铸铁和球墨铸铁的,并对凸轮和轴颈表面进行高频淬火（中碳钢）或渗碳（低碳钢）处理,以提高其硬度和耐磨性。

凸轮轴的结构如图 3 - 25 所示。凸轮和轴颈是凸轮轴的基本组成部分,凸轮用来驱动气门开启,并通过其轮廓形状控制气门开启和关闭的规律,轴颈则用来支撑凸轮轴。凸轮轴上的偏心轮用来驱动汽油泵,螺旋齿轮则用来驱动机油泵和分电器,有些发动机的凸轮轴上没有偏心轮和螺旋齿轮。凸轮轴的前端用以安装正时齿轮(正时链轮或正时带轮)。

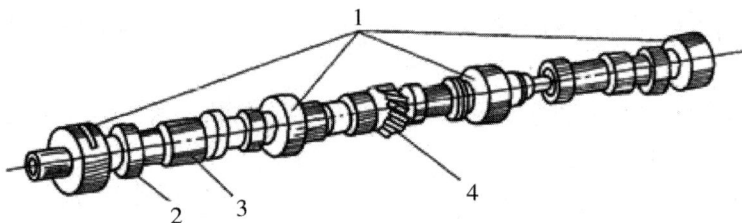

图 3 - 25　凸轮轴的构造
1—轴颈　2—凸轮　3—偏心轮　4—螺旋齿轮

每根凸轮轴上的凸轮数量因发动机结构形式而异,如直列六缸发动机,只装有一根凸轮轴,每个凸轮只驱动一个气门,每缸采用一进、一排两个气门,所以凸轮轴上有 12 个凸轮。凸轮可分为两类:驱动进气门的进气凸轮和驱动排气门的排气凸轮。凸轮轴上各缸的进气凸轮(或排气凸轮)称同名凸轮,以直列发动机为例,从凸轮轴前端看,同名凸轮的相对角位置按各缸做功顺序逆凸轮轴转动方向排列,夹角为做功间隔角的一半,做功顺序为 1—3—4—2 的直列四缸发动机和做功顺序为 1—5—3—6—2—4 的直列六缸发动机同名凸轮相对角位置如图 3 - 26 所示,根据这一规律可按凸轮轴转动方向和同名凸轮位置判断发动机做功顺序。凸轮轴上同一缸的进、排气凸轮称为异名凸轮。异名凸轮相对角位置,决定于配气相位及凸轮轴旋转方向。

进、排气门开启和关闭的时刻、持续时间以及开闭的速度等分别由凸轮轴上的进、排气凸轮控制。凸轮的轮廓如图 3 - 27 所示,其轮廓线是对称的,同名凸轮的轮廓线相同,异名凸轮的轮廓线是不相同的。使用一段时间后,由于凸轮的磨损,气门开启时间推迟,开启持续角减小,气门的升程有所降低,使发动机的进气量减少。凸轮的轮廓形状是由制造厂根据发动机工作需要设计的。

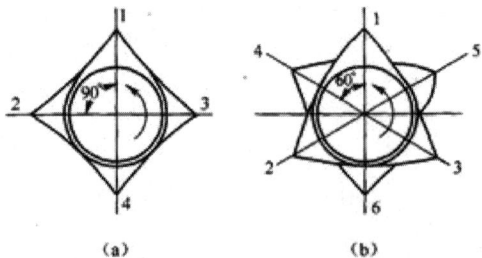

图 3 - 26　同名凸轮的相位角位置

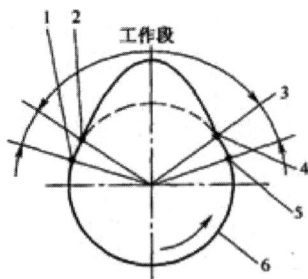

图 3 - 27　凸轮轮廓
1—挺柱始升点　2—气门最迟始升点　3—缓冲段
4—气门最早落座点　5—挺柱复位点　6—基圆

在下置凸轮轴式配气机构和侧置凸轮轴式配气机构中,安装凸轮轴的座孔和压装在座孔内的凸轮轴轴承一般为整体式,为拆装方便,凸轮轴轴颈直径由前至后逐渐减小。在顶置凸轮轴式配气机构中,安装凸轮轴的座孔和凸轮轴轴承一般为剖分式,凸轮轴各轴颈直径相等。有些凸轮轴的轴颈上加工有不同形状的油槽或油孔,如图3-28所示,这些油槽或油孔用来储存润滑油或作为润滑油通道。

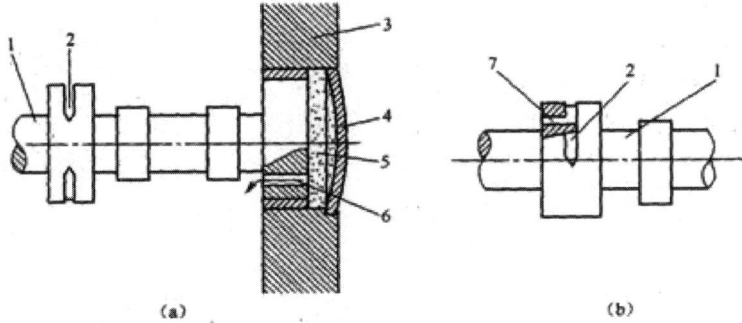

图3-28　凸轮轴轴颈上的油槽和油孔

1—凸轮轴　2—节油槽　3—气缸体　4—油堵　5—空腔　6—泄油孔　7—油孔

为防止凸轮轴发生轴向窜动,凸轮轴都设有轴向定位装置。常见的凸轮轴轴向定位装置如图3-29所示,在凸轮轴第一道轴颈与正时齿轮之间装有隔圈,止推凸缘松套在隔圈外面并用螺栓固定在气缸体上,这样当凸轮轴发生轴向窜动时,止推凸缘顶靠住正时齿轮的轮毂或凸轮轴第一道轴颈的端面,即起到了轴向定位的作用。为保证凸轮轴的正常转动,允许凸轮轴有一定的轴向窜动量,所以隔圈的厚度比止推凸缘厚度略厚,两者的差值即为凸轮轴的轴向间隙,此间隙一般为0.08~0.20mm。

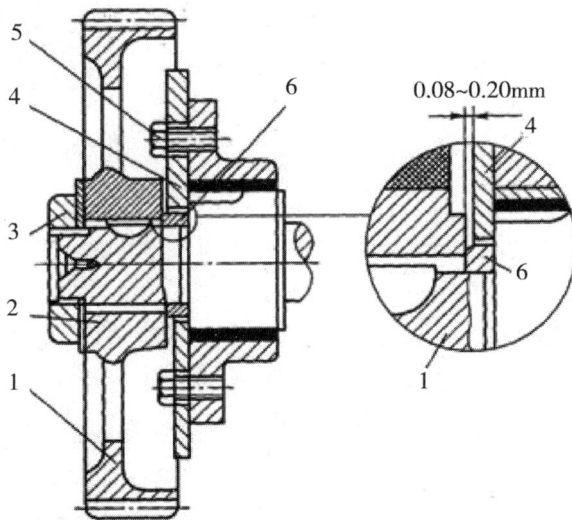

图3-29　常见的凸轮轴轴向定位装置

1—正时齿轮　2—齿轮轮毂　3—齿轮固定螺母　4—止推凸缘　5—凸缘安装螺栓　6—隔圈

（三）挺杆

挺杆的功用一般都是与凸轮轴直接接触,将凸轮的推力传给推杆(见图3-1和图3-2)或气门(见图3-3),在有些发动机上它只是摇臂的一个支点(见图3-6),也有些发动机上没有挺杆(见图3-4和图3-5)。挺杆常用合金钢或合金铸铁制成,其摩擦表面经热处理后研磨。

挺杆可分为普通挺杆和液力挺杆两种形式。

1. 普通挺杆

普通挺杆一般应用在下置凸轮轴式配气机构或中置凸轮轴式配气机构中,常见普通挺杆的结构如图3-30所示。普通挺杆一般为筒式结构,在发动机工作时挺杆底部与凸轮接触,为使挺杆底部磨损均匀,挺杆底部的工作面制成球面。挺杆的下端设有油孔,以便将漏入挺杆内的润滑油排出到凸轮上进行润滑。普通挺杆内孔的底部也制成球面,它与推杆下端的球面接触,以降低磨损。

挺杆放置在导向孔内,挺杆导向孔一般直接在气缸体或气缸盖上加工,但也有些发动机则采用可拆式挺杆导向体。常见的挺杆导向体如图3-31所示,挺杆导向体分前后两个,挺杆放置在挺杆导向体上的导向孔内,挺杆导向体用螺栓安装在气缸体上,为保证挺杆导向体的安装位置,在挺杆导向体与气缸体之间设有定位套。

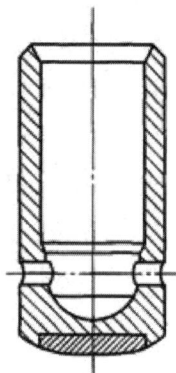

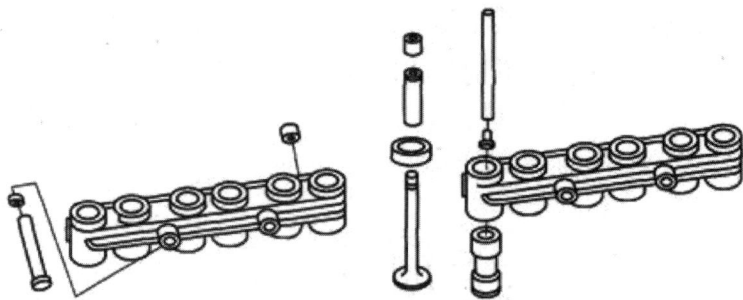

图3-30 普通挺杆　　　　　　　图3-31 常见的挺杆导向体

2. 液力挺杆

液力挺杆能自动保持配气机构无间隙传动,从而降低噪声和磨损,而且不需调整气门间隙,在轿车发动机上应用非常广泛。

常见的液力挺杆结构如图3-32所示。柱塞装在挺杆体内,压装在柱塞上端的推杆支座将柱塞内腔上端封闭;柱塞弹簧将柱塞向上顶起,通过卡环来限制柱塞的最高位置;柱塞下端的单向阀架内装有单向阀,碟形弹簧使单向阀封闭柱塞内腔下端。

发动机工作时,润滑油经油道供给液力挺杆,通过挺杆体和柱塞侧面的油孔使挺杆柱塞内腔经常充满油液。液力挺杆安放在挺杆导向孔内,下端直接与凸轮接触,推杆下端支撑在挺杆上的推杆支座上。当气门处于关闭状态时,柱塞弹簧使柱塞连同推杆支座与推杆压紧,消除配气机构的间隙,但由于气门弹簧的弹力较大,所以气门不会被顶开;同时柱塞内腔的油液顶开单向阀,使柱塞下面的挺杆体内腔也充满油液。

当凸轮顶起挺杆体时,气门弹簧的弹力通过推杆反作用在柱塞上,由于单向阀的作用使油液不能从挺杆体内腔流回柱塞内腔,所以挺杆体内腔油压升高,而液体的不可压缩性,使挺杆将凸轮的推力传递给推杆,并通过摇臂使气门开启。在气门开启过程中,挺杆体内腔的油液会有少量从柱塞与挺杆体之间的间隙中泄漏,但不会影响配气机构的正常工作,而且在气门关闭后,挺杆体内腔油液会立即得到补充,使配气机构保持无间隙传动。

当配气机构零件受热膨胀时,挺杆体内腔的部分油液从间隙中被挤出,挺杆体内腔容积减小,挺杆自动"缩短"。反之,当配气机构零件冷缩时,柱塞弹簧使柱塞顶起,挺杆体内腔容积增大,气门关闭后,增加向挺杆体内腔的补油量,液力挺杆自动"伸长"。因此,液力挺杆能自动补偿配气机构零件的热胀冷缩,始终保持无间隙传动。

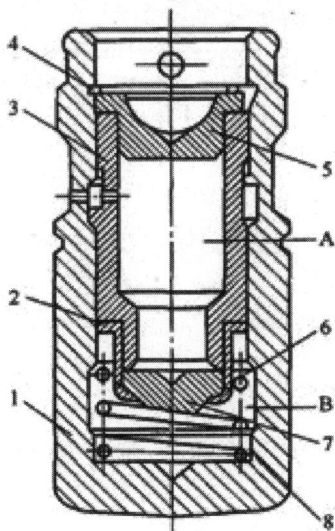

图 3-32 常见的液力挺杆结构

挺杆体 2—单向阀架 3—柱塞 4—卡环 5—推杆支座 6—碟形弹簧 7—单向阀
8—柱塞弹簧 A—柱塞内腔 B—挺杆体内腔

在顶置凸轮轴式配气机构中,作为摇臂支点的液力挺杆(见图 3-6),其组成和工作原理与上述液力挺杆基本相同,区别主要是:挺杆不受凸轮直接驱动,压装在柱塞上端的支座为摇臂支座。

在无摇臂总成的顶置凸轮轴式配气机构中,液力挺杆安装在凸轮与气门之间,此种液力挺杆的结构如图 3-33 所示。挺杆体为上盖与挺杆身焊接而成,柱塞与挺杆体上盖为一体;柱塞内腔通过键形槽与低压油腔连通,柱塞与油缸间隙配合并构成高压油腔,柱塞底部加工有为高压油腔补充油液的油孔,此油孔靠球阀在补偿弹簧作用下关闭;油缸外圆柱面与挺杆体内的导向孔间隙配合。其工作原理与前述液力挺杆基本相似,发动机工作时,各油腔内充满油液,凸轮顶动挺杆时,利用高压油腔内的油液将力传给油缸,从而使气门开启;零件受热膨胀时,高压油腔内的油液被从柱塞与油缸的配合间隙中挤出,挺杆自动"缩短";气门关闭后或零件冷缩时,利用补偿弹簧使油缸和挺杆体分别与气门和凸轮紧密接触,保持配气机构无间隙传动;高压油腔内油液不足时,气门关闭后,低压油腔内的油液会顶开球阀,及时向高压油腔补充油液。

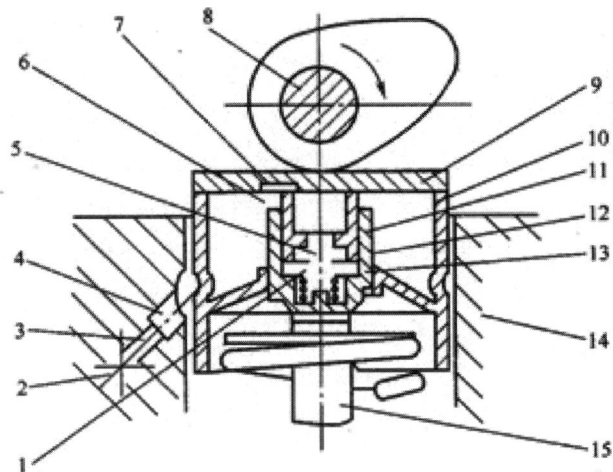

图 3 - 33 安装在凸轮与气门之间的液力挺杆结构

1—高压油腔 2—油道 3—量油孔 4—斜油孔 5—球阀 6—低压油腔 7—键形槽 8—凸轮轴
9—挺杆体 10—挺杆体焊缝 11—柱塞 12—油缸 13—补偿弹簧 14—气缸盖 15—气门杆

(四)推杆

推杆位于挺杆与摇臂之间,其功用是将挺杆的推力传给摇臂。主要应用于下置凸轮轴式配气机构和中置凸轮轴式配气机构中。

推杆的类型如图 3 - 34 所示,推杆为细长的杆件,杆身有空心和实心两种,推杆两端有不同形状的端头,以便与挺杆和摇臂上的支座相适应。推杆端头均经过磨光处理,以降低磨损。

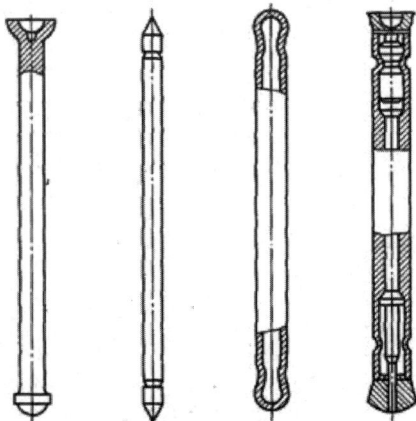

(a)实心推杆(b)实心推杆(c)空心推杆(d)空心推杆

图 3 - 34 推杆的类型

(五)摇臂总成

摇臂总成的功用是将气门传动组的推力改变方向并驱动气门开启。摇臂是一个两臂不等长的双臂杠杆,采用摇臂驱动气门开启的配气机构,虽机构比较复杂,但可通过选择摇臂两端的长度,在气门升程一定时减小凸轮升程,同时气门间隙的调整也比较方便。

常见摇臂总成的组成如图 3 – 35 所示,主要由摇臂轴、摇臂轴支座、摇臂及定位弹簧等组成。摇臂总成所有零件均安装在摇臂轴上,并通过摇臂轴支座用螺栓安装在气缸盖上,为防止摇臂轴在其支座孔内转动或轴向窜动,用紧固螺钉将摇臂轴固定。摇臂通过镶在其中间轴孔内的衬套装在摇臂轴上,为保证各摇臂的轴向位置,用装在摇臂侧面的定位弹簧使其定位。摇臂轴为空心结构,两端用堵塞封闭,润滑油经气缸盖和摇臂轴支座上的油道进入摇臂轴内,摇臂轴和摇臂上都加工有相应的油孔,使摇臂轴与摇臂之间及摇臂两端都能得到可靠的润滑。

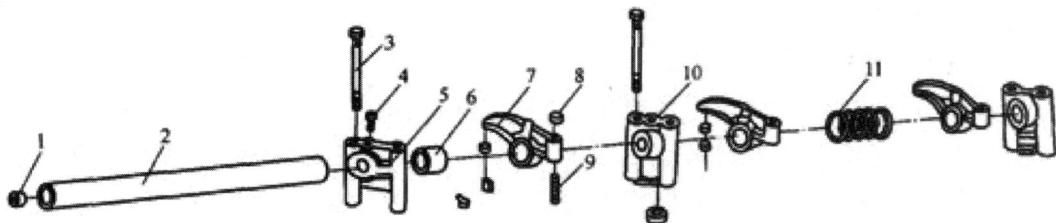

图 3 – 35　常见摇臂总成的组成

1—堵塞　2—摇臂轴　3—螺栓　4—摇臂轴紧固螺钉　5—摇臂轴支座　6—摇臂衬套　7—摇臂
8—调整螺钉锁紧螺母　9—气门间隙调整螺钉　10—摇臂轴中间支座　11—定位弹簧

在不同的配气机构中装用的摇臂也有不同的结构形式。在下置凸轮轴式配气机构或中置凸轮轴式配气机构中,摇臂中间加工有摇臂轴孔,安装在摇臂轴上,长臂一端加工成与气门杆尾部接触的圆弧工作面,短臂一端则加工有螺纹孔,用以安装气门间隙调整螺钉及锁紧螺母,调整螺钉的下端加工成与推杆端头相应的球面。在一些顶置凸轮轴式配气机构中,凸轮直接驱动摇臂(见图 3 – 4 和图 3 – 5),摇臂与气门杆尾部接触的一端安装气门间隙调整螺钉,而与凸轮接触的一端加工成圆弧工作面。也有些发动机采用无摇臂轴的浮动式摇臂(见图 3 – 6)。

四、可变配气相位技术

在普通的发动机上,进气门和排气门的开闭时间是固定不变的,气门叠加角也是固定不变的,是根据试验而取得的最佳配气定时,在发动机运转过程中是不能改变的。然而发动机转速的高低对进、排气流动以及气缸内燃烧过程是有影响的。转速高时,进气气流流速高,惯性能量大,所以希望进气门早些打开,晚些关闭,使新鲜气体顺利充入气缸,尽量多一些混合气或空气。反之,在发动机转速较低时,进气流速低,流动惯性能量也小,如果进气门过早开启,由于此时活塞正上行排气,很容易把新鲜空气挤出气缸,使进气反而少了,发动机工作不稳定。因此,没有任何一种固定的气门叠加角设置能让发动机在高低转速时都能完美输出,如果没有可变配气相位技术,发动机只能根据其匹配车型的需求,选择最优化的固定的气门叠加角。因此,可变配气相位技术应运而生。

由于进气门配气相位对发动机性能的影响比排气门大,所以各种发动机装用的可变配气相位控制机构一般只控制进气门配气相位,以免使配气机构过于复杂。此外,配气相位取决于凸轮的形状及凸轮轴与曲轴的相对位置,在发动机工作中,变换驱动凸轮或改变凸轮轴与曲轴相对位置,均可实现配气相位的调节。

目前,车用发动机装用的可变配气相位控制机构主要有以下几种类型。

(一)丰田 VVT - i 智能可变气门正时系统

丰田可变气门正时控制系统是智能可变气门正时(Variable Valve Timing - intelligent, VVT - i)控制系统。VVT - i 智能可变气门正时系统是一种控制进气凸轮轴气门正时的机构,在进气凸轮轴与传动链轮之间具有油压离合装置,让进气门凸轮轴与链轮之间转动的相位差在 40°范围内可以改变,通过调整凸轮轴转角对气门正时进行优化,从而提高发动机在所有转速范围内的动力性、燃油经济性,降低尾气的排放。过去仅装备于雷克萨斯LS400、LS430 等进口原装高档车上,而现在国产一汽威驰、花冠也都用上了这一新技术。现以花冠3ZZ - FE 发动机为例,介绍 VVT - i 控制系统的结构原理。

1. VVT - i 控制系统的结构组成

VVT - i 智能可变气门正时系统结构组成如图 3 - 36 所示,主要由传感器、发动机 ECU 和执行机构(VVT - i 控制器、凸轮轴正时机油控制阀)三部分组成。

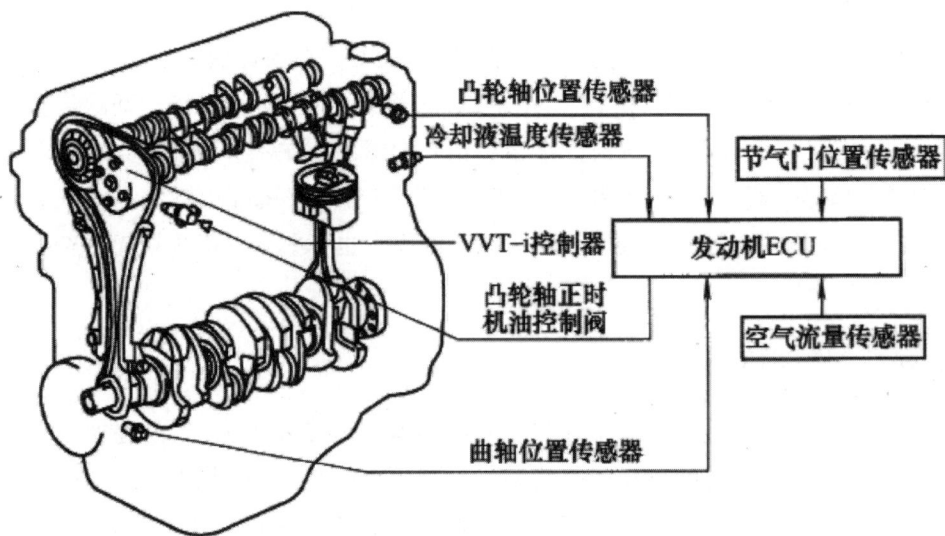

图 3 - 36 VVT - i 系统结构组成

2. VVT - i 控制系统控制器和控制阀

VVT - i 控制器结构如图 3 - 37 所示,由一个固定在进气凸轮轴上的叶片、一个与从动正时链轮一体的壳体和一个锁销组成。控制器有气门正时提前室和气门正时滞后室这两个液压室,通过凸轮轴正时机油控制阀的控制,它可在进气凸轮轴上的提前或滞后油路中传送机油压力,使控制器叶片沿圆周方向旋转,调整连续改变进气门正时,以获得最佳的配气相位。

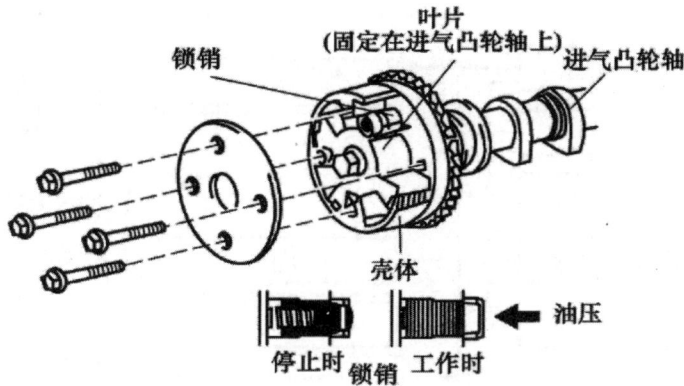

图 3 - 37　VVT - i 控制器(OCV)

凸轮轴正时机油控制阀由一个用来转换机油通道的滑阀、一个用来控制移动滑阀的线圈、一个柱塞及一个回位弹簧组成,其结构如图 3 - 38 所示。工作时,发动机 ECU 接收各传感器传来的信号,经分析、计算后发出控制指令给凸轮轴正时机油控制阀,凸轮轴正时机油控制阀以此控制控制滑阀的位置,从而控制机油液压使 VVT - i 控制器处于提前、滞后或保持位置。当发动机停机时,凸轮轴正时机油控制阀多处在滞后状态,以确保起动性能。

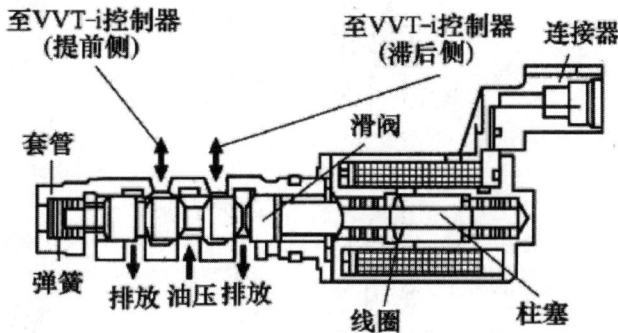

图 3 - 38　凸轮轴正时机油控制阀

3. VVT - i 控制系统工作过程

发动机 ECU 根据发动机转速、进气量、节气门位置和冷却液温度计算出一个最优气门正时,向凸轮轴正时机油控制阀发出控制指令,凸轮轴正时机油控制阀根据发动机 ECU 的控制指令选择至 VVT - i 控制器的不同油路以处于提前、滞后或保持这三个不同的工作状态。此外,发动机 ECU 根据来自凸轮轴位置传感器和曲轴位置传感器的信号检测实际的气门正时(改进后的 LS400 1 UZ – FE 发动机和 LS430 3 UZ – FE 发动机还另外安装有 VVT 传感器以更精确地检测凸轮轴位置),从而尽可能地进行反馈控制,以获得预定的气门正时。控制原理如图 3 – 39 所示,凸轮轴正时机油控制阀提前、滞后和保持这三种工作状态的具体情况见表 3 – 1。

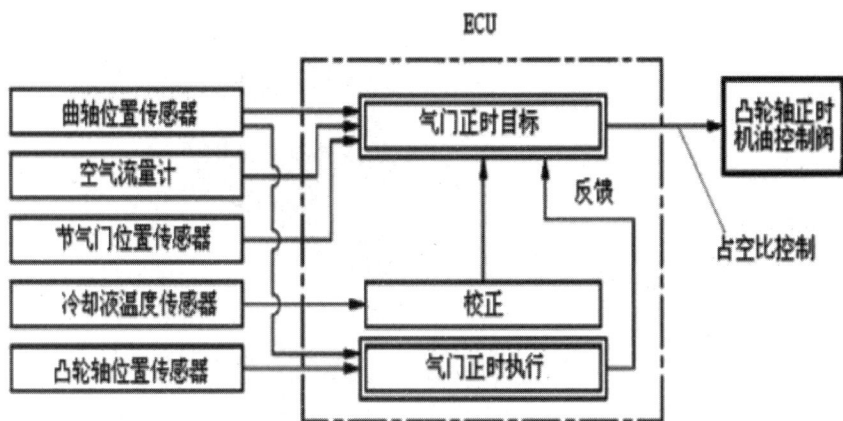

图 3 – 39　VVT – i 系统控制原理

表 3 – 1　凸轮轴正时机油控制阀的三种工作状态

状态	说明	控制器工作情况	控制阀工作情况
提前	根据来自发动机 ECU 的提前信号,总油压通过提前油路作用到气门正时提前室,使叶片与凸轮轴一起向正时提前方向转动,气门正时被提前		
滞后	根据来自发动机 ECU 的滞后信号,总油压通过滞后油路作用到气门正时提前室,使叶片与凸轮轴一起向正时滞后方向转动,气门正时被滞后		

状态	说明	控制器工作情况	控制阀工作情况
保持	预定的气门正时被设置后,发动机 ECU 使凸轮轴正时机油控制阀处于空挡位置(提前与滞后的中间位置),由此保持预定的气门正时	发动机ECU 油压	

(二)本田 VTEC 可变气门正时及气门升程电子控制系统

本田发动机可变气门配气相位和气门升程电控(VTEC)系统(Variable Valve Timing and Valve Life Electronic Control System),由发动机 ECU 控制,ECU 接收发动机传感器(包括转速、进气压力、车速、水温)的数据、参数并进行处理,输出相应的控制信号,通过电磁阀调节摇臂活塞液压系统,从而使发动机在不同的转速工况下由不同的凸轮控制,影响进气门的开度和时间。

一般情况下,汽车发动机每缸气门组只由一组凸轮驱动,而 VTEC 系统的发动机却有中低高速用两组不同的气门驱动凸轮,并可通过电控系统的智能控制,进行自动转换。VTEC 发动机中低速与高速不同的配气相位及进气量的要求,使发动机在高低转速情况下都能达到动力性、经济性与低排放性的统一和极佳状态。

(1)VTEC 机构的结构

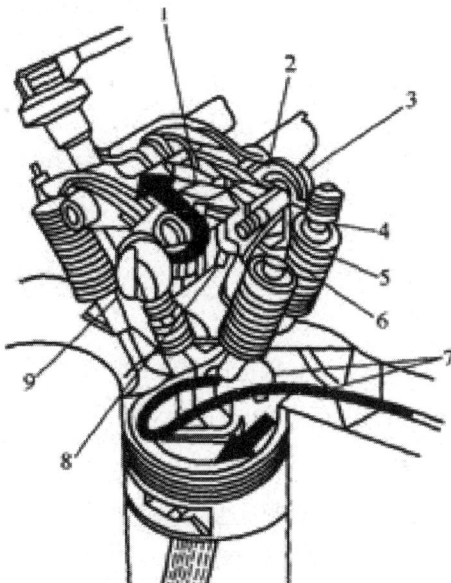

图 3 - 40 VTEC 机构的组成

1—正时板 2—中间摇臂 3—次摇臂 4—同步活塞 B 5—同步活塞 A

6—正时活塞 7—进气门 8—主摇臂 9—凸轮轴

VTEC 机构的结构组成如图 3-40 所示。同一缸的两个进气门有主、次之分,即主进气门和次进气门。每个进气门通过单独的摇臂驱动,驱动主进气门的摇臂称为主摇臂,驱动次进气门的摇臂称为次摇臂,在主摇臂、次摇臂之间装有一个中间摇臂,中间摇臂不与任何气门直接接触,三个摇臂并列在一起组成进气摇臂总成。凸轮轴上相应有三个不同升程的凸轮分别驱动主各臂、中间摇臂和次摇臂,凸轮轴上的凸轮也相应分为主凸轮、中间凸轮和次凸轮。在凸轮形状设计上,中间凸轮的升程最大,次凸轮的升程最小。主凸轮的形状适合发动机低速时主进气门单独工作时的配气相位要求,中间凸轮的形状适合发动机高速时主、次双进气门工作时的配气相位要求。

正时片的功用是正时活塞处于初始位置和工作位置时,靠回位弹簧使正时片插入正时活塞相应的槽中,使正时活塞定位。

进气摇臂总成如图 3-41 所示,在三个摇臂靠近气门的一端均设有油缸孔,油缸孔中装有靠液压控制的正时活塞、同步活塞、阻挡活塞及弹簧。正时活塞一端的油缸孔与发动机的润滑油道连通,ECU 通过电磁阀控制油道的通、断。

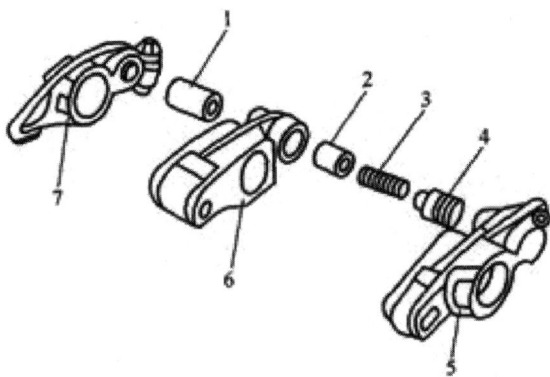

图 3-41 进气摇臂总成

1—同步活塞 B　2—同步活塞 A　3—弹簧　4—正时活塞　5—主摇臂　6—中间摇臂　7—次摇臂

VTEC 配气机构与普通配气机构相比,在结构上的主要区别是凸轮轴上的凸轮较多,且升程不等,进气摇臂总成的结构复杂。排气门的工作情况与普通配气机构相同。

（2）VTEC 机构的工作原理

可变配气相位控制系统的功能是:根据发动机转速、负荷等变化来控制 VTEC 机构工作,改变驱动同一气缸两进气门工作的凸轮,以调整进气门的配气相位及升程,并实现单进气门工作和双进气门工作的切换。

发动机低速运转时,VTEC 机构电磁阀不通电,使油道关闭,机油压力不能作用在正时活塞上,在次摇臂油缸孔内的弹簧和阻挡活塞作用下,正时活塞和同步活塞 A 回到主摇臂油缸孔内,与中间摇臂等宽的同步活塞 B 停留在中间摇臂的油缸孔内,三个摇臂彼此分离,如图 3-42 所示。此时,主凸轮通过主摇臂驱动主进气门,中间凸轮驱动中间摇臂空摆;次凸轮的升程非常小,通过次摇臂驱动次进气门微量开启,其目的是防止次进气门附近积聚燃油。配气机构处于单进、双排气门工作状态,单进气门由主凸轮驱动。

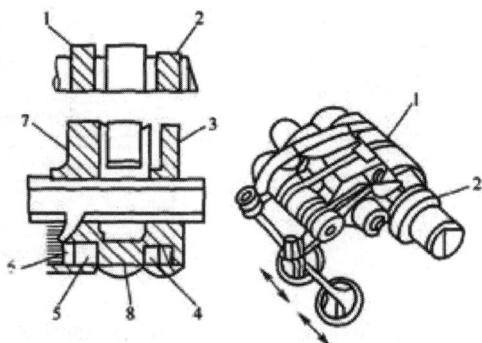

图 3－42 发动机低速运转时 VTEC 机构的工作状态

1—中间凸轮 2—中间摇臂 5—同步活塞 A 6—正时活塞 7—主摇臂 8—同步活塞 B

当发动机高速运转,且发动机转速、负荷、冷却水温度及车速达到设定值时,计算机控制电路向 VTEC 机构电磁阀供电,使电磁阀开启,来自润滑油道的机油压力作用在正时活塞一侧,由正时活塞推动两同步活塞和阻挡活塞移动,两同步活塞分别将主摇臂与中间摇臂、次摇臂与中间摇臂插接成一体,成为一个同步工作的组合摇臂,如图 3－43 所示。此时,由于中间凸轮升程最大,组合摇臂受中间凸轮驱动,两个进气门同步工作,进气门的配气相位和升程与发动机低速时相比,其升程、提前开启角和迟后关闭角均增大。

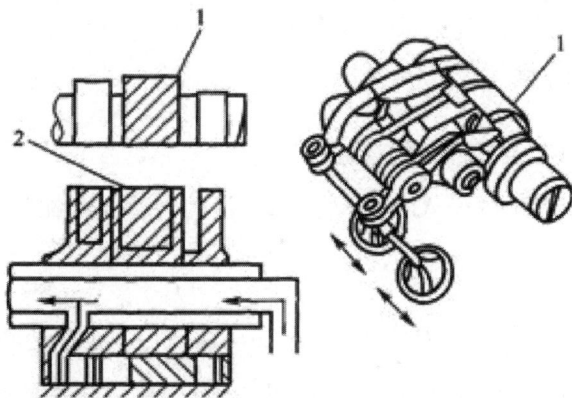

图 3－43 发动机高速运转时 VTEC 机构的工作状态

1—主凸轮 2—次凸轮 3—次摇臂 4—阻挡活塞

当发动机转速下降到设定值时,计算机控制电路切断 VTEC 机构电磁阀电流,正时活塞一侧的机油压力降低,各摇臂油缸孔内的活塞在回位弹簧作用下回位,三个摇臂又彼此分离而独立工作。

（3）VTEC 控制系统

VTEC 控制系统如图 3－44 所示。根据发动机转速、负荷、冷却水温度和主速信号控制 VTEC 机构电磁阀。电磁阀通电后,通过压力开关给计算机提供一个反馈信号,便于监控系统工作。

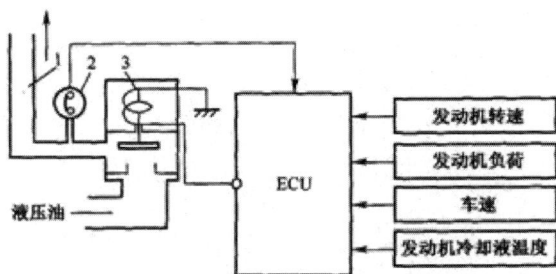

图 3-44　VTEC 控制系统中间凸轮中间摇臂

1—液压油道　2—VTEC 机构压力开关　3—VTEC 机构电磁阀

整个 VTEC 系统由发动机电子控制单元(ECU)控制,ECU 接收发动机传感器(包括转速、进气压力、车速、水温等)的参数并进行处理,输出相应的控制信号,通过电磁阀调节摇臂活塞液压系统,从而使发动机在不同的转速工况下由不同的凸轮控制,影响进气门的开度和时间。

本田的 VTEC 发动机技术已经推出了十年左右了,事实也证明这种设计是可靠的。它可以提高发动机在各种转速下的性能,无论是低速下的燃油经济性和运转平顺性还是高速下的加速性。可以说,在电子控制阀门机构代替传统的凸轮机构之前,本田的 VTEC 技术可以说是一种很好的方法。

五、配气机构的检修

(一)配气机构的拆装及零部件的检修

下面以桑塔纳 2000GSi 轿车 AJR 发动机配气机构为例介绍配气机构的拆装及零部件的检修方法。

1. 配气机构的拆卸

桑塔纳 2000GSi 轿车 AJR 发动机配气机构的解体应在专用的拆装架上进行。如图 3-45 所示,解体时,应使用专用工具先拆除发动机各附件,然后按照由外到内的顺序进行分解。其具体步骤如下。

①从气缸盖上拆下凸轮轴各道轴承盖的紧固螺母(先松 1、3、5 道轴承盖螺母,再松 2、4 道轴承盖螺母),取下轴承盖及凸轮轴,并把轴承盖按顺序排列或打上装配标记,不得错乱。

②取出液压挺柱,按顺序排列或在内壁做上标记。

③用气门弹簧拆装钳拆气门弹簧。取出气门锁片、气门弹簧座、气门弹簧、气门油封及气门,各组件按顺序摆放好,不得错乱。气门弹簧拆装钳的结构及使用如下:气门弹簧拆装钳是一种专门拆装顶置气门弹簧的工具,如图 3-46 所示。使用时,将拆装架托架抵住气门,压环对正气门弹簧座,然后压下手柄,使得气门弹簧被压缩,这时可取下气门弹簧锁销

（或锁片），慢慢地松抬手柄，即可取出气门弹簧座、气门弹簧和气门等零件。

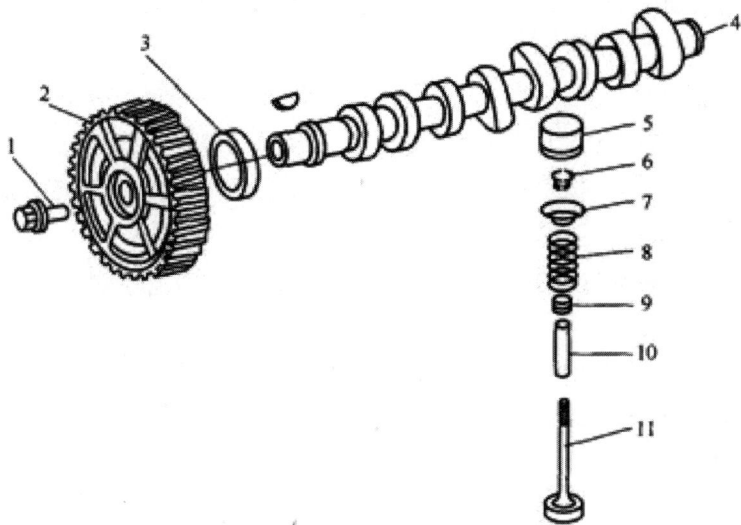

图 3 - 45　桑塔纳 2000GSi 轿车 AJR 发动机凸轮轴与气门组分解图
1—螺栓　2—凸轮轴齿形带轮　3—密封圈　4—凸轮轴　5—液压挺柱
6—气门锁片　7—气门弹簧座　8—气门弹簧　9—密封圈　10—气门导管　11—气门

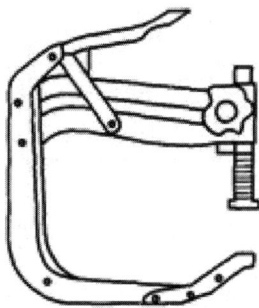

图 3 - 46　气门弹簧拆装钳

2. 配气机构的装配

配气机构的装配按拆卸时的相反顺序操作，并应注意下列事项。

①装配前必须对零部件进行清洗、检验。

②气门组件、液压挺柱、凸轮轴轴承盖等部件必须按原位装入，不得装错。

③各紧固件必须按规定顺序和扭紧力矩拧紧。

④安装齿形带时，必须使凸轮轴齿形带轮上的标记与气门罩盖平面平齐。

3. 气门座圈的拆装

①用专用拉器拉出旧座圈。

②测量座圈承孔孔径，按孔径值选择新座圈，并对孔径进行铰削加工，以保证配合尺寸要求。一般座圈过盈量为 0.075 ~ 0.125mm。

③通常用热镶法将气缸盖加热至80~100℃后,将座圈镶入座孔内。也可用液氮将座圈冷冻收缩后,在压床上将座圈镶入气缸盖座孔中,以保证不会松动。

4.气门组各零件的检修

(1)技术要求

①测量气门杆的弯曲变形时,应使其支撑稳妥,百分表架牢靠无晃动。

②铰削气门座圈时,一定要按照角度顺序的要求铰削,以免座圈报废。

③气门座圈工作位置低于原平面1.5mm时,应更换气门座圈。

④铰销、研磨后,必须彻底清洁,不得有残留的金属屑与研磨材料。

(2)操作步骤

①外观检验。气门有裂纹、破损或严重烧蚀时,应更换气门。

②气门杆弯曲和气门头部歪斜的检验。气门杆的弯曲变形检验如图3-47所示。

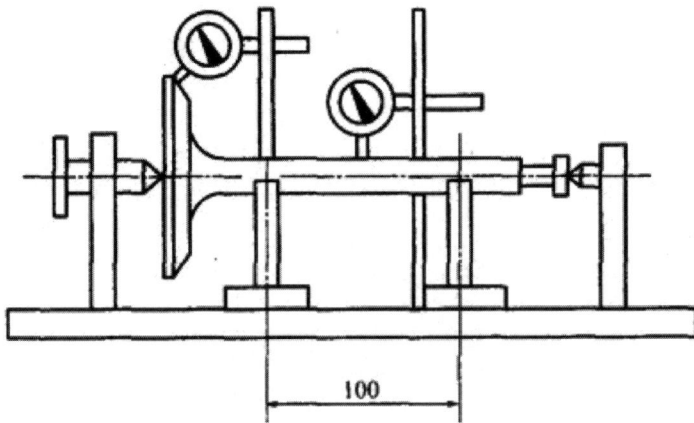

图3-47 气门杆的弯曲变形检验

a.将气门支承在两个距离为100mm的V形块上,用百分表触头测量气门杆中部的弯曲度。气门旋转一周,百分表上最大与最小读数之差的1/2为直线度误差。其值大于0.03mm时,应予以更换或校正。

b.在气门头部,工作锥面用百分表测量。转动气门头部一圈,百分表上最大读数与最小读数之差的1/2为倾斜度误差。其值大于0.02mm时,应予以更换。

③气门杆磨损检验。如图3-48所示,气门杆的磨损可用外径千分尺进行测量。气门杆径向磨损量大于规定时,应予以更换。

④气门杆端面磨损检验。用钢直尺在平台上检查气门的长度。轴向磨损量大于规定时应予以更换。若轴向磨损未超过极限值,而杆端面出现不平、瘢痕时,可用气门光磨机修磨。

⑤气门工作面磨损检验。气门头部工作面若有斑点、严重烧蚀等,可用气门光磨机修磨。

⑥气门的修磨。如图3-49所示,修磨气门通常在气门光磨机上进行。

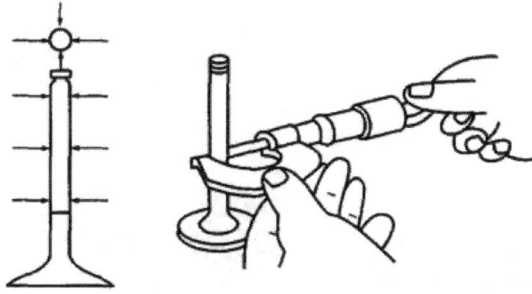

图 3-48 用外径千分尺测量气门杆

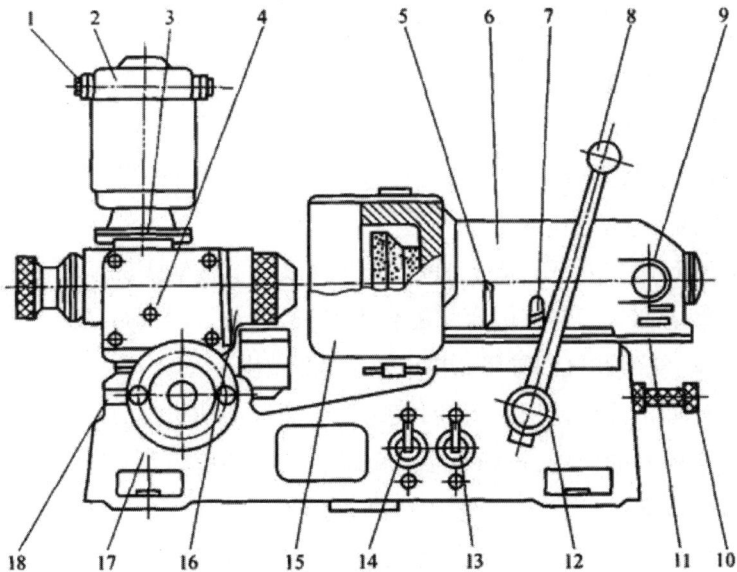

图 3-49 气门光磨机

电刷架 2—车头电机 3—加油孔 4—油窗 5—出风口 6—磨头体 7—注油孔

8—扳杆 9—电刷架 10—定位螺钉 11—纵导轨面 12—插销 13—磨头开关

14—车头开关 15—玻璃罩 16—车头 17—手轮 18—横向导面

a. 气门光磨后,气门头最小边缘厚度,进气门、排气门不得小于0.50mm,否则应更换气门。

b. 修磨后,气门工作锥面对气门杆轴线的斜向圆跳动,应不大于0.03mm,否则应予以更换。

⑦气门座圈的检修。将气门座圈清理干净并检查工作面。气门座圈工作面磨损变宽超过1.4mm,工作面烧蚀出现斑点、凹陷时,应进行铰削与修磨。

气门座圈的铰削步骤如下。

a. 如图3-50所示,根据气门直径选用合适的气门座铰刀,根据气门导管内径选择合适的铰杠,并插入气门导管内,无明显旷动为宜。

b. 用砂布垫在铰刀表面,砂磨气门座圈工作表面的硬化层。

c. 用与气门工作面锥角相同的铰刀铰削工作锥面,直到将烧蚀、斑点等铰除为止。

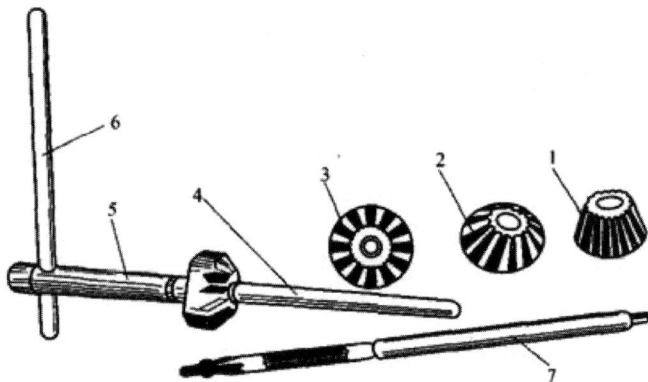

图 3-50 气门座铰刀

1、2、3—绞刀 4—导杆 5、6—绞杆 7—导杆铰刀

d. 在新气门或修磨过的气门锥面上,涂一层红丹油,检查接触面的位置。应在气门锥面的中下部,宽度为 1.0~1.4mm。

e. 如果接触面偏上,则应用 30°铰刀铰削,使接触面下移;如果接触面偏下,则应用 75°铰刀铰削,使接触面上移。

f. 用 45°细铰刀,或铰刀下面垫上细砂布铰磨,以降低接触表面粗糙度值。

⑧气门的研磨。如气门与气门座圈配合不严密,可对气门进行研磨。步骤如下。

a. 清洗气门座、气门及气门导管,并在气门顶部做出标记。

b. 在气门工作面上涂以薄层研磨砂,气门杆上涂以清洁机油,插入气门导管内。

c. 变换气门与座圈的位置,正确研磨。粗研后接触环带应整齐、无瘢痕、无麻点状。

d. 粗研完毕清洗各部位,用细研磨砂研磨,直至工作面出现一条灰色无光的环带为止。

e. 洗净研磨砂,涂以机油,继续研磨数分钟。

⑨气门与气门座圈密封性检查。

a. 检查前,将气门与气门座圈清洗干净,在气门锥面上用软铅笔沿轴向均匀地划上若干条线,然后与气门座圈接触。略压紧并转动气门 90°,取出气门,检查铅笔线是否被切断。若被切断,说明密封性良好,否则应重新研磨。

b. 将气缸盖倒放在检测平台上,并装上待检测气缸同一缸的气门和火花塞。向燃烧室注入煤油或汽油 5min,气门与座圈接触处应无渗漏现象。

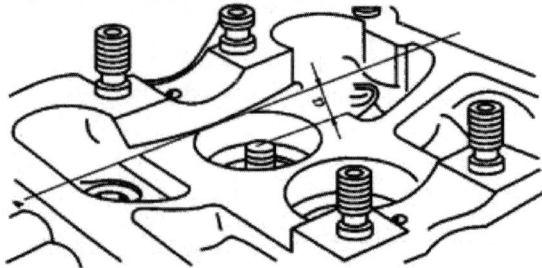

图 3-51 测量气门杆尾部与缸盖上边缘的距离

⑩气门座圈的镶配。气门座圈工作面低于气门座圈原平面 1.5mm 时,应更换气门座。气门座圈修磨前,应确定其最大允许修磨尺寸。确定方法:插入气门并压紧在气门座上(如图 3 - 51 所示),测量气门杆尾部与缸盖上边缘的距离 a,减去进排气门长度的最小尺寸即为最大允许修磨尺寸。

(二)气门传动组的拆装与检修

下面以桑塔纳 2000Gsi 轿车 AJR 型发动机为例介绍气门传动组相关零部件的拆装与检修。

1. 发电机、动力转向油泵 V 形带的拆装

在拆卸 V 形带之前要先做好方向记号。如果按相反方向安装使用 V 形带,有可能损坏 V 形带,在安装时还要保证 V 形带正确地啮合进入 V 形带轮内。发电机 l 动力转向油泵 V 形带的分解图,如图 3 - 52 所示。

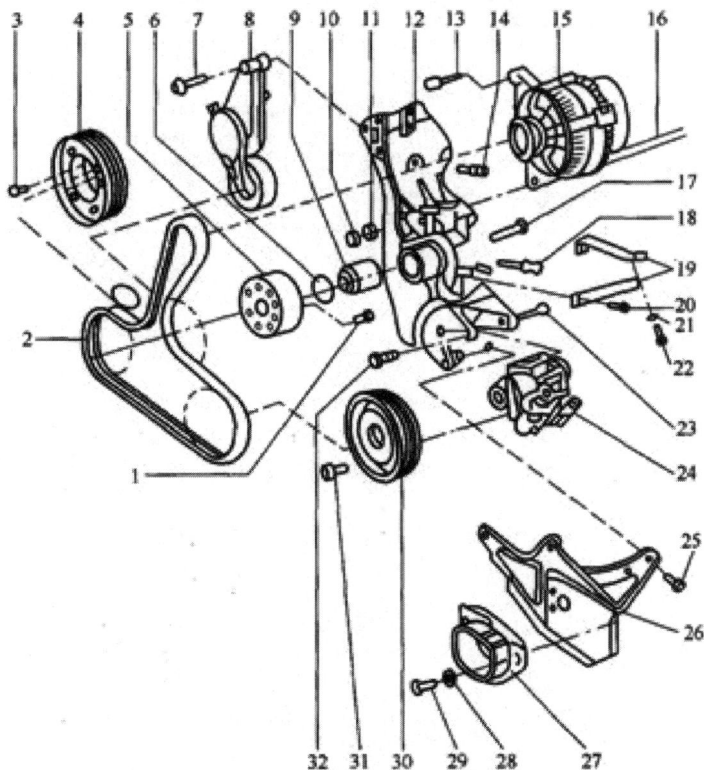

图 3 - 52　发电机、动力转向油泵 V 形带的分解图

1—螺栓(拧紧力矩 10N·m)　2—V 形带　3—螺栓(拧紧力矩 40N·m)　4—V 形带轮　5—曲轴传动带轮

6—保持夹　7、13、23、25、29、31、32—螺栓(拧紧力矩 25N·m)　8—V 形带张紧轮　9—过渡轮

10、14、16、17、18—螺栓(拧紧力矩 45N·m)　11、28—垫圈　12—支架　15—发电机

19—支架　20、22—螺栓(拧紧力矩 20N·m)　21—垫圈　24—动力转向油泵

26—支架　27—扭力臂止位块　30—动力转向油泵带轮

（1）发电机的拆卸

①断开蓄电池搭铁线。

②抽取冷却液，拔下通向散热器的上冷却液管。

③松开发电机的上、下连接螺栓。轻轻转动发电机，拔下下部连接螺栓。

④拆下发电机。

（2）空调压缩机 V 形带的拆卸

拆卸空调压缩机的传动带时，不要打开空调制冷回路。在拆卸 V 形带之前要先做好方向记号。

①松开空调压缩机，拆下空调压缩机 V 形带。

②用开口扳手按如图 3 - 53 所示箭头方向扳动 V 形带张紧轮，使 V 形带松弛。

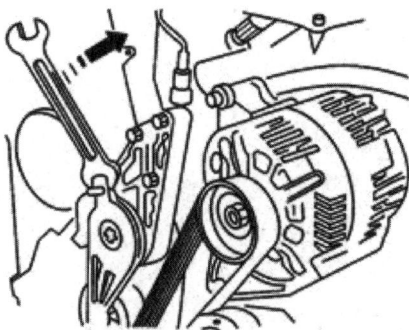

图 3 - 53　扳动张紧轮

③用销针 3204 固定住张紧轮。

④拆下固定住的 V 形带张紧轮。

⑤拆下 V 形带，如图 3 - 54 所示。检查磨损情况，不得有扭曲现象。

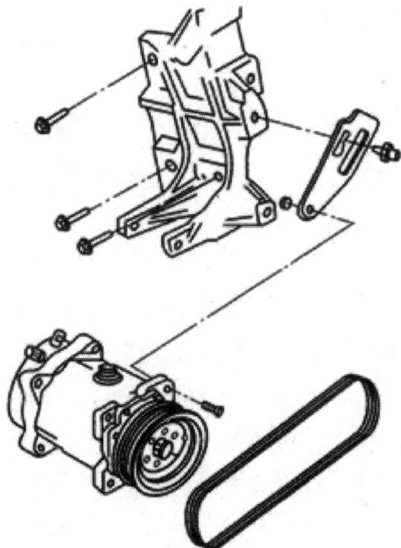

图 3 - 54　空调压缩机的 V 形带

（3）空调压缩机 V 形带的安装

在安装 V 形带之前保证所有的附件（发电机、空调压缩机和动力油泵）都已经安装牢固。

①套上 V 形带。

②安装连同销钉 3204 的张紧轮。

③将 V 形带在发电机 V 形带轮上定位。

④检查 V 形带的正确位置,V 形带的布置如图 3 - 55 所示。

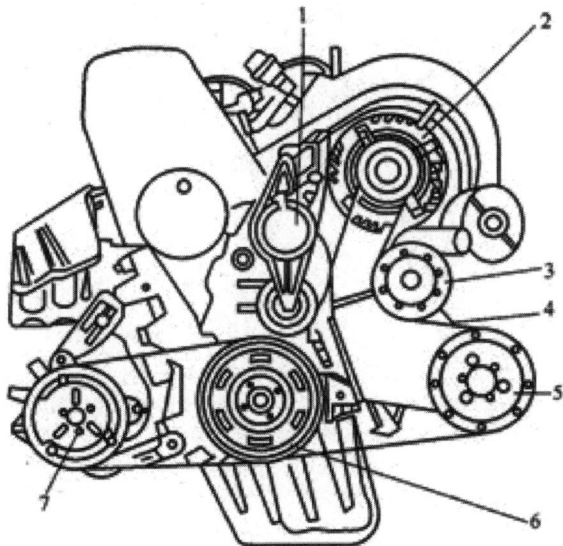

图 3 - 55　带空调压缩机的 V 形带布置图

1—张紧装置　2—交流发电机　3—导向轮　4—V 形带

5—动力转向油泵　6—曲轴 V 形带轮　7—空调压缩机

⑤张紧 V 形带,拆下张紧轮上的销钉 3204。

⑥启动发动机,并检查 V 形带的运转情况。

2. 发动机正时齿带的拆装

发动机正时齿带的拆装可按图 3 - 56 所示进行。

（1）正时齿带的拆卸

①将发动机安装在维修工作台上。

②拆卸 V 形带。

③将曲轴转到第一缸的上止点位置,如图 3 - 57 箭头所示。

④拆卸正时齿带上防护罩。

⑤将凸轮轴正时齿带轮上的标记(见图 3 - 58 中箭头)对准正时齿带防护罩上的标记。

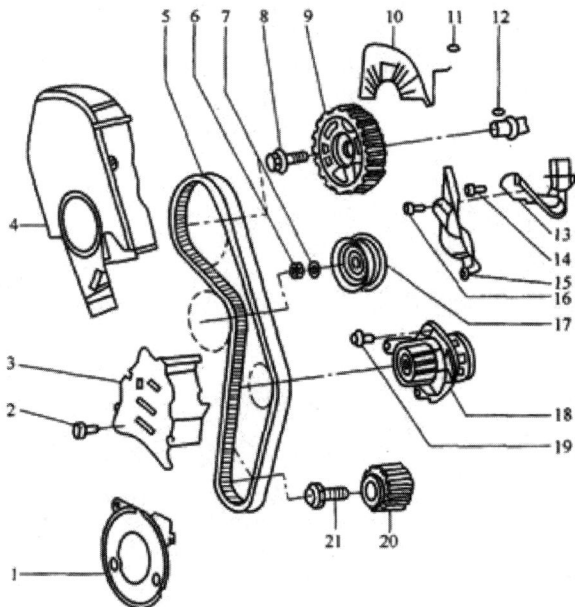

图 3 - 56　正时齿带及附件的分解图

1—正时齿带下防护罩　2—中间防护罩螺栓(拧紧力矩10N・m)　3—正时齿带中间防护罩
4—正时齿带上防护罩　5—正时齿带　6—张紧轮固定螺栓(拧紧力矩15N・m)
7—波纹垫圈　8—凸轮轴正时齿带轮固定螺栓(拧紧力矩100N・m)
9—凸轮轴正时齿带轮　10—正时齿带后上防护罩11—防护固定螺栓(拧紧力矩10N・m)
12—半圆键13—霍尔传感器14—螺栓(拧紧力矩10N・m)　15—正时齿带后防护罩
16—螺栓(拧紧力矩20N・m)　17—半自动张紧轮　18—水泵　19—螺栓(拧紧力矩15N・m)
20—曲轴正时齿带轮　21—曲轴正时齿带轮螺栓(拧紧力矩90N・m+1/4圈)

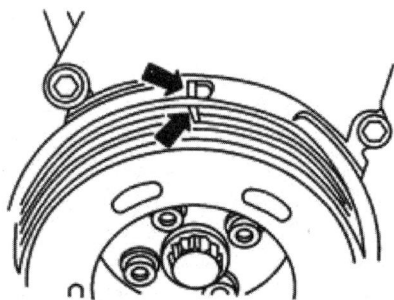

图 3 - 57　一缸上止点记号

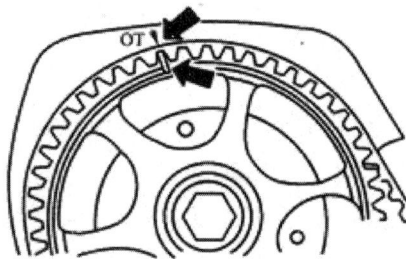

图 3 - 58　凸轮轴正时齿带轮与正时齿带防护罩上的标记

⑥拆卸曲轴正时齿带轮。

⑦拆卸正时齿带中间及下防护罩。

⑧用粉笔等在正时齿带上做好记号,检查磨损情况,不得有扭曲现象。

⑨松开半自动张紧轮并拆下正时齿带。

(2)正时齿带的安装(调整配气相位)

正时齿带的安装可参照图3-59所示进行。凡是进行过与正时齿带相关的修理工作后,都要按下述步骤对正时齿带进行调整。

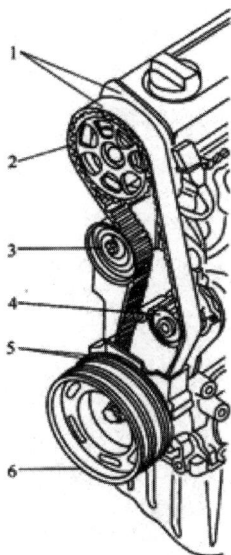

图 3 - 59　正进齿带的安装

1—凸轮轴正时记号　2—凸轮轴皮带轮　3—半自动张紧轮

4—水泵　5—曲轴正时记号　6—曲轴皮带轮

①转动凸轮轴,使曲轴不在上止点的位置,以免损坏气门及活塞。

②将凸轮轴正时齿带轮上的标记对准正时齿带防护罩上的标记。

③检查曲轴正时齿带轮上止点记号与参考标记是否对准。

④将正时齿带安装到曲轴正时齿带轮和水泵上,注意安装位置。

⑤将正时齿带安装到张紧轮和凸轮轴正时齿带轮上。注意半自动张紧轮的位置,定位块(见图 3 - 60 箭头所示)必须嵌入气缸盖上的缺口内。

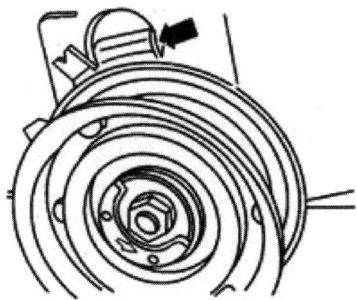

图3 - 60　半自动张紧轮的位置

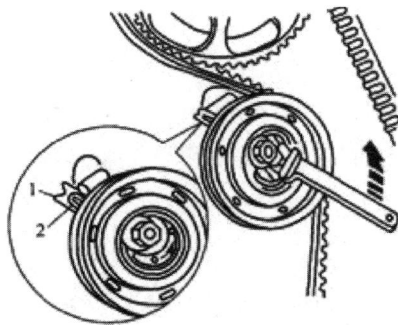

图 3 - 62　用专用工具安装半自动张紧轮

1—指针　2—缺口

⑥将半自动张紧轮逆时针转动,直到可以使用专用工具(Matra V159)为止,如图 3 - 61 中箭头所示。松开张紧轮,直到指针 1 位于缺口 2 下方约 10mm 处。旋紧张紧轮,直到指针 1 和缺口 2 重叠,将张紧轮上锁紧螺母以 15N·m 的力矩拧紧。

⑦用手转动曲轴,检查并调整。

⑧安装正时齿带下防护罩、曲轴正时齿带轮。正时齿带上部和中间防护罩。

（3）检查半自动张紧轮

当发动机前端位于维修工作台上，正时齿带已安装并张紧时，拆下正时齿带上防护罩，用拇指用力弯曲正时齿带，指针2应该移向一侧，如图3－62所示。当放松正时齿带时，张紧轮应该回到初始位置（缺口1和指针2重叠）。

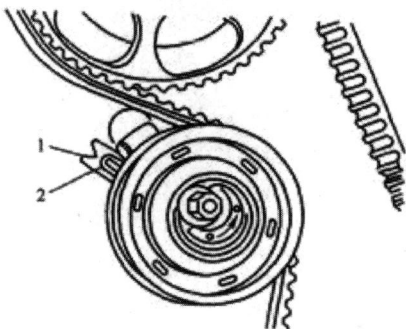

图3－62　检查半自动张紧轮

1—缺口　2—指针

3.凸轮轴的拆装

（1）凸轮轴的拆卸

①使发动机前端处于维修工作台上。

②拆下正时齿带上防护罩。

③旋松凸轮轴正时齿带轮（固定住凸轮轴）。转动曲轴使凸轮轴正时齿带轮位于第一缸上止点标记。凸轮轴正时齿带轮上的标记必须对准正时齿带防护罩上的标记，转动曲轴到第一缸上止点。

④松开半自动张紧轮，从凸轮轴正时齿带轮上拆下正时齿带。

⑤拆下气门罩盖，再拆下凸轮轴正时齿带轮。

⑥从凸轮轴上拿下半圆键。先拆下第1、第3、第5号轴承盖，然后对角交替松开第2、第4号轴承盖。

（2）凸轮轴的安装

凸轮轴的安装按拆卸时的相反顺序操作，并应注意下列事项。

①安装凸轮轴前应更换凸轮轴油封。

②安装凸轮轴时，第一缸的凸轮必须朝上。

③安装轴承盖时，要保证孔的上下部分对准。

④润滑凸轮轴轴承表面，交替对角拧紧第2、第4号轴承盖，拧紧力矩为20N·m，后安装第5、第3轴承盖，拧紧力矩为20N·m。

⑤将半圆键安装到凸轮轴上，安装凸轮轴正时齿带轮，并拧紧到100N·m。

⑥安装正时齿带（调整配气相位），安装气门罩盖。

安装好凸轮轴后,发动机在约 30min 之内不得启动,以便液压挺杆的补偿元件进入状态,否则气门将敲击活塞。在对配气机构进行过维修后,应小心地转动曲轴至少两圈,以防止发动机启动时敲击气门。

4. 气门传动组各零件的检修

(1) 凸轮轴的检修

① 外观检视凸轮工作面。检视凸轮工作面是否有擦伤和疲劳剥落现象。凸轮工作面的擦伤是沿滑动方向上产生的小擦痕,而后将发展成为严重的黏着损伤。如有上述现象,则应更换凸轮轴。

② 检查凸轮的磨损。凸轮的磨损程度可用外径千分尺测量凸轮的高度 H 来判断,如图 3-63 所示。如果被测凸轮高度 H 小于使用限度,应更换凸轮轴。

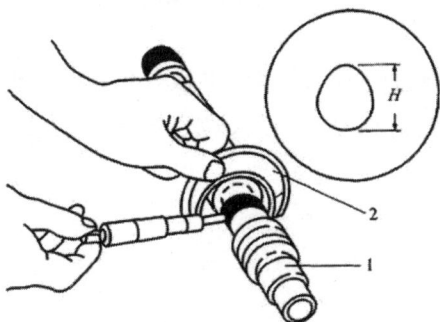

图 3-63 检查凸轮磨损
1—凸轮轴 2—外径千分尺 H—凸轮高度

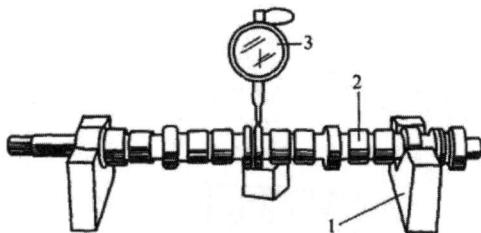

图 3-64 检查凸轮弯曲变形
1—V 形铁 2—凸轮轴 3—百分表

③ 检查汽油泵驱动偏心轮的磨损。对于机械式驱动汽油泵,其汽油泵驱动偏心轮的磨损亦可使用外径千分尺通过测量其偏心方向上的高度来判断。如测量值小于使用极限值时,可使用修磨或堆焊后光磨的方法修复,或者更换凸轮轴。

④ 检查凸轮轴的弯曲变形。将 V 形铁置于平板上,将凸轮轴置于 V 形铁上,如图 3-64 所示使用百分表测量凸轮轴中间支承的径向圆跳动值。轻轻地回转凸轮轴一周,百分表指针的读数差即为凸轮轴的径向圆跳动值。若测量值超过极限值,则应进行冷压校正或更换凸轮轴,凸轮轴校直后,其径向圆跳动值应不大于规定值。

⑤ 检查凸轮轴轴颈的磨损。使用外径千分尺利用"两点法"测量每个凸轮轴轴颈的直径,如图 3-65 所示。在轴颈的两个不同截面上分别测量两垂直方向的直径尺寸(得到 4 个测量值),同时使用内径百分表利用"两点法"测量气缸盖上凸轮轴颈轴承孔的内径(每个轴承孔得 4 个测量值),如图 3-66 所示。用所测轴颈轴承孔内径减去相应轴颈直径即得轴颈与轴颈轴承孔的配合间隙。如果该配合间隙超过极限值,则应更换凸轮轴,必要时,更换气缸盖。

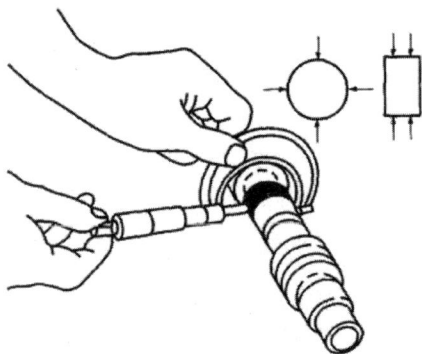

图 3 - 65　测量凸轮轴颈直径

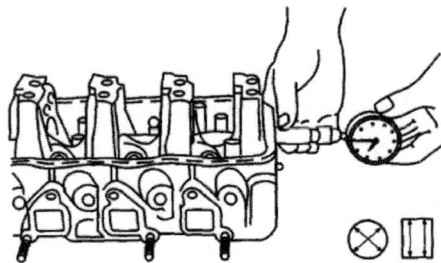

图 3 - 66　测量凸轮轴颈轴承孔内径

⑥检查凸轮轴轴向间隙（止推间隙）。凸轮轴轴向间隙是靠止推板来保证的,测量该间隙时,如图 3 - 67 所示,可用撬杠拨动凸轮轴作轴向移动,用塞尺或百分表进行测量,如果测量值超限,则视情况更换止推板或凸轮轴。

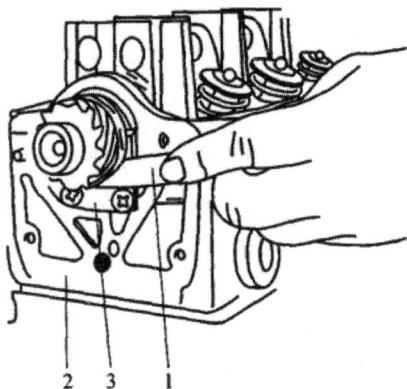

图 3 - 67　检查凸轮轴轴向间隙

1—塞尺　2—气缸盖　3—止推板

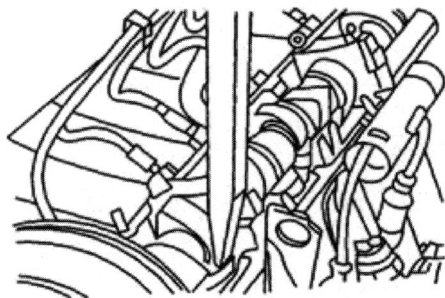

图 3 - 68　检查液压挺柱

（2）液压挺柱的检修

①不解体检查液压挺柱工作是否正常。

发动机起动正常,有不规则的气门噪声,低速运转发动机,并使散热器的风扇接通运转一次。增加发动机的转速到 2500r/min 并运转 2min。如果液压挺柱始终有杂音,找出有缺陷液压挺柱的方法如下:

a. 拆下气缸盖罩。

b. 沿顺时针方向转动曲轴,直至被检查液压挺柱的凸轮的尖点向上。

c. 用带有楔形尖端的木棒或塑料棒向下压液压挺柱,如图 3 - 68 所示。如果在气门打开时的自由行程超过 0.1mm,压下液压挺柱感觉有间隙,则要更换液压挺柱。

②液压挺柱产生噪声的原因。

当发动机还没有达到正常工作温度时,能听到液压挺柱噪声,而当发动机热起来之后,噪声消失,这种现象是正常的。

如果所有的液压挺柱都有噪声,可能是因为灰尘或变质黏结的润滑油使其卡住或润滑油质量不良,如起泡沫的润滑油也可能带来这种现象。如果润滑油起泡沫,在润滑油标尺上也将有泡沫。润滑油中有水、润滑油油面过高或过低,都可能引起润滑油起泡沫。当液压柱塞需要调整而调整不当时也将引起噪声。

如果一个液压挺柱有时发出噪声,其原因可能是:

a. 液压挺柱中的柱塞太紧。

b. 柱塞弹簧太软或被折断。

c. 球阀泄漏。

d. 柱塞磨损。

e. 锁环安装不当。

f. 到柱塞的润滑油压力不够。

液压挺柱装置拆卸后应竖直放置,以防润滑油从内部流出。

③液压挺柱使用修理中应注意的几点:

a. 如需拆下液压挺柱时(液压挺柱不允许互换),应在液压挺柱上做标记,标记应做在与凸轮接触面的正方。

b. 测量导孔内径与液压挺柱外径,液压挺柱与导孔配合间隙不得超过 0.1mm,否则应更换液压挺柱或对导孔镶套。

c. 严格控制发动机机油的油面高度。

d. 发动机冷起动后应运转一段时间,以使机油温度上升,液压挺柱达到正常工作状态。

5)如果发现液压挺柱失灵,应更换新件。

(3)摇臂、摇臂轴与摇臂轴弹簧的检修

①检视摇臂和调整螺钉的磨损。调整螺钉的端头如磨损严重,应更换调整螺钉。摇臂与凸轮的接触面如磨损严重或调整螺钉螺纹孔损坏,则应更换摇臂。

②检查摇臂轴的弯曲变形。使用 V 形铁和百分表检查摇臂轴的弯曲变形,与检查气门杆弯曲变形的方法类似,直线度极限值为 0.06mm。如直线度超限,可用冷压校正法校正或更换摇臂轴。

③检查摇臂轴与摇臂孔的配合间隙。使用外径千分尺和内径百分表测量摇臂轴的直径和摇臂孔的内径,其差值即为两者的配合间隙,各数值应满足原厂要求。如果配合间隙超过极限值,则应视摇臂轴直径和摇臂孔内径情况更换摇臂轴或摇臂,或两者都更换。

(4)同步齿形带和同步齿形带轮的检查

①检查同步齿形带和同步齿形带轮有无磨损和裂纹，必要时，进行更换。一般轿车8～10万千米必须更换，否则会对发动机带来严重损坏。检查时，不可弯折同步齿形带，否则会降低其抗拉强度，易出现破损。同步齿形带、同步齿形带轮和同步齿形带张紧轮不得沾有油和水，如接触会使同步齿形带橡胶膨胀，减少其使用寿命。

②同步齿形带松紧度的检查。如图3-69所示，用30N的力推压同步齿形带驱动侧的中间，检查其挠度L是否为6mm，也可以在同步齿形带驱动侧的中间，用拇指和食指捏住同步齿形带刚好能扭转90°，则其张紧度是合适的。否则应拧松同步齿形带张紧轮固定螺钉7和螺栓3改变张紧轮8的位置予以调整。

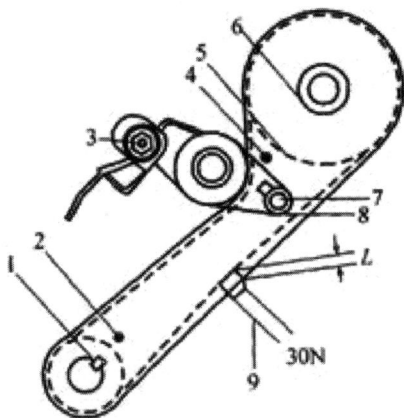

图3-69　检查同步齿形带松紧度

1—同步齿形带轮半圆键　2、4、5、6—装标记　3—张紧轮螺栓　7—张紧轮固定螺钉
8—张紧轮　9—推压计　L—同步齿形带挠度

（5）正时链轮和链条的检修

上置凸轮轴式配气机构的发动机采用链传动的很多，正时传动机构会因正时链条的磨损造成节距变长、噪声增大，严重时会使配气正时失准。因此，在维修中应认真检查。

①正时链条的检修。测量全链长。测链条长度时，对链条施以一定的拉力拉紧后测量其长度，如图3-70所示，测量时的拉力可定为50N。如丰田2Y、3Y发动机的链条长度应不超过294.1mm，若长度超过此值时，应更换链条。

②正时链轮的检修。测量链轮直径，将链条分别包住凸轮轴正时链轮和曲轴正时齿轮，用游标卡尺测量其直径，如图3-71所示。其直径不得小于允许值。例如，丰田2Y、3Y发动机允许的最小值：凸轮轴正时链轮为114mm，曲轴正时齿轮为59mm，若小于此值时，应更换链条与链轮。

（6）气门间隙的检查与调整

只有气门处于完全关闭状态时，才能正确调整气门间隙，这是气门间隙调整的基本原则。气门间隙可采取两种方法进行调整。

①逐缸检调法。摇转曲轴，通过观察某一缸进气门被压缩后，再转动使凸轮轴与摇臂

接触到基圆时,即该缸的压缩行程终了,可调整该缸的进、排气门;就车检查气门间隙时,则在车辆熄火后,挂上高挡位,人工推车,使曲轴转动,找到各缸压缩行程终了时刻,再检查调整各缸进、排气门。

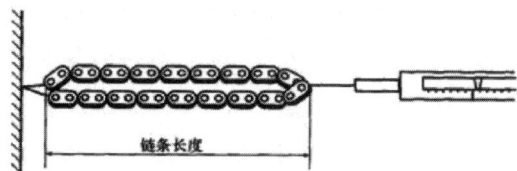

图 3 - 70　正时链条长度的测量　　　　　图 3 - 71　链轮直径的测量

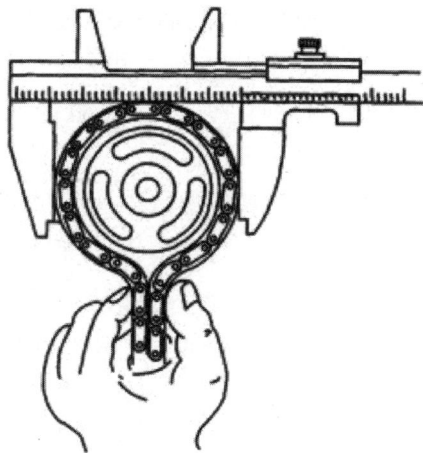

对于凸轮直接驱动液压挺柱的配气机构,由于气门间隙不可调,当气门间隙超过规定范围时,只有根据相应车型的维修手册中的规定更换液压挺柱上相应厚度的垫片。

②两次检调法。找到一缸压缩上止点,方法如下:

a. 分火头判断法。记下一缸高压线的位置,打开分电器盖,转动曲轴,当分火头与一缸高压线位置相对时,表示一缸在压缩上止点。

b. 逆推法。转动曲轴,观察与一缸曲轴连杆轴颈同在一个方位的最后缸(如四缸机的第四缸或直列六缸机的第六缸)的排气门打开又逐渐关闭到进气门动作瞬间,为四(六)缸在排气上止点,即一缸在压缩上止点。

③按发动机上的第一缸上止点记号确定一缸压缩上止点。很多发动机在曲轴的后端或前端制有确定第一缸上止点的记号。例如,东风 EQ6100 和解放 CA6102 发动机,在飞轮的圆柱面上和飞轮壳上分别制有第一缸上止点记号。BJ492Q 发动机则在曲轴带轮和正时齿轮室上分别制有第一缸上止点记号。当两记号对齐时,第一缸活塞正好处于压缩或排气上止点位置。

第一缸压缩行程上止点的确定方法是:先找到压缩行程,然后再确定压缩上止点。找压缩行程常用两种方法。一种是把一缸火花塞(或喷油器)座孔用棉球堵住,摇转曲轴,当棉球被气缸内的压缩气体弹出时,表明该缸已进入压缩行程。另一种是摇转曲轴,看一缸气门的动作,当进气门关闭时,表明该缸已进入压缩行程。按上述方法找到一缸压缩行程后,慢慢摇转曲轴,使一缸上止点记号对齐,此时一缸活塞所处的上止点位置便是压缩行程上止点。

以四缸机为例,点火顺序为 1—3 - 4 - 2,如若将气门按从前到后的顺序编号,则此时可检调气门 1、2、3 和 6 的气门间隙，即第一缸进、排气门均可调，第二缸可检调进气门，第三缸可检调排气门（如是六缸机，点火顺序为 1— 5—3–6–2–4，按气门顺序则可检调 1、2、4、5、8、9 气门间隙）。

然后，顺时针旋转曲轴 360°，使第四缸处于压缩行程上止点（直列六缸机则是第六缸处于压缩行程上止点）。四缸机未调的气门 4、5、7 和 8 这时均可检调，即第二缸可检调排气门，第三缸可检调进气门，第四缸进、排气门均可检调（六缸机检调 3、6、7、10、11、12 气门间隙）。

调整时一边拧调整螺钉，一边用厚薄规插入气门杆端与摇臂之间来回拉动，感到有轻微阻力为宜，然后重新检查一遍合适为止。常见汽车发动机的气门间隙见表 3 – 2。

逐缸法需摇转曲轴的次数多，检调所花费时间多，但对于磨损较严重的发动机，用逐缸法检调气门间隙比较精确。两次法调整气门间隙比较省时省力，但对于不同车型需记忆不同的可调气门顺序号，车型复杂时对维修人员记忆就有些难度。为克服其缺点，现有一种调整气门间隙的新方法——"双排不进"调整法，此法简单，不用死记硬背，不易忘记，适用于各种型号的发动机的调整。

表 3 – 2　常见汽车发动机的气门间隙（单位：mm）

发动机型号	进气门		排气门	
	热车	冷车	热车	冷车
上海桑塔纳	0.25 ± 0.05	0.20 ± 0.05	0.45 ± 0.05	0.40 ± 0.05
一汽捷达	0.20 ~ 0.30	0.15 ~ 0.25	0.40 ~ 0.50	0.35 ~ 0.45
神龙富康	—	0.20	—	0.40
一汽奥迪 100	0.20 ~ 0.30	0.15 ~ 0.25	0.40 ~ 0.50	0.35 ~ 0.45
南京依维柯	—	0.50	—	0.50
天津夏利	0.15	—	0.15	—
天津大发 TJ7100	0.20	—	0.20	—
丰田 M 系列	0.28	0.25	0.35	0.30
三菱 4G33\4G32	—	0.07	—	0.17
解放 CA6102		0.20 ~ 0.30		0.20 ~ 0.30
东风 EQ6100 – 1	—	0.20 ~ 0.25	—	0.20 ~ 0.25
玉柴 YQ6105Qc		0.40		0.45

下面就"双排不进"调整法作一下具体介绍。

①"双排不进"调整法的基本原理。

该调整法的基本原理可用虚拟分电盘图示法来描述，如图 3 – 72 所示为六缸发动机的虚拟分电盘示意图，图中小圆周围均布的数字 1、5、3、6、2、4 为发动机的缸号（按发的点火顺序填写），大圆外的箭头表示分火头的旋转方向。图的左、右两侧以一条直线对区分。根据此图,可将发动机各气门的调整分为4种情况。当第一缸处于压缩行程上止点时,直线上方的缸号(第一缸)的进、排气门均可调,记为"双";直线右侧的缸号(第五、第三缸)的排气门可调,记为"排";直线下方的缸号(第六缸)的进、排气门都不可调,记"不";直线左侧的缸号第二、第四缸)的进气门可调,记为"进"。按顺时针排列,就得到了"双排不进"的调整规律。同理,当第六缸处于压缩行程上止点时,从第六缸开始计算,按箭头方向,第六缸进、排气门均可调,记为"双";直线左侧的缸号(第四、第二缸)的气门可调,记为"排";其余气缸的可调气门,同样可按"双排不进"的规律找出来,六缸发动机可调气门排列表见表3-3。

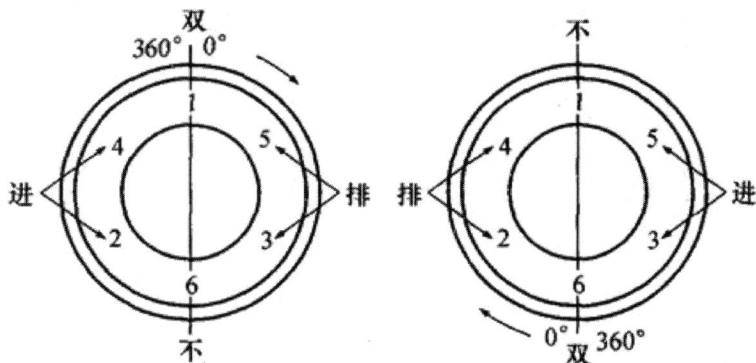

图3-72 六缸发动机虚拟分电盘示意图

表3-3 六缸发动机可调气门排列表

第一遍时气缸调整顺序	1	5	3	6	2	4
第二遍时气缸调整顺序	6	2	4	1	5	3
第一遍(一缸在压缩上止点)	双		排	不		进
第二遍(六缸在压缩上止点)	双		排	不		进

②"双排不进"调整法的应用。

根据上述原理,不管什么型号的多缸发动机,不论其缸数为多少,都可按上述方法,画出一个虚拟分电盘示意图,然后按"双排不进"规律对该发动机气门间隙进行调整。

适用于国内外一切发动机两次调整气门间隙的口诀见表3-4。

表3-4 两次调整气门脚间隙的表

发动机气缸数	发动机工作顺序	1缸压缩上止点时可调气门				1缸排气上止点时可调气门			
		双	排	不	进	双	排	不	进
四缸	1243	1	2	4	3	4	3	1	2
六缸	153624	1	5 3	6	2 4	6	2 4	1	5 3
八缸	16354728	1	635	4	728	4	728	1	635
八缸	15483672	1	548	3	672	3	672	1	548

注:双——该缸进排气门均可调

　　排——该缸只调排气门脚间隙

　　不——该缸进排气门脚间隙均不可调

　　进——该缸只调进气门脚间隙

对于缸数为奇数的发动机,只要在与第一缸缸号对称的位置上虚设一个为"0"的缸号(实际上是不存在的)就可以,如图 3 - 73 所示为五缸发动机虚拟分电盘示意图;如图 3 - 74 所示为三缸发动机虚拟分电盘示意图。另外,对于多缸柴油机来讲,也可以虚拟一个分电盘示意图,同样可按"双排不进"的方法进行气门间隙调整。

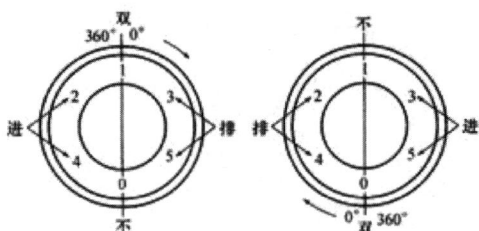

图 3 - 73　五缸发动机虚拟分电盘示意图　　图 3 - 74　三缸发动机虚拟分电盘示意图

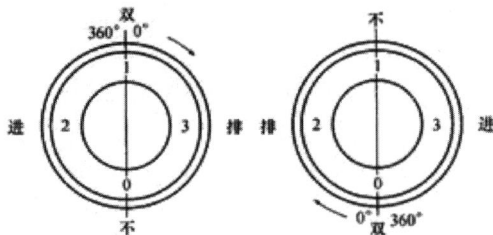

解放 CA1091 发动机点火顺序为 1— 5—3 - 6 - 2 - 4,气门间隙调整方法如下(如图 3 - 75、图 3 - 76 所示)。

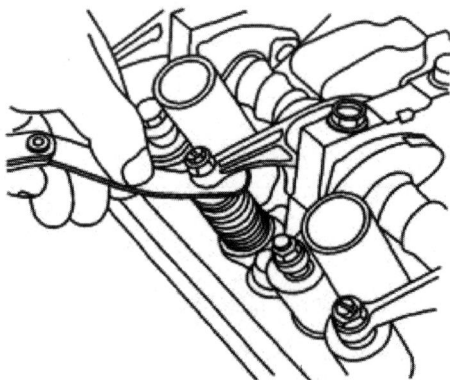

图 3 - 75　气门间隙调整方法 1:将塞尺塞入　　图 3 - 76　气门间隙调整方法 2:锁紧螺母

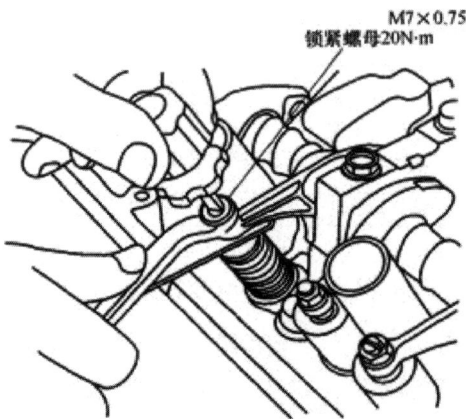

(1)逐缸调整法

①找到点火正时标记。

②确定一缸在压缩行程上止点位置,分别调整进、排气门间隙,使之符合技术要求。

③用手柄转动曲轴 120°,按照发动机工作顺序,逐缸调整五缸进排气门间隙,使之符合技术要求。

④按照上述方法依次调整其他气门间隙。

⑤调整时,应用厚薄规插入气门杆尾端与摇臂之间,来回拉动时感觉有轻微阻力为合适。

⑥调整时,应先旋松锁紧螺母,然后旋转调整螺钉,直到间隙合适为止,最后旋紧螺母并锁紧。

⑦对所有气门进行复检。

（2）两遍调整法

①找到点火正时标记。

②旋转曲轴使一缸活塞处于压缩行程上止点,按照"双排不进"原则判断可调气门。

③用塞尺测量可调气门间隙。

④调整间隙不符合要求的气门,使之符合技术要求。

⑤转动曲轴360°,检查并调整剩余气门的间隙。

⑥调整时,应用厚薄规插入气门杆尾端与摇臂之间,来回拉动时感到有轻微阻力为合适。

⑦调整时,应先旋松锁紧螺母,然后旋转调整螺钉,直到间隙合适为止,最后旋紧螺母并锁紧。

⑧对所有气门进行复检。

（3）注意事项

①找到点火正时标记,正确判断一缸的压缩上止点。

②调好气门间隙后要锁紧螺母,并要复检。

第四章　汽油机燃料供给系的构造与维修

汽油机燃油系统的功用是:根据发动机不同工况的要求,将一定量的汽油送入发动机进气管或气缸,使之与进入发动机的空气混合成浓度合适的可燃混合气,以供燃烧。

从汽车诞生开始一直到20世纪80年代,车用汽油发动机基本上都是采用化油器式燃油系统,在这种燃油系统中,汽油是在进气管气流的作用下,由化油器中喷出与空气混合并雾化,经进气管进一步蒸发而形成可燃混合气,进入各个气缸。虽然化油器式燃油系统的技术已经发展到很高的水平,但由于其无法满足日益严格的排放法规要求,自20世纪90年代开始逐渐被电子控制喷射式燃油系统所取代。本书主要介绍电控燃油喷射系统的燃料供给系。

现代汽油发动机均采用电子控制喷射式燃油系统,简称电控式燃油系统,它是在发动机计算机(ECU)的控制下,用喷油器将一定数量和压力的汽油直接喷射到进气歧管中,与进入的空气混合而形成可燃混合气的。

一、汽油机燃料供给系概述

(一)汽油机的燃烧过程

汽油机燃烧过程是将燃料的化学能转变为热能的过程,是发动机整个工作循环中的主要过程。燃烧进行的好坏,直接关系到能量转换的效率,也直接影响发动机动力性、经济性、排放污染、噪声及可靠性。

1. 汽油机的正常燃烧过程

火花塞跳火点燃可燃混合气,形成火焰中心,火焰按一定速度呈球面状连续地传播到整个燃烧室的空间,火焰前锋到达未燃混合气时将其点燃,直至燃烧完毕。在此期间,火焰传播速度以及火焰前锋的形状均没有急剧变化。这种状况称为正常燃烧。

汽油机的正常燃烧过程分为着火延迟期、急燃期和补燃期3个阶段,图4-1所示为表示汽油机燃烧过程的展开示意图。图中横坐标为发动机曲轴转角 Φ,纵座标为气缸内气体压力,实线表示点火后气缸压力变化的情况,虚线表示不点火时的情况。

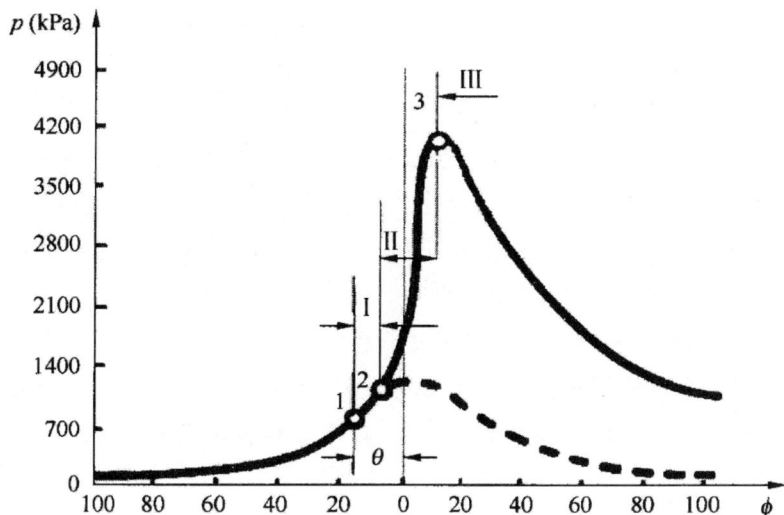

图 4 - 1　汽油机燃烧过程

（1）着火延迟期

从火花塞跳火（图 4 - 1 中点 1）开始到形成火焰中心（图 4 - 1 中点 2）为止这段时间，称为着火延迟期（图 4 - 1 中第 I 阶段）。

（2）急燃期

从火焰中心形成（图 4 - 1 中点 2）到气缸内出现最高压力（图 4 - 1 中点 3）为止这段时间称为急燃期（图 4 - 1 中第 II 阶段）。

（3）补燃期

从最高燃烧压力点（图 4 - 1 中点 3）开始到燃料基本上燃烧完全为止称为补燃期（图 4 - 1 中第 III 阶段）。

2. 汽油机的不正常燃烧

汽油机的不正常燃烧主要有爆燃和表面点火。当出现不正常燃烧时，发动机的热效率及功率均要下降。同时，由于不正常燃烧使零件磨损加剧，使用寿命下降，发动机振动及噪声增大，排放污染严重，发动机过热。

（1）爆燃

汽油机在燃烧过程中，火焰前锋以正常的传播速度向前推进，使得火焰前方未燃的混合气（末端混合气）受到已燃混合气强烈的压缩和热辐射作用，加速其先期反应，并放出部分热量，使本身的温度急剧升高。如果火焰前锋及时到达将其引燃，直到燃烧完为止，属正常燃烧。如果在火焰前锋未到达前，末端混合气温度达到了自燃温度，则在其内部最适宜发火的部位产生一个或数个新的火焰中心，引发爆炸式的燃烧反应，发出尖锐的金属敲击声，这种现象称爆燃。

汽车重载上坡时，允许有轻微的短时间的爆燃，因为轻微的爆燃可以使燃烧过程缩短，膨胀做功得到充分利用，有利于提高有效热效率。

当发生强烈爆燃时,未燃混合气在瞬间一起燃烧,局部温度、压力猛烈增加,形成强烈的压力冲击波。冲击波以超音速传播并撞击燃烧室壁,发出尖锐的金属敲击声。这种强烈爆燃的冲击波会使缸壁、缸盖、活塞、连杆、曲轴等机件的机械负荷增加,使机件变形甚至损坏。强烈爆燃时的冲击波还会破坏气缸壁上的气体附面层,使机件直接与高温燃气接触,导致活塞头部和气门等机件烧损。气缸壁上的气体附面层被破坏还会使燃烧气体向缸壁的传热量大大增加,引起发动机过热,并使热效率下降,功率降低,耗油率增加。爆燃时的局部高温还会引起热分解现象严重,使燃烧产物分解为 CO、HC 及游离碳的现象增多,排气冒烟严重。因此,爆燃是一种危害较大的不正常燃烧现象。

发动机点火提前角和汽油的品质都对爆燃的产生有很大的影响。牌号高的汽油抗爆性好可以避免爆燃的产生;适当的推迟点火提前角也会减少爆燃的发生。

（2）表面点火

在汽油机中,凡是不靠电火花点火而由燃烧室炽热表面(如过热的火花塞绝缘体和电极排气门、炽热的积炭等)点燃混合气而引起的不正常燃烧现象,称为表面点火。表面点火出现时,会使发动机运转不平稳并发生沉闷的敲击声,容易使发动机过热,有效功率下降,甚至在压缩过程末期的高温高压下会引起机件损坏。

（二）可燃混合气

汽油机所用的燃料主要是汽油。汽油进入发动机进气管后必须先喷散成雾状,并按一定的比例与空气均匀混合,然后进入气缸燃烧。这种按一定比例混合的汽油与空气的混合物,称为可燃混合气。可燃混合气中燃料含量的多少称为可燃混合气浓度。

1. 可燃混合气浓度的表示方法

可燃混合气浓度可以用空燃比（A/F）或过量空气系数（α）来表示。空燃比就是可燃混合气中所含空气和燃料的质量的比,即

A/F = 空气质量/燃料质量

理论上,1kg 汽油完全燃烧需要空气 14.7kg,因此,空燃比为 14.7 的可燃混合气称为理想混合气。若可燃混合气的空燃比小于 14.7,则称为浓混合气。若可燃混合气的空燃比大于 14.7,则称为稀混合气。应当指出,对于不同的燃料,其理论空燃比数值是不同的。

过量空气系数是在燃烧过程中,实际供给的空气质量与理论上燃料完全燃烧时所需的空气质量之比,也等于实际空燃比与理论空燃比之比,即

α = 燃烧过程中实际供给的空气质量/理论上燃料完全燃烧时所需要的空气质量

  = 实际空燃比/理论空燃比

由上面的表达式可知:无论使用何种燃料,凡过量空气系数 $\alpha = 1$ 的可燃混合气即为理论混合气（又可称为标准混合气）;$\alpha < 1$ 的为浓混合气;$\alpha > 1$ 的则为稀混合气。

2. 可燃混合气浓度对发动机性能的影响

可燃混合气浓度对发动机的燃烧过程以及发动机的动力性、燃油经济性都有很大的影响。

（1）理论混合气（$\alpha = 1$）

它是理论上燃料完全燃烧的混合气浓度。但实际上，由于时间和空间条件的限制，汽油不可能及时与空气绝对均匀混合，实现完全燃烧。因此，理论混合气既不能实现最佳的燃油经济性，也不能获得最高的动力性。但理论混合气燃烧后的排气能在排气管中的三元催化转化器中获得最佳的综合净化效果。

（2）稀混合气（$\alpha > 1$）

要使混合气中的汽油都能完全燃烧，混合气必须是 $\alpha > 1$ 的稀混合气。当混合气浓度适当时，可使发动机的经济性最好，这种混合气称为经济混合气。对于不同的汽油机，经济混合气一般在 $\alpha = 1.05 \sim 1.15$ 的范围内。但这种混合气中由于氧气充分，剩余的氧分子在燃烧过程中容易和空气中的氮气产生反应，造成废气中氮氧化合物（NO_x）含量增多，不利于排放污染的控制。

如果混合气过稀（$\alpha > 1.15$），虽然混合气中的汽油可以保证完全燃烧，但是，由于过稀的混合气燃烧速度低，在燃烧过程中，有很大一部分混合气的燃烧是在活塞向下止点移动时进行的，会使发动机的动力性和经济性都相应变坏。在混合气严重过稀的情况下，燃烧过程甚至可能拖延到下一个循环的进气行程开始以后，此时残存在气缸中含氧过剩的高温废气将通过开启着的进气门，将进气道内的可燃混合气点燃，造成进气管回火。当 $\alpha = 1.3 \sim 1.4$ 时，由于燃料热值过低，混合气不能传播，造成缺火或熄火现象，此时混合气浓度为火焰传播的下限。

（3）浓混合气（$\alpha < 1$）

一般过量空气系数 $\alpha = 0.85 \sim 0.95$ 时，由于混合气中汽油分子相对较多，燃烧速度快，压力大、热损失小，发动机输出功率最大，因此称其为功率混合气。但是，这种混合气中空气含量不足，将有一部分汽油不可能完全燃烧，因而发动机的经济性较差，同时废气中排出的 CO 和 HC 含量较多。

混合气过浓时（$\alpha < 0.85$），由于燃烧很不完全，气缸中将产生大量的 CO 和 HC，并在高温高压的作用下析出游离的碳粒，导致发动机排气冒黑烟、燃烧室和火花塞积炭，发动机动力性和经济性变差，排放污染加剧，严重时还会由于废气中的 CO 在排气管中被高温废气引燃，发生排气管"放炮"现象。当 $\alpha = 0.4 \sim 0.5$ 时，由于严重缺氧，火焰不能传播，混合气不能燃烧。因此，$\alpha = 0.4 \sim 0.5$ 的混合气成分称为火焰传播上限。

3. 发动机工况对可燃混合气浓度的要求

发动机的工况是其工作情况的简称，主要是指发动机的转速和负荷的情况。发动机的负荷是指汽车施加给发动机的阻力矩，即发动机为平衡阻力矩而应输出的转矩。由于发动机的转矩随节气门的开度而变化，所以也可以用节气门的开度代表负荷的大小。

作为车用汽油机，其工况是复杂的，例如，起步或怠速运转、加速超车、高速行驶、刹车、汽车满载爬坡等，工况变化范围很大，负荷可以从 $0 \sim 100\%$，转速可以从怠速的 700r/min 到最高速的 $6000 \sim 7000$r/min。发动机在不同工况时对混合气的数量和浓度都有不同要求,以保证发动机具有良好的经济性、动力性,并符合相关法规要求的排放标准。具体要求如下。

(1)怠速与小负荷工况

怠速工况是指发动机不对外输出动力,在节气门全关的情况下以最低稳定转速运转。在怠速工况下,由于进入气缸内的混合气很少,而上一循环残留在气缸中的废气(残余废气)在气缸内气体中所占的比例相对较多,不利于燃烧,因此必须供给较浓的可燃混合气。

当节气门略开而转入小负荷工况时,混合气数量逐渐增加,残余废气对混合气的稀释作用逐渐减弱,因而混合气浓度可以略为减小。

(2)中等负荷工况

中等负荷工况是指节气门开度在25%～85%之间的各种转速工况。在此工况下,由于节气门有足够的开度,进入气缸的混合气数量增多,燃烧条件好,如果只考虑发动机的燃料经济性,应供给较稀的经济混合气。但在当前发动机压缩比较大的情况下,稀混合气容易产生过多的氮氧化合物(NO_x)排放,为控制发动机的排放污染,同时保证排气管中的三元催化转换器能正常发挥作用,在中等负荷工况下也必须使用理论混合气。

(3)大负荷和全负荷工况

当汽车上坡或加速时,驾驶员常将加速踏板踩下,使节气门全开或接近全开,这种工况称为大负荷或全负荷。此时为保证发动机能发出尽可能大的功率,应供给较浓的功率混合气。

(4)冷起动工况

冷起动是指发动机在冷车状态下的第一次起动。由于在起动过程中,发动机是由起动机带动,转速极低(约150r/min),进气流速和温度都非常低,不利于汽油在空气中的蒸发混合,气缸内压缩行程终了的温度也比较低,导致火花塞周围混合气太稀而无法点燃。只有供给很浓的混合气,才能保证进入气缸内的混合气中有足够的汽油蒸气,以利于发动机起动。发动机温度越低,冷起动时所要求的混合气越浓。

综上所述,车用发动机在不同工况下对混合气的要求各不相同,只有满足这些要求,才能使发动机运转稳定、加速灵敏,动力性、经济性和排放性都能达到要求。

(5)暖机工况

暖机工况是指发动机冷起动后,冷却液温度尚未达到能让发动机稳定怠速运转之前的工况。在暖机工况下,为保证发动机能稳定运转,应提供足够浓的混合气。暖机运转时,发动机冷却液温度越低,混合气应越浓。随着发动机温度逐渐升高,混合气浓度应逐渐减小,直至达到热车后正常稳定怠速所要求的浓度为止。

(6)加速工况

加速工况是指驾驶员猛踩加速踏板,使节气门突然开大的过程。此时,进入发动机气缸的空气突然增加,由于汽油的运动惯性比空气大,其雾化和蒸发也需要一定的时间,为保证进入气缸的混合气不至于瞬时变稀,使发动机的转速和功率能迅速增大,应在节气门急剧开大的过程中,向进气管内多供入一些汽油,以及时加浓混合气,满足发动机加速的需要。

二、电控燃油喷射系统概述

在 20 世纪 80 年代,发动机电子控制燃油喷射系统快速发展。1988 年全世界生产的轿车中有 50% 取用了这一系统。至 20 世纪 90 年代末,发动机的电控燃油喷射系统基本取代了化油器式发动机。采用电控燃油喷射系统代替化油器具有明显优越性,其对比情况可参见表 4 – 1。

表 4 – 1 电控燃油喷射系统与化油器对比

项目	化油器	电控燃油喷射系统
工作系统	节气门开度改变怠速及主油系中空气流经喉管的真空度,以此计量空气量和出油量,得到正确空燃比	由压力传感器和流量传感器检测进气量,ECU 根据各传感器信号进行计算后,输出控制脉冲信号控制喷油器的喷油量,达到最佳空燃比
冷起动	通过关闭阻风门加浓混合气	ECU 接到起动信号,冷起动喷油器供油
暖机	控制阻风门逐渐打开	根据冷却液温度传感器信号变化增减喷油量
加速	设有加速泵(机械式和真空式)	ECU 根据进气量及加速踏板位置控制喷油量
大功率	由经济空燃比→较浓混合气,采用加浓系	ECU 根据节气门位置传感器信号提供功率空燃比

(一)电控燃油喷射系统的类型

电控燃油喷射系统简称 EFI,是该系统英文 Electronic Fuel Injection 的缩写。按不同的分类方法可分为不同类型。

1. 按系统控制模式分类

在发动机电喷控制系统中,按系统控制模式可分为开环控制和闭环控制两种类型。

(1)开环控制

开环控制就是把根据试验确定的发动机各种运行工况所对应的最佳供油量的数据事先存入计算机中,发动机在实际运行过程中,主要根据各个传感器的输入信号,判断发动机所处的运行工况,再找出最佳供油量,并发出控制信号。控制信号经功率放大器放大后,再驱动电磁喷油器动作,由此控制混合气的空燃比,使发动机处于最佳运行状态。

开环控制系统不带氧传感器等反馈传感器,只受发动机运行工况参数变化的控制,且按事先设定在计算机 ROM 中的试验数据流工作。

其优点是简单易行,缺点是其精度直接依赖于所设定的基准数据的精度和电磁喷油器调整标定的精度。但当喷油器及传感器系统电子产品性能变化时,混合气就不能正确的保持在预定的空燃比值上。因此,它对发动机及控制系统的各个组成部分的精度要求高,系统本身抗干扰能力较差,而且当使用工况超出预定范围时,不能实现最佳控制。

(2)闭环控制

闭环控制系统又称为反馈控制系统,其特点是加入了反馈传感器以输出反馈信号反馈给控制器,随时修正控制信号。闭环控制系统在排气管上加装了氧传感器,可根据排气管中氧含量的变化,测出发动机燃烧室内混合气的空燃比值,并把它输入计算机中再与设定的目标空燃比值进行比较,将偏差信号经功率放大器放大后再驱动电磁喷油器喷油,使空燃比保持在设定的目标值附近。因此,闭环控制可达到较高的空燃比控制精度,并可消除因产品差异和磨损等引起的性能变化对空燃比的影响,工作稳定性好,抗干扰能力强。

采用闭环控制的燃油喷射系统后,可保证发动机在理论空燃比(14.7:1)附近很窄的范围内运行,使三元催化转换装置对排气的净化处理达到最佳效果。

但是,由于发动机某些特殊运行工况(如起动、暖机、加速、怠速和满负荷等)需要控制系统提供较浓的混合气来保证发动机的各种性能,所以在现代汽车发动机电子控制系统中,通常采用开环与闭环相结合的控制方式。

2. 按喷油实现的方式分类

在发动机电子控制系统中,按喷油实现的方式进行分类,可分为机械式、机电混合式和电子控制式 3 种燃油喷射系统。

(1)机械式燃油喷射系统(K 系统)

德国博世公司的 K – Jectronic 系统属于机械式汽油喷射系统,简称 K 系统。空气计量器与燃油分配器组合在一起,空气计量器检测空气流量的大小后,靠连接杆传动操纵燃油分配器的柱塞动作,以燃油计量槽开度的大小控制喷油量,达到控制混合气空燃比的目的。

该系统采用连续喷射方式,可分为单点和多点喷射,其喷油量是通过空气计量板直接控制汽油流量调节柱塞来控制的,采用的是机械式计量方式,故由此得名。

该系统中设有冷起动喷油器、暖车调节器、空气阀及全负荷加浓器等装置,以便根据不同工况对基本喷油量进行修正。

(2)机电混合式燃油喷射系统(KE 系统)

德国博世公司的 KE – Jectronic 系统属于该类型,简称 KE 系统,是在 K 系统的基础上改进后的产品。

其特点是增加了一个电子控制单元(ECU)。ECU 可根据水温、节气门位置等传感器的输入信号来控制电液式压差调节器的动作,以此实现对不同工况下的空燃比进行修正的目的。

(3)电子控制式燃油喷射系统(E 系统)

燃油的计量通过电控单元和电磁喷油器来实现。该系统采用了全电子控制方式,即电子控制单元通过各种传感器来检测发动机运行参数(包括发动机的进气量、转速、负荷、温度及排气中的氧含量等)的变化,再由 ECU 根据输入信号和数学模型来确定所需的燃油喷射量,并通过控制喷油器的开启时间来控制喷入气缸内的每循环喷油量,进而达到对气缸内可燃混合气的空燃比进行精确配制的目的。

电子控制式燃油喷射系统在发动机各种工况下均能精确计量所需的燃油喷射量,且稳定性好,能实现发动机的优化设计和优化控制,因此,它在汽油喷射系统中被广泛应用。

3. 按喷油器数目分类

在发动机燃油喷射控制系统中,按喷油器数目进行分类,又可分为单点喷射(Single – Point Injection, SPI)和多点喷射(Multi – Point Injection,MPI)两种形式。

单点喷射与多点喷射的区别如图4-2所示。

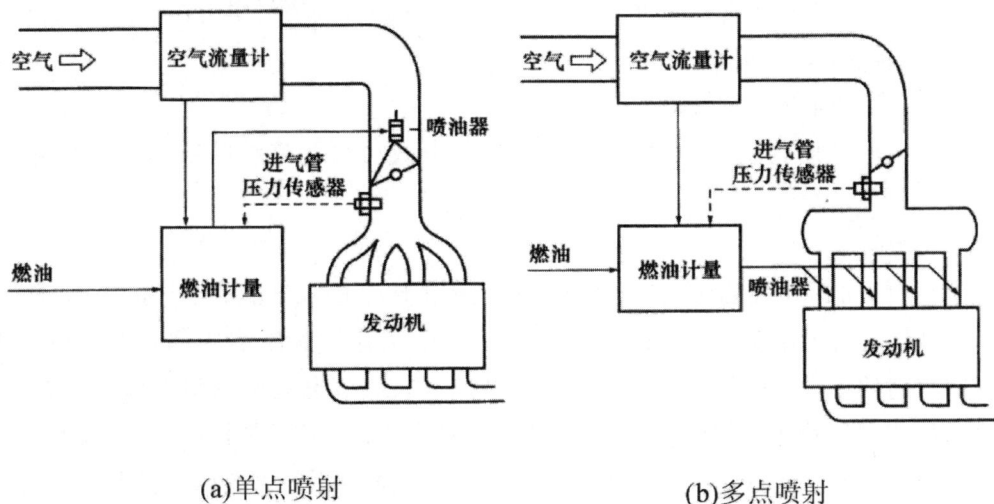

(a)单点喷射　　　　　　　　　　(b)多点喷射

4-2　单点喷射系统与多点喷射系统

(1)单点喷射(SPI)

单点喷射系统是在节气门上方装一个中央喷射装置,由1~2个喷油器集中喷油。

喷油器安装在化油器所在的节气门段,它的外形也有点像化油器,通常用一个喷油器将燃油喷入进气流,形成混合气进入进气歧管,再分配到各个气缸中。但在一些增压和V型发动机上则用两个喷油器。因此,单点喷射又可理解为把化油器换成节流阀体喷射装置(TBI),也称为中央燃油喷射(CFI)。

单点喷射系统结构简单,故障源少,可采用较低的喷油压力(只有0.1 MPa),在原使用化油器的发动机上做很少改动就可形成单点喷射系统。而且,在大批量生产以后,其成本也大为下降,仅高于化油器的成本,但其性能要比化油器好的多。在20世纪90年代的小排量普通轿车上曾广泛应用。

单点喷射由于在气流的前段(节气门段)就将燃油喷入气流,因此它也属于前段喷射。

(2)多点喷射(MPI)

多点喷射系统是在每缸进气门前均装有一只喷油器,由电控单元(ECU)控制顺序进行分缸单独喷射或分组喷射,汽油直接喷射到各缸的进气门前方,再与空气一起进入气缸形成混合气。多点喷射又称为多气门口喷射(MPI)或顺序燃油喷射(SFD,或单独燃油喷射(IFI)。显然,多点燃油喷射避免了进气重叠,使得燃油分配均匀性较好,从而提高了发动机的综合性能。同时,由于它的控制更为精确,使发动机无论处于何种状态,其过渡过程的响应及燃油经济性都是最佳的。但是,多点喷射系统结构复杂,成本高,故障源也较多。从发展趋势看,由于电子技术日益成熟、法规的日益严格,多点喷射系统由于其性能卓越而将占主导地位。目前,多点喷射系统不仅为高级轿车和赛车所采用,而且一些普通车辆也开始采用。

由于多点喷射系统是直接向进气门前方喷射,因此,多点喷射属于在气流的后段将燃油喷入气流,属于后段喷射。

4. 按喷油器的喷射方式分类

在发动机电子控制系统中,按喷油器的喷射方式可分为连续喷射和间歇喷射两种形式。

(1)连续喷射

连续喷射是指喷油器稳定连续地喷油,其流量正比于进入气缸的空气量,故又称为稳定喷射。在发动机工作期间,喷油器连续不断地向进气道内喷油,且大部分汽油是在进气门关闭时喷射的。这种喷射方式大多用于机械控制式或机电混合控制式汽油喷射系统。汽油被连续不断地喷入进气歧管内,并在进气管内蒸发后形成可燃混合气,再被吸入气缸内。由于连续喷射系统不必考虑发动机的工作时序,故控制系统结构较为简单。德国博世公司的 K 系统和 KE 系统均采用了连续喷射方式。

(2)间歇喷射

间歇喷射是指在发动机工作期间,汽油被间歇地喷入进气道内。电控汽油喷射系统都采用间歇喷射方式,又称为脉冲喷射或同步喷射。其特点是喷油频率与发动机转速同步,且喷油量只取决于喷油器的开启时间(喷油脉冲宽度)。间歇喷射方式的控制精度较高,被现代发动机集中控制系统广泛采用。

间歇喷射还可按各缸喷射时间分为同时喷射、分组喷射和顺序喷射 3 种形式,如图 4 - 3、图 4 - 4 所示。

同时喷射——发动机在运行期间,各缸喷油器同时开启、同时关闭。通常将一次燃烧所需要的汽油量按发动机每工作循环分两次进行喷射,仅可用于进气管喷射。同时喷射不需要判缸信号,而且喷油器驱动回路通用性好,结构简单。因此,现在这种喷射方式占主导地位。它的特点是将各气缸的喷油器并联,所有喷油器由电脑的同一个指令控制,同时喷油,同时断油。

分组喷射——将各气缸的喷油器分成几组,同一组喷油器同时喷油或断油,即将喷油器按发动机每工作循环分成若干组交替进行喷射,仅用于进气管喷射。分组喷射中,过渡空燃比的控制性能介于顺序喷射和同时喷射之间,喷射时刻与顺序喷射方式一样,需判缸信号,但喷油器驱动回路等于分组数目即可。

顺序喷射——各喷油器由电脑分别控制,按发动机各气缸的工作顺序依次进行喷油。顺序喷射是缸内喷射和进气管喷射都可采用的喷射方式。相比而言,由于顺序喷射方式可在最佳喷油情况下,定时向各缸喷射所需的喷油量,故有利于改善发动机的燃油经济性。但要求系统能对喷油的气缸进行识别,同时要求喷油器驱动回路与气缸的数目相同,其电路较复杂,多在高档轿车发动机控制系统中采用。

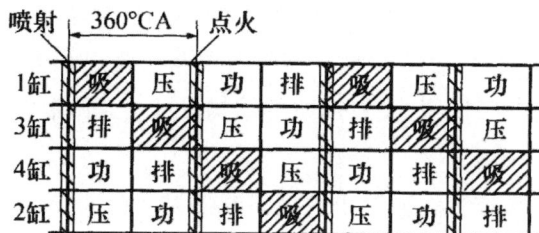

(a) 同时喷射

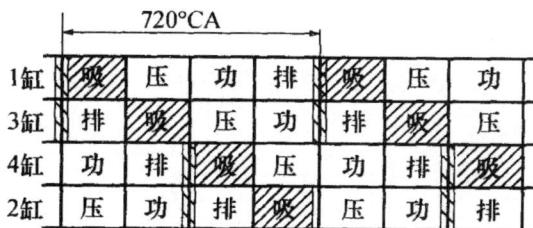

(b) 分组喷射

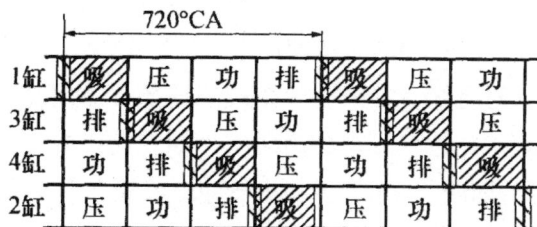

(c) 顺序喷射

图 4-3　间歇喷射定时图

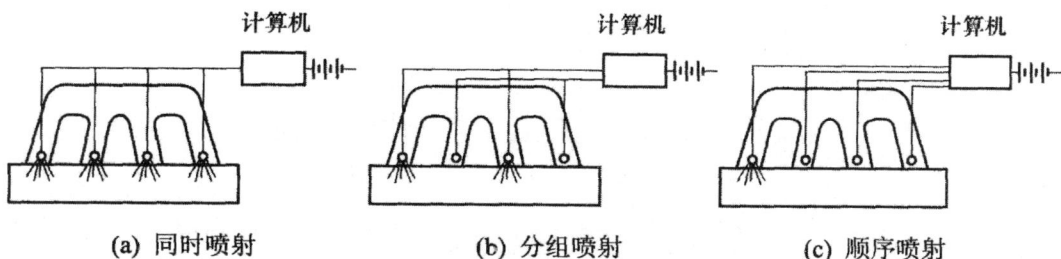

图 4-4　喷油器喷射顺序

5. 按喷油器的喷射部位分类

在发动机电子控制系统中,按喷油器的喷射部位进行分类,可分为缸内喷射和缸外喷射两种形式。

（1）缸内喷射

缸内喷射是将喷油器安装于缸盖上直接向缸内喷油,因此需要较高的喷油压力(3～12MPa)。由于喷油压力较高,故对供油系统的要求较高,成本也相应较高。由于要求喷出的汽油能分布到整个燃烧室,故缸内喷油器的布置及气流组织方向比较复杂,同时发动机设计时需保留喷油器的安装位置,使发动机的结构设计受到限制。

（2）缸外喷射

缸外喷射是指在进气歧管内喷射或进气门前喷射。在该方式中,喷油器被安装于进气歧管内或进气门附近,故汽油在进气过程中被喷射后与空气混合形成可燃混合气再进入气缸内。理论上,喷射时刻设计在各缸排气行程上止点前70°左右为佳。喷射方式可以是连续喷射或间歇喷射。

相比而言,由于缸外喷射方式汽油的喷油压力(0.1～0.5MPa)不高,且结构简单,成本较低,故目前应用较为广泛。

6. 按对空气量的检测计量方式分类

电控燃油喷射系统必须对进入气缸的空气量进行精确计算,才能通过对喷油量的控制,实现混合气浓度的高精度控制。根据空气进气量的检测计量方式,可分为直接检测方式(如L型喷射系统)和间接检测方式(如D型喷射系统)两种。

D型EFI系统通过检测进气歧管的压力(真空度)和发动机的转速,推算发动机吸入的空气量,并计算燃油流量的速度。它采用间接检测计量方法,利用绝对压力传感器检测进气管内的绝对压力,ECU根据进气管内的绝对压力和发动机的转速,推算出发动机的进气量,进而确定基本喷油量,如图4-5所示。由于空气在进气管内的压力波动,故该方法的测量精度稍差。

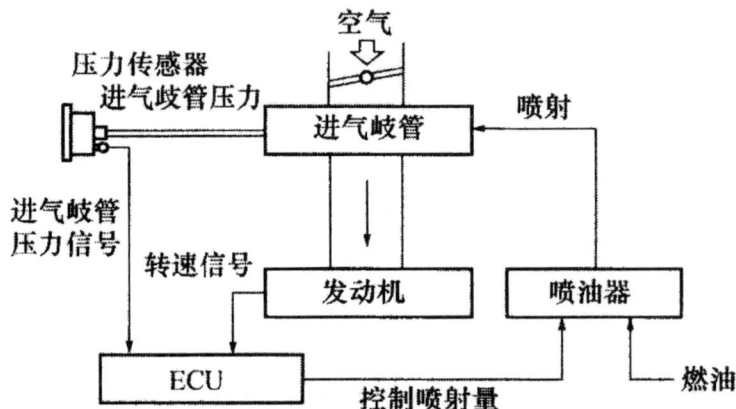

图4-5 D型电控燃油喷射系统

D 是德文 Druck(压力)一词的第一个字母。D 型 EFI 系统是最早的、典型的多点压力感应式喷射系统。美国的通用、福特和克莱斯勒,日本的丰田、本田、铃木和大发等各主要汽车公司,都有类似的产品。

L 型 EFI 系统是用空气流量计直接测量发动机吸入的空气量,ECU 不必进行推算,即可根据空气流量计信号得出与该空气量相应的喷油量。其测量的准确程度高于 D 型,故可更精确地控制空燃比,如图 4 − 6 所示。

L 是德文 Luft(空气)一词的第一个字母。常用的空气流量计有以下几种。

①叶片式空气流量计(测量体积流量)或称为翼板式空气流量计。

②卡门旋涡式空气流量计(测量体积流量)。

③热线式空气流量计(测量质量流量)。

④热膜式空气流量计(测量质量流量)。

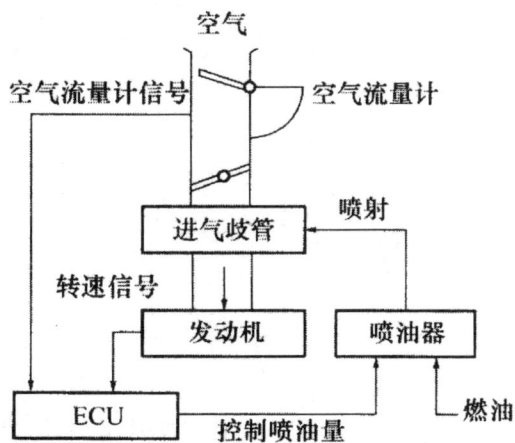

图 4 − 6　L 型电控燃油喷射系统

(二)电控燃油喷射系统的功能

电控汽油喷射系统的功能是对喷射正时、喷油量、燃油停供及燃油泵进行控制。

1. 喷射正时控制

在采用间歇喷射方式的电控燃油喷射系统中,ECU 必须控制喷油器喷油的开始时刻,这就是喷油正时控制。其控制目标一般是使各缸进气行程开始前与喷油结束时刻同步。

(1)同步喷油正时控制。

同步喷油是指依据各缸工作循环,在既定的曲轴位置进行的喷油,同步喷油有规律性。

①顺序喷射正时控制。

四缸发动机顺序喷射系统喷油器控制电路如图 4 − 7 所示。

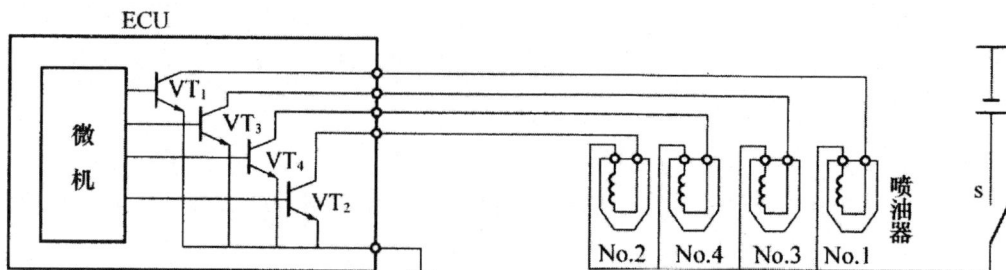

图 4 - 7　四缸发动机顺序喷射系统喷油器控制电路

工作原理:在采用顺序喷射发动机上,ECU 根据凸轮轴位置传感器信号(G 信号)、曲轴位置传感器信号(Ne 信号)和发动机的做功顺序,确定各气缸工作位置。当确定各缸活塞运行至排气行程上止点某一位置时,ECU 输出喷油控制信号,接通喷油器电磁线圈电路,该缸开始喷油。如北京切诺基发动机在各缸排气上止点前 64°开始喷油,喷油顺序与做功顺序一致,四缸发动机顺序喷射系统喷油正时控制如图 4 - 8 所示。

特点:喷油器驱动回路数与气缸数目相等。

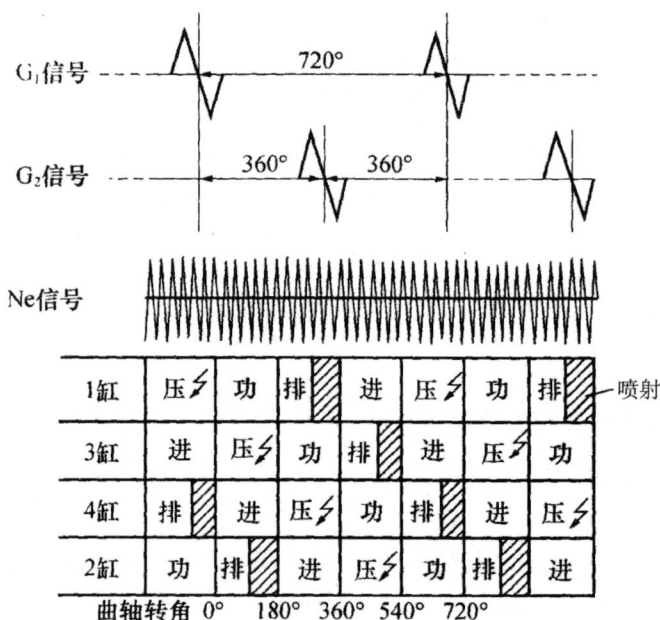

图 4 - 8　四缸发动机顺序喷射系统喷油正时控制图

②分组喷油正时控制。

在分组喷油正时控制系统中,把所有喷油器分成 2 ~ 4 组,由 ECU 分组控制喷油器。四缸发动机分组喷射系统喷油器控制电路如图 4 - 9 所示,喷油器分为两组,ECU 通过两个端子分别对各组喷油器进行控制。

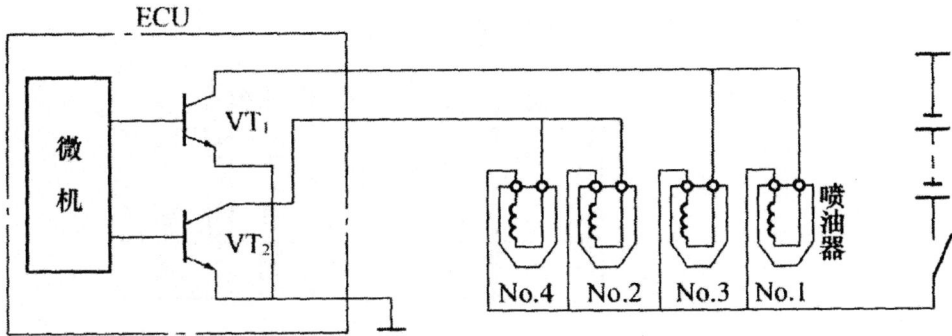

图 4 - 9　四缸发动机分组喷射系统喷油器控制电路

工作原理:分组喷射系统的喷油正时控制,以各组最先进入做功的缸为基准,在该气缸排气行程上止点前某一位置,ECU 输出指令信号,接通该组喷油器电磁线圈电路,该组喷油器开始喷油。四缸发动机分组喷射系统喷油正时控制如图 4 - 10 所示。

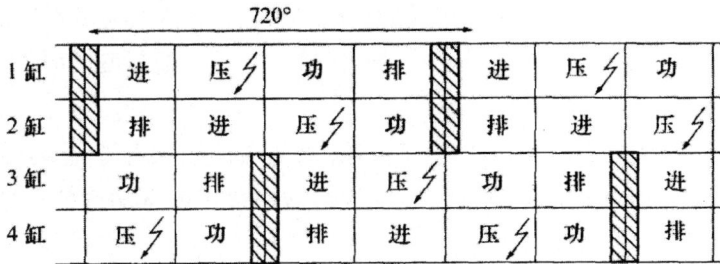

图 4 - 10　四缸发动机分组喷射系统喷油正时控制图

③同时喷油正时控制。

在同时喷油正时控制系统中,各缸所有喷油器由 ECU 控制同时喷油和停油。这种喷射系统的喷油器驱动回路通用性好。四缸发动机同时喷射系统喷油器控制电路如图 4 - 11 所示。

工作原理:同时喷射系统的喷油正时控制,以发动机最先进入做功行程的缸为基准,在该缸排气行程上止点前某一位置,ECU 输出指令信号,接通该组喷油器电磁线圈电路,该组喷油器开始喷油。四缸发动机同时喷射系统喷油正时控制如图 4 - 12 所示。

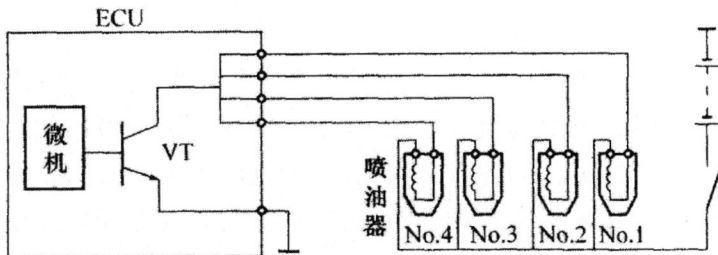

图 4 - 11　四缸发动机同时喷射系统喷油器控制电路

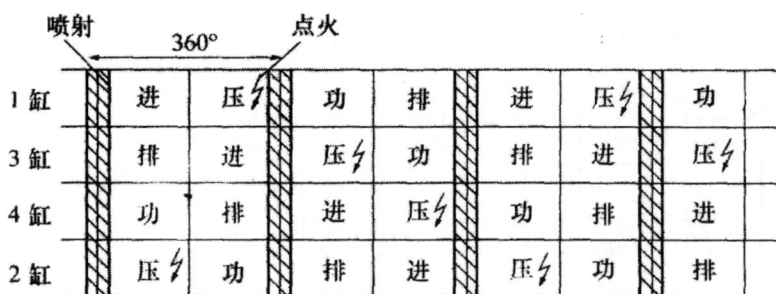

图 4 - 12 四缸发动机同时喷射系统喷油正时控制图

（2）异步喷油正时控制

在同步喷油基础上，为改善发动机的起动性能，再增加一次异步喷油。异步喷油与发动机的工作不同步，无规律性。

①起动时异步喷油正时控制。

在起动开关（STA）处于接通状态时，ECU 接受到第一个凸轮轴位置传感器信号（G 信号）后，接收到第一个曲轴位置传感器信号（Ne 信号）时，开始进行起动时的异步喷油。

②加速时异步喷油正时控制。

发动机由怠速工况向汽车起步工况过渡时，由于燃油惯性等原因，会使混合气较稀。为了改善起步加速性能 ECU 根据节气门位置传感器中怠速触点输送的怠速信号（IDL）从接通道断开时，增加一次固定量的喷油。

有些发动机电控燃油喷射系统，为使发动机加速更灵敏，当节气门迅速开启或进气量突然增加时，在同步喷射基础上再增加异步喷射。

2. 喷油量的控制

喷油量的控制是使发动机在各种运行工况下，都能获得最佳的喷油量，以提高发动机的经济性和降低排放污染，是电控燃油喷射系统最主要的控制功能之一。

当喷油器的结构和喷油压差一定时，喷油量的多少取决于喷油持续时间。在汽油机电控燃油喷射系统中，喷油量的控制是通过对喷油器喷油持续时间的控制来实现。喷油量的控制可分为同步喷油量控制和异步喷油量控制。同步喷油量控制又分为发动机起动时的喷油量控制和发动机起动后的喷油量控制。

（1）起动时的同步喷油量控制

在发动机起动时，由于转速波大，无论是 D 系统中的进气压力传感器还是 L 系统中的空气流量计，都不能精确的测量进气量，进而确定合适的喷油持续时间。因此，起动时的基本喷油时间不是根据进气量（或进气压力）和发动机转速计算确定的，而是 ECU 根据起动信号和当时的冷却水温度，由内存的发动机起动时的基本喷油时间曲线图（如图 4 - 13 所示）确定相应的基本喷油时间 T_p，然后加上进气温度修正时间 T_A 和蓄电池电压修正时间 T_B，确定出起动时的喷油持续时间。

在发动机转速低于规定值或点火开关接通位于 STA(起动)挡时,喷油时间的确定如图 4-14 所示。ECU 根据冷却液传感器信号(THW 信号)和冷却液温度确定基本喷油时间,根据进气温度传感器(THA 信号)对喷油时间作修正(延长或缩短)。然后再根据蓄电池电压适当延长喷油时间,以实现喷油量的进一步修正,即电压修正。

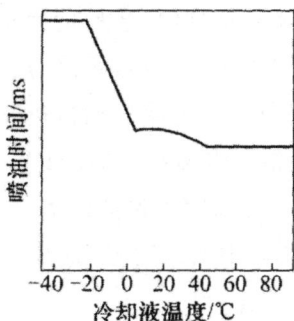

图 4-13 发动机起动时的基本喷油时间曲线图

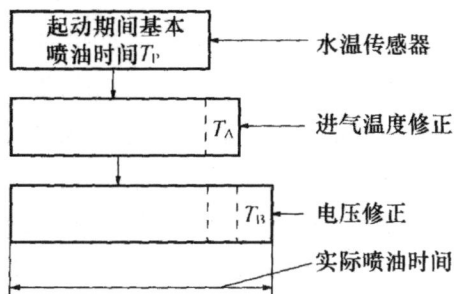

图 4-14 喷油时间的确定

发动机工作时,由于喷油器的实际打开时刻较 ECU 控制其打开时刻存在一段滞后,如图 4-15 所示。喷油器喷油的滞后时间随着蓄电池电压降低而延长,且蓄电池电压越低,滞后时间越长,这将导致喷油器实际喷油持续时间低于 ECU 确定出的喷油持续时间,造成喷油量不足,进而影响电控燃油喷射系统对喷油质量的控制精度,故需对电压进行修正。

(2)起动后的同步喷油量控制

发动机转速超过预定值时,ECU 确定的喷油信号持续时间满足下式:

喷油信号持续时间 = 基本喷油持续时间 × 喷油修正系数 + 电压修正值

上式中,喷油修正系数是各种修正系数的总和。

①基本喷油时间。

基本喷油时间是实现既定空燃比(一般为理论空燃比:$A/F = 14.7$)的喷射时间。D 型 EFI 系统的基本喷油时间可由发动机转速信号(Ne)和进气管绝对压力信号(PIM)确定。D 系统的 ECU 内存有一个基本喷油时间三维图(三元 MAP 图),如图 4-16 所示。

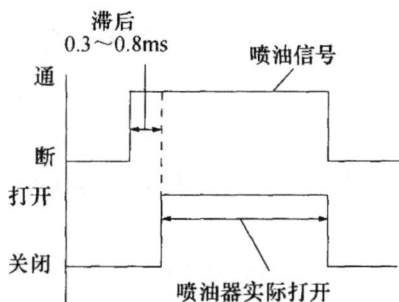

图 4-15 喷油器喷油滞后时间

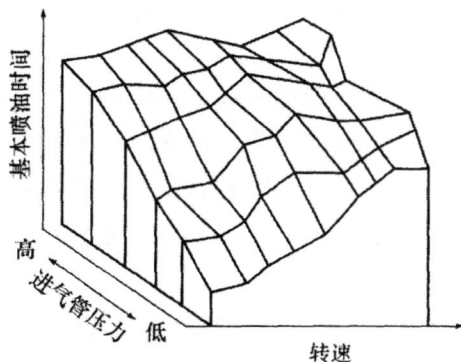

图 4-16 三元 MAP 图

②起动后各工况下喷油量的修正。

在确定基本喷油时间的同时，ECU由各种传感器获得发动机运行工况信息，对基本喷油时间进行修正。

a. 起动后加浓修正。发动机完成起动后，点火开关由起动（STA）位置转到接通点火（ON）位置，或发动机转速已达到或超过预定值，ECU额外增加喷油量，使发动机保持稳定运行。喷油量的初始修正值根据冷却水温度确定，然后以一固定速度下降，逐步达到正常。

b. 暖机加浓修正。发动机在冷机状态时，燃油蒸发性差，为使发动机迅速进入最佳工作状态，必须供给浓混合气。在冷却水温度低时，ECU根据水温传感器（THW）信号相应增加喷射量，如图4-17所示，水温在-40℃时加浓量约为正常喷射量的两倍。

暖机加浓还受怠速信号的控制，当节气门位置传感器中的怠速触点（IDL）接通或断开控制时，根据发动机转速，ECU使喷油持续时间有少量变化。

c. 进气温度修正。发动机的进气温度对进气密度产生影响，ECU根据THA信号修正喷油持续时间，使空燃比满足要求。

通常以20℃为进气温度信号的标准温度，低于20℃时，空气密度大，ECU增加喷油量，使混合气不致过稀。进气温度高于20℃时，空气密度减小，ECU使喷油量减少，以防混合气太浓。

增加或减少的最大修正量约为10%，由进气温度修正曲线可见，修正约在进气温度-20～60℃之间进行，如图4-18所示。

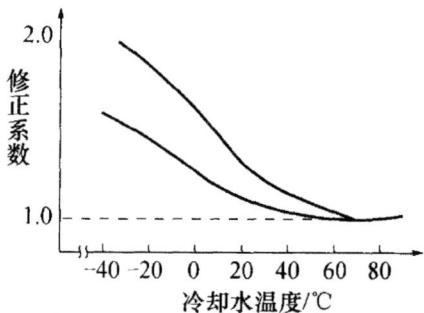

图4-17 暖机工况加浓修正系数曲线　　　　图4-18 进气温度修正系数曲线

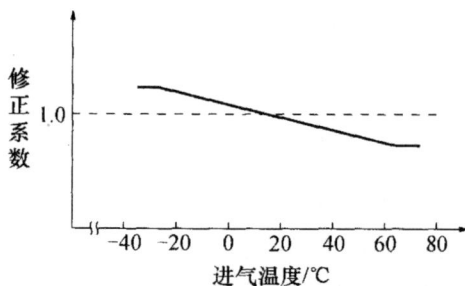

d. 大负荷工况喷油量修正。发动机在大负荷工况下运转时，要求使用浓混合气以获得大功率。ECU根据发动机负荷增加喷油量。

发动机负荷状况可以根据节气门开度或进气量的大小确定，故ECU可根据进气压力传感器、空气流量计、节气门位置传感器输送的信号判断发动机负荷状况，决定相应增加的燃油喷射量。

大负荷的加浓量约为正常喷油量的10%～30%。有些发动机的大负荷加浓量还与冷却水温度信号（THW）有关。

e. 过渡工况空燃比控制。发动机在过渡工况（汽车加速或减速行驶）下运行时，为获得良好的动力性、经济性、响应性,空燃比应作相应变化,即需要适量调整喷油量。

ECU 根据检测到的相应工况信号,如进气管绝对压力(PIM)或空气量(VS)、发动机转速(Ne)、车速(SPD)、节气门位置、空挡起动开关(NSW)和冷却水温度(THW)等来判断过渡工况,相应的对喷油时间进行修正。

f.怠速稳定性修正(只用于 D 型 EFI 系统)。在 D 型 EFI 系统中,决定基本喷油时间的进气管压力,在过渡工况时,相对于发动机转速将产生滞后。节气门以下进气管容积越大,怠速时发动机转速越低,这种滞后时间越长,怠速就越不稳定。进气管压力变动,发动机转矩也变动。由于压力较转速滞后,转矩也较转速滞后,造成发动机转速上升时,转矩也上升,转速下降时,转矩也下降。

为了提高发动机怠速运转的稳定性,ECU 根据 PIM 和 Ne 信号对喷油量作修正。随压力增大或转速降低,增加喷油量;随压力减少或转速增高,减少喷油量,如图 4 - 19 所示。

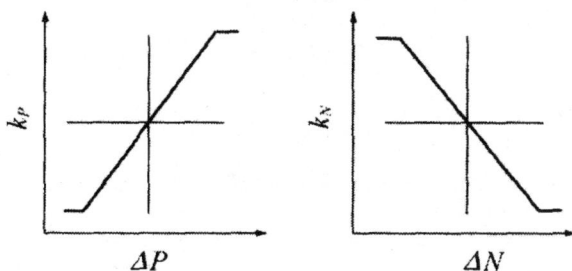

图 4 - 19　电控燃油喷射系统组成框图

(3)异步喷射

发动机起动或加速时异步喷油量一般是固定的,即各缸喷油器以一个固定的喷油持续时间,同时向各缸增加一次喷油。

3.燃油停供控制

减速断油控制:当汽车减速时,ECU 将会切断燃油喷射控制电路,停止喷油,以降低碳氢化合物以及一氧化碳的排量,当发动机转速降低到设定转速时恢复正常喷油。

限速断油控制:发动机加速时,发动机转速超过安全转速或车速超过设定的最高车速时,ECU 将切断燃油喷射控制电路,停止供油,防止超速。

4.燃油泵控制

当点火开关打开或发动机熄灭后,电控燃油喷射系统中的燃油泵一般预先或延迟工作 2～3s,以保证燃油系统必须的油压。在发动机起动过程和运转过程中,燃油泵应保持正常工作。打开点火开关但不起动发动机或关闭点火开关后,应适时切断燃油泵控制电路,使燃油泵停止工作。

三、电控燃油喷射系统的结构和工作原理

电控燃油喷射系统品种繁多,它们都有相同的组成和类似的结构。电控燃油喷射系统

主要由空气供给系统、燃油供给系统和电子控制系统 3 个子系统组成,如图 4 - 20 所示。

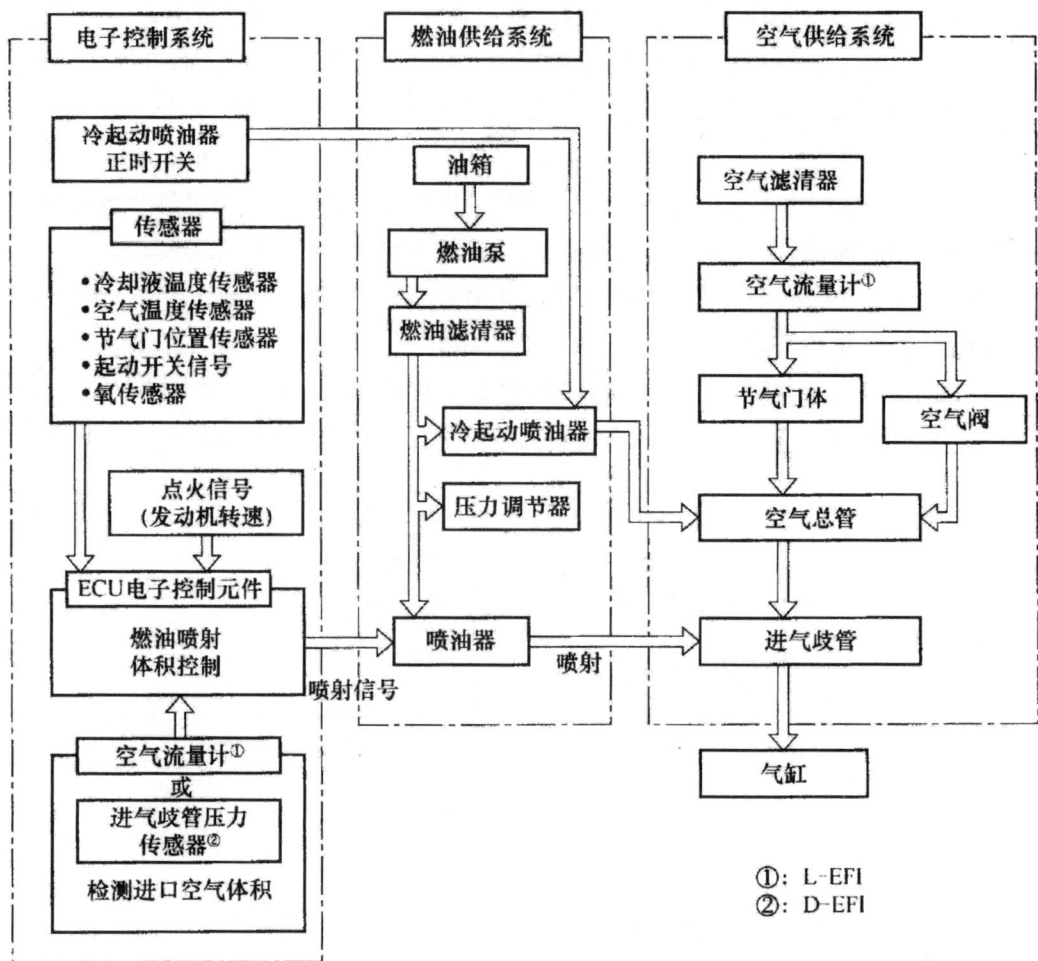

图 4 - 20　电控燃油喷射系统组成框图

(一)基本组成

1. 空气供给系统

空气供给系统的功用是为发动机提供清洁的空气并控制发动机正常工作时的进气量。空气供给系统一般由空气滤清器、空气流量计(在 L 型系统中)或进气歧管压力传感器(在 D 型系统中)、节气门体、节气门、进气总管和进气歧管等组成,如图 4 - 21、图 4 - 22 所示。发动机工作时,空气经空气滤清器过滤后,通过空气流量计(或进气歧管压力传感器)、节气门体进入进气总管,再通过进气歧管分配给各缸。节气门体中设有节气门,用于控制进入气缸的空气量,进而控制发动机的输出功率;在采用旁通空气式怠速控制系统的发动机上,节气门体的内部或外部设有与主进气道并联的旁通怠速进气道,并由怠速控制阀控制怠速时的进气量。L 型喷射系统对空气量的测量更精确,应用比较广泛。

（a）系统图

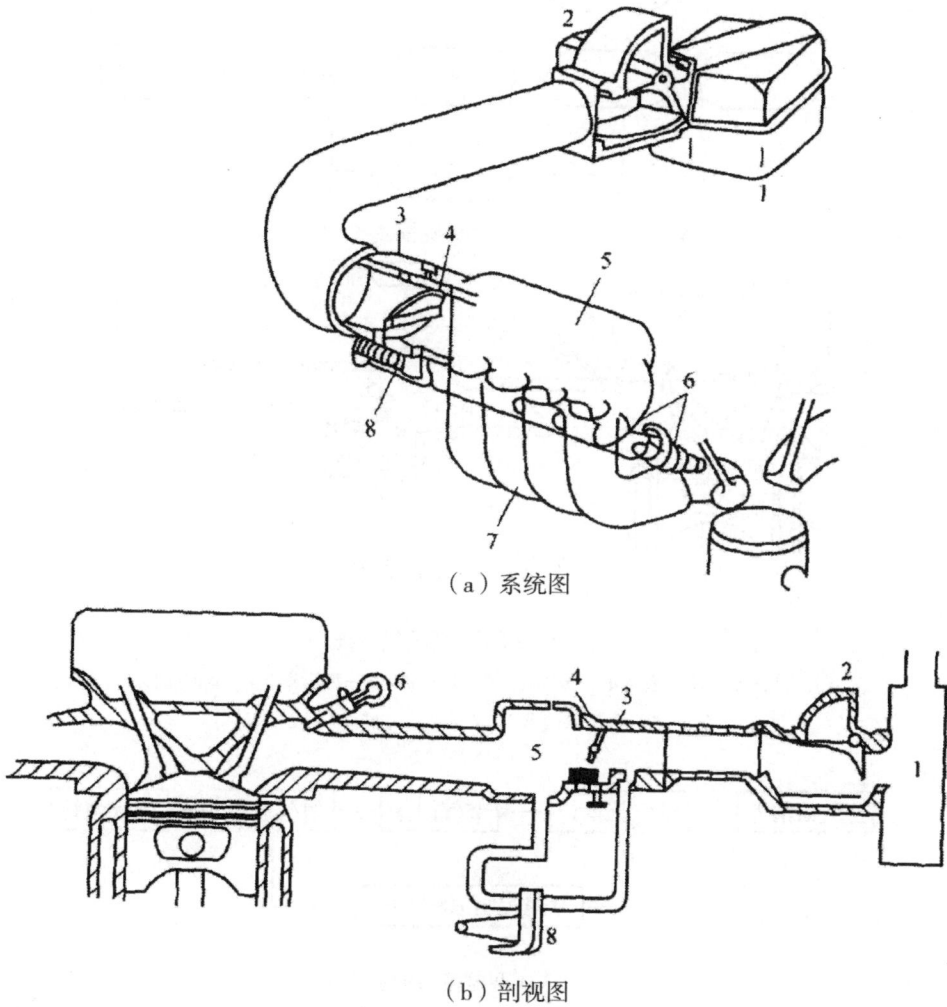

（b）剖视图

图 4 – 21 L 型进气系统

1—空气滤清器 2—空气流量计 3—节气门体 4—节气门 5—进气总管(稳压箱)

6 – 喷油器 7 – 进气歧管 8 – 辅助空气阀

在 L 型电控燃油喷射系统中,流经怠速控制阀的空气首先经过空气流量计测量,如图
4 –23(a)所示。在 D 型电控燃油喷射系统中,进气歧管压力传感器测量的是进气管内的
绝对压力,流经怠速控制阀的空气也在测量范围当中。怠速控制阀由 ECU 直接控制,如图
4 –23(b)所示。

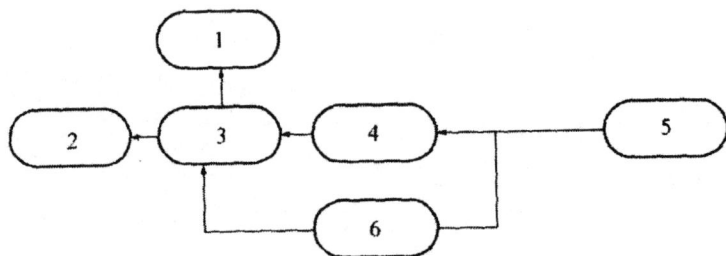

（a）系统框图

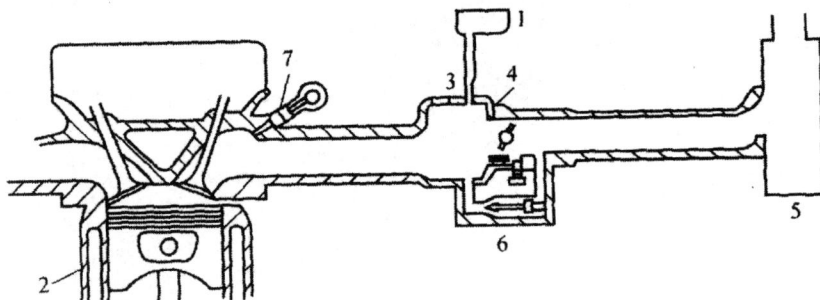

（b）系统构成图

图4－22　D型进气系统

1—进气歧管绝对压力传感器　2—发动机　3—稳压箱　4—节流阀体

5—空气滤清器　6－急速空气阀　7－喷油器

（a）L型电控燃油喷射系统

（b）D型电控燃油喷射系统

图4－23　空气供给系统流程图

2.燃油供给系统

燃油供给系统的功用是供给喷油器一定压力的燃油,喷油器则根据电脑指令喷油。燃油供给系统的工作原理如图4－24所示。

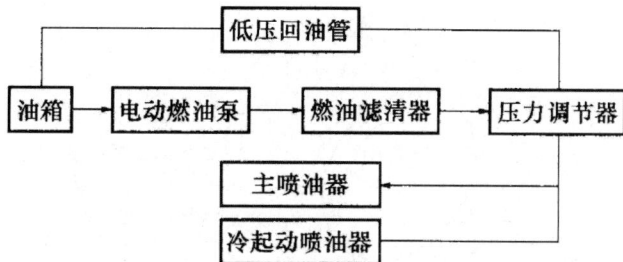

图 4 - 24 燃油供给系统工作原理

工作原理:电动燃油泵将汽油自油箱内吸出,经滤清器过滤后,由压力调节器调压,通过油管输送给喷油器,喷油器根据电脑指令向进气管喷油。燃油泵供给的多余汽油经回油管流回油箱。

3.控制系统

ECU 根据空气流量计信号和发动机转速信号确定基本喷油时间,再根据其他传感器(如冷却液温度传感器、节气门位置传感器等)对喷油时间进行修正,并按最后确定的总喷油时间向喷油器发出指令,使喷油器喷油或断油,如图 4 - 25 所示。

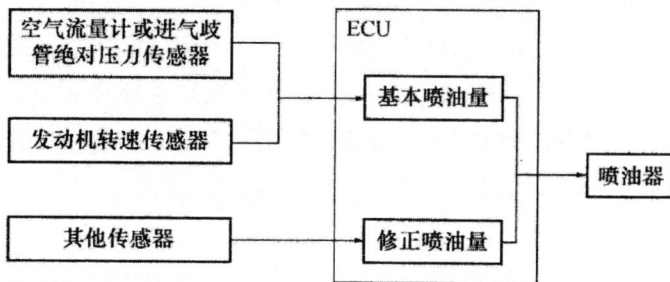

图 4 - 25 控制系统工作原理图

(二)空气供给系统主要元件的构造

1.空气滤清器

一般为干式纸质滤芯,结构与普通发动机上的相同。

2.节气门体

节气门体装在进气管上,用于控制发动机正常工况下的进气量。它包含节气门、节气门位置传感器、怠速旁通气道和调整螺钉等。节气门位置传感器装在节气门的转轴上,来检测节气门的开度。为防止在寒冷地区使用时节气门转动部位结冰,有些节气门体的外围设有发动机冷却液通道,用以对节气门体加温。

在 L 型多点喷射系统节气门体上,节气门体与空气流量计组成一体,并装在空气流量计后方的进气管上。如图 4 - 26 所示为美国通用鲁米娜(LUMNA)3.8 L 旅行车带空气流量计的节气门体。

在 LS400 上还设有牵引控制系统(TRC)。当车辆处于 TRC 控制状态行驶时,无论是

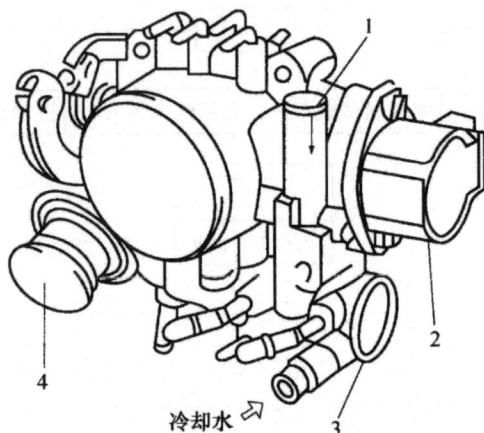

图 4-26 L 型节气门体

1—怠速调整螺钉 2—节气门位置传感器 3—空气阀 4—缓冲阀

起步、匀速或加减速工况,汽车均能根据道路状况(包括泥泞、湿滑路面)确保输出最佳的驱动力和牵引性能,使车辆平稳和安全行驶。该车上还设有副节气门和副节气门位置传感器。在 TRC 控制行驶状态下,发动机的主节气门由主节气门强制开启器打开(全开),进气量由副节气门控制,节气门开度信号也由副节气门位置传感器负责将信号传送给 ECU。

在 D 型多点喷射系统节气门体上,如图 4-27 所示为韩国大宇王子超级沙龙轿车 D 型多点喷射系统的节气门体,ECU 通过怠速控制阀来控制怠速通气道,以根据需要调节怠速时的进气量。节气门限位螺钉用于调节节气门最小开度。工作中,冷却水通过加热水管流经节气门体,以防止寒冷季节空气中的水分在节气门上冻结。

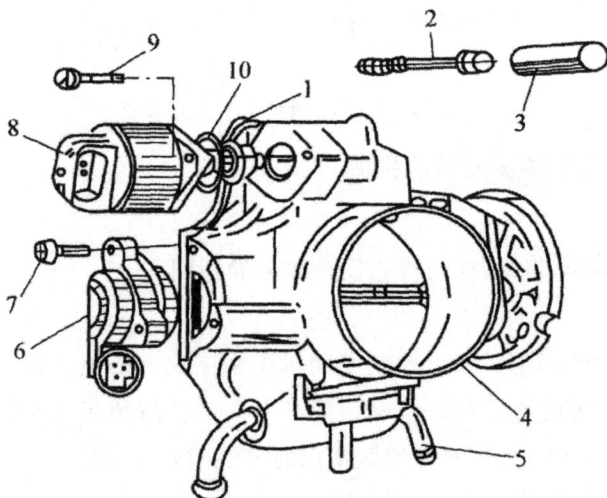

图 4-27 D 型多点喷射系统气门体

1—节气门衬垫 2—节气门限位螺钉 3—螺钉孔护套 4—节气门体 5—加热水管;

6-节气门位置传感器 7、9-螺钉 8-怠速控制阀 10-O 形密封圈

注意:在装有节气门限位螺钉的汽车上,使用中一般不允许调节节气门限位螺钉,除非

怠速控制阀发生故障而无法及时修复,可通过调整节气门最小开度来保持发动机怠速运转,故障排除后,应将节气门限位螺钉调回原位。

3.进气管

为了消除进气波动和保证各缸进气均匀,对进气总管和歧管的形状、容积有严格的要求。如 LS400 设一个大容量的空气室以减少进气脉动和各缸的相互干涉,有利于提高各缸的充气量,在进气室两侧各设有 4 根进气管,8 根进气歧管呈 S 型交叉布置,以增加进气歧管的长度,提高进气谐波压力,有利于进一步提高充气量。

(三)燃油供给系统主要元件的构造

1.燃油供给系统的组成

燃油供给系统的作用是向发动机及时供应各种工况下所需要的燃油量,一般由燃油箱、电动汽油泵、汽油滤清器、汽油压力调节器、脉动阻尼器、喷油器和冷起动喷油器及油管等装置组成,如图 4 - 28 所示。

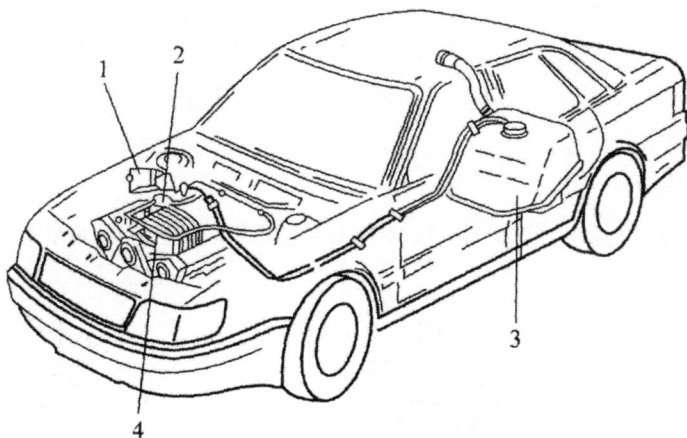

图 4 - 28　燃油供给系统

1—燃油滤清器　2—燃油压力调节器　3—油箱　4—燃油分配管

2.电动燃油泵

(1)电动燃油泵的功能

电动燃油泵的功能是从油箱中吸入汽油,将油压提高到规定值,然后通过供给系统送到喷油器,即给电控燃油喷射系统提供具有一定压力的燃油。

(2)电动燃油泵的类型

电动燃油泵为了能利用汽油进行冷却,通常做成永磁式驱动电动机、泵体和外壳 3 部分。按安装位置不同可分为以下两种形式。

内置式——安装在油箱中,具有噪声小、不易产生气阻、不易泄漏、管路安装简单的优点。主要有滚柱式、旋涡式和次摆线 3 种。

外置式——串接在油箱外部的输油管路中,易布置,安装自由大,但噪声大,易产生气阻。外置式一般采用滚柱式电动汽油泵。

按电动燃油泵的结构不同分为涡轮式、滚柱式、转子式和侧槽式等。

（3）电动燃油泵的结构

①涡轮式电动燃油泵：

a. 涡轮式电动燃油泵的结构：主要由燃油泵电动机、涡轮泵、出油阀和安全阀组成，如图4－29所示。

b. 涡轮式电动燃油泵的工作原理：涡轮泵主要由叶轮、叶片、泵壳体和泵盖组成，叶轮安装在油泵电机的转子轴上。油泵电机通电时，电动机驱动涡轮泵叶轮旋转，由于离心力的作用，使叶轮周围小槽内的叶片贴紧泵壳，将燃油从进油室带往出油室。由于进油室的燃油不断被带走，形成一定的真空度，将燃油从进油口吸入；而出油室燃油不断增多，燃油压力升高，当达到一定值时，顶开出油阀出油口输出。出油阀在油泵不工作时阻止燃油流回油箱，保持油路中有一定的压力，便于下次起动和防止气阻产生。卸压阀安装在进油室和出油室之间，当燃油压力达到0.4MPa时，卸压阀打开使燃油泵内的进油室和出油室连通，燃油泵工作只能使燃油在其内部循环，以防止燃油压力过高。

涡轮式电动燃油泵具有泵油量大、泵油压力较高（600kPa）、供油压力稳定、运转噪声小以及使用寿命长等优点。此外，由于不需要消声器，所以可以小型化，因此广泛应用在轿车上，如捷达、本田雅阁。

②滚柱式电动燃油泵：

a. 滚柱式电动燃油泵的结构：主要由燃油泵电动机、滚柱式燃油泵、出油阀和安全阀等组成，如图4－29所示。

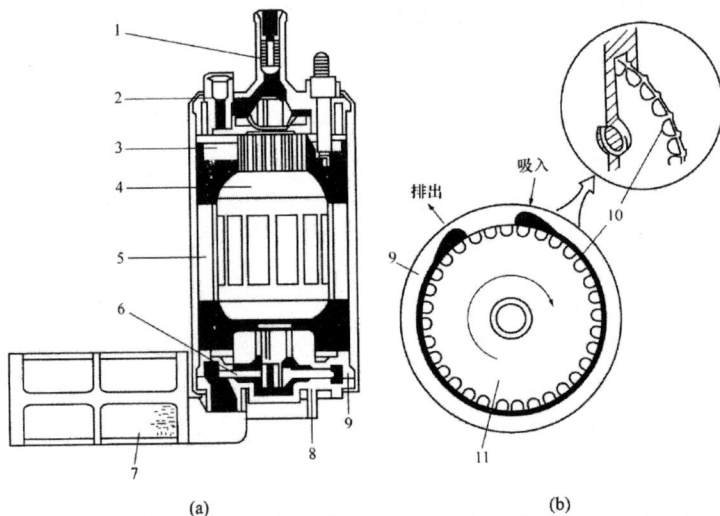

图4－29　涡轮式电动燃油泵的结构及工作原理

1—出油阀　2—安全阀　3—电刷　4—电枢　5—磁极　6—叶轮
7－滤网　8－泵盖　9－泵壳　10－叶片、沟槽　11—涡轮

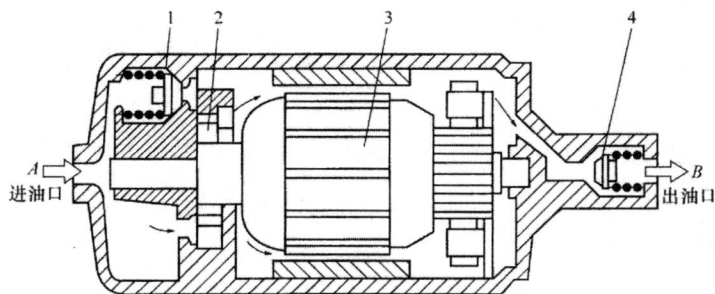

图 4 - 30　滚柱式电动燃油泵结构示意图

1—安全阀　2—滚柱泵　3—驱动电动机　4—单向阀　A - 进油口　B - 出油口

b. 滚柱式电动燃油泵的工作原理:装有滚柱的转子与泵体间偏心,转子凹槽内的滚柱在旋转惯性力的作用下紧压在泵体内表面上。相邻两滚柱与泵体内表面形成一个工作油腔。当转子旋转时,位于转子槽内的滚柱在离心力的作用下,紧压在泵体内表面上,对周围起密封作用,在相邻两个滚柱之间形成工作腔。在燃油泵运转过程中,工作腔转过出油口后,其容积不断增大,形成一定的真空度,当转到与进油口连通时,将燃油吸入。而吸满燃油的工作腔转过进油口后,容积不断减小,使燃油压力提高,受压燃油流过电动机,从出油口输出,如图 4 - 30 所示。

由于滚柱泵工作过程的非连续性,在油路中的油压有波动,因此在汽油泵出油端还装有脉动阻尼减振器。阻尼减振器内的膜片和弹簧组成的缓冲系统吸收汽油的压力波,降低压力波动和噪声,提高喷油控制精度。

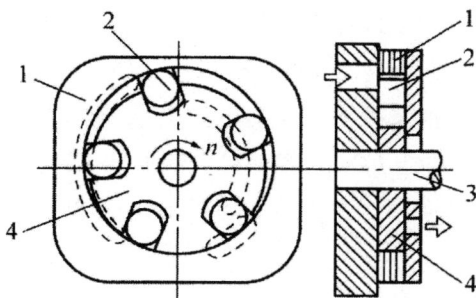

图 4 - 31　滚柱泵工作原理图

1—泵体　2—滚柱　3—泵轴　4—转子

(4)电动燃油泵的控制

油泵的转速在外电压的作用下,通常保持不变,因而输油量不变。但对于功率变化范围大的发动机,大负荷时,需油量大,需油泵高速运转;中小负荷时,需油量小,因而此时需油泵低速运转,以减少不必要的磨损和电能损失。燃油泵的控制主要包括燃油泵的开关控制和燃油泵的转速控制两个方面。

①ECU 控制的燃油泵控制电路

ECU 控制的燃油泵控制电路主要应用在装用 D 型 EFI 系统和装用热式和卡门旋涡式空气流量计的 L 型 EFI 系统中。

燃油泵控制原理如图 4 - 32 所示。燃油泵控制 ECU 根据发动机 ECU 端子 FPC 和 DI 的信号,控制 +B 端子与 FP 端子的连通回路,以改变输送给燃油泵的电压,从而实现对燃油泵转速的控制。

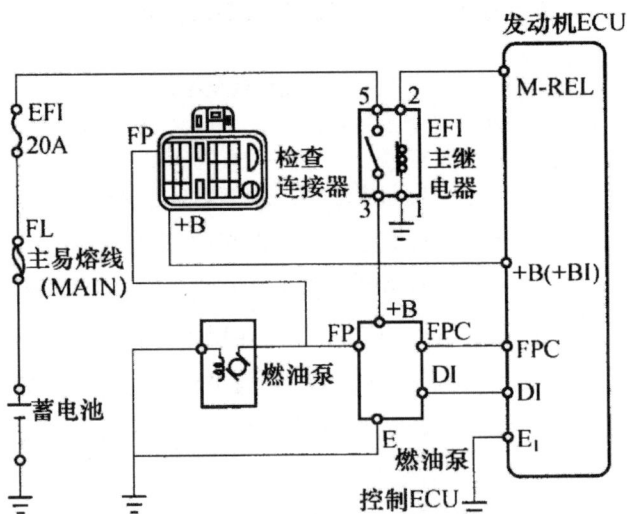

图 4 - 32　ECU 控制的燃油泵控制电路

蓄电池电源经主易熔线、20A 熔体、主继电器进入 ECU 的 +B 端子,燃油泵控制 ECU 通过 FP 端子向燃油泵供电,燃油泵控制 ECU 根据发动机 ECU 端子 FPC 信号,对燃油泵转速进行控制。当发动机高速大负荷工作时,发动机 ECU 的端子 FPC 向燃油泵控制 ECU 发出高电压指令,使 FP 端子向油泵提供 12V 蓄电池电压,燃油泵高速运转。当发动机低速小负荷工作时,发动机 ECU 的端子 FPC 向燃油泵控制 ECU 发出低电压指令,使 FP 端子向油泵提供 9V 较低的电压,燃油泵以低速运转发动机 ECU 与燃油泵 ECU 之间的 DI 线路为故障诊断信号线。

②燃油泵开关控制的燃油泵控制电路。

燃油泵开关控制的燃油泵控制电路主要用于装用叶片式空气流量计的 L 型 EFI 系统中。燃油泵控制原理如图 4 - 33 所示。当点火开关 ST 端子接通时,起动机继电器线圈通电使触点闭合,此时开路继电器中 L_1 线圈通电使其触点闭合,从而通过主继电器、开路继电器向燃油泵供电,油泵工作;发动机正常运转时,点火开关 IG 端子与电源接通,同时空气流量计测量板转动使油泵开关闭合,开路继电器 L_2 通电,使开路继电器触点保持闭合,油泵继续工作。发动机停转时,L_1 和 L_2 线圈不通电,燃油泵停止工作。开路继电器中的 FC 可使发动机熄火 2 ~ 3s 后燃油系内仍有一定的残余压力。

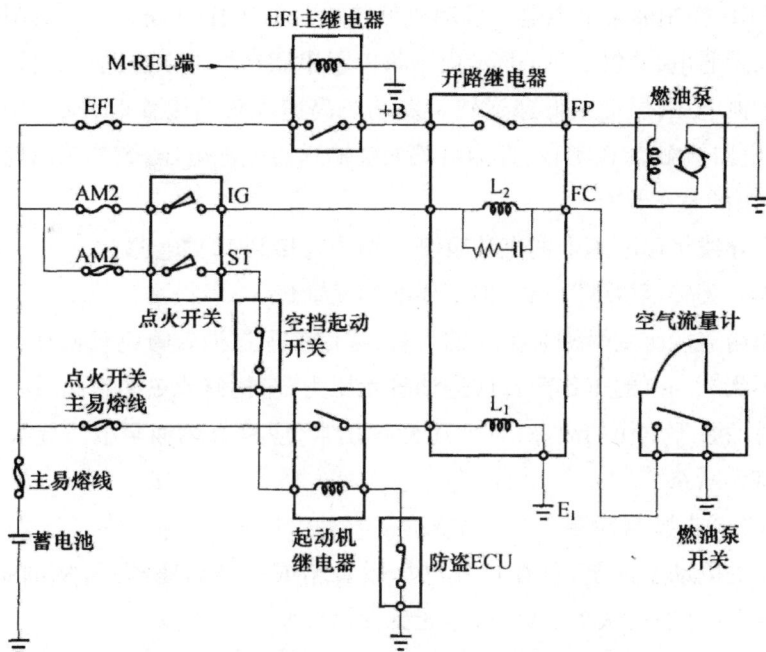

图 4－33　燃油泵开关控制的燃油泵控制电路

③燃油泵继电器控制的燃油泵控制电路。

燃油泵控制原理如图 4－34 所示,此控制电路根据发动机转速和负荷的变化,通过燃油泵继电器改变油泵的供电线路,从而控制油泵的工作转速。

点火开关接通后即通过主继电器将开路继电器的 ＋B 端子与电源接通,起动时开路继电器中的 L_1 线圈通电,发动机正常运转时,ECU 中的晶体管 VT_1 导通,开路继电器中的 L_2 线圈通电,均使开路继电器触点闭合,油泵继电器 FP 端子与电源相通,燃油泵工作。发动机熄火后,ECU 中的晶体管 VT_1 截止,开路继电器内的 L_1、L_2 线圈均不通电,其开关断开燃油泵电路,燃油泵停止工作。

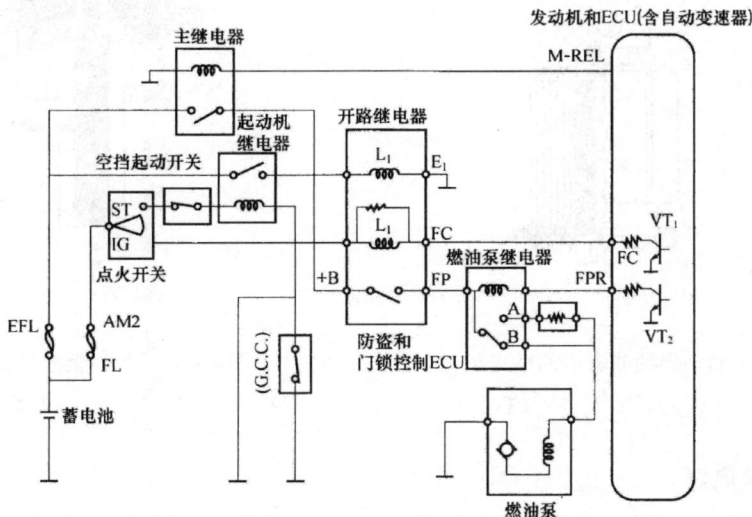

图 4－34　燃油泵继电器控制的燃油泵控制电路

发动机 ECU 控制油泵继电器。发动机低速小负荷工作时,ECU 中的晶体管 VT_2 导通,油泵继电器线圈通电,使触点 A 闭合,由于将电阻串联在燃油泵电路中,所以燃油泵两端的电压低于蓄电池电压,燃油泵低速运转。发动机高速大负荷工作时,ECU 中的晶体管 VT_2 截止,油泵继电器线触点 B 闭合,直接给燃油泵输送蓄电池电压,燃油泵高速运转。

（5）燃油泵的就车检查

①用专用导线将诊断座上的燃油泵测试端子跨接到 12V 电源上。

②将点火开关转至"ON"位置,但不要起动发动机。

③旋开油箱盖能听到燃油泵工作的声音,或用手捏进油软管应感觉有压力。

④若听不到燃油泵的工作声音或进油管无压力,应检修或更换燃油泵。

⑤若有燃油泵不工作的故障,且上述检查正常,应检查燃油泵电路导线、继电器、易熔线各熔断丝有无断路。

（6）燃油泵的拆装与检测

多数轿车的电动燃油泵,可在打开汽车后备箱或翻开后座椅后,从油箱上直接拆出。还有些轿车,必须将油箱从车上拆下,才能拆卸燃油泵。

拆装燃油泵时注意:应释放燃油系统压力,并关闭用电设备。拆下燃油泵后,测量燃油泵两端子之间电阻,应为 $2 \sim 3\Omega$。用蓄电池直接给燃油泵通电,应能听到油泵电机高速旋转的声音。注意通电时间不能太长,一般不超过 10s,否则会导致油泵的损坏。

3. 燃油滤清器

燃油滤清器安装在燃油泵之后的高压油路中,其功用是滤清燃油中的杂质和水分,防止燃油系统堵塞,减小机件磨损,保证发动机正常工作。一般采用纸质滤芯,每行驶 $20000 \sim 40000km$ 或 $1 \sim 2$ 年应更换。安装时应注意燃油流动方向的箭头,不能装反。燃油从入口进入滤清器,经过壳体内的滤芯过滤,清洁燃油从出口流出,如图 4-35 所示。

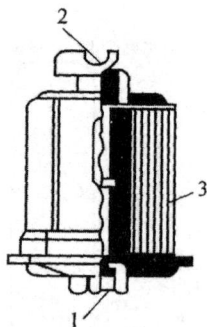

图 4-35　燃油滤清器的结构图
1—入口　2—出口　3—滤芯

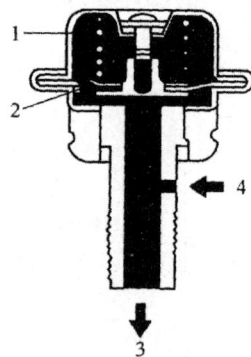

图 4-36　脉动阻尼器结构图
1—膜片弹簧　2—膜片　3—出油口　4—进油口

4. 脉动阻尼器

功用:在部分电控燃油喷射系统中,输油管的一端装有脉动阻尼器,减小在喷油器喷油时油路中的油压可能会产生的微小波动,使系统压力保持稳定。

组成:由膜片、膜片弹簧、阀片和外壳组成,如图4-36所示。

原理:发动机工作时,燃油经过脉动阻尼器膜片下方进入输油管,当燃油压力产生脉动时,膜片弹簧被压缩或伸长,膜片下方的容积稍有增大或减小,从而起到稳定燃油系统压力的作用。

5. 燃油压力调节器

功用:稳定燃油管的压力,使它与进气歧管之间的压力差保持恒定为250~300kPa。ECU对喷油质量的控制是时间控制,即控制喷油的持续时间,喷油压力便成了影响喷油量和空燃比的重要因素,在相同的喷油持续时间,若喷油压力不同,喷油量也不同。为了精确地控制喷油量和空燃比,必须确保喷油压力与进气歧管真空度之间的压力差为恒定值。

组成:燃油压力调节器通常安装在输油管的一端,主要由阀片、膜片、膜片弹簧和外壳组成,如图4-37所示。膜片将调节器壳体体内分成两个室,即弹簧室和燃油室。膜片上方的弹簧室通过软管与进气室相通,膜片与回油阀相连,回油阀控制回油量。

原理:发动机工作时,燃油压力调节器膜片上方承受的压力为弹簧压力和进气管内气体压力之和,膜片下方承受的压力为燃油压力。当压力相等时,膜片处于平衡位置不动。当进气管内气体压力下降时,膜片向上移动,回油阀开度增大,回油量增多,使输油管内燃油压力也下降;反之,进气管内气体压力升高时,燃油的压力也升高,膜片向下移动,回油阀开度减小,回油量减少,使输油管内燃油压力升高。

由此,在发动机工作时,燃油压力调节器通过调节回油量来调节输油管内燃油压力,从而保持喷油压差恒定不变。

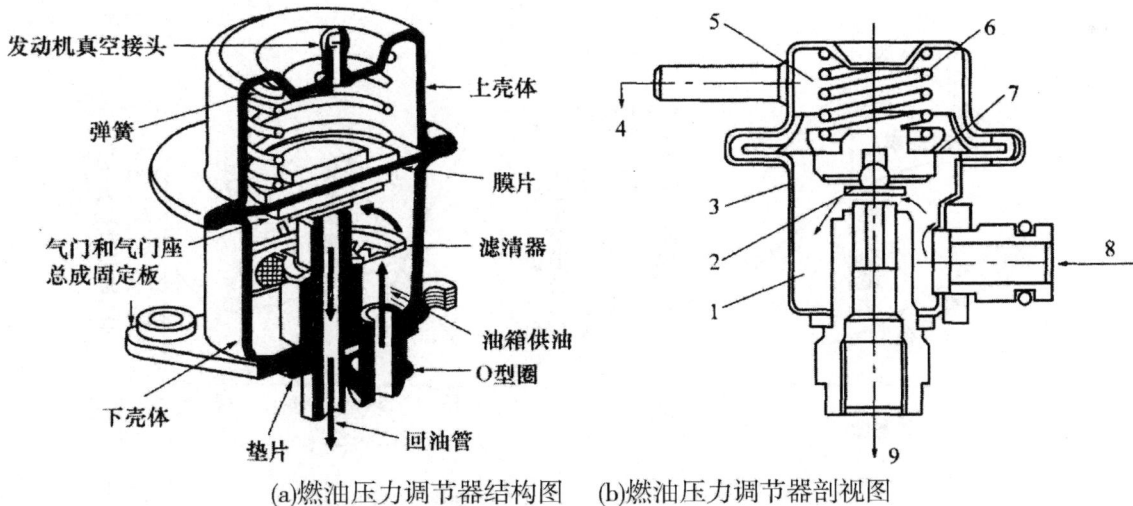

(a)燃油压力调节器结构图 (b)燃油压力调节器剖视图

图4-37 燃油压力调节器

1—燃油室 2—回油阀 3—壳体 4—进气管负压 5—弹簧室

6-弹簧 7-膜片 8-入口 9-出口

四、电控燃油喷射系统的控制内容

发动机电控系统的主要控制内容包括:

①对发动机的空燃比实行电子控制。

②对发动机的点火正时实行电子控制。

②对发动机的怠速运转实行电子控制。

④对发动机的有害气体排放实行电子控制。

(一)电控燃油喷射系统对发动机空燃比的控制

燃油与空气混合后形成可燃混合气,其成分对发动机的动力性和经济性有很大影响。发动机吸入空气与燃油质量之比称为空燃比,通常用 A/F 表示。1kg 汽油完全燃烧理论上需要 14.7kg 空气,此时的空燃比为 14.7:1,也称为"理论空燃比"。比理论空燃比小(空燃比 12 ~ 13)时混合气变浓,点火后火焰燃烧速度快,燃烧压力高,发动机输出功率最大,在一定转速下提供这个空燃比(12 ~ 13)称为功率空燃比。油耗率最低时的空燃比要比理论空燃比稍大,空燃比约为 16,才能保证燃油完全燃烧,即燃烧结束后废气中还剩余少量氧气,也即经济空燃比要比理论空燃比稍大。图 4 – 38 中显示空燃比与发动机动力性和经济性的关系。

汽车发动机在不同转速和负荷下对空燃比都有不同的需求,电控燃油喷射(EFI)系统为此提供了基本喷油量。基本喷射量的大小与吸入空气量成正比增加,与发动机转速成反比,即

$$基本喷射量 = 系数 \times \frac{吸入空气量}{发动机转速}$$

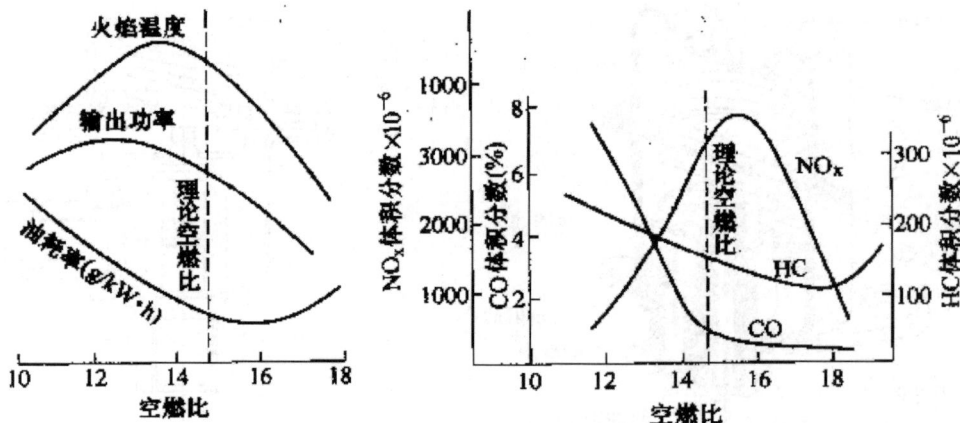

图 4 – 38　空燃比与发动机动力性和经济性的关系

基本喷射量不能满足发动机各种运转状态,例如:发动机起动工况,满负荷节气门开度工况,转速变化时,都必须增加喷射量,而这一增量的修正,是由各传感器将信号送至电子

控制单元(ECU),经计算后,在基本喷射量上再加上修正部分。图4-39中显示出运转状态下的喷油量修正。

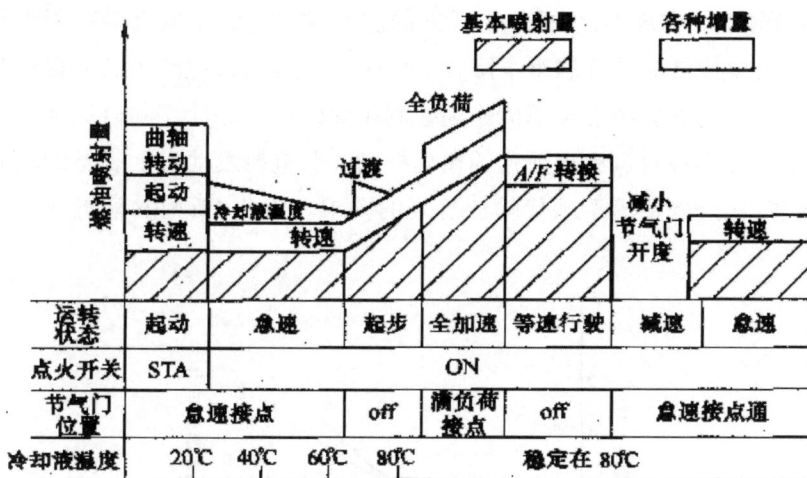

图4-39　运行状态下的喷油量修正

(二)电控点火时间的实现

点火时间是燃烧过程的起点,进入气缸的可燃混合气由于被压缩而受热后,燃油气化,处于氧化状态,很容易着火。这时火焰的传播需要一定时间,故在什么时间点火对发动机的性能和排气成分都会产生较大影响。从图4-40中的缸内压力变化来看,由点火到压力开始上升这一时期称为着火延迟期,火焰传播一开始压力立刻上升,不久达到最大值,火焰扩展到整个燃烧室,此时缸内最大压力约在上止点后15°~20°产生。

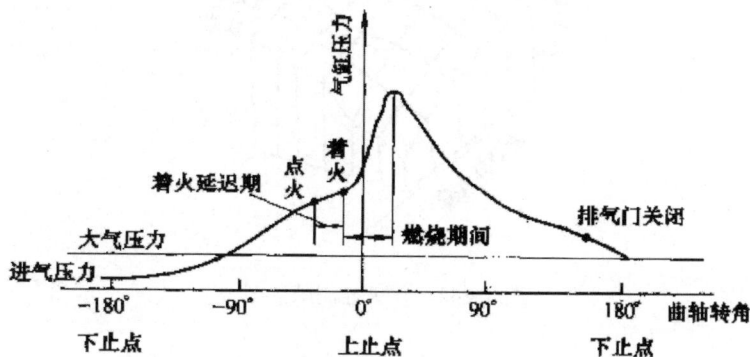

图4-40　缸内点火压力变化

如点火过早,因混合气压力尚未充分上升,着火延迟时间变大,压缩功增加,热损失增大。反之,点火过迟,因混合气的紊流减弱,火焰传播速度降低,后燃增加,排气温度上升,热损失增大。由此可见,对燃烧过程来说,点火时间无论过迟或过早,都会产生不良后果。

图4-41显示出排气成分与点火提前的关系。随着点火提前角的增大,排气中碳氢化合物和氮氧化合物的浓度都在增加。燃烧废气温度越高,燃烧后残留的氧气浓度越大,NO_x的生成量就越多。在高温区,几十摄氏度的温差对NO_x的生成都会有很大影响。推迟点火时间,可使燃烧废气的最高温度下降,减少NO_x的排放量,但减小点火提前角会导致发动机的热效率下降,所以这种方法不能作为控制排放的长久之计。同时保证发动机性能和控制排放,关键是要实现对点火提前角的精确控制。非电控发动机上装备的离心式和真空式点火提前装置,已经满足不了现代排放法规的要求。为此,新型发动机均已采用电子控制点火系统。

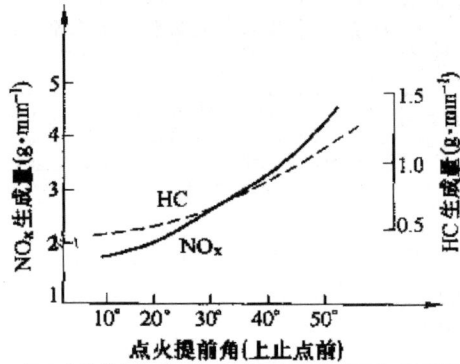

图4-41 排气成分与点火提前

图4-42显示出由电子控制单元(ECU)控制实现的电子点火脉谱图。

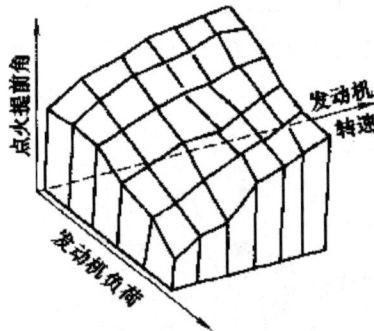

图4-42 点火控制脉谱图

(三)发动机怠速运转的电子控制

发动机怠速工况是指发动机运行中,节气门开度到最小,汽车处于空档,发动机只带动附件而维持最低转速的稳定工况。怠速转速过高会增加燃油消耗量,汽车在城市交通密度大的道路上行驶,约有30%的燃料消耗在怠速工况,所以应尽量降低怠速转速。但怠速转速的降低,发动机要求的混合气浓度要大,HC和CO的排放物会增加。此外怠速时的负荷,如电器负荷,空调装置,自动变速器,动力转向伺服机构的接入都会引起怠速转速变化,使发动机运转不稳或引起熄火。通常发动机在有负荷时,其转速调节与稳定是由驾驶员通过加速踏板调节充气量来实现的,而怠速时驾驶员已不再踏加速踏板,节气门处于关闭状态,驾驶员不能对充气量进行随机调节。故此,在电控发动机上要装有怠速控制装置。

(四)排气净化与排放的电子控制

发动机的排气是发动机污染物的主要来源,排气中除了二氧化碳(CO_2)、氮(N_2)、氧(O_2)、氢(H_2)和水蒸气(H_2O)外,主要的有害生成物包括氮氧化物(NO_X),各种碳氢化合物化物(HC)、一氧化碳(CO)、二氧化硫(SO_2)、铅化物和炭烟等。对汽油机而言主要的有害成分是氮氧化物、碳氢化合物和一氧化碳。

影响发动机排气中有害排放物排放量的重要影响因素有:混合气浓度、点火提前角、点火性能、燃烧温度以及负荷、转速等。通过发动机的电控管理,优化燃烧过程,可减少有害排放物的生成量。此外采用三元催化剂的催化转化器,包括氧传感器的微机控制的闭环控制系统和电控废气再循环 EGR 装置等机外净化装置,都在减少发动机有害气体排放中发挥了作用。

能够完成上述控制内容的发动机电控系统结构如图 4 - 43 所示。

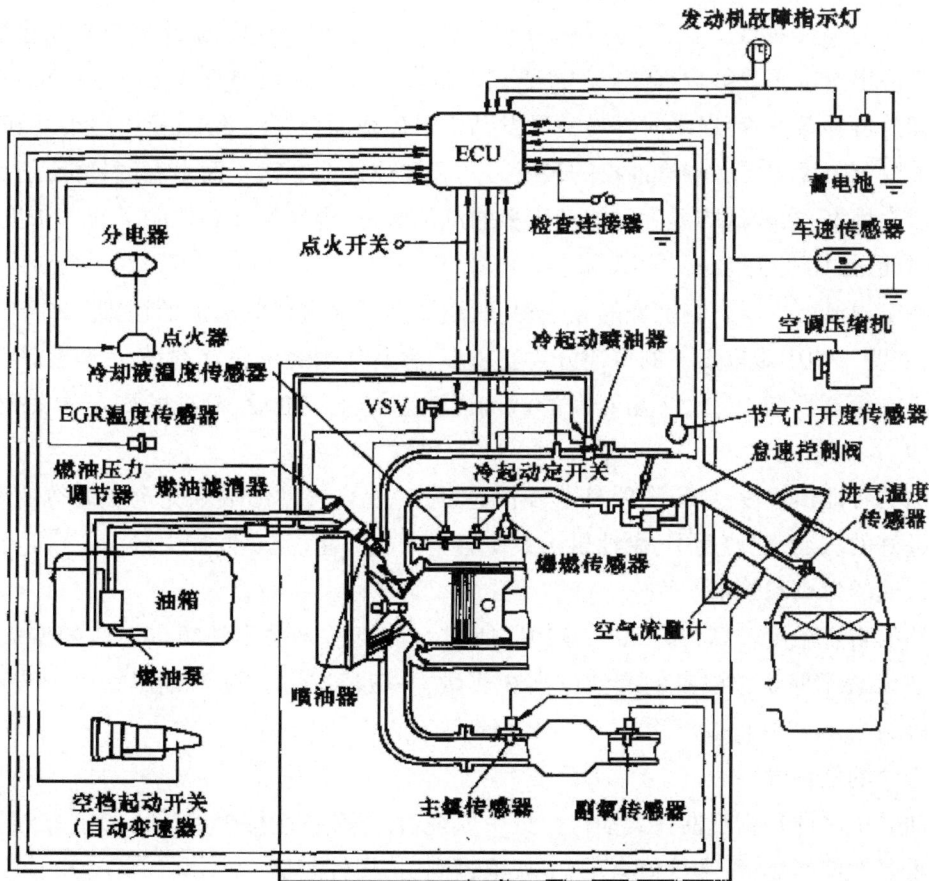

图 4 - 43 发动机电控系统结构

五、汽油与汽油添加剂

（一）车用汽油的使用性能

汽油是从石油中提炼出的易挥发的液体燃料,它由多种碳氢化合物组成,其中碳元素约占85%,氢元素约占15%。汽油使用性能主要包括蒸发性、抗爆性、燃点和热值,它们主要取决于汽油的组成成分。

1. 汽油的蒸发性

发动机工作时,汽油先从液态蒸发成蒸气,并按一定比例与空气混合后,再送入汽缸进行燃烧。汽油的蒸发性就是指其从液态蒸发成蒸气的难易程度。对于高速发动机,形成可燃混合气的时间很短,一般只有百分之几秒,因此汽油蒸发性的好坏,对形成混合气的质量有很大影响。

通常用流程作为汽油蒸发性的评定指标,馏程即蒸馏过程,可通过蒸馏试验来测定。对汽油进行加热时,组成汽油的多种碳氢化合物没有固定的沸点,而是随着温度的升高,按照由轻到重的顺序逐次沸腾。为评价汽油的蒸发性,以测定的蒸发出10%、50%、90%馏分时的温度作为有代表意义的点,分别称为10%馏出温度、50%馏出温度、90%馏出温度。

10%馏出温度主要影响汽油机的冷态启动性能。10%馏出温度越低,表明汽油中所含的轻质馏分容易蒸发,冷启动时容易满足发动机对极浓混合气的要求,所以启动性好。

50%馏出温度主要影响汽油机的暖机时间和加速性能。50%馏出温度越低,表明汽油的平均蒸发性好,在较低的温度下能有较多的汽油蒸发,容易保证必要的混合气浓度,汽油机暖机时间短,加速性能好。

90%馏出温度主要影响燃烧的完全程度、燃烧室积炭和对润滑油的污染。90%馏出温度越高,表明汽油中难以蒸发的重馏分含量越多,容易使燃烧不完全,燃烧后容易产生积炭和造成排气管冒黑烟;此外,不易蒸发的汽油以液态进入汽缸后,沿缸壁流入油底壳,会污染润滑油。

汽油的各馏出温度越低,说明其蒸发性越好,对混合气的形成和完全燃烧等有利。但蒸发性过好的汽油,在使用中,燃油供给系统容易产生气阻,且蒸发损失较大。

2. 汽油的燃点和热值

汽油的自燃温度较高,为220～471℃,所以汽油机适合采用外源点燃式的着火方式。汽油的热值表示燃烧单位量的汽油放出和热量,一般情况下,1kg汽油燃料完全燃烧所产生的热量约为44400kJ。

3. 汽油的抗爆性

汽油的抗爆性是指汽油在发动机汽缸中燃烧时,避免产生爆燃的能力。抗爆性是汽油的一项重要性能指标,用辛烷值表示,辛烷值越高,抗爆性越好。

汽油的辛烷值常用对比试验的方法来测定。在一台专用的可变压缩比的单缸试验发动机上,先用被测汽油作为燃料,使发动机在一定的条件下运转。试验中逐步提高试验发动机的压缩比,直至实验发动机产生标准强度的爆燃为止。然后,在该压缩比下,换用有一定比例的异辛烷(一种抗爆燃能力很强的碳氢化合物,规定其辛烷值为100)和正庚烷(一种抗爆燃能力极弱的碳氢化合物,规定其辛烷值为0)混合而成的标准燃料,使发动机在相同的条件下运转,改变标准燃料中异辛烷和正庚烷的比例,直到单缸试验机也产生前述的标准强度的爆燃时为止。这样最后一种标准燃料中异辛烷含量的体积百分数即为被测汽油的辛烷值。

辛烷值按其测定方法可分电机法(MON)和研究法(RON)两种,由于测定方法和条件不同,同一种汽油的 MON 辛烷值和 RON 辛烷值也不同,一般 RON 辛烷值比 MON 辛烷值高 6~7 个单位。目前,国产汽油以 RON 辛烷值来编号,如 93 号汽油的 RON 辛烷值为 93。

(二)车用汽油的选用

1. 车用汽油的选择

车用汽油的质量是影响汽车技术状况和汽车排放的重要因素。所以,车用汽油的选择首先要选择质量指标符合国家规定要求的产品,然后结合汽车发动机产品说明书推荐的汽油牌号选用。在选择车用汽油时,还应考虑以下因素:

①根据发动机压缩比选择汽油牌号,压缩比越大,要求汽油牌号越高。

②电喷汽车应使用无铅汽油,否则会影响氧传感器、三元催化转换装置的正常工作。

③在不发生爆燃的前提下,尽量选用低牌号汽油。

④汽车从平原地区驶入高原时,须将点火时间适当提前,或改用低牌号汽油。

⑤发动机长期使用或维修后,如压缩比发生变化,则应考虑更换汽油牌号。

2. 汽油使用注意事项

①汽油易燃、易爆、易产生静电,使用时应注意防火、防爆、防静电。

②汽油中不能掺入煤油或柴油,否则会引起爆燃和影响发动机润滑。

③不要使用长期存放的变质汽油,否则会引起喷油器堵塞和积炭。

④加油时尽可能加满油箱,以避免蒸发损失。

3. 国内部分汽车用汽油牌号推荐

国内部分汽车用汽油牌号推荐如表4-2所示。

表4-2　国内部分汽车用汽油牌号推荐

车型	压缩比	推荐汽油牌号
解放 CA1920	8.1	90 号
东风 EQ1092	7.0	90 号
捷达 GT	8.5	90 号
桑塔纳(普)/2000	9.0、9.5	>93 号
别克赛欧 1.6	9.4	>93 号
神龙富康 1.4/1.6	9.3、9.6	93 号
宝来 1.6T/1.8T	9.3~10.3	93~97 号

(三)车用汽油添加剂

目前,我国汽油中硫和胶质的含量较高,容易使喷油器和气门产生积炭。使用汽油添加剂是改善汽油品质的一种有效方法,部分汽车制造厂也推荐其产品使用相应的汽油添加剂。

1. 汽油添加剂的种类

汽油添加剂的种类很多,主要有抗爆剂、抗磨剂、助燃剂、清净分散剂等几种,目前市场上销售的混合型汽油添加剂是将以上成分按照不同的比例混合在一起的。

2. 汽油添加剂的工作机理

汽油添加剂中的表面活性剂通过亲水因子和亲油因子的协同作用,将汽油中的水分充分细化,使其形成无数细微的油包水液滴。液滴中的水分在发动机燃烧室内经高温作用迅速膨胀气化产生"微爆",击破外包油滴,形成汽油的二次雾化,使汽油和空气混合更加均匀,达到良好的雾化效果,从而提高发动机动力性,减低油耗,减少排放污染。同时,油包水液滴的"微爆"性用,对发动机燃烧室内的积炭不断冲击,使积炭脱落,改善发动机的性能。

3. 汽油添加剂的功用

①助燃。添加剂中的助燃剂可以提高可燃混合气燃烧时的火焰传播速度,缩短燃烧时间,提高发动机功率。同时,有利于汽油雾化,使燃烧更完全,油耗及排污降低。

②清净分散。添加剂中的清净分散剂可分解和清除燃烧室、喷油器、火花塞、气门等处的积炭,保证发动机在良好的状态下工作。

4. 汽油添加剂的选用

①优先选用汽车制造厂推荐品牌。

②优先选择物理性质的汽油添加剂。

③不能含有金属粒子。

六、汽油机燃料供给系的检修

由于发动机在工作中各种机件的磨损,汽油中胶质的堵塞,空气中灰尘的污染以及日常的维护保养不当,都会使汽油机燃料供给系统出现各种各样的故障。因此,燃料供给系统一旦有了故障,就要及时准确地予以排除,否则,将给发动机工作带来隐患。

(一)燃料供给系统技术要求

发动机燃料供给系统有如下技术要求:

①汽油箱及油管、接头等处不得有松动和漏油现象;管路供油应畅通无阻。

②汽油滤清器的滤芯应保持清洁、完整,能使汽油充分净化,保证供油清洁畅通。

③汽油泵装合后应无漏油和渗油、渗气现象;供油能力能满足发动机的工作要求。

④空气滤清器能有效清除空气中的尘垢,应保证无堵塞现象,进排气歧管及消声器应工作良好,无异常现象。

(二) 燃科供给系统维护和检修要点

发动机燃科供给系统维护和检修要点如下:

①油箱。将其装满清水,紧密封盖,用压缩空气通入,即可看出是否有渗漏之处。

②汽油滤清器。将多孔陶瓷芯放在沸水中煮 10 min;用压缩空气吹净,然后用汽油清洗擦干;最后检查滤芯、密封垫及沉淀杯有无裂损和漏油现象。

③汽油泵。分解清洗各部零件,装复后要检查接头处有无渗漏;膜片有无裂损;阀门与阀座密封是否良好。

④纸质空气滤清器。取出纸滤芯放在平板上轻拍端面;用压缩空气由里向外吹,以清除纸滤芯中的尘垢。

⑤进排气歧管。每进行二级维护时,用钢丝刷或刮刀清除进排气歧管内部积垢,或放入化学溶液槽内浸泡,使积炭软化,再用热水冲洗,用压缩空气吹干。消声器积炭可用木锤轻轻敲击外壳,使积炭振动脱落。

(三) 空气供给系统的检修

电控汽油喷射式发动机空气供给系统各零部件的可靠性比较好,使用过程中很少出现故障。但在维修过程中,由于拆装不当而人为造成故障的现象比较多。电控汽油喷射系统的电控单元是根据进气系统的空气流量来控制喷油量的,因此,进气系统漏气对发动机工作的影响比较大。在检修时应注意以下几处:

①检查空气滤清器滤芯是否脏污,必要时用压缩空气吹净或更换。

②进气系统漏气对电控燃油喷射发动机的影响比对化油器式发动机的影响大。检查各连接部位应连接可靠,密封垫应完好。

③节气门体的检修。检查节气门内腔的积垢和积胶情况,必要时用清洗剂进行清洗。注意:绝对不能用砂纸和刀片清理积垢和积胶。

(四) 燃油供给系统的检修

汽油发动机燃料供给系统常易发生故障的部位主要在油路,具体包括汽油箱、汽油滤清器、汽油泵和各连接油管等部分。油路故障从表面上看是较复杂的,但实质上不外乎是堵、漏、坏和失调这四种原因造成的。只要我们把现象看作入门的向导,透过现象抓住实质,就能找出症结所在,从而准确地排除故障。

1. 燃油系统的压力释放

目的:防止在拆卸时,系统内的压力油喷出,造成人身伤害和火灾。

方法:

①起动发动机,维持怠速运转。

②在发动机运转时,拔下油泵继电器或电动燃油泵电线接线,使发动机熄火。

③再使发动机起动 2~3 次,就可完全释放燃油系统压力。

④关闭点火开关,装上油泵继电器或电动燃油泵电源接线。

2. 燃油系统压力预置

目的:在拆开燃油供给系统进行维修后,为避免首次起动发动机时,因系统内无压力而导致起动时间过长,应预置燃油供给系统残余压力。

方法一:通过反复打开和关闭点火开关来完成。

方法二:

①检查燃油系统元件和油管接头是否安装好。

②用专用导线将诊断座上的燃油泵测试端子跨接到12V电源上。如日本丰田车系直接将诊断座上的 +B 端子(电源端子)与 FP 端子(燃油泵测试端子)跨接。

③将点火开关转至"ON"位置,使电动燃油泵工作约10s。

④关闭点火开关,拆下诊断座上的专用导线。

3. 燃油系统压力测试

①检查油箱中的燃油,释放燃油系统压力。

②检查蓄电池,拆下负极电缆。

③将专用压力表接在脉动阻尼器位置(对于韩国大宇或通用)或进油管接头处(对于丰田)。

④接上负极电缆,起动发动机使其维持怠速运转。

⑤拆下燃油压力调节器上的真空软管,用手堵住进气管一侧,检查油压表指示的压力,多点喷射系统应为 0.25~0.35MPa,单点喷射系统为 0.07~0.10MPa。若过低,可夹住回油软管以切断回油管路,再检查油压表指示压力,若压力恢复,说明燃油压力调节器有故障。若更换后仍过低,应检查是否有堵塞或泄露,如没有,应更换燃油泵。若更换后过高,应检查回油管是否堵塞。若正常,说明燃油压力调节器有故障。

⑥发动机运转至正常工作温度后,重新接上燃油压力调节器的真空软管,检查燃油压力表的指示应有所下降(约为 0.05MPa),否则检查真空管是否有堵塞和漏气,若正常,说明燃油压力调节器有故障。

⑦将发动机熄火,等待10min后观察压力表的压力,多点喷射系统不低于 0.20MPa,单点喷射系统不低于 0.05MPa。

⑧检查完毕后,应释放系统压力拆下油压表,装复燃油系统。

第五章　柴油机燃料供给系的构造与维修

一、柴油机燃料供给系概述

（一）柴油机供给系统的组成及作用

柴油机具有良好的燃油经济性（比汽油机省油30%）、工作可靠性（柴油机靠压缩自燃，无点火系统，减少了故障发生率，其平均使用寿命是汽油机的1.5倍）、排气污染低（多数工况下柴油机过量空气系数比较大，不完全燃烧产物 CO 和 HC 比汽油机少（NO_x 和炭烟的生成量比汽油机多）等优点，特别是电控技术在柴油机上的应用，有效改善了混合气的形成条件和燃烧过程，不仅使排气污染降低，而且使柴油机的动力性、经济性等进一步提高。所以柴油机在汽车上的应用越来越广泛，目前欧洲生产的轿车中，柴油机轿车占30%以上。

柴油机使用的燃料是柴油。柴油的黏度大，蒸发性差，不具备在气缸外部与空气形成均匀的混合气的条件，故采用高压喷射，在压缩行程接近终了把柴油喷入气缸，与气缸内的高温、高压空气形成混合气自行发火燃烧。

柴油机燃料供给系由燃油供给、空气供给、混合气形成及废气排出装置组成，如图5—1所示；燃油供给装置由柴油箱、输油泵、低压油管、柴油滤清器、喷油泵、高压油管、喷油器和回油管组成。空气供给装置由空气滤清器、进气管和气缸盖内的进气道组成。混合气形成装置由气缸、活塞、气缸盖与燃烧室组成。废气排出装置由气缸盖内的排气道、排气管及排气消声器组成。

柴油机供给系的作用是储存、滤清柴油，根据柴油机不同的工况要求，按工作顺序定时、定量、定压，并以一定的喷油质量将柴油喷入燃烧室，使其与空气迅速混合燃烧，再将燃烧后的废气排入大气。

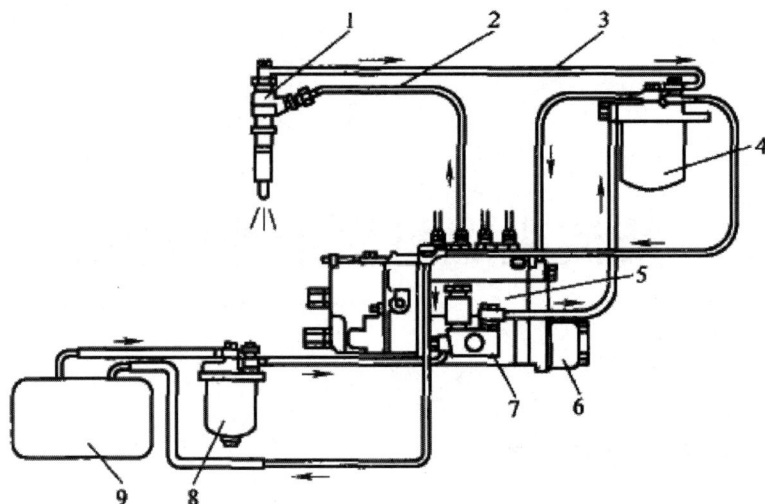

图 5-1　柴油机供给系的组成示意图

1—喷油器　2—高压油管　3—回油管　4—柴油细滤器　5—喷油泵
6—供油提前自动调节器　7—输油泵　8—柴油粗滤器　9—柴油箱

（二）柴油机供给系的工作原理

柴油机在工作过程中，依靠输油泵的作用不断地将油箱中的柴油吸出，并经柴油滤清器滤去杂质后，输入喷油泵的低压油腔；通过柱塞和出油阀将燃油压力提高，经高压油管输送到喷油器；燃油呈现雾状喷入燃烧室，在燃烧室内形成混合气；由于输油泵的供油量大于喷油泵所需供油量，过量的柴油经回油管回到滤清器或油箱。

从柴油箱至喷油泵入口处这段油路中的油压是输油泵建立的，一般为 $0.15\sim0.3\mathrm{MPa}$，这段油压较低，故称为低压油路。从喷油泵到喷油器这段油路中的油压是由喷油泵的柱塞和出油阀建立的，一般在 $10\mathrm{MPa}$ 以上，故称此段油路为高压油路。

在柴油机燃油供给装置维修和装配后。必须将柴油机整个油路中的空气排除，使柴油充满喷油泵，为此在输油泵上装有手动油泵，以满足油路中的空气排除。喷油泵凸轮轴的前端与供油提前器连接，后端与调速器组成一体，它们分别起喷油定时和自动调节喷油量的作用。

（三）柴油机混合气的形成和燃烧室

1. 可燃混合气的形成与燃烧

柴油机在进气行程中进入气缸的是纯净空气，在压缩行程接近终了时，将喷油器形成的雾状柴油以规定压力喷入气缸，随即在燃烧室内形成混合气，并在高温、高压的条件下，混合气自行着火燃烧，故混合气形成时间极短，而且存在喷油、蒸发、混合和燃烧重叠进行的过程。在柴油机压缩和做功过程中，气缸内气体压力 P 随曲轴转角变化的关系如图 5—2 所示。当曲轴转到上止点前 O 点的位量时，喷油泵开始供油；当曲轴转到稍后一些的

A 点位置时,喷油器开始喷油。O 点到上止点之间所对应的曲轴转角称为供油提前角(图中虚线为不供油时气缸压力的变化曲线)。根据气缸中压力和温度的变化特点,可将混合气的形成与燃烧过程按曲轴转角划分为 4 个阶段:

①第一阶段(备燃期):即喷油始点 A 至燃烧始点 B 之间所对应的曲轴转角。在此期间,喷入气缸的雾状柴油从气缸内的高温空气中吸收热量,逐渐蒸发、扩散,与空气混合,并进行燃烧前的化学准备。若备燃期时间过长,缸内积存的油量增多,则一旦燃烧,会造成气缸内的压力急剧升高,致使发动机噪声增大、工作粗暴、机件磨损加剧。因此,备燃期的长短是影响柴油发动机工作粗暴程度的重要因素。

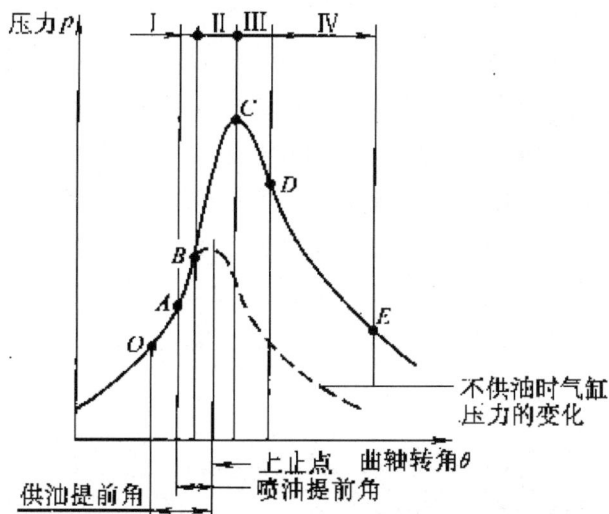

图 5 - 2　气缸压力与曲轴转角的关系

Ⅰ—备燃期　Ⅱ—速燃期　Ⅲ—缓燃期　Ⅳ—后燃期

②第二阶段(速燃期):即燃烧始点 B 与气缸内产生最大压力点 C 之间所对应的曲轴转角。从 B 点起,火焰自火源处向四周迅速传播,燃烧速度迅速增加,急剧放热,缸内温度和压力迅速上升,至 C 点时压力达到最高值。在此期间,早已喷入但尚未来得及蒸发的柴油以及在燃烧开始后陆续喷入的柴油,便能在已燃气体的高温作用下迅速蒸发、混合和燃烧。

③第三阶段(缓燃期):即从最高压力点 C 至最高温度点 D 为止的曲轴转角。在此阶段,燃气温度继续升高,但由于氧气减少,废气增加,燃烧条件变差,故燃烧越来越慢。喷油过程一般在缓燃期内结束。

④第四阶段(后燃期):从 D 点起,燃烧在逐渐恶化的条件下于膨胀行程中缓慢进行,直到停止(E 点)。在此期间,压力和温度均降低。由于柴油的蒸发性和流动性较差,且柴油机混合气形成时间极短,使得柴油难以在燃烧前彻底雾化蒸发并同空气均匀混合,即柴油机可燃混合气的品质较差。因此,柴油机采用较大的过量空气系数,使喷入气缸的柴油能够燃烧得比较完全。

为改善混合气的形成条件,不致出现太长的备燃期,保证柴油机工作柔和,除了选用十六烷值较高的柴油,采用较高的压缩比(15~22)以提高气缸内空气温度、促进柴油蒸发外,还要求喷油器必须有足够的压力(一般在10MPa以上,以利于柴油的雾化)。此外,在燃烧室内形成强烈的空气运动,促进柴油与空气的均匀混合。

2. 燃烧室

由于柴油机混合气的形成和燃烧均在燃烧室中进行,所以燃烧室的结构将直接影响混合气的形成与燃烧。对燃烧室的要求,一是配合喷油形成良好均匀的混合气,改善燃烧;二是要求燃烧室的结构紧凑,以减小散热损失,提高热效率。

柴油机燃烧室的种类较多,通常分为统一式燃烧室和分隔式燃烧室两大类。鉴于现在柴油发动机多采用统一式燃烧室,在这里介绍统一式燃烧室。统一式燃烧室是由气缸壁和凹形活塞顶与气缸盖底面所包围的单一内腔构成。这种燃烧室一般用于多孔喷油器将柴油直接喷射到燃烧室中,借喷射油束的形状和燃烧室形状的配合以及燃烧室内的空气涡流运动,迅速形成可燃混合气,故此种燃烧室又称为直接喷射式燃烧室。利用在气缸盖上铸出的螺旋气道使进入气缸的空气呈涡流状,以促进油气混合是直接喷射式燃烧室的一大特点。空气经由螺旋气道进入气缸时,会产生绕气缸轴线旋转的进气涡流,来帮助燃油与空气的混合。常见的统一式燃烧室结构形式有 W 形燃烧室、球形燃烧室和 U 形燃烧室,如图 5—3 所示。

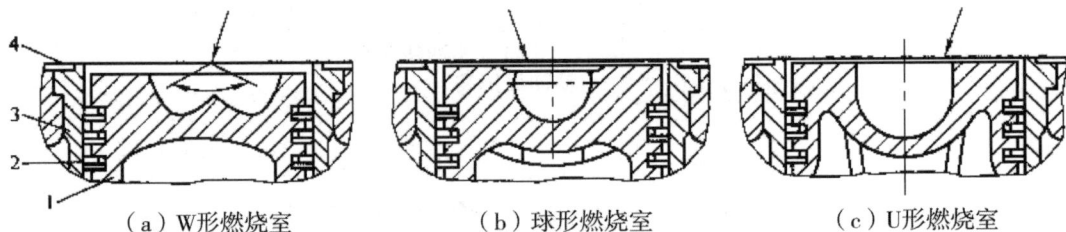

（a）W形燃烧室　　　　　（b）球形燃烧室　　　　　（c）U形燃烧室

图 5 - 3　统一式燃烧室结构形式

1—活塞　2 - 活塞环 3 - 气缸套　4—气缸盖　→ - 柴油喷射方向

目前,车用柴油机大都采用 W 形燃烧室及其各种改进型。以 W 形为例,其燃烧室主要靠喷油形状与燃烧室形状相配合,利用进气涡流和挤流(在压缩行程上止点附近,活塞顶部的空气被挤入燃烧室时形成的气流)等空气运动形成可燃混合气。这类燃烧室要求喷油系统喷油压力高,并采用小孔径多孔喷油器,喷出雾状的燃油均匀地分布在燃烧室空间,吸收空气的热量而蒸发,并借助气流运动迅速与空气混合;另有少量燃油被喷到燃烧室壁面,形成油膜,在燃烧开始后才迅速蒸发而参加燃烧。W 形燃烧室形状较简单,易于加工,结构紧凑,散热面积小,热效率高,有利于冷机起动,对配套的燃料供给系要求较高。为了更好地提高直喷式燃烧室的燃烧过程,在传统 W 形燃烧室的基础上,发展出了多种新型燃烧室。新型燃烧有着各自的特点。

①挤流口式燃烧室如图　5—4 所示,它是为降低柴油机噪声的改善排放而设计的,主

要是缩小了燃烧室凹坑唇口处的尺寸来产生强烈的压缩挤流,从而产生空气的紊流运动。其主要优点是:能防止燃气从活塞顶上碗形室过早地向燃烧室容积传播;可保持燃烧室壁温较高,以防止火焰熄灭并能促进油滴蒸发。

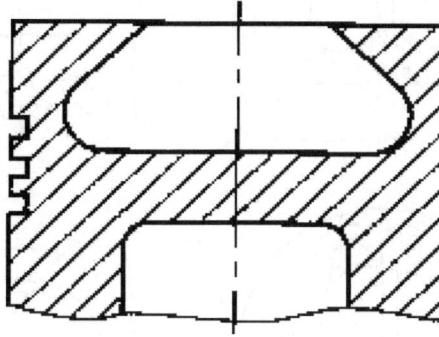

图 5 - 4   挤流口式燃烧室

②四角 ω 形燃烧室如图   5—5 所示,它利用四角 ω 形凹坑组织二次扰动(除了进气涡流外,拐角处又形成小旋涡)来实现燃油和空气的良好混合,以提高燃烧速度。

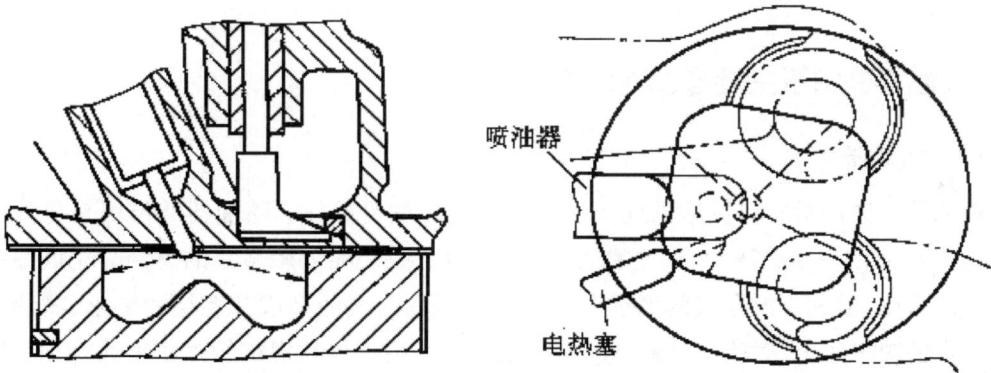

图 5 - 5   四角 ω 型燃烧室

③微涡流燃烧室如图 5 - 6 所示,微涡流燃烧室由两部分组成:上部为四角形,下部为圆形,两部分经切削加工圆滑过渡。这种燃烧室集中了 W 形和四角 ω 形二者的优点,同时又有缩口,增加了挤流的影响。

④花瓣形燃烧室如图 5 - 7 所示,其基本结构与 W 形燃烧室近似,仅横截面形状呈花瓣状。它利用花瓣形所具有的几何特点,选择进气涡流、喷油系统和燃烧室形状,将三者良好地匹配,可保证柴油机具有较低的燃油消耗率。其经济运行区宽广,起动性能好,减小了噪声,降低排污以获得较佳的综合指标。

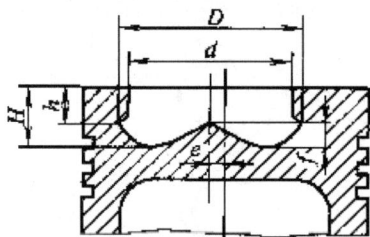

图 5 - 6　微涡流燃烧室　　　　　　图 5 - 7　花瓣形燃烧室

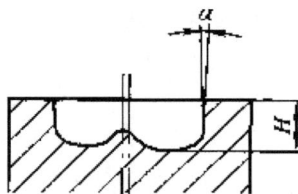

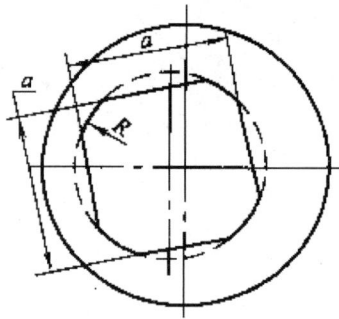

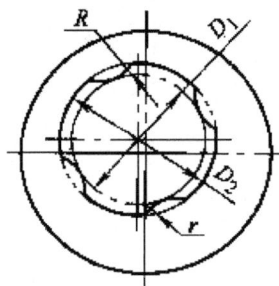

二、燃料供给系主要零部件的构造

(一)喷油器

喷油器是柴油机燃料供给系统实现燃油喷射的重要部件。喷油器的作用是将喷油泵供给的高压油以一定的压力、速度和方向喷入燃烧室,使喷入燃烧室的燃油雾化成细粒分布在燃烧室中,以利于混合气的形成和燃烧。根据混合气的形成与燃烧的要求,喷油器应具有一定的喷射压力、射程、合理的喷射锥角。此外,喷油器在规定的停止喷油时刻其针阀应能迅速回落,以避免发生滴漏现象而引起爆燃。

目前,车用柴油机绝大多数采用闭式喷油器,即喷油器在不喷油时,喷孔被针阀关闭,将燃烧室与喷油器的油腔彻底分隔开。常用的闭式喷油器可分为孔式喷油器和轴针式喷油器两种。孔式喷油器多用于直接喷射式燃烧室,轴针式喷油器则主要用于分隔式燃烧室。

1.孔式喷油器

孔式喷油器其喷孔数目一般为 1 ~ 8 个,喷孔直径为 0.2 ~ 0.8mm,它可以喷出一束或几束锥角不大、射程较远的喷注。喷孔越多,孔径越小,雾化就越好,分布也就越均匀。但小孔径使用中易结炭堵塞,同时需要较高的喷油压力。如图 5 - 8 所示,孔式喷油器主要由针阀 10、针阀体 9、顶杆 6、调压弹簧 5 及喷油器体 7 等零件组成。

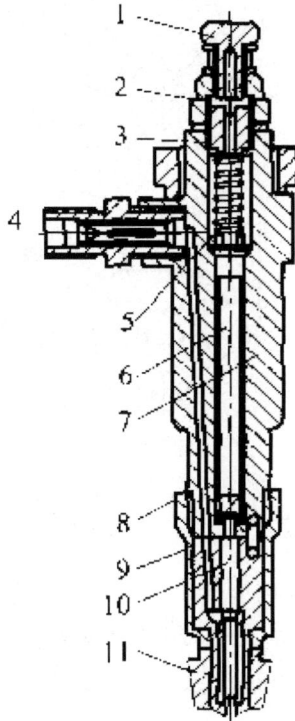

图 5-8 孔式喷油器

1—回油管螺栓 2—调压螺钉护帽 3—调压螺钉 4—进油管接头 5—调压弹簧
6-顶杆 7-喷油器体 8-紧固螺套 9-针阀体 10-针阀 11—喷油器锥体

  针阀中部的锥面位于针阀体的环形油腔内以承受油压,称为承压锥面。针阀下端的锥面与针阀体上相应的内锥面配合,起密闭作用称为密封锥面。调压弹簧通过顶杆,将针阀的密封锥面压紧在针阀体的内锥面上,使喷孔关闭。柴油机工作时,喷油泵供给的柴油经进油管接头 4,从油道进入针阀体 9 下部的环形油腔内。当油压升高到作用在针阀承压锥面上的轴向力大于调压弹簧 5 的预紧力时.针阀 10 开始向上移动。喷油器喷孔被打开,高压柴油通过喷孔喷入燃烧宝,如图 5-9(a)所示。当喷油泵停止供油时,油压突然下降,针阀在调压弹簧 5 的作用下及时回位,将喷孔关闭,如图 5-9(b)所示。喷油器的喷油压力与调压弹簧的预紧力有关,预紧力越大,喷油压力就越高。调压弹簧的预紧力可以通过调压螺钉 3 来调整。喷油器工作时,会有少量柴油从针阀和针阀体的配合表面之间的间隙漏出。这部分柴油对针阀起密封作用,并沿顶杆周围的空隙上升。最后通过回油管螺栓 1 进入回油管,流入柴油箱。

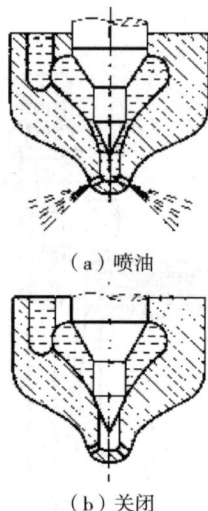

（a）喷油

（b）关闭

图 5-9 孔式喷油器工作原理示意图

针阀和针阀体是喷油器中最关键的零件,两者合称为针阀偶件。为保证喷油压力且能自由滑动,两者的配合间隙要求很严,应控制在 0.002~0.003mm 之间。针阀偶件是经过研磨配对的,拆装和维修过程中应特别注意,不能互换。

2. 轴针式喷油器

轴针式喷油器的工作原理与孔式喷油器的相同,其构造特点是针阀体下端的密封锥面以下还延伸出一个轴针,其形状可以是倒锥形和圆柱形,如图 5-10 所示。

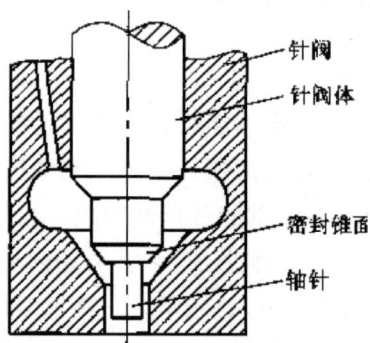

图 5-10 轴针式喷油器

轴针伸出喷孔外,使喷孔成为圆柱状的狭缝(轴针与孔的径向间隙一般为 0.005~0.25mm),使喷出的燃油呈空心的锥状或柱形,如图 5-11 所示,轴针式喷油器的喷孔直径一般在 1~3mm 范围内,喷油压力为 10~14MPa,喷孔直径大,加工方便。工作时,由于轴针在喷孔内往复运动,能清除喷孔中的积炭和杂物,工作可靠,它适用于对喷雾要求不高的涡流室式燃烧室和预燃式燃烧室。

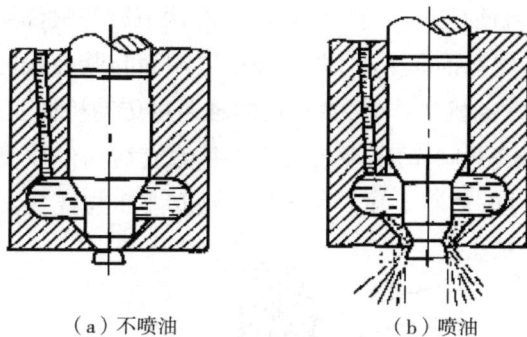

（a）不喷油　　　　　　　　（b）喷油

图5-11　轴针式喷油器的喷油情况

（二）喷油泵

喷油泵即高压油泵（简称油泵），一般和调速器连成一体。其作用是使燃油通过喷油泵的工作形成高压，根据柴油机各种不同工况的要求，定时、定量、定压将高压燃油送至喷油器，然后经喷油器喷入燃烧室。

1.对多缸柴油机喷油泵的要求

①保证定时：严格按照规定的供油时刻开始供油。

②保证定量：根据柴油机负荷的大小供给相应的油量，以满足负荷变化的要求。

③保证压力：向喷油器供给的柴油应具有足够的压力，以获得良好的喷雾质量。

④对于多缸柴油机，为保证各缸工作的均匀性，要求各缸的相对供油时刻、供油量和供油压力等参数都相同。

⑤供油开始和结束要求迅速干脆，避免喷油器产生滴漏或滞后等不正常喷射现象。

2.喷油泵的结构形式

柴油机的喷油泵按作用原理的不同大体可分柱塞式喷油泵和转子分配式喷油泵。

①柱塞式喷油泵：柱塞式喷油泵性能良好，使用可靠。目前大多数柴油机均采用柱塞式喷油泵。

②转子分配式喷油泵：转子分配式喷油泵是依靠转子驱动柱塞实现燃油的增压（泵油）及分配的。它具有体积小、质量轻、成本低、使用方便等优点。

3.柱塞式喷油泵的基本构造与工作原理

柱塞式喷油泵主要由柱塞分泵、油量调节机构、驱动机构、泵体四部分组成。

（1）柱塞分泵

柱塞式喷油泵由与发动机气缸数相同的多个柱塞分泵组成。柱塞分泵的基本构造如图5-12所示。柱塞分泵主要由柱塞偶件和出油阀偶件两个精密偶件组成。柱塞偶件由柱塞7和柱塞套筒6组成。柱塞套筒安装在喷油泵体内，并用螺钉18固定，防止其周向转动。套筒上加工有两个油孔，均与喷油泵体上的低压油腔相通。柱塞与柱塞套筒精密配合。柱塞的圆柱表面加工有斜槽，斜槽的内腔与柱塞上面的泵腔有油孔连通。在柱塞下端

固定有调节臂13,通过它可使柱塞在套筒内转动。在调节臂与喷油泵体之间装有柱塞弹簧
8 和弹簧座9,柱塞弹簧将柱塞推向下方,并使柱塞下端面与装在滚轮体10 中的垫块、滚轮
12 与凸轮11 保持接触。发动机工作时,发动机曲轴通过传动机构驱动喷油泵凸轮轴转动,
凸轮轴上的凸轮和柱塞弹簧共同作用,驱使柱塞在柱塞套筒内作往复运动。出油阀偶件安
装在柱塞偶件上部,并通过压紧座 1 和垫片 5 使出油阀座 3 与柱塞套筒压紧,以保证密封。

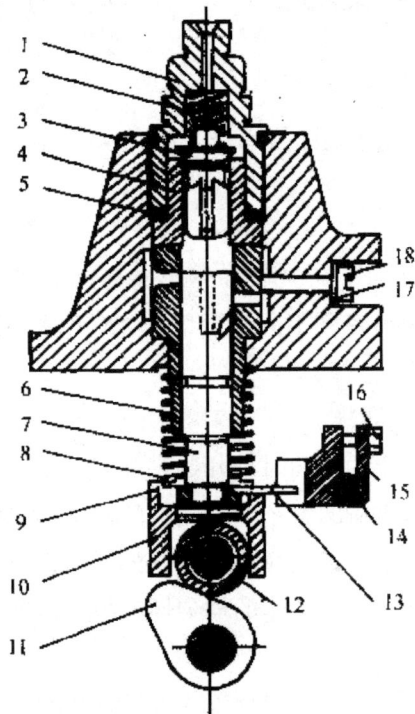

图 5 - 12　柱塞分泵

1—出油阀压紧座　2—出油阀弹簧　3—出油阀　4—出油阀座　5—压紧垫片

6 - 柱塞套筒　7 - 柱塞　8 - 柱塞弹簧　9 - 弹簧座　10 - 滚轮体　11 - 凸轮　12 - 滚轮

13 - 调节臂　14 - 供油拉杆　1　5 - 调节叉　16 - 夹紧螺钉　17 - 垫片　18 - 定位螺栓

　　柱塞分泵泵油原理如图 5 - 13 所示,可分为吸油、压油和回油 3 个过程。发动机工作中,
喷油泵凸轮轴上的凸轮转过最高位置时,柱塞在柱塞弹簧作用下向下移动;当柱塞上端面低
于柱塞套筒上的油孔时,喷油泵低压油腔内的柴油被吸入柱塞上端的泵腔;当杠塞运动到最
下端位置时,柱塞上端的泵腔内充满柴油,分泵完成吸油过程[图 5 - 13(a)]。随喷油泵凸轮
轴的继续转动,凸轮驱动柱塞上移,开始有部分柴油从泵腔挤回低压油腔,直到柱塞上端的圆
柱面完全封闭柱塞套筒上的两个油孔为止,分泵压油过程[图 5 - 13(b)]开始。此后柱塞继
续上移,泵腔内油压升高,油压增高到一定值时,便克服出油阀弹簧的弹力,顶开出油阀,高压
柴油经出油阀和高压油管输送给喷油器。在压油过程中柱塞上移,当柱塞上的斜槽与柱塞套
筒上的油孔接通时,泵腔内的高压油经柱塞内的油孔、斜槽和柱塞套筒上的油孔流回低压油
腔[图 5 - 13(c)],泵腔内的油压迅速下降,出油阀在其弹簧作用下立即关闭,在此回油过程

中,柱塞仍向上移动,直到上止点为止,但不再向喷油器供油。柱塞分泵每次泵出的油量取决于柱塞的有效行程,即从出油阀开启到柱塞上的斜槽与柱塞套筒上的油孔接通时柱塞向上移动的距离。使柱塞在套筒内转动,即可改变斜槽与套筒上油孔的相对位置,从而改变柱塞的有效行程。柱塞式喷油泵就是以此方法来实现发动机负荷调节的。

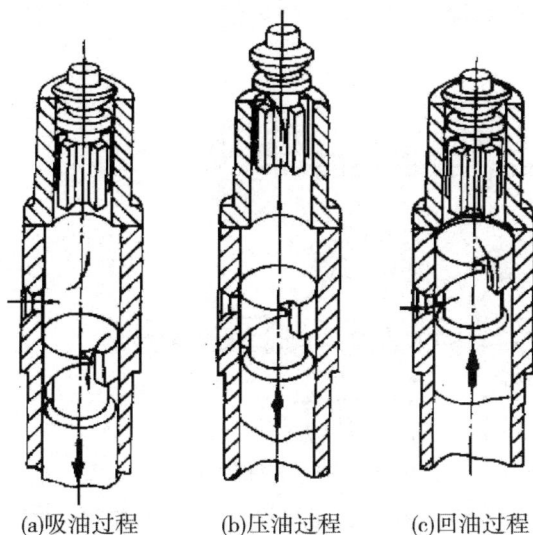

(a)吸油过程　　(b)压油过程　　(c)回油过程

图5－13　柱塞泵泵油原理

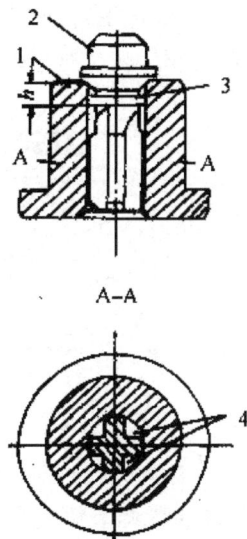

图5－14　出油阀偶件
1—出油阀座　2—出油阀
3－减压环带　4—切槽

出油阀偶件的构造如图5－14所示。出油阀的圆锥面为密封面,通过出油阀弹簧将其压紧在阀座上。出油阀尾部与阀座间隙配合,为出油阀运动起导向作用。出油阀的尾部开有切槽,形成十字形横截面,以便喷油泵供油时使泵腔内的柴油流出。

出油阀中部的圆柱部分称为减压环带。在分泵柱塞压油使油压达到一定值时,泵腔内的油压顶开出油阀,使出油阀密封锥面离开阀座,但泵腔内的柴油并不能立即泵出,只有当减压环带完全移出阀座导向孔时,即出油阀向上移动一段距离 h 后,泵腔内的柴油才能进入高压油管,这样可防止喷油器喷前滴油。在停止供油、出油阀落座时,减压环带首先进入出油阀导向孔,切断高压油管与泵腔的通道,高压油管内的柴油停止回流,这样可保持高压油管内有一定的残余压力。此外,从减压环带开始进入阀座导向孔,直到出油阀密封锥面与阀座接触时,由于减压环带在高压油管中让出了其凸缘所占的容积,使高压油管内的油压迅速下降,从而使喷油器停油干脆。由此可见,减压环带具有防止喷油器喷前滴油、保持高压油管内有一定残余压力和使喷油器停油干脆这三方面的功用。

（2）油量调节机构

油量调节机构的功用是执行驾驶员或调速器的指令,改变柱塞与柱塞套筒的相对位置,从而改变喷油泵的供油量,以适应发动机不同工况的要求。柱塞式喷油泵常用的油量调节机构主要有拨叉式和齿条式两种。此外,在国产 P 型喷油泵上还采用了球销角扳式油量调节机构。

①拨叉式油量调节机构如图5-15所示。调节臂3压装在分泵柱塞4下端,其端头插入拨叉2的凹槽内,拨叉用螺钉6固定在供油拉杆1上。当驾驶员或调速器推动供油拉杆轴向移动时,拨叉带动调节臂和分泵柱塞一起相对柱塞套筒转过一定角度,从而使喷油泵供油量改变。松开拨叉固定螺钉,改变某一分泵的拨叉在供油拉杆上的位置,可实现对其一分泵供油量的调节,以便使各分泵供油均匀。

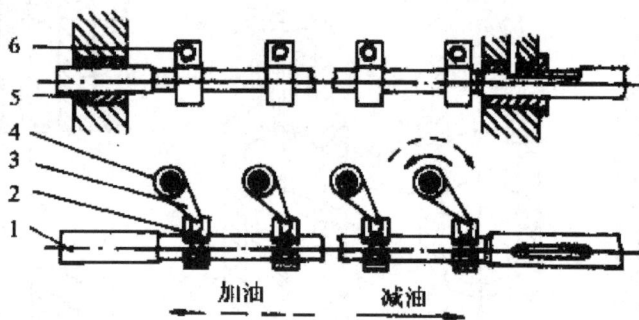

图5-15 拨叉式油量调节机构

1—供油拉杆 2—拨叉 3—调节臂 4—柱塞 5—供油拉杆衬套 6-拨叉固定螺钉

②齿条式油量调节机构如图5-16所示。传动套筒6松套在柱塞套筒2的外面,传动套筒下端的切槽卡住柱塞5下端的凸块,齿圈3套装在传动套筒上端并用螺钉4固定,各分泵传动套筒上的齿圈均与供油齿条啮合,当供油齿条轴向移动时,即可改变喷油泵的供油量。松开齿圈固定螺钉,转动传动套筒,即可调节某一分泵的供油量。

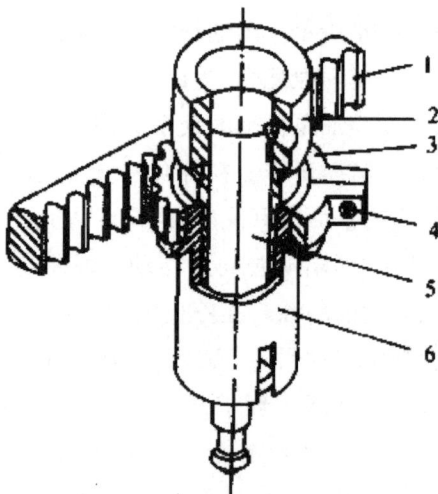

图5-16 齿条式油量调节机构

供油齿条 2—柱塞套筒 3—齿圈 4—齿圈固定螺钉 5—柱塞 6-传动套筒

③球销角扳式油量调节机构与齿条式类似,不同的是齿条式油量调节机构采用齿条齿圈传动机构,而球销角板式油量调节机构采用角板钢球传动机构。在传动套筒上端焊接有

l~2个钢球,供油调节杆为横截面呈角钢状的角板,角板上加工有切槽与传动套筒上的钢球啮合,实现喷油泵供油量的调节。

(3)分泵驱动机构

分泵驱动机构的功用是驱动柱塞在柱塞套筒内往复运动,使喷油泵完成供油过程。分泵驱动机构主要包括喷油泵凸轮轴和滚轮体等。

凸轮轴通过两个轴承支撑在喷油泵体内,其结构原理与配气机构所用的凸轮轴相似,如图5-17所示,凸轮轴的前端通过连接器与正时齿轮相连,后端与调速器相连,凸轮轴上加工有驱动分泵的凸轮和驱动输油泵的偏心轮。改变前端盖与泵体之间的密封垫1的厚度,或改变轴承与轴身之间的调整垫片7的厚度,可调整凸轮轴的轴向间隙。

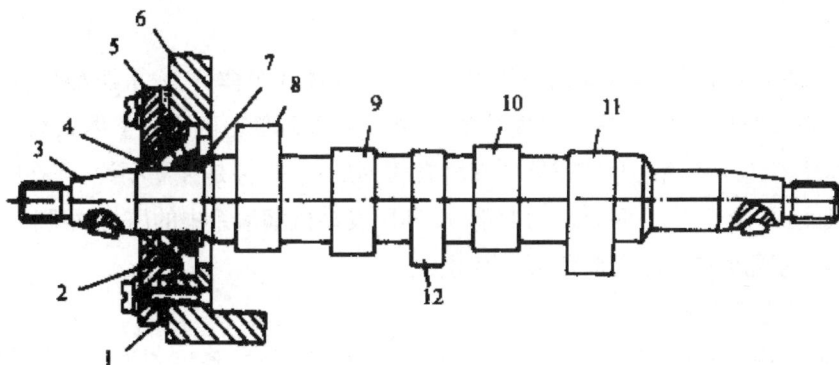

图5-17　喷油泵凸轮轴

1—密封垫　2—圆锥滚子轴承　3—连接锥面 4-油封　5—前端盖　6-泵体

7-调整垫片　8、9、10、11—凸轮　12-输油泵偏心轮

柱塞式喷油泵上装用的滚轮体主要有调整垫块式和调整螺钉式两种类型,如图5-18和图5-19所示,滚轮体相当于配气机构中的气门挺杆,其功用主要是将喷油泵凸轮的旋转运动转变为自身的往复直线运动,从而推动分泵柱塞上行供油,并利用滚轮在喷油泵从轮上的滚动来减轻磨损。为防止滚轮体在泵体导向孔内转动,其定位方法有两种:一种是在滚轮体上轴向切槽,用拧在泵体上的螺钉插入切槽;另一种是采用加长的滚轮轴,使滚轮轴的一端插入泵体导孔中的轴向切槽内。此外,滚轮体还可用来调整分泵的供油提前角。分泵供油提前角是指分泵供油开始,至该缸活塞到达压缩行程上止点时曲轴转过的角度,供油提前角直接影响喷油器的喷油时刻,对发动机性能有很大影响。对调整垫块式滚轮体增加调整垫块厚度,对调整螺钉式滚轮体拧出调整螺钉(调整时先松开锁紧螺母,调整后再拧紧锁紧螺母),均可使滚轮体的有效高度 h 增加,从而在喷油泵凸轮位置不变(即曲轴位置不变)时,使分泵柱塞升高,分泵供油时刻提前;反之,降低滚轮体有效高度 h,分泵供油时刻推迟。

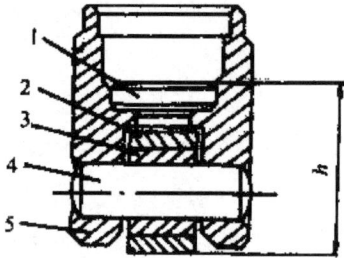

图 5-18 调整垫块式滚轮体

1—调整垫块 2—滚轮 3—滚轮衬套

4—滚轮轴 5—滚轮架

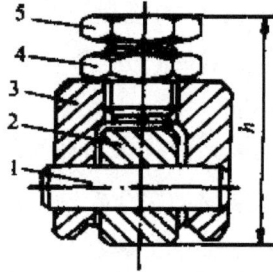

图 5-19 调整螺钉式滚轮体

1—滚轮轴 2—滚轮 3—滚轮架

4—锁紧螺母 5—调整螺钉

（4）泵体

泵体是喷油泵的基体，有分体式和整体式两种。分体式泵体分上、下两部分，用螺栓连接在一起，上体用来安装分泵，下体用来安装油量调节机构和驱动机构。整体式泵体具有较高的刚度，但拆装不使。喷油泵和调速器的润滑有两种形式：一种是独立润滑，即在喷油泵和调速器内单独加注润滑油；另一种是压力润滑，即利用发动机润滑系中的压力油进行润滑。

4. 喷油泵的驱动与供油提前角调节装置

（1）喷油泵的驱动

喷油泵通常由曲轴前端的正时齿轮带动一组齿轮来驱动，各传动齿轮之间均有正时标记，安装时必须对正各正时标记，以保持喷油泵的供油正时（用供油提前角表示）。

CA6110 型柴油机喷油泵的驱动方式图 5-20 所示。喷油泵 6 安装在托板 7 上，通过空气压缩机 3 和连接器 4 将驱动齿轮 2 的动力传递给喷油泵凸轮轴，供油提前角自动调节器 5 安装在连接器与喷油泵凸轮轴之间。在静态时，通过连接器可改变喷油泵凸轮轴相对曲轴的角位置，从而调节喷油泵（包括所有分泵）的供油提前角。在使用中，一般不需调整喷油泵供油提前角，安装时将各正时标记对正即可。正时标记一般包括：曲轴或飞轮上的喷油正时标记、传动齿轮上的正时标记、连接器上的正时标记、凸轮轴与泵壳体上的一缸供油正时标记。

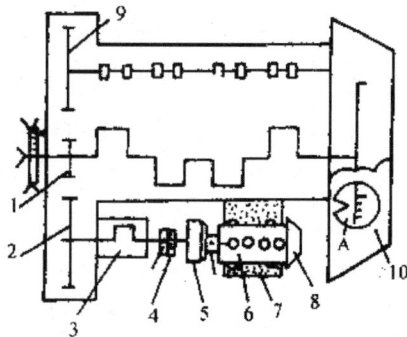

图 5-20 喷油泵的驱动

1—曲轴正时齿轮 2—喷油泵驱动齿轮 3—空气压缩机 4—连接器 5—喷油泵供油自动调节器 6—喷油泵

7—托盘 8—调速器 9—配气机构正时齿轮 10—飞轮上的正时齿轮 A—正时标记

（2）连接器

喷油泵所用的连接通常为挠性片式连接器,如图5-21所示,主要由两组弹性钢片4和10、连接叉7等组成。两组弹性钢片用螺栓与连接叉固定连接,弹性钢片10前端用螺栓与喷油泵驱动轴相连.弹性钢片4后端通过连接盘1与供油提前角自动调节器连接。连接盘上的螺栓孔为弧形,松开连接盘上弹性钢片的连接螺栓2,即可改变喷油泵凸轮轴相对发动机曲轴的角位置,从而可对喷油泵供油提前角进行调节,通常在连接器与喷油泵壳体上刻有第一缸供油标记,安装时将标记对正即可。

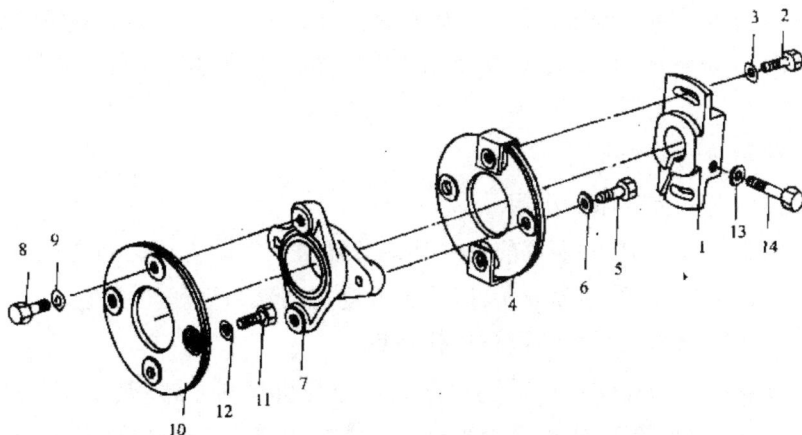

图5-21　喷油泵挠性片式连接器

1—连接盘　2,5,8,11,14—螺栓　3,6,9,12,13—垫片　4,10—弹性钢片　7—连接叉

（3）供油提前角调节器

合适的喷油提前角可获得最佳喷油时刻,并获取最大的动力和较经济的油耗。喷油提前角是发动机排放指标的一个重要调整参数,它对整机性能的影响较大。

喷油提前角过大时,气缸内蒸气温度较低,混合气形成条件差,备燃期较长,柴油机工作粗暴(可以听到有节奏的清脆"嘎嘎"声),油耗增高,功率下降,怠速不稳,起动困难。

如果喷油提前角过小,则燃油不能在上止点附近迅速燃烧,后燃期增加,燃烧温度升高、压力下降,发动机过热,热效率显著下降,排气管冒白烟,动力性、经济性变坏。因此,为保证发动机性能良好必须选定最佳喷油提前角。

最佳喷油提前角是指转速和供油量一定的情况下,能获得最大功率和最低油耗率的喷油提前角。最佳喷油提前角是经过调试而获得的,一般来说它随柴油机转速的提高而增大。

喷油提前调节装置的作用是:在柴油机整个工作转速范围内,使喷油提前角(或供油提前角)自动随柴油机转速改变而相应变化,使柴油机始终在最佳或接近最佳喷油提前角的情况下工作。

供油提前角调节由两部分组成:

静态调节——在静态时把供油提前角调到合适值。

动态自动调节——在柴油机运转时随转速变化自动改变提前角。

①静态供油提前角的调整

柴油机出厂前、工作一段时间或拆装后,都需要进行供油提前角的检查与调整。柴油机曲轴前端扭转减振器(后端飞轮上)刻有上止点及曲轴旋转角度刻线,应与机体(飞轮壳)上的标记相对。注意此时应保证是在第一缸压缩上止点附近。标记对正后,观察喷油泵的提前器壳体上的刻线与喷油泵泵体上的到线是否对齐。如果对齐,则说明供油提前角正确,否则需调整。

供油提前角通过万向节来进行调整,如图5-21所示,将连接盘上的腰形孔与十字中间轴凸缘盘相对转动一定角度,使上述刻线对齐,紧固联结螺钉即可完成供油提前角的调整。

②供油提前角自动调节器

a. 供油提前角自动调节器的作用

在柴油机的工作过程中,供油提前角自动调节器根据发动机转速的变化自动调节供油提前角,从而获得较合适的供油提前角,以改善发动机的动力性和经济性。

b. 供油提前角自动调节器的结构与工作过程

喷油泵上配用的供油提前角自动调节器大部分为机械离心式,其工作原理基本相同,如图5-22所示,CA6110型柴油机采用机械离心式供油提前角调节器(位于万向节与喷油泵两轮轴之间),其结构如图5-23所示。

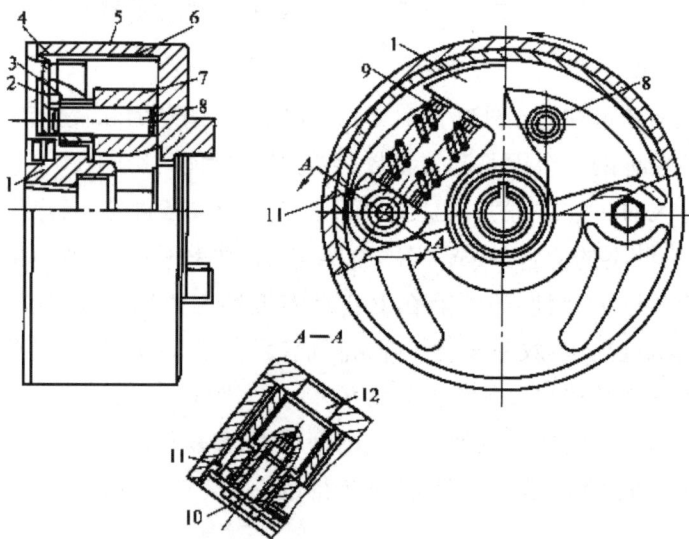

图5-22 机械离心式供油提前角自动调节器的工作原理

1—从动盘臂 2—内座圈 3—滚轮 4—密封圈 5—驱动盘 6—调节器从动盘

7—飞块 8—销钉 9—弹簧 10—螺钉 11—弹簧座圈 12—销轴

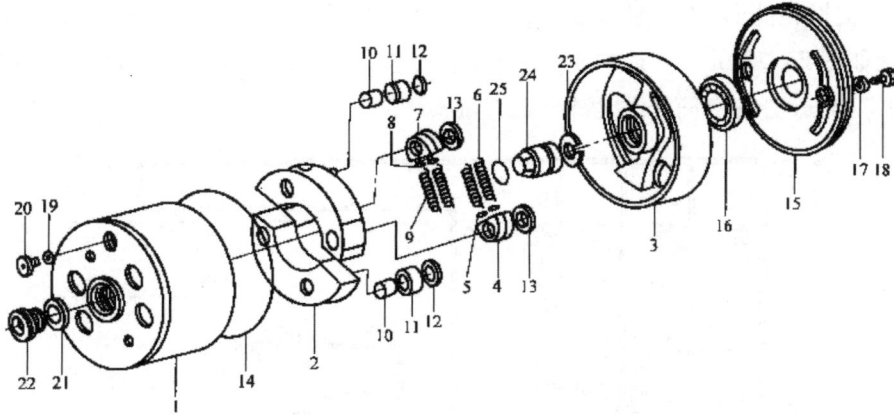

图 5 - 23　机械离心式供油提前角自动调节器结构图

1—壳体　2—飞块　3—法兰盘　4、7—弹簧座　5、8—调整垫片　6、9—弹簧　10—内滚轮

11—外滚轮　12—垫片　13—销座　14、2　5—O 形环　1　5—盖板　16—油封

17、19、21—密封垫　18—螺钉　20、22—螺塞　23—弹簧　24—螺母

　　柴油机供油或喷油提前角的最佳值随转速的变化而变化。转速增高时,混合气的形成和燃烧过程虽可加快,但转过相同曲轴转角所需的时间缩短,为使燃气最高压力仍出现在上止点稍后,供油提前角必须增大;反之变小。由于汽车用柴油机的工况变化较大,为使各种转速下该角均为最佳,喷油泵上配有供油提前角自动调节器。

　　供油提前角自动调节器安装于喷油泵凸轮轴前端。供油提前角自动调节器与十字架固定,连接盘与十字架通过腰形孔连接,并接受驱动;连接盘通过半圆键与空气压缩机曲轴轴相连接。供油提前角自动调节器两端制有圆孔,和压装有飞块销钉的两个飞块介于驱动盘和从动盘之间。飞块通过圆孔空会在主动盘销钉上,其另一端则通过空套在飞块销钉上的滚轮内座圈、滚轮与从动盘弧形侧面相接触。从动盘侧面通过弹簧由螺钉固定在主动盘销钉端头的弹簧座与销钉弹性相抵。从动盘上还固定有筒状盘,其外圆面与驱动盘内圆面相配合,以保证驱动盘与从动盘的同心度。整个调节器为一密封件,内腔可注入润滑油用以润滑。

　　柴油机工作时,驱动盘及飞块在曲轴的驱动下顺时针方向同步旋转,当柴油机转速升高时,飞块离心力增大,克服弹簧力,以主动销钉为转轴按顺时针方向向外甩开;飞块活动端滚轮迫使从动盘顺时针方向转过一个角度,并带动油泵凸轮轴按原来旋转方向相对于驱动盘转过一个角度,使供油提前角相应增大,直到弹簧的压缩力与飞块离心力相平衡时,从动盘连同凸轮轴与驱动盘同步旋转。显然,转速上升得越高,从动盘连同凸轮轴相对驱动投转过的角度越大,即供油提前角越大;转速降低时,其过程相反。

　　5. 转子分配泵的结构与工作原理

　　转子分配式喷油泵按其结构的不同,分为径向压缩式分配泵和轴向压缩式分配泵。

　　(1)径向压缩式分配泵

　　径向压缩式分配泵的柴油供给系统如图 5 - 24 所示。喷油器的回油,流回油箱;分配泵的回油,流回粗滤器,当油量过多时,又从细滤器流回油箱。径向压缩式分配泵的结构和工作原理如图 5 - 25 所示。它主要由旋转部分(包括分配转子 10、柱塞 15、滚柱 13、滚柱座14)和固定部分(分配套筒 9、内凸轮 12)组成。

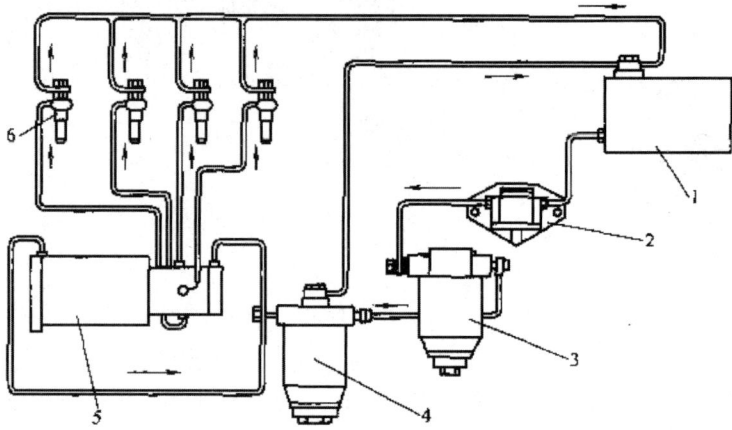

图 5 - 24 径向压缩式分配泵的柴油供给系统

1—油箱 2—膜片式输油泵 3—粗滤器 4—细滤器 5—分配泵 6—喷油器

从滤清器来的清洁柴油被输油泵 8 泵入分配泵的高压泵头。柴油经分配套筒 9 的轴向油道流到分配转子 10 的环槽后,一路流向供油提前角自动调节机构 11,另一路流向油量控制阀 1。从油料控制阀出来的柴油经壳体 2、分配套筒 9 和分配转子 10 的径向油道,进入分配转子的轴向中心油道,再流到两个柱塞 15 之间的空腔内。这段油路为低压油路。柴油受到柱塞的压缩后产生高压,经分配转子中心油道、分配孔和高压油管流入喷油器。这段油路为高压油路。

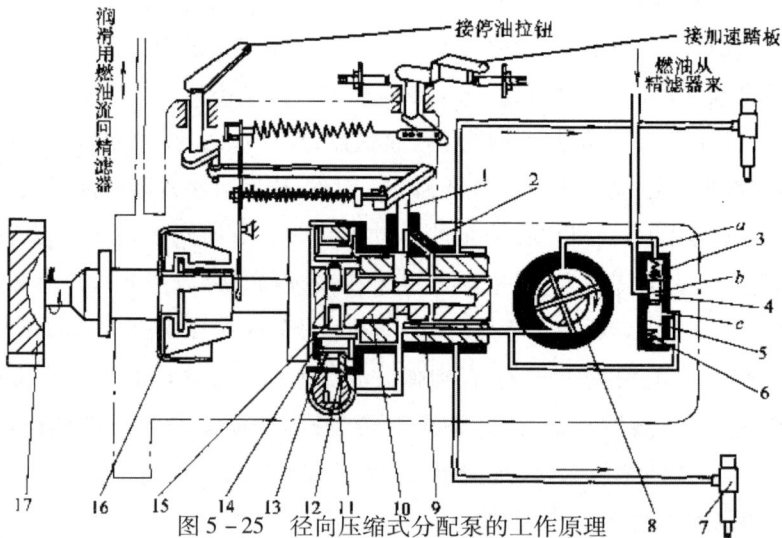

图 5 - 25 径向压缩式分配泵的工作原理

1—油量控制阀 2—壳体 3、6—调压弹簧 4—滑柱 5—调压器 7—喷油器

8—输油泵 9—分配套筒 10—分配转子 11—供油提前角自动调节机构

12—内凸轮 13—滚柱 14—滚柱座 1 5—柱塞 16—离心飞块 17—传动插接器

①进油过程:如图 5 - 26(a)所示,在分配转子的一个断面上有均匀分布的 4 个进油孔,当任一进油孔与分配套筒上的进油道 2 对上时,柴油流入转子的个中心油道。转子每转一周进油 4 次。

②配油过程:如图 5 - 26(b)所示,转子的另一断面上有分配孔 4,分配套筒在该断面上均布着 4 个出油孔。当分配孔与套筒上某一出油孔对正时,高压油输入喷油器。同样,转子每转一周可出油 4 次。当进油道与进油孔对正时,分配孔与出油孔相互错开;反之,分配孔与出油孔对正时,进油道与进油孔则相互错开。从轴向看,进油孔与出油孔的交角为 45。

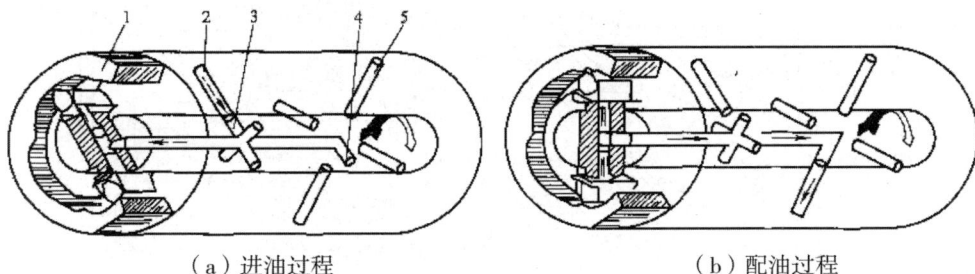

（a）进油过程　　　　　　　　　　（b）配油过程

图 5 - 26　径向压缩式分配泵的进油和配油
1—内轮　2—进油道　3—进油孔　4—分配孔　5—出油孔

③泵油过程:如图 5 - 25 所示,分配转子转动时,推动滚柱座 14、滚柱 13 和柱塞 15 绕其轴线转动。由于固定的内凸轮凸起的作用,使对置的柱塞被推向转子中心,柴油产生高压,此时,如图 5 - 26(b)所示,分配孔 4 正好与分配套筒上相应的出油孔相对,高压柴油被送到喷油器。当滚柱越过内凸轮的凸起后,在离心力的作用下两柱塞迅速被甩向两端,使两柱塞间的空腔内产生真空度。当分配转于上相应的进油孔与分配套筒的进油道相对时,柴油就在二级输油泵压力的作用下进入柱塞间的空腔。

以上介绍了 4 缸发动机用分配泵的进油、泵油和配油过程。对于 2 缸、3 缸、6 缸发动机用的分配泵,其进油孔数、出油孔数及内凸轮的凸起数分别为 2、3、6,而工作原理则完全相同。径向压缩式分配泵除具有零件数量少、结构紧凑、通用性高等优点外,还具有防污性好、工作中的柴油会润滑和冷却各零件的特点;但该型泵由于对分配转子和分配套筒、柱塞和柱塞孔的配合精度要求较高,存在滚柱座结构复杂及内凸轮加工不方便等缺点。

（2）轴向压缩式分配泵

轴向压缩式分配泵是德国博世公司于 20 世纪 80 年代初期研制的一种新型分配泵(即 VE 泵)。我国南京汽车制造厂引进的意大利依维柯(IVECO)汽车的柴油发动机装配了此种泵。该泵与前述径向压缩式分配泵的主要区别在于分配转子的运动状态和调速机构不同。轴向压缩式分配泵主要由驱动机构、第二级叶片式输油泵、高压泵头、供油提前角自动调节机构和调速器等组成。

①驱动机构如图 5 - 27 所示,其动力的输入是经分配泵驱动轴 27、调速器驱动齿轮 22 及安装在驱动轴右端的联轴节 23(主动叉)实现的。叶片式输油泵 24 的转子用键与驱动

轴连接。

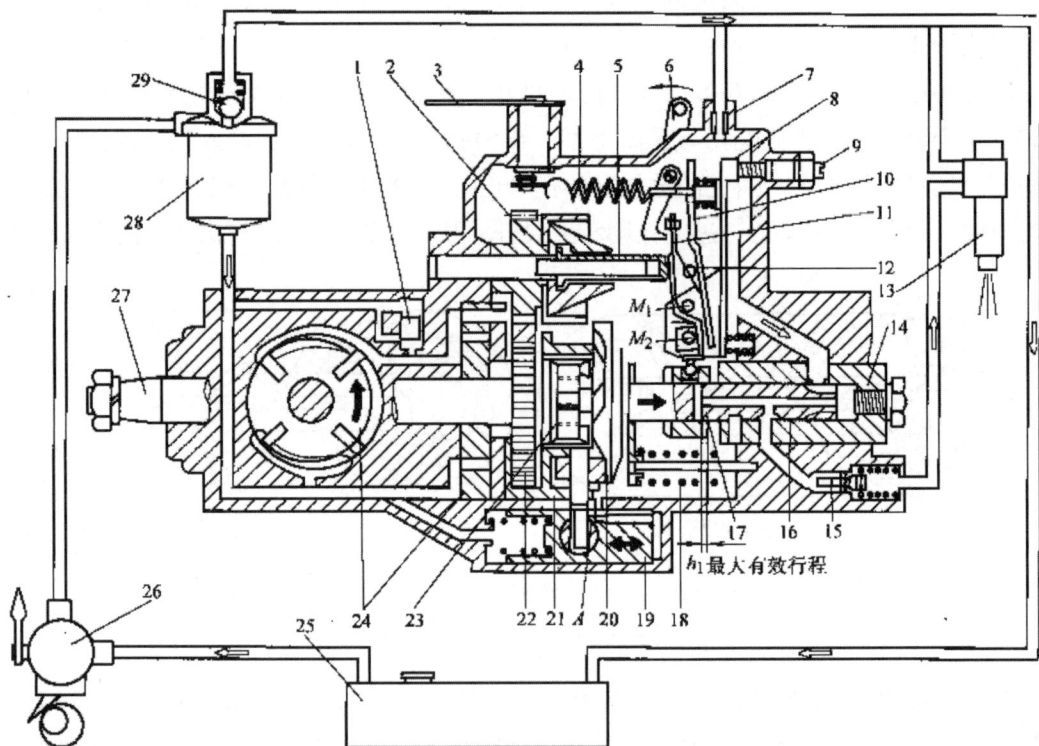

图 5 – 27 轴向压缩式分配泵工作原理

1—调压阀 2—离心飞块总成 3—操纵杆 4—调速弹簧 5—滑动套筒 6—停车操纵杆 7—溢流喉管
8—预调杠杆 9—最大供油量调节螺钉 10—张力杠杆 11—起动杠杆 12—张力杆杆限位销钉
13—喷油器 14—分配套筒 1 5—出油阀总成 16—分配转子 17—油量控制滑套
18—分配转子回位机构 19—供油提前角自动调节油缸 20—凸轮盘 21—滚轮机构 22—调速器驱动齿轮
23—联轴器 24—叶片式输油泵 2 5—燃油箱 26—膜片式输油泵 27—分配泵驱动轴
28—燃油细滤器 29—溢流阀 M1—预调杠杆轴 M2—起动杠杆轴

②高压泵头如图 5 – 28 所示,由凸轮盘 18(端面凸轮)、滚轮机构 19、凸轮盘回位机构 16、联轴节(从动叉)、分配转子 14、分配套筒和泵头壳体等组合而成,起到进油、泵油和配油作用。凸轮盘 18 左端而上的凸轮的数目与发动机缸数相对应。供油提前角自动调节机构安装在泵体下部,由油缸 17 和滚轮机构 19 联合作用而完成调节功能。图 5 – 29 为供油提前角自动调节机构的剖面示意图。在滚轮架 2 上装有滚轮 1,其数目与气缸数相同。滚轮架通过传力销 6、连接销 5 与油缸活塞 4 连接:活塞移动时,拨动滚轮架绕其轴线转动(滚轮架不受驱动轴转动的影响)。油缸右腔经孔道与泵腔相通,油缸左腔经孔道与精滤器相通。

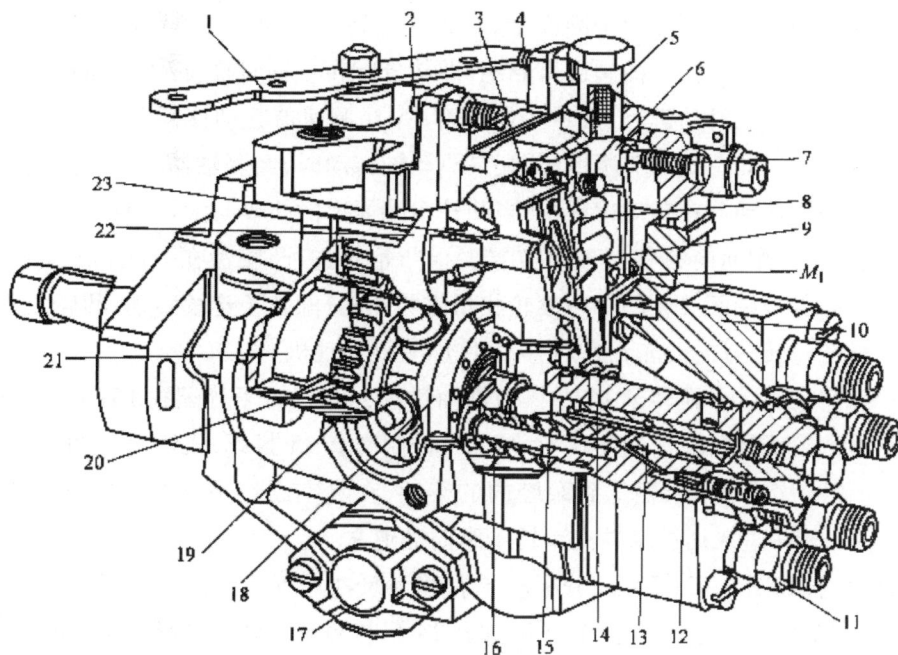

图 5 - 28   轴向压缩式分配泵

1—操纵杆   2—高速调节螺钉   3—调速弹簧   4—怠速调节螺钉   5—溢流喉管   6—预调杠杆

7—最大供油量调节螺钉   8—张力杠杆   9—起动杠杆   10—高压泵头   11—出油阀压紧座

12—出油阀总成   13—分配套筒   14—分配转子   1 5—油量控制滑套   16—凸轮盘回位机构

17—供油提前角自动调节油缸   18—凸轮盘   19—滚轮机构   20—调速器驱动齿轮   21—叶片式输油泵

22—离心飞块总成   23—滑动套筒   M1—预调杠杆轴

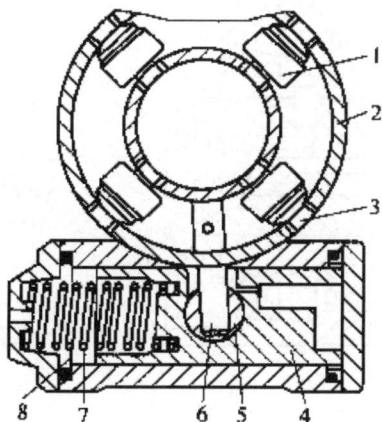

图 5 - 29   供油提前角自动调节机构的剖面示意图

1—滚轮   2—滚轮架   3—滚轮轴   4—活塞

5—连接销   6—传动销   7—弹簧   8—油缸

③供油过程如图 5 - 30 所示,分配转子 16 的右端均布 4 个转子轴向槽,在与泵体至出

油阀的通道 12 相对应的分配转子断面上，均布 4 个转子分配孔。当泵体进油道 2 与转子轴向槽相通时，转子分配孔出油阀通道隔绝，即从分配转子轴向看，转子轴向槽 7 与转子分配孔 13 相错 45°（4 缸发动机）。油量控制滑套 15 在调速器起动杠杆 1 的作用下，可在分配转子 16 上滑动。如图 5 - 27 所示，分配泵驱动轴转动时，经联轴器 23 带动凸轮盘 20 和分配转子 16 同步转动。在转动过程中，当凸轮盘端面上的凸峰与滚轮相抵靠时，凸轮盘和分配转子受推力作用而向右移至极限位置。当凸轮转过，凸轮盘在分配转子回位机构 18 的作用下左移，直至端面凸轮凹部与滚轮相抵靠为止；分配转子连续转动，凸轮盘不断左右移动，分配转子每转一周，凸轮盘左右移动 4 次（4 缸发动机）。

如图 5 - 30 所示，分配转子 16 左移为供油过程，此时，转子分配孔 13（4 个 7 孔）与出油阀通道（4 个孔）隔绝，转子泄油孔 14 被油量控制滑套 15 封死，压缩室 8 的容积增大，产生真空度。被叶片式输油泵输送到泵腔内的柴油，在真空度作用下经泵体进油道 2、进油阀 6、转子轴向槽 7 进入压缩室并充满转子纵向油道 9。

④泵油过程如图 5 - 31 所示，分配转子右移为泵油过程。当分配转子开始右移时，转子轴向槽 7 与泵体进油道 2 隔绝，转子泄油孔 14 仍被封死。转子分配孔 13 与泵体至出油阀的通道 12 相通。随着分配转子的右移，压缩室 8 的容积不断减小，柴油压力不断升高。当油压升高至足以克服出油阀弹簧力而使出油阀 10 右移开启时，柴油经泵体至出油阀的通道 12、出油阀 10 及油管被送入喷油器，喷油器压力为（12.25 ± 0.5）MPa。

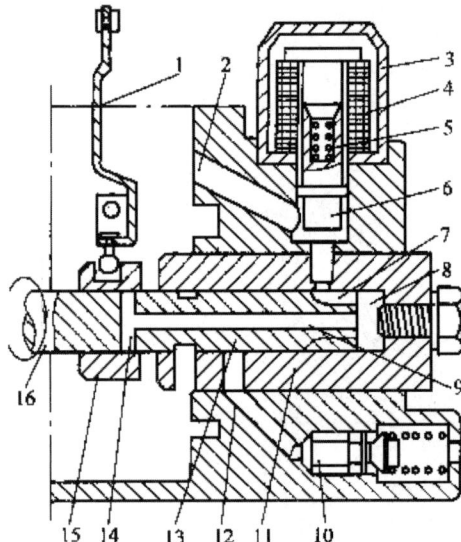

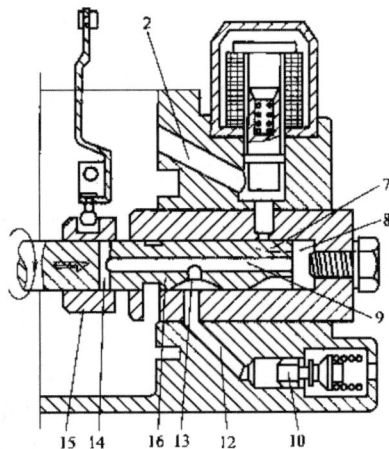

图 5 - 30　供油过程　　　　　　　　图 5 - 31　泵油过程

（图注同 5—30）

1—起动杠杆　2—泵体进油道　3—电磁阀　4—线圈　5—进油阀弹簧

6—进油阀　7—转子轴向槽　8—压缩室　9—转子纵向油道

10—出油阀　11—分配套筒　12—泵体至出油阀的通道　13—转子分配孔

14—转子泄油孔　15—油量控制滑套　16—分配转子

⑤停止泵油过程轴向压缩式分配泵的每循环最大供油量取决于分配转子的直径和最大有效行程,如同　5—27 中 h_1 所示,对于规格已定的分配泵,其分配转子直径已定。如图 5-32 所示。故在使用中,泵油量大小的调节是靠驾驶员通过加速踏板控制调速器,油量控制滑套 15 移动来实现的。在泵油过程中,当分配转子 16 向右移至转子泄油孔 14 露出油量控制滑套 15 的右端面时,被压缩的柴油迅速流向低压泵腔,使压缩室 8、转子纵向油道 9 及泵体至出油阀的通道 12 中的油压下降。出油阀 10 在出油阀弹簧 17 的作用下迅速左移关闭,停止向喷油器供油,停止泵油过程持续到分配转子向右行程的终点。

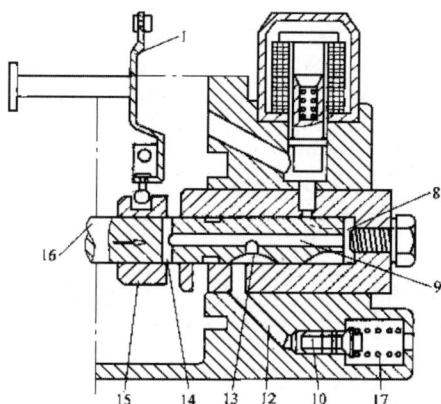

图 5-32　停止泵油过程

17 – 出油阀弹簧（其他图注同　5—30）

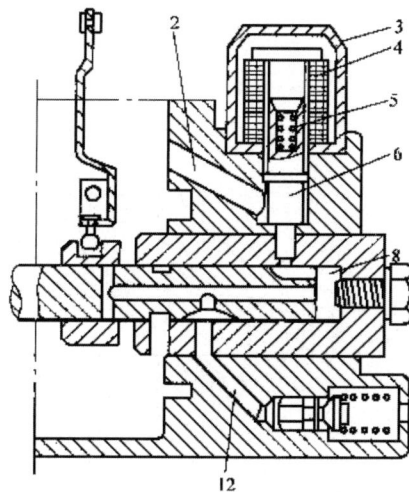

图 5-33　发动机停转

（图注同　5—30）

⑥泵油提前角自动调节过程　发动机在常用转速下工作时,如图 5-27 所示,叶片式输油泵输送到泵腔内的低压柴油,经孔道 4 进入供油提前角自动调节油缸 19 右腔。油缸活塞受到低压柴油向左的推力与向右的油缸左腔弹簧力及精滤后的柴油压力之合力相平衡。当发动机转速升高时,叶片式输油泵的转速随之增加,泵腔内的柴油压力上升。如图 5-29 所示,油缸中活塞 4 两端受力平衡,活塞左移,经连接销 5、传力销 6 推动滚轮架 2 绕其轴线顺时针转动一个角度(与凸轮盘的转向相反),使凸轮盘端面凸峰提前某一角度作用于滚轮 1,从而使分配转子向右移动的时刻提前,完成了泵油提前作用;反之,活塞右移,使滚轮架 2 逆时针转动一个角度,则泵油提前角减小。

⑦发动机停转如图 5-33 所示,当需要发动机停转时,可转动控制电磁阀 3 的旋钮,使电路触点断开,线圈 4 对进油阀 6 的吸力消失,在进油阀弹簧 5 的作用下,进油阀下移,使泵体进油道 2 关闭,停止供油,则发动机熄火。起动发动机时,先将电磁阀的触点接通,进油阀 6 在线圈 4 的吸力作用下克服弹簧力上移,泵体进油道 2 畅通,开始供油。

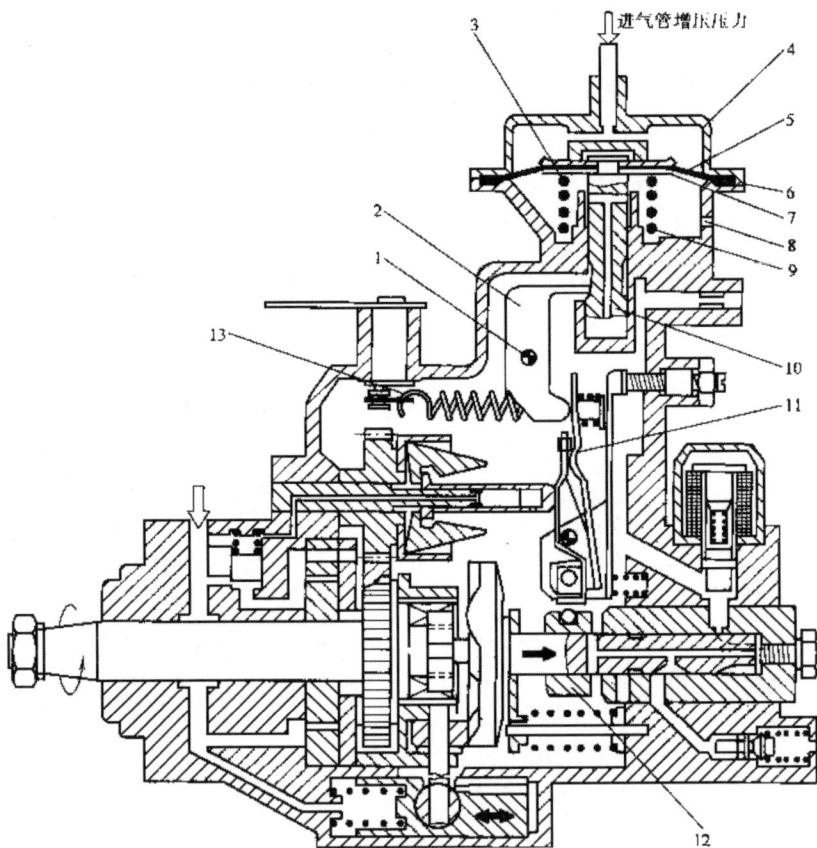

图 5 – 34　增压补偿器

1—销轴　2—补偿杠杆　3—膜片上支承板　4—补偿器盖　5—膜片
6—补偿器下体　7—膜片下支承板　8—通气孔　9—弹簧
10—补偿器阀芯　11—张力杠杆　12—油量控制滑套　13—调速弹簧

如图 5 – 34 所示,在轴向压缩式喷油泵泵体的上部装有增压补偿器。其作用是根据增压压力的大小,自动加大或减少各缸的供油量,以提高发动机的功率和燃料经济性,并减少有害气体的产生。用橡胶制成的膜片 5 固定于补偿器下体 6 和补偿器盖 4 之间。膜片把补偿器分为上、下两腔。上腔由管路连接与进气管相通,进气管中废气涡轮增压器所形成的空气压力作用在膜片上腔。下腔经通气孔 8 与大气相通,弹簧 9 向上的弹力作用在膜片下支承板 7 上。膜片与补偿器阀芯 10 相连接,补偿器阀芯 10 下部有一个上小下大的锥形体。补偿杠杆 2 上端的悬臂体与锥形体相靠,补偿杠杆下端抵靠在张力杠杆 Ⅱ 上,补偿杠杆可绕销轴 1 转动。

当进气管中增压压力升高时,补偿器上腔压力大于弹簧 9 的弹力,使膜片 5 连同补偿器阀芯 10 向下运动,补偿器下腔的空气经通气孔排入大气中,与阀芯锥形体相连接的补偿杠杆 2 绕销轴 1 顺时针转动,张力杠杆 11 在调速弹簧 13 的作用下绕其转轴逆时针方向摆动,从而拨动油量控制滑套 12 右移,使油量适当增加,发动机功率加大。反之,发动机功率相应减小。

上述供油量补偿过程是根据进气管中增压压力的大小而自动控制的。它避免了柴油发动机在低速运转时,因增压压力低、空气量不足而造成的燃烧不充分、燃料经济性下降及产生有害排放物的弊端;同时,使发动机在高速运转时可获得较大功率,并提高燃料的经济性。轴向压缩式分配泵除具有径向压缩式分配泵的优点外,其分配转子兼有泵油和配油的作用,零件数量少、质量小、故障率低;另外端面凸轮加工精度易得到保证,泵体上装有压力补偿器,使得其动力性和经济性远优于径向压缩式分配泵。

使用轴向压缩式分配泵时,要求柴油具行较高的清洁度,以避免因杂质导致分配转子严重磨损或卡死而影响发动机的正常运转。

(三)调速器

调速器的作用是根据柴油机负荷及转速的变化对喷油泵的供油量进行自动调节,使柴油机随负荷的变化能稳定运行。

柴油机工作时,外界负荷经常变化,柴油机在外界负荷变化时应有较稳定的转速,但实际上由于喷油泵的速度特性(在油量调节拉杆位置不变时,供油量随转速变化的关系称为喷油泵的速度特性),无法满足这一要求。车用柴油机在运行时,由于路面的变化使负荷随之改变,而转速必然变化,要想维持原来的转速不变,就必须在负荷变化时增大或减小喷油泵的供油量。但喷油泵在转速变化时,由于柱塞套上回油孔的节流作用,将导致发动机出现随负荷的变化使转速降低或升高的不良现象。因此,要想维持柴油机稳定运转,就必须采用调速器这一专门装置来保证在要求的转速范围内,喷油泵随着柴油机负荷的变化而自动调节供油量,以满足汽车行驶的要求。

1.调速器的类型

(1)按功能分类。

①两速调速器:用于转速变化较频繁的柴油机,只稳定和限制柴油机的最低和最高转速。柴油机的工作转速由驾驶员通过加速踏板直接操纵喷油泵油量调节机构来实现。

②全速调速器:用于负荷变化较大的柴油机,能控制从怠速到最高限制转速范围内任何转速下的喷油量,以维持柴油机在给定的任意转速下稳定运转,如用在拖拉机、工程机械、矿用车辆、船舶等中。

③单速调速器:多用于工业用柴油机,如发电所用的柴油机,要求其工作转速几乎是固定不变的,装用单速调速器后,能随负荷变化自动控制喷油量以维持柴油机在所设定转速下稳定运转。

④综合调速器:此类调速器的构造与全程调速器相似,调速器只控制最低与最高转速,但亦兼备全程调速器的功能。

(2)按转速传感的不同分3类。

①气动式调速器:它是利用膜片感知进气管真空度的变化,自动调节供油量达到调速的目的。此种调速器结构简单,在各种转速下均能进行调速作用,属于全程调速器,多用于小功率柴油机。

②机械离心式调速器:它是利用喷油泵凸轮轴的旋转,使飞块产生离心力,实现调速作用的调速器。此种调速器结构虽然复杂,但工作可靠、性能良好,故在各种柴油机上得到广泛应用。

③复合式调速器:它同时利用气动作用和机械离心作用自动控制供油量,从而实现柴油机调速的作用。

2.两速调速器

目前,在车用柴油机上应用比较广泛的两速调速器是 RAD 型调速器。YC61100 型、YC6105QC 型车用柴油机装用的 RAD 型调速器构造如图 5-35 所示,RAD 型调速器原理图如图 5-36 所示。

调速器通过螺钉与喷油泵连接,飞块支架固装在喷油泵凸轮轴上,两个飞块 1 用销轴与飞块支架铰接。当飞块在离心力作用下向外张开时,飞块臂上的滚轮 4 推动滑套 17 轴向移动;导动杠杆 14 上端铰接在调速器壳体上,下端紧靠在滑套端面上,中部则与浮动杠杆 6 铰接。浮动杠杆 6 上端通过连杆与供油齿条连接,起动弹簧 12 挂接在浮动杠杆 6 的顶端与调速器壳体之间。浮动杠杆 6 下端有一销轴,插在支持杠杆 2 端部的凹槽内,支持杠杆 2 另一端的凹槽则插接到拉力杠杆 10 中部的销轴上,支持杠杆 2 中部与控制杠杆 3 铰接,控制杠杆 3 是由驾驶员通过油门操纵机构操纵的。速度调定杠杆 8、拉力杠杆 10 和导动杠杆 14 均铰接在调速器壳体顶部的轴销上。高速弹簧 7 挂接在速度调定杠杆 8 与拉力杠杆 10 之间,并用速度调整螺栓 11 顶住速度调定杠杆 8 保持高速弹簧 7 有一定的预紧力(拉力),高速弹簧 7 将拉力杠杆 10 拉靠在全负荷限位螺钉 16 上。怠速弹簧 15 安装在拉力杠杆 10 的下部,用于控制怠速。

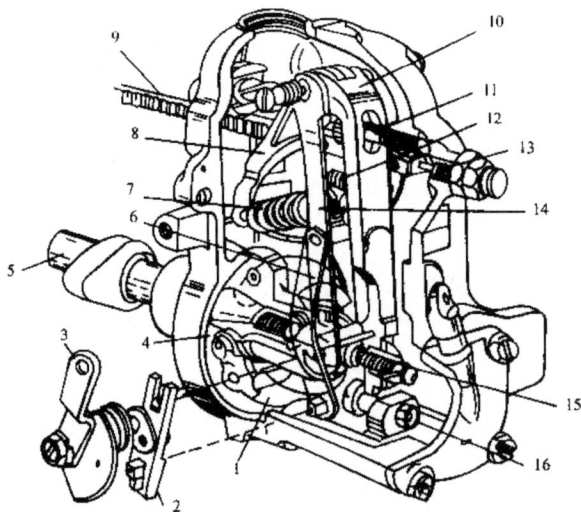

图 5-35 RAD 两速调速器

1—飞块 2—支持杠杆 3—控制杠杆 4—滚轮 5—凸轮轴 6—浮动杠杆
7—高速弹簧 8—速度调定杠杆 9—供油齿条 10—拉力杠杆 11—速度调整螺钉
12—起动弹簧 13—稳速弹簧 14—导动杠杆 1 5—怠速弹簧 16—全负荷限位螺钉

（1）RAD 型两速调速器的工作原理如下：

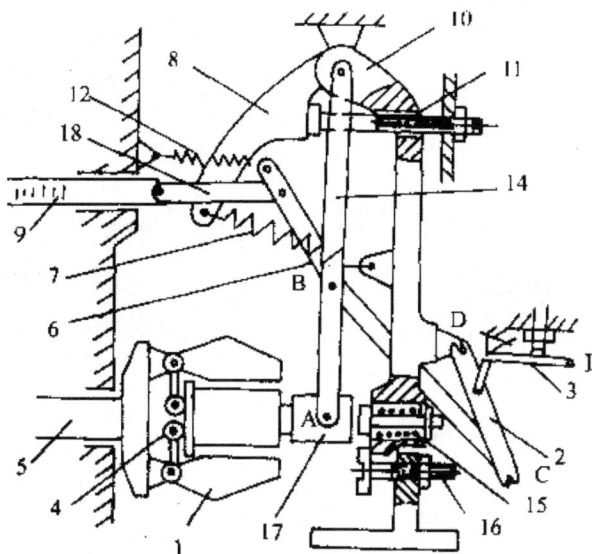

图 5 - 36　两速调速器原理

17 - 滑套　18 - 连杆（未注图注同图 5 - 35）

①起动加浓。如图 5 - 36 所示,发动机不工作时,在起动弹簧 12 的作用下,通过浮动杠杆 6、导动杠杆 14、滑套 17 使飞块处于闭合状态;起动前将控制杠杆 3 推至全负荷供油位置 I,此时支持杠杆 2 绕 D 点逆时针方向转动,使浮动杠杆 6 绕 B 点也逆时针转动,所以浮动杠杆通过连杆 18 推动供油齿条 9 向加油（左）方向移动。起动弹簧的作用就是将浮动杠杆和导动杠杆拉向最左端极限位置,在起动前使飞块闭合,使供油齿条越过全负荷供油位置而达到起动时的最大供油位置（起动加浓位置）。

②稳定怠速。如图 5 - 37 所示,发动机起动后,将控制杠杆 3 拉到怠速位置;飞块 1 在离心力作用下张开,并通过滚轮 4 给滑套 17 一个轴向椎力,使滑套向右移动压缩怠速弹簧 15,同时起动弹簧 12 也被进一步拉伸,当怠速弹簧和起动弹簧的弹力之和与飞块离心力在轴向方向的分力平衡时,供油齿条 9 保持在某一位置,柴油机即在某一相应的转速下稳定运转。

由于阻力减小使柴油机怠速转速升高时,飞块离心力增大,滑套右移.通过导动杠杆、浮动杠杆和连杆使供油齿条向减油方向（右）移动,从而使柴油机转速回降。反之,柴油机转速下降时,飞块离心力减小,在怠速弹簧和起动弹簧的弹力作用下,供油齿条向加油方向（左）移动,柴油机转速回升。调整怠速弹簧的预紧力,可调整柴油机的怠速稳定转速。

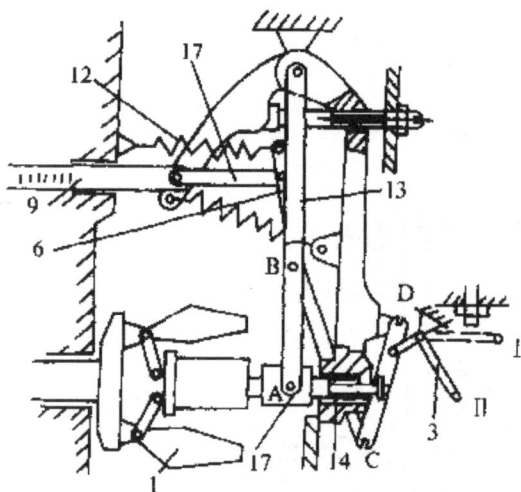

图 5 - 37　两速调速器怠速工作原理　　　　图 5 - 38　两速调速器中速工作原理

（图注同　5—35）　　　　　　　　　　　　（图注同　5—35）

③中等转速范围内不起作用。如图 5 - 38 所示,当柴油机转速超过怠速转速后,怠速弹簧 15 被完全压入拉力杠杆 10 内孔中,滑套 17 直接顶靠在拉力杠杆上,而拉力杠杆又被刚度较大的高速弹簧 7 拉住,在中等转速范围内,飞块 1 的离心力不足以使滑套推动拉力杠杆移动,浮动杠杆 6 的中间支点 B 不动,调速器不起作用。在中等转速范围内,只有驾驶员通过控制杠杆 3 才能改变供油齿条的位置。此时,驾驶员操纵控制杠杆 3 时,支持杠杆 2 绕 D 点摆动,浮动杠杆 6 绕支点 B 摆动,并通过连杆 18 带动供油齿条移动,以改变喷油泵的供油量,控制柴油机的转速和负荷。

④限制高速。如图 5 - 39 所示,柴油机在任何负荷工作时,只要其转速超过允许的最高转速,飞块离心力即可克服高速弹簧 7 的弹力,使滑套 17 和拉力杠杆 10 向右移动,浮动杠杆 6 通过连杆 18 带动供油齿条 9 向减油方向(右)移动,以限制柴油机的最高转速。

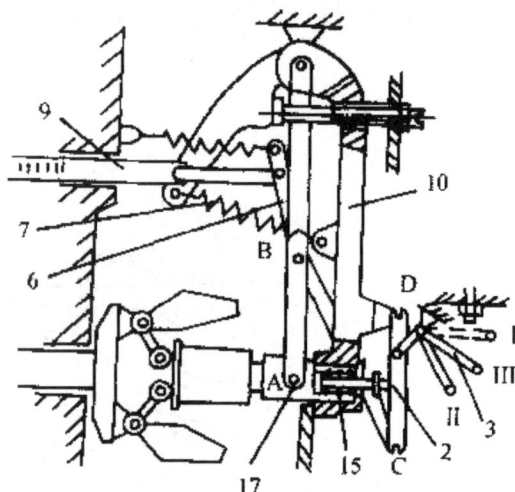

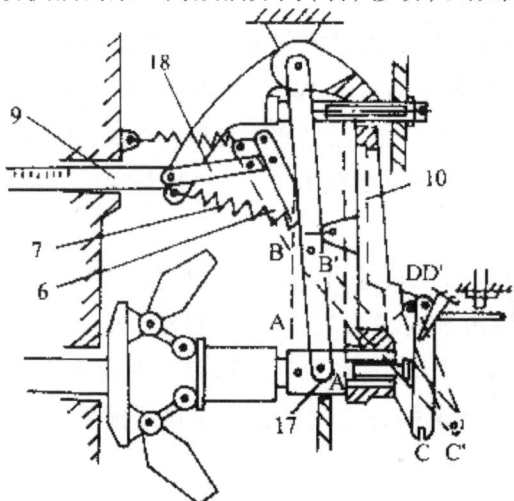

图示　5—39　两速调速器高速工作原理(图注同　5—35)

调整高速弹簧的预紧力,可调整柴油机最高转速。向内拧入速度调整螺栓 11 时,高速弹簧 7 的预紧力增大,柴油机的最高转速增高,反之可将柴油机最高转速调低。

3. 全速调速器构造与工作原理

RSV 调速器是德国博世(Bosch)公司 S 系列中的全程调速器,可用于 M、A、AD、P 型等喷油泵,能与汽车、拖拉机、发电机、工程机械等主机配套。

RSV 型全速调速器构造如图 5 - 40 所示。飞块支架 1 固装在喷油泵凸轮轴端部的锥面上,两个飞块 3 用销轴 2 与飞块支架铰接,两个飞块内臂绞接在一起联动。当飞块在离心力作用下向外张开时,飞块内臂推动滑套 4 轴向移动。导动杠杆 13 上端铰接在调速器壳体上,下端紧靠在滑套端面上,中部则与浮动杠杆 8 铰接。浮动杠杆 8 上端通过连杆与供油齿条 15 连接,起动弹簧 16 挂接在浮动杠杆 8 的顶端与调速器壳体之间,浮动杠杆 8 下端与调速器壳体铰接。拉力杠杆 12 与导动杠杆 13 铰接在调速器壳体顶部的同一轴销

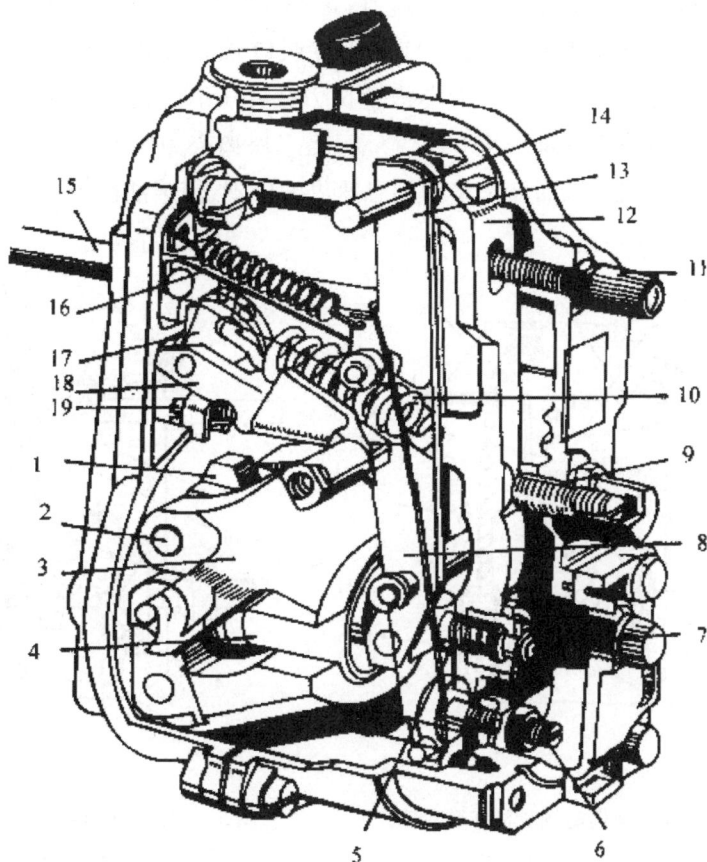

图　5—40　RSV 全速调速器

1—飞块支架　2—飞块销轴　3—飞块　4—滑套　5—校正弹簧　6—全负荷限位螺钉　7—顶杆
8—浮动杠杆　9—急速弹簧　10—调速弹簧　11—低速限位螺钉　12—拉力杠杆　13—导动杠杆
14—销轴　15—供油齿条　16—起动弹簧　17—弹簧挂耳　18—弹簧摇臂　19—调整螺钉

14 上。调速弹簧 10 挂接在拉力杠杆 12 与弹簧摇臂 18 之间,弹簧摇臂上设有调整螺钉 19,用来调整调速弹簧 10 安装时的预紧力。发动机工作时,驾驶员通过油门操纵机构随时调整调速弹簧 10 的预紧力,以改变柴油机的转速和负荷。调速弹簧 10 将拉力杠杆 12 拉靠在全负荷限位螺钉 6 上。校正弹簧 5 和顶杆 7 安装拉力杠杆 12 下部的孔中,怠速弹簧 9 则安装在拉力杠杆 12 与调速器壳体之间。

RSV 型全速调速器的工作原理如下:

①起动加浓。如图 5－41 所示,起动前通过油门操纵机构使调速器上的操纵臂 21 处于最大供油位置(与高速限位螺钉 20 接触),调速弹簧 10 的预紧力最大,拉力杠杆 12 下端顶靠在全负荷限位螺钉 6 上,起动弹簧 16 将浮动杠杆 8 的上端拉向左端,并通过连杆推动供油齿条 15 达到起动供油位置。

②怠速工况。如图 5－42 所示,柴油机起动后,驾驶员通过油门操纵机构使操纵臂回到起动供油位置,调速弹簧 10 的预紧力(弹力)最小;飞块 3 在离心力作用下张开,通过滑套 4 使导动杠杆 13 逆时针摆动,浮动杠杆 8 则克服较软的起动弹簧 16 的拉力顺时针摆动;当滑套 4 与拉力杠杆 12 接触后,滑套推动拉力杠杆压缩怠速弹簧 9 而逆时针摆动;与此同时,供油齿条被带动向减油方向(右)移动,当飞块离心力与起动弹簧、怠速弹簧和调速弹簧三者的合力平衡时,供油齿条移动到怠速供油位置,使柴油机维持一定的怠运转速。

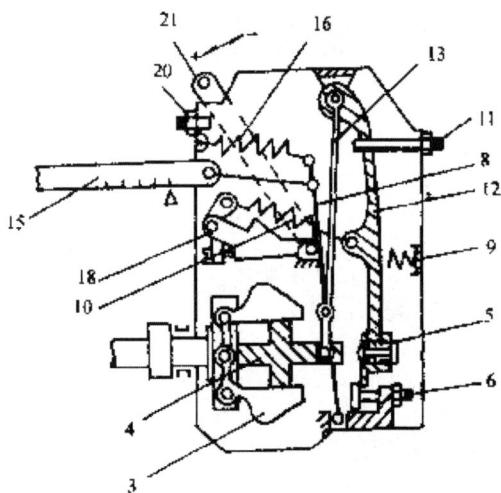

图 5－41　全速调速器起动加浓工作原理
（图注同　5—40）

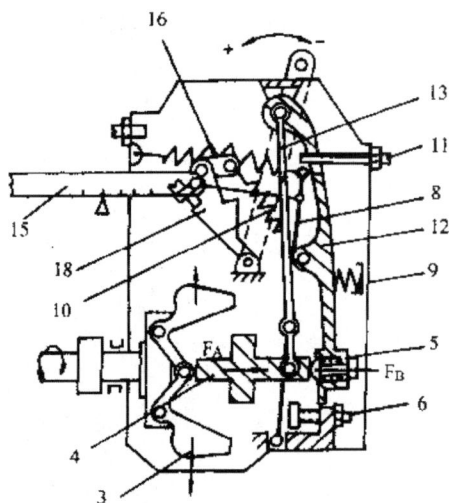

图 5－42　全速调速器怠速工作原理
（图注同　5—40）

由于阻力减小使柴油机怠速转速升高时,飞块离心力增大,滑套右移推动拉力杠杆 12 进一步压缩怠速弹簧 9,并通过浮动杠杆和连杆使供油齿条向减油方向(有)移动,从而限制柴油机转速升高。反之,柴油机转速下降时,飞块离心力减小,在怠速弹簧、起动弹簧和调速弹簧的弹力作用下,供油齿条向加油方向(左)移动,使柴油机转速回升。

③中高速工况。如图 5-43 所示,当操纵臂在怠速供油位置与最大供油位置之间移动时,在每一个供油位置上都使柴油机有一个相应的稳定工作转速。操纵臂越靠近最大供油位置,调速弹簧 10 对拉力杠杆 12 的拉力就越大,柴油机稳定工作的转速越高。当操纵臂达到最大供油位置与高速限位螺钉接触时,柴油机处于全负荷,柴油机稳定工作的转速为最高额定转速。此时,由于飞块离心力很大,滑套 4 推动顶杆 7,使校正弹簧 5 处于压缩状态。

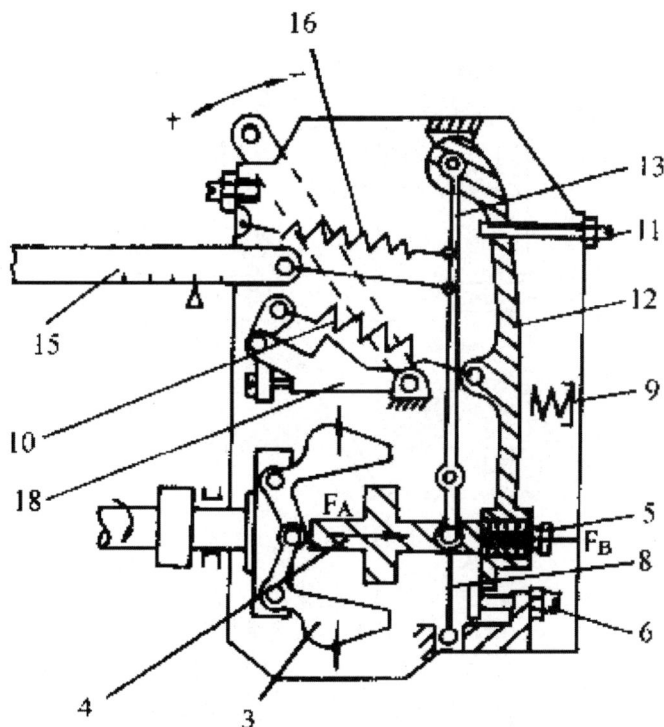

图 5-43　全速调速器中高速工作原理(图注同　5—40)

④超负荷加浓校正。柴油机全负荷下工作时,校正弹簧 5 处于压缩状态,当柴油机阻力增加超负荷时,由于飞块离心力减小,校正弹簧 5 推动滑套 4 向左移动,并通过导动杠杆 13 和浮动杠杆 8 使供油齿条向加油方向(左)移动,喷油泵供油量增加,从而起到超负荷加浓校正作用。

⑤熄火停机,调速器上设有专门的熄火手柄,转动熄火手柄,直接使浮动杠杆顺时针摆动,将供油齿条拉到停止供油位置。RSV 调速器上有些不设专门的熄火手柄,操纵臂转到熄火位置时,利用弹簧挂耳 17 带动导动杠杆 13 顺时针摆动,使浮动杠杆 8 带动供油齿条到达停止供油位置。

4. 综合式调速器

近年来,各种专用汽车(如起重吊车、混合搅拌车等)的需求量日益增大,它们的特点是既能正常行驶,又能进行装卸吊货和混合搅拌等作业。为了适应车辆的特殊需要,日本

D. K. K. 公司在 RAD 型和 RSV 型调速器的基础上发展了全速、两速两用调速器（RFD 型）。

与 RSD 型和 RSV 型调速器相比，RFD 型调速器设有调速手柄和负荷控制杆，可根据需要固定调速手柄或负荷控制杆来改变调速器的用途。如将调速手柄固定在最高转速限止器的位置，则直接和加速踏板连接的负荷控制杆起作用，即为两极调速器，它应用于一般运输机械上；如将负荷控制杆固定而由调速手柄起作用，则变为全程调速器。这样，它不仅可以应用于汽车上，而且可应用于工程机械上，改善了该种调速器的适用性。

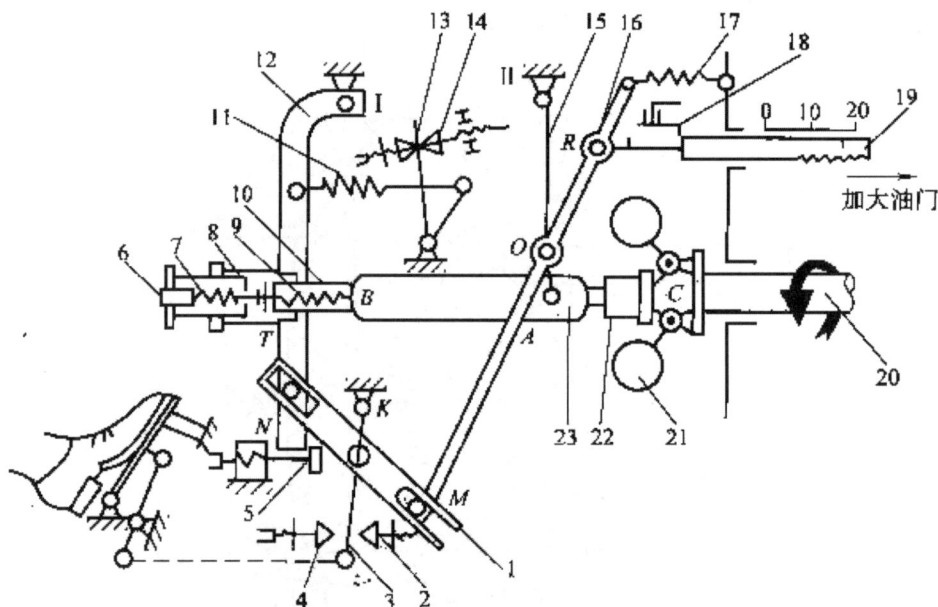

图 5-44　RFD 型调速器工作原理

1—拨叉杆　2—怠速限位螺钉　3—负荷控制杆　4—全负荷限位螺钉　5—张紧杆限位大头螺钉
6—扭矩校正弹簧调整螺钉　7—扭矩校正弹簧　8—扭矩校正弹簧顶杆　9—怠速弹簧
10—调速弹簧顶杆　11—调速弹簧　12—张紧杆　13—调速杆　14—调速杆高速限位螺钉
15—导杆　16—浮动杆　17—起动弹簧　18—停油拨叉　19—喷油量控制齿条
20—喷油泵凸轮轴　21—离心重块　22—滑套　23—滑套顶块

CA6110 型柴油机装用 RFD 型两极式机械调速器，兼有部分全程式调速器的功能。RFD 型调速器的结构如图 5-44 所示，在调速器中，喷油泵凸轮轴 20 是由柴油机曲轴带动旋转的，其转速为曲轴转速的 1/2。装在喷油泵凸轮轴 20 上的一对离心重块 21 随凸轮轴一起转动，离心重块 21 通过滑套 22、滑套顶块 23、浮动杆 16、导杆 15、起动弹簧 17 以及节点 A、O、M、R 等与喷油量控制齿条 19 相连，达到控制喷油量的目的。当凸轮轴转速逐渐升高时，离心重块 21 的离心力加大向外动作，推动滑套顶块 23 向后移动，通过浮动杆 16 和导杆 15 将喷油量控制齿条 19 向后拉动，减小节气门开度。当转速逐渐降低时，离心重块向内动作，通过杆系的连动动作将齿条向前推动，增大节气门开度。驾驶员脚下的加速踏板的踏压动作通过拨叉杆 1、浮动杆 16、导杆 15、起动弹簧 17 和节点 O、M、R 等与喷油量控制齿条 19 相连，达到脚踏控制喷油量的目的。驾驶员踏下加速踏板时，N 点不动，M 点向后移动，浮动杆 16 绕 O 点转动，使 R 点向前移动，推动喷油量控制齿条 19 向前移动加大节气门开度。抬起节气门时,M 点向前移动,R 点向后移动,拉动喷油量控制齿条 19 向后移动,减小节气门开度。对于柴油机和喷油泵的控制,驾驶员要控制节气门开度,离心重块也要控制节气门开度,两者靠浮动杆 16 协调在一起。

由此可见浮动杆 16 的一端(R)拉着喷油量控制齿条 19、起动弹簧 17,使节气门开度加大;另一端由驾驶员的脚控制 M 点的前后位置,中间的一点 O 由离心重块控制。当发动机转速稳定在某转速时,O 点不动。这时如果驾驶员要加速,踏下加速踏板,M 点就会向后移动,于是 R 点就向前推齿条,喷油泵加大了供油量,发动机输出更多的动力,汽车就加速。当驾驶员觉得车速已经够高而停止下压加速踏板时,M 点不动。如果发动机转速还在上升,离心重块 21 被甩得向外分开,这时 A 点会带动 O 点向后移,把齿条拉向后,减小了节气门开度,发动机即保持在这一转速不动,从而达到稳定转速的目的。同样,调速器里的其他机构也起到控制齿条动作的作用。

(四)柴油燃料供给系统辅助装置

1. 输油泵

(1)输油泵的功用

输油泵的功用是给柴油产生一定的压力,用以克服滤清器及管路的阻力,保证连续不断地向喷油泵输送足够的柴油。输油泵的供油能力应为发动机全负荷最大喷油量的 3~4 倍。

(2)输油泵的类型

输油泵有活塞式、膜片式、齿轮式和叶片式等几种。内于活塞式输油泵工作可靠,并能克服较大的滤清器阻力,目前应用广泛。CA6110 型柴油机采用该输油泵,如图 5-45 所示。

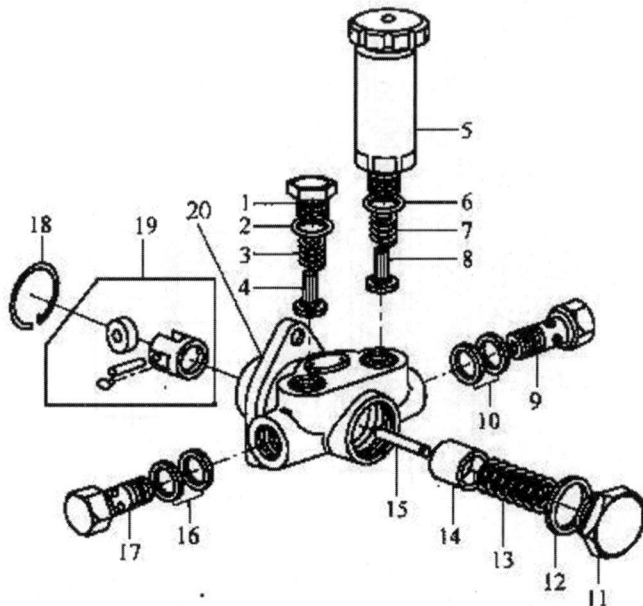

图 5-45　CA6110 型柴油机输油泵

1—螺塞　2、6、10、12、16—垫片　3、7—油阀弹簧　4—出油阀　5—手油泵　8—进油阀　9—进油螺钉
11—螺塞　13—活塞弹簧　14—活塞 1 5—顶杆　17—出油螺钉　18—卡环　19—挺杆总成　20—泵体

（3）活塞式输油泵的构造和工作原理

如图 5－46 所示，输油泵主要出泵体、机械油条总成、手油泵总成、单向阀和油道等组成。机械油泵总成由滚轮部件（包括滚轮、滚轮轴和滚轮架）、顶杆、活塞和弹簧等组成。手油泵总成由泵体、活塞、手柄和弹簧等组成。单向阀由进油单向阀、出油单向阀和单向阀弹簧等组成。

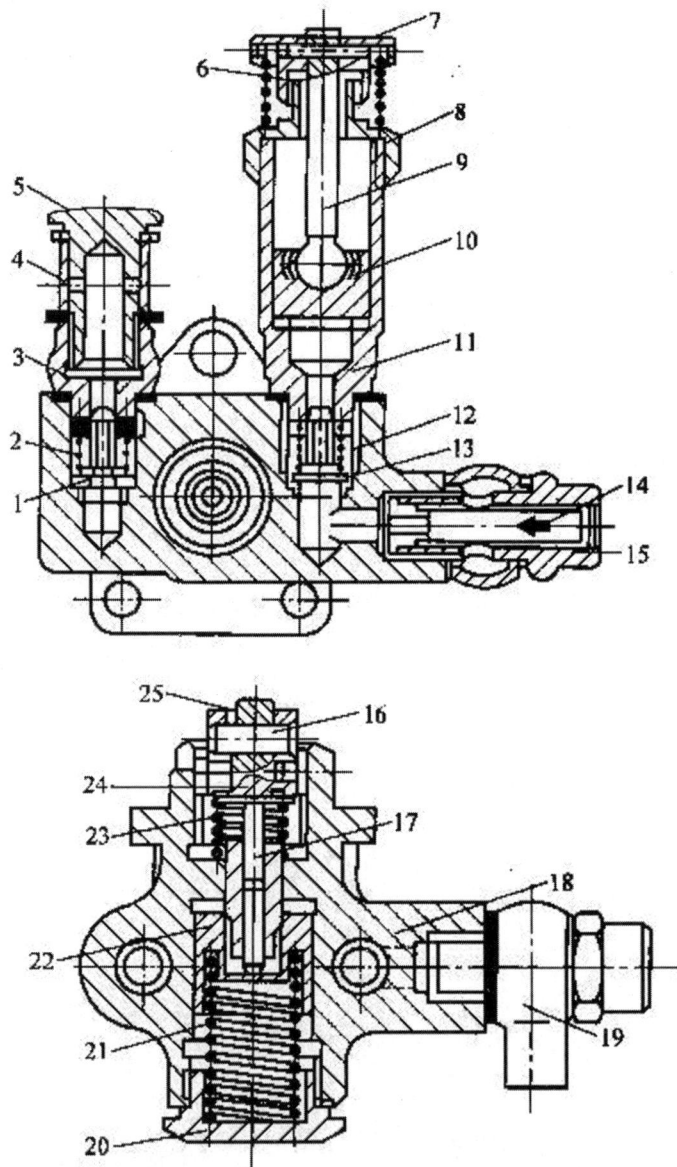

图 5－46　活塞式输油泵

1—出油阀　2—出油阀弹簧　3—油管插头　4—保护套　5—出油管插头螺套　6—手柄　7—手油泵销

8—手油泵盖　9—手油泵杆　10—手油泵活塞　11—手油泵体　12—进油阀弹簧　13—进油阀

14—滤网　1 5—出油管插头螺栓　16—滚轮销　17—推杆　18—泵体　19—进油管插头

20—螺塞　21—活塞弹簧　22—活塞　23—滚轮弹簧　24—滚轮架　25—滚轮

如图 5 - 47 所示,喷油泵凸轮轴转动时,轴上的偏心轮驱动滚轮、滚轮架、推杆和活塞向下运动。泵腔 I 内容积减小,油压升高,进油阀被关闭,出油阀被压开,柴油由泵腔 I 通过出油阀流向泵腔 II。当喷油泵凸轮轴上的偏心轮转过时,在活塞弹簧的作用下推动活塞向上运动,泵腔 II 内的油压升高,出油阀关闭,泵腔 II 内的柴油经出油管输出。同时,由于泵腔 I 内的容积增大,形成一定的真空度,将进油阀吸开,油箱内的柴油经进油管和进油阀被吸入泵腔 I。

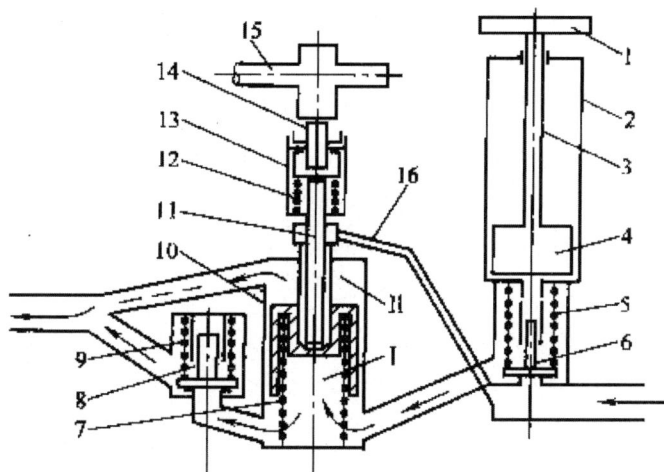

图 5 - 47　输油泵工作原理

1—手柄　2—手油泵体　3—手油泵杆　4—手油泵活塞　5—进油阀弹簧　6—进油阀
7—活塞弹簧　8—出油阀　9—出油阀弹簧　10—活塞　11—推杆　12—滚轮弹簧 13—滚轮架
14—滚轮　1　5—凸轮轴　16—回油道

活塞式输油泵的输油量取决于活塞的行程,当活塞行程等于偏心轮的偏心距时,输油量最大,一般为发动机全负荷时最大耗油量的 3 ~ 4 倍。输油压力取决于活塞弹簧的弹力,活塞式输油泵的输油压力一般为 0. 15 ~ 0. 30MPa。如果输油泵的输油量大于喷油泵需要的油量,或输油泵到喷油泵的油管路阻力增大,泵腔 II 内的油压会升高,此压力与活塞弹簧的弹力平衡时,活塞不能继续向上运动达到最高位置,活塞与推杆之间产生空行程,活塞的有效行程减小,输油泵的输油量也减少。喷油泵需要的油量越少则输油泵到喷油泵的阻力越大,活塞的有效行程也就越小,输油量也越少,这样即实现了输油量的自动调节。当柴油机长时间停机后欲再起动时,应先将柴油滤清器和喷油泵的放气螺钉拧开,再将手油泵的手柄旋开,往复抽压手油泵的活塞。活塞上行时将柴油经进油阀吸入手油泵泵腔,活塞下行时进油阀关闭,柴油从手油泵泵腔经输油泵下腔和出油单向阀流入,并充满柴油滤清器和喷油泵低压油腔。将其中的空气排除干净之后拧紧放气螺钉,旋紧手油泵手柄,即可起动发动机。

2. 柴油滤清器

柴油在运输和储存过程中,难免会混入杂质和水分,若储存较久后其中的胶质还会增多,使每吨柴油中的机械杂质含量多达 100~250g,这都会对燃油供给系精密偶件产生极大危害,将导致运动阻滞、磨损加剧,造成各缸供油不均,功率下降和油耗率增加。柴油中的水分会引起零件锈蚀,胶质可能导致精密偶件卡死。为保证喷油泵和喷油器可靠地工作,延长其使用寿命,除使用前将柴油严格沉淀过滤外,在柴油机供油系统中还要采用滤清器,以滤除柴油中的机械杂质和水分。

柴油滤清器有两种形式:一种为单级纸质滤清器,另一种为双级旋装式滤清器,如图 5－48 所示,目前汽车用柴油机多数采用双级旋装式滤清器。图 5－48 所示为 CA6110 型柴油机的柴油滤清器总成。由输油泵来的柴油先进入第一级滤清器的外腔,穿过滤芯后进入内腔,再经盖内油道流向第二级滤清器,从而保证更好的滤清效果。柴油滤清器的滤芯材料有棉布、绸布、毛毡、金属网及纸质等。纸质滤芯具有流量大、阻力小、滤清效果好、成本低等优点,目前被广泛采用。使用滤清器可使柴油中的机械杂质和尘土被滤除,水分沉淀在壳体内。每工作 100h(约相当于汽车运行 3000km)后,应清除沉积在壳体内的杂质和水分,并更换滤芯。

当滤清器内的油压超过溢流阀的开启压力(0.1~0.15MPa)时,多余的柴油流回油箱,从而保证滤清器的油压在一定范围内。

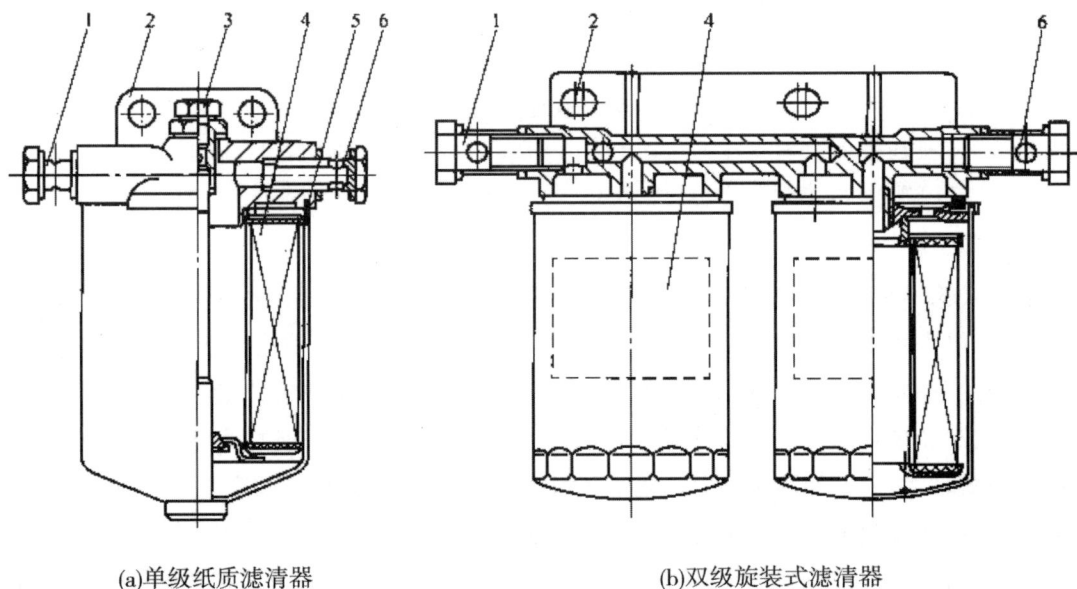

(a)单级纸质滤清器　　　　　　　　(b)双级旋装式滤清器

图 5－48　两种形式的柴油滤清器

1—进油插头　2—底座　3—放气螺钉　4—滤芯　5—壳体　6—出油插头

三、柴油机燃料供给系统主要故障及故障诊断

由于柴油机与汽油机着火形式的不同及结构上的差异,导致它们故障的形式和原因不同。有时二者的故障现象相似,但其成因却完全不同。柴油机正常工作时表现为能顺利起

动、烟色正常、动力性好、怠速稳定、不飞车。在诊断柴油机燃料系故障时,应从故障的外部症状入手,抓住其特征,仔细分析故障的成因,才能准确及时地排除故障。柴油机燃料系故障产生的原因很多,但大多集中在燃油供给系统。按其外部症状可分为柴油机起动困难、动力不足、工作粗暴和飞车等故障。

1.柴油机起动困难

柴油机要顺利起动应具备三大条件:供油量正常,雾化良好;供油时刻合理;气缸压力不能太低。以上三大条件缺一不可。

在排除柴油机起动困难故障时,一般按照以下顺序依次检查:喷油是否正常→喷油是否正时→气缸压力是否太低。这里主要分析供油系统的故障,其故障原因主要有:输油泵不泵油、油路堵塞或漏气、滤清器堵塞、喷油器雾化不良或不喷油、高压泵故障等。

①检查低压油路是否正常。松开输油泵的手油泵用力压几下,若感觉轻松,压力小,则为低压油路故障;若感觉费劲,且有柴油打开溢油阀后的压油过程.则低压油路正常。

②检查高压油路是否正常。松开喷油泵出油管接头,起动发动机,看是否有油柱喷出,一般喷出高度为 50～100cm,且无气泡。否则,为高压油路故障。

③检查低压油路故障的原因。松开输油泵出油管,用手油泵泵油,若能将柴油从油箱吸出,并从输油泵出口压出,则故障在喷油泵和滤清器;若不能,则故障在手油泵或至油箱的油路中。可用新油管、小油箱取代原来油管泵油,分段检查故障部位。

④区分喷油器故障还是气缸压力过小或喷油正时不当。将喷油器拆下,重新连接在燃烧室外面,起动发动机,看喷油器喷雾情况。若喷雾良好,则故障为气缸压力低或喷油正时不当;若喷雾滴油或不喷油,则为喷油器故障。

2.柴油发动机动力不足

常见柴油发动机动力不足表现为:发动机运转均匀、无高速、排气管排气量过少;发动机转不均匀,排气管排黑烟。

(1)柴油发动机运转均匀、无高速,排气管排气量少

现象:汽车行驶动力不足、加速不灵敏,踩下加速踏板后转速不能提高到规定值,排气管排气量过少。

原因:

①加速踏板拉杆行程不能保证供给最大供油量。

②调速器调整不当或调速弹簧过软、折断,使喷油泵不能保证最大供油量。

③喷油泵油量调节拉杆(或齿条)达不到最大供油位置。

④喷油条出油阀密封不良。

⑤喷油泵柱塞严重磨损、黏滞或弹簧折断。

⑥输油泵工作不良使供油不足。

⑦低压油路堵塞使供油不足。

⑧油箱至输油泵的管路漏气,使空气进入油路中等。

⑨喷油器喷油不正常,柴油牌号不正确。

⑩空气滤清器、排气管消声器堵塞。

故障诊断与排除方法:此种故障现象是因达不到额定供油量而产生的。

①检查加速踏板的行程。将加速踏板踩到底,然后推拉喷油泵油量调节臂,若还能向加油方向推动,则说明加速踏板拉杆不能使喷油泵达到最大供油量,应予以调整。

②检查、调整调速器高速限位螺钉和最大供油量限位螺钉。将两调整螺钉向增加方向旋进,直到急加速时排气管冒黑烟为止。如能确认为该故障,应将高压油泵进行台上试验。

③检查燃油系统是否吸入了空气。若吸入了空气,应检查各油管插头是否松动,将油路中的空气排除。

④检查燃油滤清器是否堵塞、油箱通气孔是否堵塞、输油泵滤网有无堵塞等。

⑤检查喷油泵的出油阀是否密封不良。

⑥用断油比较法检查喷油器的喷油情况。断油后若发现柴油机的转速不变化则该喷油器工作不良,应将此喷油器拆下并测试调整。

⑦若以上诊断没有不良情况,则需对喷油泵和调速器的工作情况在试验台上进行检查。

(2)发动机运转不均匀,排气管排黑烟

现象:发动机动力不足,运转不均匀,排气管排黑烟。

原因:

①空气滤清器严重堵塞,造成进气量不足。

②喷油泵供油量过多或各缸供油不均匀。

③喷油器喷雾质量不佳或喷油器滴油。

④供油时间过早。

⑤气缸压缩压力不足。

⑥柴油质量低劣。

故障诊断与排除方法:柴油机排气管排黑烟过多,一般是由各缸供油量不均匀或过多、吸入空气量不足、雾化不良、喷射时间过早等原因所致的柴油不能完全燃烧造成的。

①拆除空气滤清器,观察排气烟色。若排黑烟情况好转,故障是空气滤清气脏污严重造成的。

②检查供油时间是否过早,若过早应调整。

③在发动机运转时,可逐缸断油试验。当某缸断油时,若发动机转速降低、黑烟明显减少、敲击声变弱或消失,则说明该缸供油量过多;若发动机转速变化小而黑烟消失,说明该缸喷油器雾化不良。找出有故障的气缸后,拆检喷油器。必要时,可换装新喷油器进行对比;若用新喷油器时故障消失,说明原喷油器有故障。

用上述方法仍不能排除故障时,应检查各缸喷油是否一致,必要时进行调整。检查喷油泵供油量过大和供油不均时,应在试验台上进行。

3. 柴油机工作粗暴

现象:

①发动机发出有节奏的(清脆的)金属敲击声。

②气缸内发出低沉、不清晰的敲击声。

③敲击声没有节奏并排黑烟。

原因:

①喷油时间过早。

②喷油雾化不良。

③进气通道堵塞或空气滤清器堵塞造成进气不足。

④各缸喷油不均匀,个别缸的供油量过大。

⑤喷油器滴油使相对喷油量增加。

⑥选用的柴油牌号不当。

⑦发动机温度过低。

故障诊断与排除方法:

①如果响声均匀,则说明各缸工作情况相近。其故障原因与喷油正时、进气情况、油性能等方面有关。

急加速试验时,若响声尖锐、排气管冒黑烟,通常是因为喷油时间过早,应调整。若加速困难、声调低沉有发闷的感觉、排气管冒白烟,是因为喷油时间过迟,应调整。

若调整喷油正时的效果不明显,则应检查空气滤清器是否堵塞、进气通道是否畅通。柴油机充气不足,将导致燃烧不完全,延长着火落后期,产生严重着火敲击声。若进气管道畅通仍有响声,应考虑柴油牌号选择是否适当。

②如果响声不均匀,说明各缸工作情况不一致。可用单缸断油的方法找出工作不良的气缸。若怀疑某喷油器工作不良,可换用标准喷油器或与其他缸调换喷油器,若声响消失(或转移到其他缸),则表明故障就在喷油器。若怀疑某缸供油量过大,可用减油法试验,减油之后响声和排烟应该消失;若减油之后故障减弱但并不消失,只有断油才完全消失,则说明故障原因是喷油时间过早。

4. 发动机运转不稳

(1)柴油机"游车"

现象:发动机在中、低速范围内运转,加速踏板保持在某一位置不变时,发动机的转速发生忽高忽低的变化。

原因:

①燃油供给系油路内有空气,使供油不稳定。

②喷油泵偶件磨损不均匀,使供油不均匀。

③调速器调整不当,各连接件不灵活或间隙过大。

④供油齿杆与齿圈(或供油拉杆与拨叉)、柱塞与柱塞套紧滞,使供油齿杆(或供油拉杆)移动阻力增大,使其不灵敏。

⑤喷油泵凸轮轴的轴向间隙过大,造成径向间隙变大,导致喷油泵泵油时凸轮轴受脉冲振动;其振动又直接传递到调速器飞球或飞块,引起飞球支架跳动,从而使供油齿杆来回抖动。

故障诊断与排除:"游车"一般是喷油泵和调速器部分引起的。检查喷油泵机械式调速器时,先打开喷油泵边盖,将发动机处于"游车"严重的转速下工作;然后,用手抵住调节齿圈并带动齿杆移动,检查供油齿杆移动是否灵活。如果供油齿杆移动不灵活,说明柱塞的转动有阻滞或其他运动件有摩擦阻滞,使供油齿杆灵敏度降低,调速器不能随时调节供油齿杆而造成"游车";发现供油齿杆移动阻力较大,则应逐一检查出油阀座拧紧力矩是否过大,泵内是否有水垢或锈蚀的污物引起柱塞生锈后阻滞,齿杆与齿圈啮合处是否有异物,查明后予以排除。若上述检查正常,则故障原因是调速器工作不正常、轴向间隙过大;此时,因拆下喷油泵总成进行检修。

(2)发动机超速

现象:柴油机在汽车运行中或自身空转时. 尤其是全负荷或超负荷运转突然卸荷后,转速自动升高超过额定转速而失去控制,又称"飞车"。

原因:一方面是喷油泵调速器本身的故障,使其丧失了正常的调速特性;另一方面是柴油机在运转过程中,有额外的柴油或润滑油进入燃烧室参与燃烧。

①喷油泵、调速器的故障。

a.加速踏板拉杆或喷油泵供油调节齿杆卡滞在额定供油位置。

b.油量调节齿杆和调速器拉杆脱节。

c.柱塞的油量调节齿圈固定螺钉松动,使柱塞失去控制。

d.调速器的高速限制螺钉或最大供油量调整螺钉调整不当。

e.调速器内润滑油过多或润滑油太脏、黏度过大,导致调速器失效。

f.调速器因飞球组件卡阻、锈污、松旷等原因而失去控制。

②额外燃料进入燃烧室参与燃烧。

a.气缸窜油,使润滑油进入燃烧室燃烧。

b.惯性油浴式空气滤清器存油过多,被吸入燃烧室。

c.带增压器的柴油机由于增压器油封损坏,使润滑油进入燃烧室燃烧等。

故障诊断与排除方法:

①紧急措施发动机"飞车"的故障一般很少见,但喷油泵调速器调整不当或使用、维护、保养不当而擅自调整调速器的重要部位(加有铅封的调整螺钉),会产生"飞车"故障。

无论是行驶的汽车还是停驶的汽车,一旦出现"飞车",首先要采取紧急措施,设法立即熄火,避免发生事故。紧急熄火的方法有以下几种。

a.若汽车在运行中,千万不要脱销或踩下离合器,应紧急制动直至发动机熄火。

b.若汽车静止发动机空转时,则立即采用断油或断气的方法使发动机熄火。

c.迅速将加速踏板收回到停止供油的位置,拉出熄火拉钮。

d.有减压装置的,迅速将减速手柄拉到减压位置。

e.进、排气管道带阀的可将阀门关闭,如果没有阀门的可拆下空气滤清器管道。

f.供油拉杆或齿杆外露的喷油泵,可迅速将拉杆推向停油位置。

g.松开各缸高压油管或低压油路的油管插头以停止供油。

h.及时挂入高速档,踩下制动踏板,缓抬离合器,使发动机熄火。

②诊断发动机熄火后,反复踩加速踏板或推拉喷油泵操纵臂,从喷油泵外部或拆下侧盖从内部检视供油拉杆(或齿杆)的轴向活动情况。若供油拉杆(或齿杆)不能轴向活动,故障是由供油拉杆(或齿杆)在其轴承孔内因缺油、锈蚀等原因卡滞而不能回位造成的。

打开调速器上盖,检查调速器飞球组件与供油拉杆(或齿杆)的连接是否脱开,调速器内润滑油是否加得过多或润滑油黏度过大,调速器飞球组件是否卡滞、锈滞或松旷等。

拆下喷油泵调速器总成,在试验台上进行检修与调试合格后装机。若供油系良好,应检查气缸中有无额外进入的燃油或润滑油。例如:空气滤清器或增压器的润滑油能否漏入气缸;气缸密封性如何,是否窜润滑油等。发动机熄火后,必须在找到造成超速事故的原因并做彻底排除后,才允许再次起动发动机,否则发动机起动后,又将出现"飞车"现象。

四、电控柴油机燃油喷射系统

(一)电控柴油机组成与工作原理

随着电子技术的发展,汽油机的电控燃料喷射技术已日趋完善,但直到20世纪80年代中期,国外一些大型汽车工业开始着手研究开发电子控制式柴油机,以提高其各项使用性能、降低燃料消耗、降低噪声,并满足排气环保法规的要求。

在柴油机上应用电控技术,相对于汽油机电控技术来说具有一定的难度。首先,从喷油量控制方向来说,汽油喷射是根据进气量,通过控制喷油脉冲时间严格控制发动机各工况的空燃比;而柴油喷射却要用控制喷油量来调节发动机负荷的大小,这种调节将影响到柴油机的功率与噪声等。其次,从燃油喷射压力方面来说,汽油机的喷射压力为0.3MPa左右(为低压喷射),通过控制喷油器内的电磁线圈的电流通断,即可方便地控制喷油器的喷油通断;而柴油机为加强喷雾质量,其喷射压力一般高达到30～100MPa,这样的高压状态靠电磁力打开喷油阀门是较难实现的。因此,现有的电控柴油喷射系统一般在原柴油机的柱塞式喷油泵或分配式喷油泵的基础上,加装电子控制系统来完成控制目标的实现。图5-49所示为丰田汽车柴油机电子控制系统构成图。其电子控制系统由传感器、电子控制单元和执行器等组成。

　　传感器的功用是适时检测柴油机的转速和汽车的运行状态,将其检测情况输入电子控制单元。在柴油机上使用的传感器主要有发动机转速传感器、凸轮轴转角传感器(或曲轴转角传感器)、加速踏板传感器、进气温度传感器、进气压力传感器、泵角传感器等。电子控制单元对传感器输入的信息进行处理、计算,并将运行结果和执行程序作为控制指令输送给执行器。

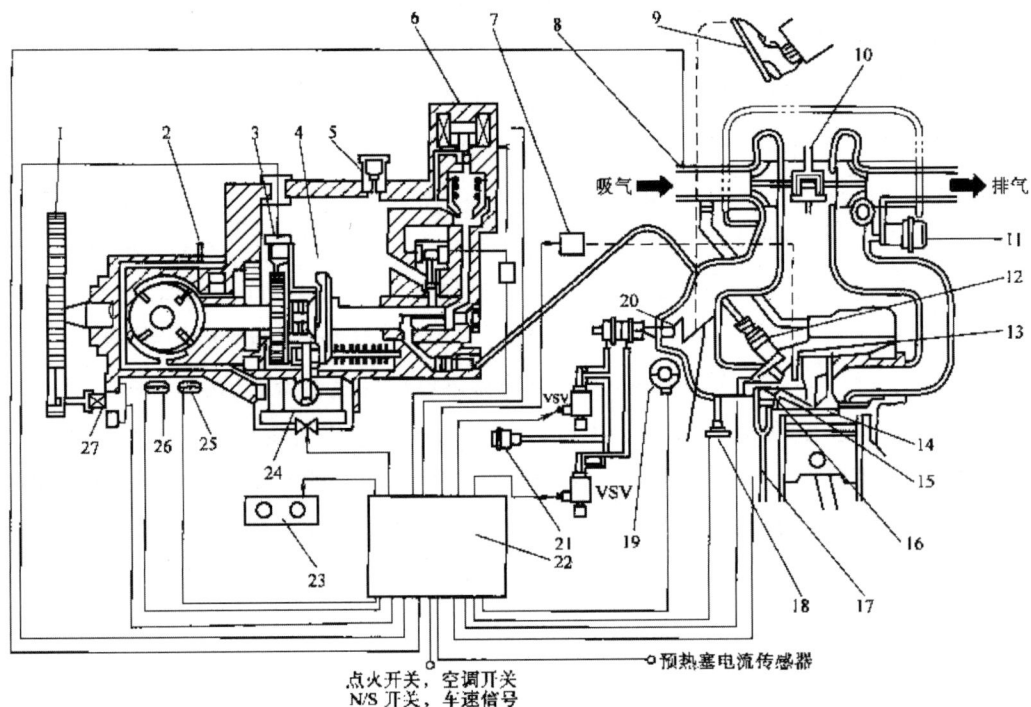

图 5—49　丰田汽车柴油机电子控制系统构成图

1—传动带轮　2—燃油进口　3—泵角传感器　4—分配泵　5—回油阀　6—电磁溢流阀　7—预热塞继电器

8—进气压力传感器　9—加速器踏板　10—涡轮增压器　11—废气通道控制阀　12—喷油器　13—预热塞

14—膜片阀　1 5—副燃烧室　16—着火时间传感器　17—冷却液温度传感器　18—进气温度传感器

19—节气门位置传感器　20—副节气门　21—真空泵　22—ECU　23—仪表

24—定时控制器　2 5—调整电阻(θ)　26—调整电阻(γ)　27—曲轴转角传感器

　　执行器的功用是根据电子控制单元送来的执行指令,调节喷油量和喷油正时,从而调节柴油机的运行状态,电控柴油喷射系统的常见执行器有电磁溢流阀和喷油定时控制阀等。

　　传感器、执行器和电子控制单元的工作关系如图5－50所示。

　　不难发现,电控柴油喷射系统的构成和工作原理与电控汽油喷射系统相似,其最大的区别在于喷油量的控制和喷油时刻的控制。

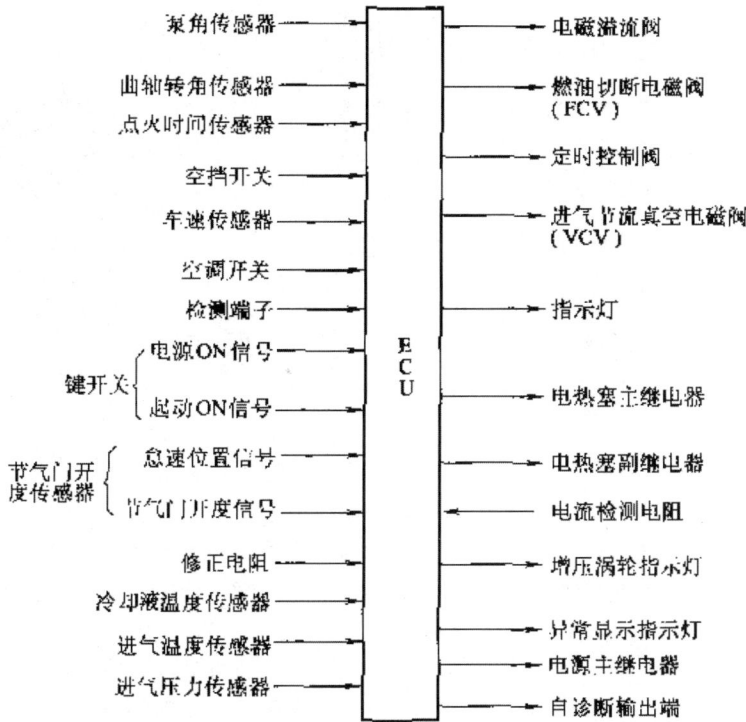

图 5-50　柴油机 ECU 的输入和输出信号

1. 喷油量的控制

想要精确地控制喷油量,燃油分配泵的构成和控制是技术关键。如图 5-51 所示,燃油分配泵的功用是提高燃油压力,适时向各气缸喷油器供给适量的燃油。驱动轴(凸轮轴)由发动机曲轴的传动齿型带轮进行驱动。驱动轴与输油泵柱塞等同步旋转。曲轴每转 2 圈,驱动轴转 1 圈。凸轮盘 19 工作面上的凸轮数目与气缸数相等,且均匀分布。凸轮盘转动时将设置在滚轮架 4 上的滚轮 5 顶起,使柱塞在转动的同时向右运动。在柱塞移动前,进油通道口与柱塞进油槽 13 接通,从燃油泵来的增压燃油进入高压室 14。当柱塞右移时,柱塞进油槽与进油通道口错位而处于隔断状态,使高压室内燃油不断增压,并适时通过高压出油口向喷油器压送高压燃油,喷油器开始喷油。电磁溢流阀 9 通过通道与高压室相通,当电磁溢流阀开启时,高压室内的燃油压力下降,从而使喷油器停止喷油。因此,控制从喷油开始到电磁溢流阀开启的时间长短,即可控制喷油量的多少。泵角传感器 3 的功用是检测柱塞压送燃料的开始时刻,并将此信号输送给电子控制单元。泵角传感器由安装在滚轮架 4 上的电磁线圈和安装在凸轮轴上的泵角检测齿轮 21(泵角脉冲发生器)组成。泵角检测齿轮的齿数为 64 个,并在其圆周上均匀设置有相当于 2 个齿的缺齿,如图　5—52 所示。当泵角检测齿轮的缺齿部与电磁线圈对准时,滚轮架上的滚轮开始顶起凸轮盘,即此时为柱塞压送燃油的计始时刻。当电子控制单元接收到泵角传感器输入的缺齿信号时喷油器开始喷油。

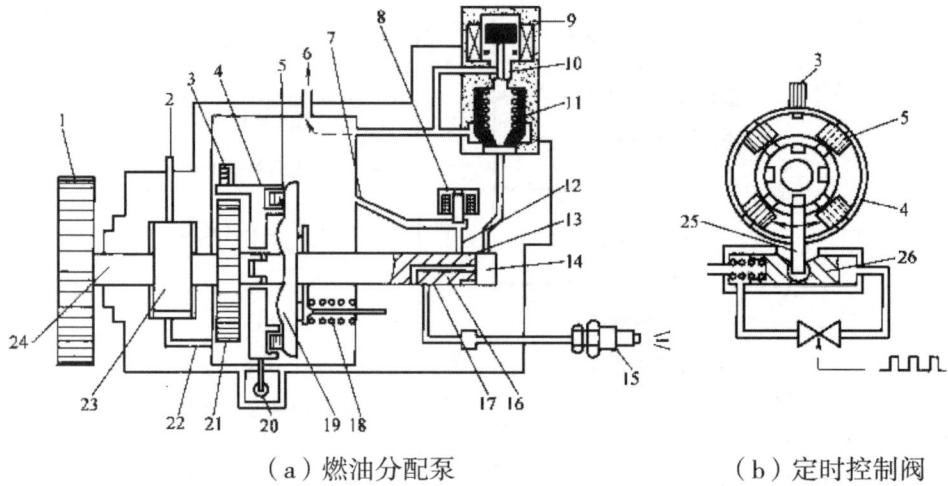

（a）燃油分配泵　　　　　　　（b）定时控制阀

图 5-51　燃油分配泵工作示意图

1—传功带轮　2—燃油进口　3—泵角传感器　4—滚轮架　5—滚轮　6—回油

7、22—输油泵泵出燃油通道　8—燃油切断电磁阀　9—电磁溢流阀　10—溢流控制阀

11—主流阀　12—进油通道　13—柱塞进油槽　14—高压室　1 5—喷油器　16—柱塞

17—高压燃油出口通道　18—柱塞弹簧　19—凸轮盘 20—定时控制阀　21—泵角检测齿轮

23—输油泵　24—驱动轴　2 5—定时器销 26—定时器活塞

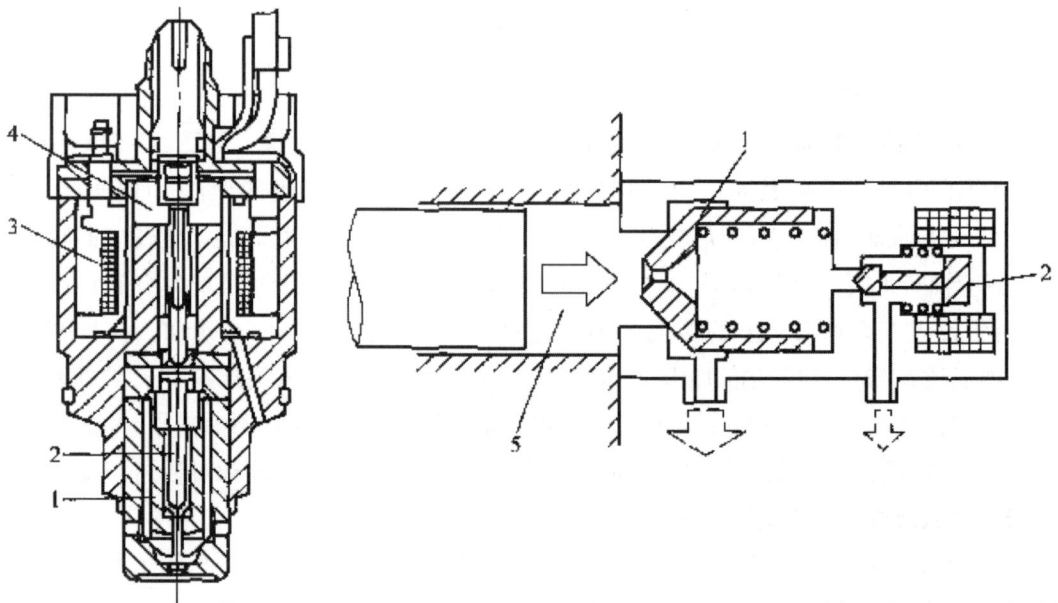

图示　5—52　电磁溢流阀结构示意图

1—主溢流阀　2—溢流控制阀　3—螺线管电磁线圈　4—电枢　5—高压室

　　电子控制单元输出指令,控制电磁溢流线圈的供电电路,当电磁溢流阀的电磁线圈通电时,溢流控制阀关闭,此时高压室的压力油通过主溢流阀上的节流孔同时作用于主溢流阀的正面和背面,主溢流阀在弹簧作用下处于关闭位置,燃油被封在高压室中不断增压,并

经由喷油器喷入气缸,如图 5 – 53(a)所示;当电磁溢流阀电磁线圈中的电流被切断时,溢流控制阀首先被打开,主溢流阀的背压下降,如图 5 – 53(b)所示;继而高压室内的高压油克服弹簧弹力及主溢流阀背压将主溢流阀打开,高压室内的燃油向低压区流动而急剧泄压,喷油停止,如图 5 – 53(c)所示。

电子控制单元根据发动机转速和节气门开度决定基本喷油量,并依据冷却液温度、进气温度、进气压力以及发动机运转的过渡条件等参量,对基本喷油量进行修正,最后确定最佳喷油量。最佳喷油量的控制是通过电子控制单元控制切断电磁溢流阀的电路,从而控制喷油器喷油时间的长短来实现的。喷油量控制如图 5 – 54 所示。

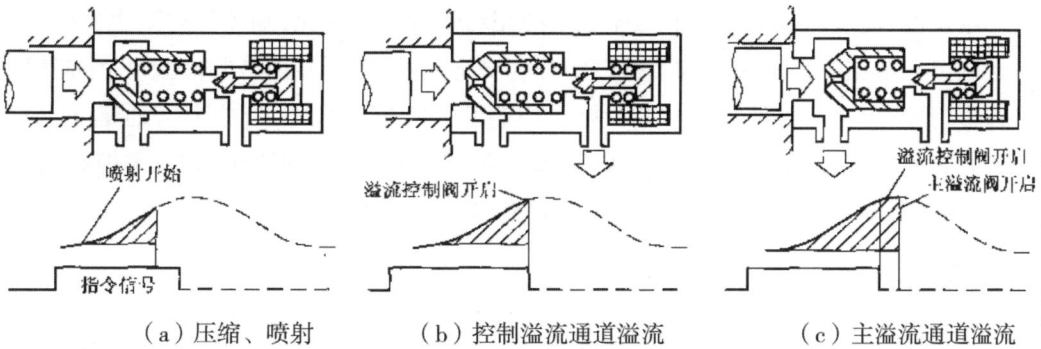

（a）压缩、喷射　　　（b）控制溢流通道溢流　　　（c）主溢流通道溢流

图示　5—53　电磁溢流阀工作原理图

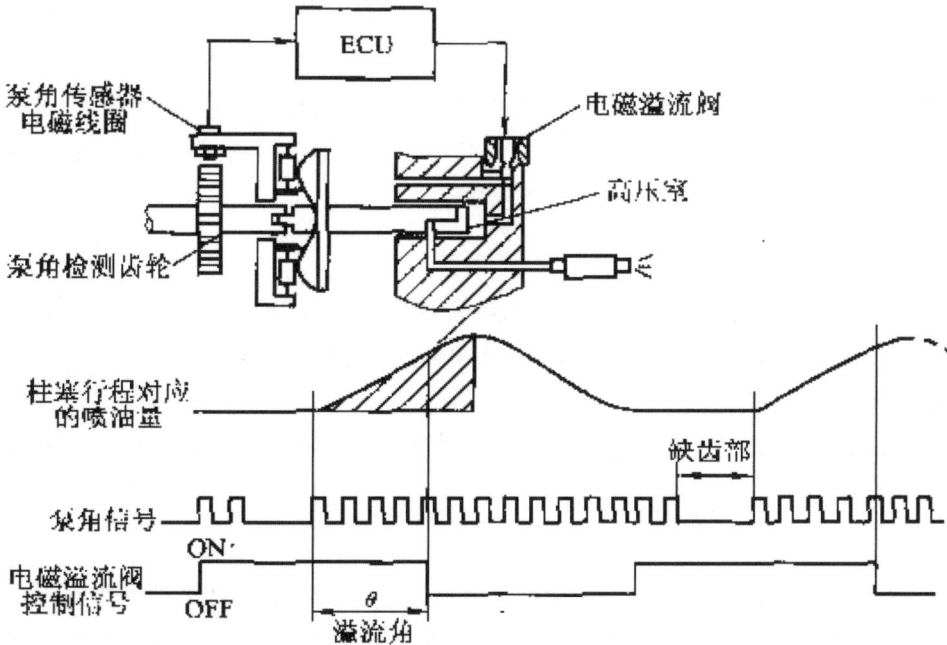

图 5 – 54　喷油量控制

2. 喷油时刻的控制

柴油机的燃油喷射时刻随发动机工况的变化而变化,从而使发动机的运行达到最佳状态。电控柴油喷射系统对喷油时刻的调整是由定时控制阀来完成的。如图5-51所示,定时控制阀由定时器活塞26、定时器销25和弹簧等组成。定时器活塞可左右移动,并带动定时器销和滚轮架一起移动。定时器活塞右侧承受输油泵的泵出油压,左侧承受输油泵进油油压和弹簧力;左、右侧通过管道相连,而管道的通断则由电子控制单元控制的电磁阀控制;当发动机在常用转速下工作时,活塞左、右两侧受力平衡;当发动机转速变化时,活塞右侧的油压改变,活塞两侧产生压力差,使活塞轴向移动,从而通过定时器活塞销带动滚轮架转动一定角度,使滚轮和凸轮盘的凸轮之间的相对位置发生变化,则喷油时刻也发生变化;电子控制单元根据发动机转速和节气门的开度决定喷油时刻,并由冷却液温度和进气压力等参数进行修正,决定最佳喷油时刻。电子控制单元确定最佳喷油时刻后,通道输出指令控制定时器活塞左、右侧通断的电磁阀,调节定时器活塞左、右侧的压力差,来控制活塞的位置,从而控制滚轮架(滚轮)的位置,实现对喷油时刻的精确控制。

五、柴油的牌号与选择

柴油机使用的燃料是柴油,柴油和汽油一样都是石油制品在石油蒸馏过程中产生的,温度在200~350℃之间的馏分即为柴油,柴油分为轻柴油和重柴油,汽车柴油机均为高速柴油机,使用轻柴油。

(一)轻柴油的牌号

我国轻柴油按低温流动性能指标(凝点)命名。根据国标(GBT 252—2015)《普通柴油》分为10号、5号、0号、-10号、-20号、-35号、-50号7种牌号,其凝点依次为不高于10℃、5℃、0℃-10℃、-20℃、-35℃和-50℃。

(二)轻柴油的使用性能

为了保证高速柴油机正常、高效的工作,轻柴油应具有良好的发火性、低温流动性、蒸发性、化学安全性、防腐蚀性和适当的黏度等诸多使用性能。

1. 发火性

指柴油的自燃能力,用十六烷值评定。十六烷值大,发火性好,容易自燃。国家标准规定轻柴油的十六烷值不小于45。

2. 蒸发性

蒸发性指柴油蒸发汽化的能力,用柴油馏出某一百分比的温度范围即馏程和闪点来表示。比如,50%馏出温度即柴油馏出50%的温度,此温度越低,柴油的蒸发性越好。蒸发性好的柴油能在短时间内同空气均匀混合,所以它燃烧速度就快。柴油的闪点指在一定的试验条件下,当柴油蒸气与周围空气形成混合气接近火焰时,开始出现闪火的温度。闪点低,蒸发性好。

3. 低温流动性

用柴油的凝点和冷滤点评定低温流动性。凝点是指柴油失去流动性开始凝固时的温度,而冷滤点则是指特定的试验条件下,在1min内柴油开始不能流过过滤器20mL时的最高温度。一般柴油的冷滤点比其凝点高4~6℃。

4. 强度

强度是评定柴油稀稠度的一项指标,与柴油的流动性有关。黏度随温度而变化,当温度升高时,黏度减小,流动性增强;反之,当温度降低时,黏度增大,流动件减弱。

5. 防腐蚀性和化学安全性

柴油的防腐蚀性用硫含量、硫醇硫含量、酸度和碱等指标来评定。GB/T252-2000中规定的实际胶质、10%蒸余物残炭和氧化安定性、总不溶物三项指标是柴油安全性的评定指标。柴油中的灰分、水分和机械杂质是评定柴油清洁性的指标。汽车柴油机应使用各项指标均符合国家标准的柴油。

（三）轻柴油的选择

轻柴油选择按照风险率为10%的最低气温进行选用。各个地区风险率为10%的最低气温见表 5—1。某月风险率为10%的最低气温值表示该月中最低气温低于该值的概率为0.1,或者说该月中最低气温高于该值的概率为0.9。掌握本地区风险率为10%的最低气温不仅是选择轻柴油牌号的依据,也是选择发动机润滑油、齿轮油和制动液的依据。

气温低时应选用凝点低的轻柴油,气温高时应选用凝点高的轻柴油。兼顾到经济性,一般选用轻柴油牌号的凝点应比车辆使用地区季节风险率为10%的最低气温低4~6℃,以保证车辆在最低气温使用时不发生供油中断现象。轻柴油牌号的选择可参见表5—2。

（四）轻柴油的使用注意事项

①不同牌号的轻柴油可以根据不同的气温酌情掺兑使用。掺兑时要搅拌均匀,掺兑后轻柴油的凝点一般要比按其掺兑比例算得的温度稍高2℃左右。

②轻柴油中不能混入汽油,否则会造成发动机起动困难。

③尽量选用质量好的轻柴油,做好轻柴油的净化工作,防止机械杂质混入,否则会加剧喷油泵的磨损等。

④发动机低温起动困难时,可在进气管中注入起动液,用量一般为10~25mL,但不得直接加入油箱中。

表 5—1　各个地区风险率为10%的最低气温　　　　　（单位:℃）

地区	一月份	二月份	三月份	四月份	五月份	六月份	七月份	八月份	九月份	十月份	十一月份	十二月份
河北省	-14	-13	-5	1	8	14	19	17	9	1	-6	-12
山西省	-17	-16	-8	-1	5	11	15	13	6	-2	-9	-16
内蒙古自治区	-43	-42	-35	-21	-7	-1	4	1	-8	-19	-32	-41

地区	一月份	二月份	三月份	四月份	五月份	六月份	七月份	八月份	九月份	十月份	十一月份	十二月份
黑龙江省	−44	−42	−35	−20	−6	1	7	4	−6	−20	−35	−43
吉林省	−29	−27	−17	−6	1	8	14	12	2	−6	−17	−26
辽宁省	−23	−21	−12	−1	6	12	18	15	6	−2	−12	−20
山东省	−12	−12	−6	2	8	14	19	18	11	4	−4	−10
江苏省	−10	−9	−3	3	11	15	20	20	12	5	−2	−8
安徽省	−7	−7	−1	5	12	18	20	20	14	7	0	−6
浙江省	−4	−3	1	6	13	17	22	21	15	8	2	−3
江西省	−2	−2	3	9	15	20	23	23	18	12	4	0
福建省	−4	−2	3	8	14	18	21	20	15	8	1	−3
台湾省	3	0	2	8	10	16	19	19	13	10	1	2
广东省	1	2	7	12	18	21	23	23	20	13	7	2
海南省	9	10	15	19	22	24	24	23	23	19	15	12
广西壮族自治区	3	3	8	12	18	21	23	23	19	15	9	4
湖南省	−2	−2	3	9	14	18	22	21	16	10	4	−1
湖北省	−6	−4	0	6	12	17	21	20	14	8	1	−4

表 5—2 轻柴油牌号选择

风险率为10%的最低气温在下列范围内地区	选用轻柴油牌号
4°C 以上	0 号
−5°C 以上	10 号
−5 ~ −14°C 以上	20 号
−14 ~ −29°C 以上	30 号
−29 ~ −44°C 以上	35 号

六、柴油机燃料供给系的检修

（一）喷油器的拆装

1.喷油器的拆卸

①如图5-55所示，从气缸盖上取出喷油器，按次序放好各缸喷油器及空心螺栓，固定凸缘、铜垫。

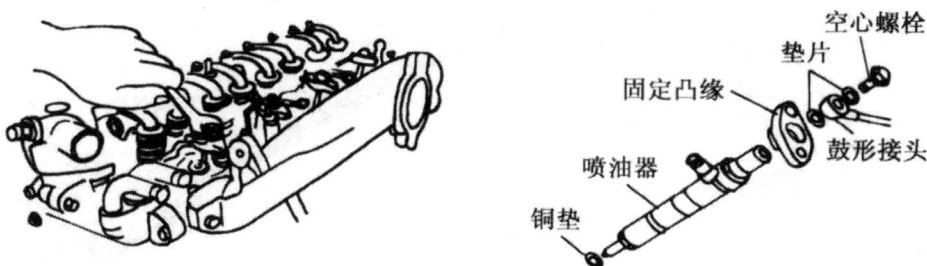

图5-55　从汽缸盖上取出喷油器

②如图5-56所示，将喷油器嘴朝下夹在垫有铜皮或专用套具的虎钳上，拆下接头螺栓、垫片及防尘套，拧出调压护帽及调压螺钉，取出调压弹簧座、调压弹簧和顶杆（有调整垫的收存各种调整垫），将拆下的零件放在清洁油盆内。

③如图5-57所示，将喷油嘴朝上夹在虎钳上，拆下喷油嘴紧固螺母，有针阀体垫块的取出针阀体垫块、定位销（2根）及针阀体偶件。若针阀体外部有积炭，针阀被卡死在针阀套内，不可敲打，可放入清洁的煤油或柴油中浸泡，然后用手从针阀体内拔出针阀；若拔不动，可用手钳加垫布块夹住拧出。

图5-56　拆接头螺栓

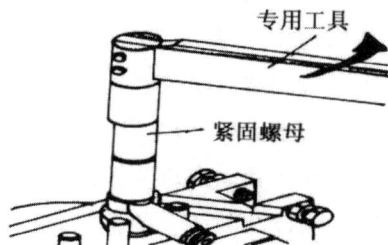

图5-57　拆喷油器紧固螺母

④部分车型的喷油器在进油口处还装有缝隙式滤芯，取出防污盖，拧出进油管接头即可取出缝隙式滤芯，如图5-58所示。分解后的零件应摆放整齐，各喷油嘴的针阀与针阀体应成对放置在清洁的装有柴油的专用保存盒内，切勿错乱。

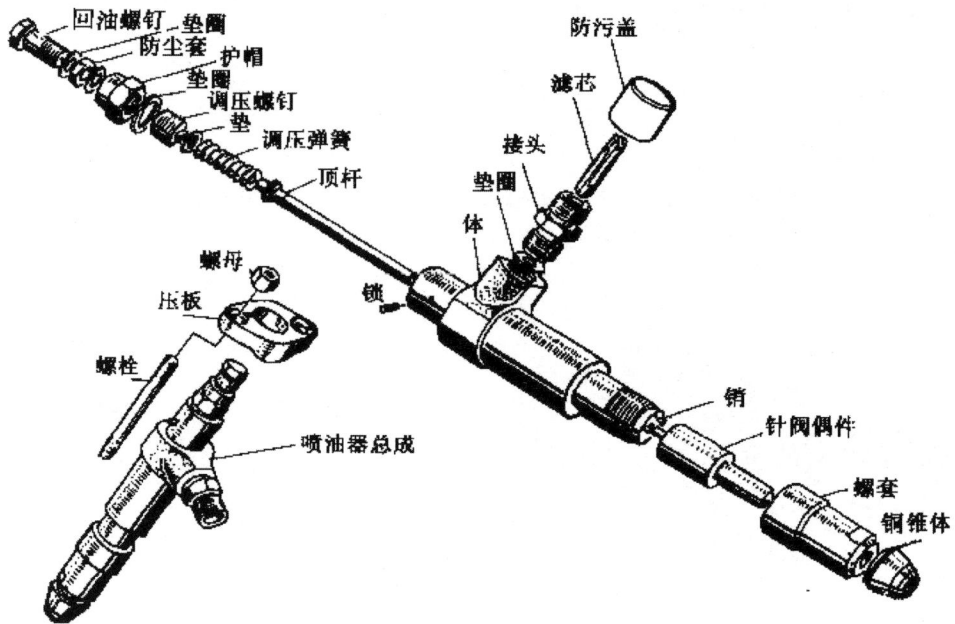

如图 5 – 58 喷油器分解图

2. 喷油器的装复

装复顺序与拆卸分解顺序相反。

3. 喷油器装复注意事项

安装喷油嘴和喷油嘴体之前,先要彻底清理气缸盖上安装孔中的积炭和残渣,可用一个小圆刷,也可以用刮除积炭的工具或硬木圆棒来清除积炭。用少量清洁的发动机润滑油使铜锥体保持在喷油嘴上正确的位置,也可先将铜锥体放入安装孔中,然后将喷油嘴和喷油嘴体缓缓地插入安装孔中。铜锥体有不同的厚度,因此要用千分尺检查其厚度,否则喷油嘴头部伸出过长或过短,都会导致活塞及气缸严重损坏和发动机性能变差。

有些发动机制造商建议在安装喷油嘴时用防黏剂涂覆喷油嘴体和安装孔,防止喷油嘴体在安装孔中发生黏着,以方便下一次拆装。

孔式喷油嘴体紧固螺母要按制造商规定的力矩拧紧,而轴针式喷油嘴体紧固螺母拧紧后还要将喷油嘴体与喷头上的记号对正。

最后,要求先装回油管,再装高压油管,但在完全排除燃油系统中的空气前不要将其拧紧,在排净燃油系统中的空气后,再按规定力矩拧紧高压油管,并检查是否存在泄漏。

（二）喷油泵的拆装

喷油泵的拆装顺序随结构的不同而异,下面以 A 型喷油泵为例介绍。

1. 喷油泵的拆卸

首先将喷油泵操纵臂向断油方向推到底,然后按曲轴旋转方向转动曲轴,直到喷油泵传动凸缘上的标记与喷油泵外壳上的标记正对后才可拆卸喷油泵。从拆卸到装回喷油泵这一期间,不能转动曲轴,否则在复装喷油泵时,要重新找准该缸喷油正时的活塞位置才能装复喷油泵。喷油泵解体前最好做一次试验,分析确定是局部解体还是全部解体,随后放尽燃油和润滑油,并彻底清洗喷油泵外表和分解用的工作台。

如图5-59所示,解体时应注意装配记号或者重新做记号,并按拆卸顺序用专用工具进行。分解中折下的零件应依次放置整齐,对于不能互换的配件必须按原来的组合成对放置。绝对不允许错乱,然后将零件浸放在清洁的柴油中。

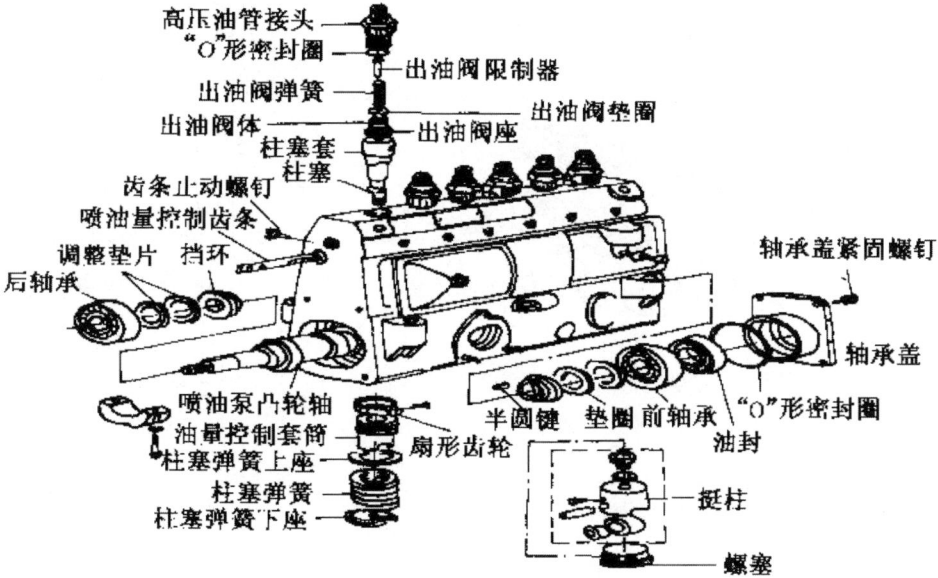

图5-59　喷油泵分解图

①在喷油泵的泵体侧面有一块检查窗盖板,拆下检查窗盖板后可以接近各泵油柱塞及柱塞套筒。以方便拆装及调整,拆下输油泵等附件。

②拆分泵时要先放松调节齿圈、拆下高压油管接头,使用图5-60所示的专用工具依次取出限制器、出油阀弹簧、出油阀偶件,然后用硬钢丝做成的钩子将柱塞和柱塞套一起从泵体上方的座孔内取出,如图5-61所示。

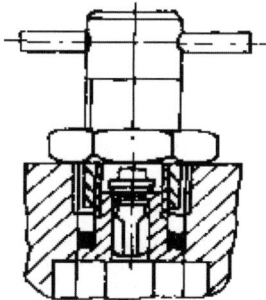

图　5—60　专用工具　　　图5-61　取柱塞偶件

③转动凸轮轴使某缸的滚轮挺柱转到下止点,然后用螺钉旋具撬起柱塞弹簧或插入一个专用的插片,如图 5 – 62 和图 5 – 63 所示,使之与弹簧座脱离后就可以用尖嘴钳从侧面取下弹簧下座了。根据需要还可以用专用工具取出柱塞弹簧上座、油量控制套筒、滚轮体部件、凸轮轴支撑轴瓦、前盖板及凸轮轴等。

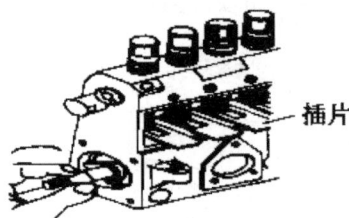

图 5 – 62　螺钉旋具撬柱塞弹簧　　　　　　图 5 – 63　插片

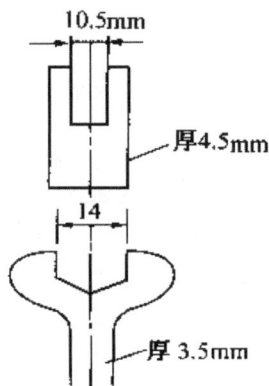

2. 喷油泵的装复

装复顺序与拆卸分解顺序相反。

3. 喷油泵装复注意事项

①装配前,应先将各零件清洗干净并用压缩空气吹干。装配时,在零件表面涂上清洁的柴油。

②安装凸轮轴前应确认发动机的工作顺序和喷油泵凸轮轴的旋转方向。装配后应转动灵活,并按规定调好轴向间隙。

③把柱塞套上的定位螺钉对正后才能用螺栓拧紧,防止使用过长的螺钉装配。

④装供油拉杆时要注意安装的刻线位置,或按照拆卸时做的记号装配。

⑤各主要螺栓、螺母的拧紧力矩应符合原厂规定。往发动机上安装时,要注意使记号与指针对齐。

(三)两速调速器的拆装

1. 两速调速器的拆卸

博世公司生产的 RQ 型调速器是典型的两速调速器,与 A、B、P 型等柱塞式喷油泵配套。调速器分解前应彻底清洗外部,以避免脏物进入泵体。

下面以 WD615 系列柴油机装用的 RQ 型机械离心式两速调速器为例,讲述拆卸要点。

①拆下带螺纹固定的导向销。

②松开调速器盖螺钉后,用手抬高调速器盖。取出调速杠杆中的滑块后拆除调速器盖。

③拆下调速杠杆的滑动销,取下调速杠杆、摇杆、滑动销与导向挡块组件。

④拧下调速器套筒的支承螺栓。

⑤用专用扳手拆下调速器套筒,取出调整垫片,最后用拉力器拉下调速器总成。

2. RQ 型机械离心式两速调速器的装复

装配顺序与拆卸顺序相反。

3. RQ 型机械离心式两速调速器装复注意事项

①安装调速弹簧时,要用专用工具依次装上调整垫片、下弹簧座、调速弹簧和上弹簧座,并拧动上弹簧座与固定螺母。

②装上调速杠杆和连接销,装上滑动轴组件,并穿上滑动轴销,将调速杠杆滑动销套于浮动杠杆导槽内,装上调速器盖。

(四)柴油机燃料供给系统故障排除

学会排除油路空气的方法步骤、学会喷油泵装车和喷油正时校准的方法。

主要实训故障有柴油机供油系不来油及来油不畅故障诊断及排除,柴油机燃料系空气排除,喷油正时校准。

1. 柴油机燃烧系空气排除

燃料系中进入空气,在管路中将发生"气阻",使供油量减少造成发动机起动困难,工作无力,甚至熄火。在排除空气前,燃料箱应加足燃油,保证管路密封,并接下述步骤进行。

①排除输油泵中的空气:松开输油泵出油接头,反复压动手油泵直至流出的燃油不含气泡为止,然后在燃油溢流过程中旋紧接头。

②排除滤清器中的空气:旋松柴油滤清器上部的放气螺塞,依照上述方法排净滤清器里的空气。

③排除喷油泵中的空气:由前到后旋松喷油泵上部的两个放气螺塞,依照上述方法排净喷油泵里的空气。

④排除高压油管中的空气:旋松喷油器高压进油管接头,用马达带动发动机使喷油泵泵油,将高压油管中的空气排出。

2. 喷油泵装车及正时调整

①将调试好的喷油泵固定在发动机上。

②转动发动机曲轴至第一缸活塞处于压缩终了上止点前的喷油提前角位置上。

③将喷油泵凸轮轴转至与壳体相应的标记对准。

④将两半只联轴器联接固定。

⑤起动发动机试验,若提前角有误差,可通过联轴器调整。

3. 检查柴油机喷油正时

①拆下喷油泵第一缸高压油管。

②将喷油泵供油拉杆向增加供油方向推到底。

③用起子撬转飞轮,仔细观察喷油泵第一缸出油阀压紧座出油口的油面变化情况,

只要油面一升高,便立即停止撬转飞轮。察看飞轮上的记号是否与飞轮壳上的记号对正。

　　④若喷油提前角迟后,则应顺喷油泵凸轮轴旋转方向使联轴节转过一定角度。

　　若喷油提前角提前,则应逆喷油泵凸轮轴旋转方向,使联轴节转过一定角度。

第六章　进气和排气系统的构造与维修

　　进气系统的功用是尽可能多地和尽可能均匀地向各气缸供给可燃混合气或纯净的空气。发动机进气系统由空气滤清器、空气流量计、进气压力传感器、节气门体、附加空气阀、急速控制阀、谐振腔、动力腔、进气歧管等组成。有的进气排气系统还装有进气预热装置。为了提高进气效率，有的进气系统还装有进气增压装置。

　　排气系统是指收集并且排放废气的系统，一般由排气歧管，排气管，催化转换器，排气温度传感器，汽车消声器和排气尾管等组成。汽车排气系统主要是排放发动机工作所排出的废气，同时使排出的废气污染减小，噪声减小。

　　下面主要介绍进排气系统各主要零部件的结构原理及其拆装方法。

一、进气系统的构造

　　发动机工作时，驾驶员通过加速踏板操纵节气门的开度，以此来改变进气量，控制发动机的运转。进入发动机的空气经空气滤清器滤去尘埃等杂质后，流经空气流量计，沿节气门通道进入动力腔，再经进气歧管分配到各个气缸中；发动机冷车急速运转时，部分空气经附加空气阀或急速控制阀绕过节气门进入气缸。

　　图6-1所示为一般轿车发动机进排气系统的组成及其在车上的布置。

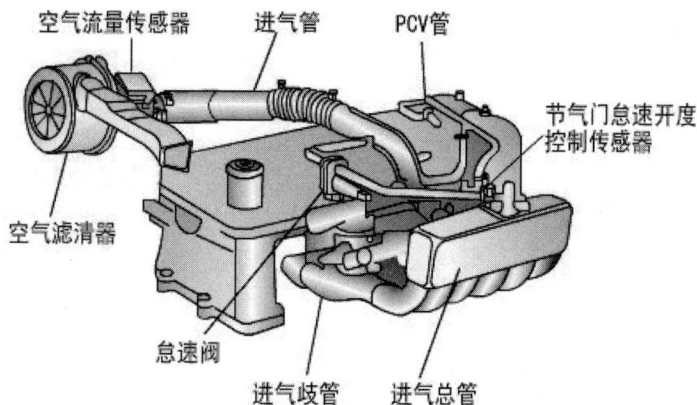

图6-1　发动机进排气系统

1. 空气滤清器

（1）空气滤清器的功用

燃油燃烧需要大量的空气,以普通轿车为例,每消耗 1L 汽油需要消耗($5 \times 10^3 \sim 1 \times 10^4$L)空气。如此数量的空气进入气缸,若不将其中的杂质或灰尘滤除,必然加速气缸的磨损、缩短发动机使用寿命。实践证明,发动机不安装空气滤清器,将使活塞磨损量增加约 3 倍,活塞环磨损量增加约 9 倍,发动机寿命将缩短 2/3。

空气滤清器的功用是在空气进入汽缸前,滤除其中的尘埃和杂质,以减小气缸、活塞和活塞环的磨损。另外,空气滤清器还有消减进气气流所形成噪声的作用。

（2）空气滤清器的类型

①按工作原理分类,有惯性式和过滤式两大类。惯性式是利用气流高速旋转的离心力,将空气中的尘埃和杂质分离;过滤式则是利用滤芯材料滤除空气中的尘埃和杂质。根据发动机使用环境不同,可以采用其中的一种或两种(也称综合式)过滤方式。

②按滤芯材料分类,有纸滤芯、铁丝网滤芯等形式。纸滤芯具有质量小、成本低、过滤效果好等优点。纸质滤芯有干式和湿式两种。湿式纸质滤芯经浸油处理,使用寿命更长,过滤效果更好,但不能反复使用,需定期更换。干式纸质滤芯可以反复使用,广泛应用于汽车发动机上。

（3）空气滤清器的结构与工作原理

以现代轿车常用的纸质滤芯空气滤清器为例,其结构如图 6-2 所示。由经过树脂处理的微孔滤纸制成的滤芯安装在滤清器壳内,滤芯的上、下表面是密封面。当拧紧蝶形螺母,把滤清器盖紧固在滤清器上时,下密封面和上密封面分别与滤清器盖和滤清器壳底配合面紧密贴合。滤纸打褶,以增加滤芯的滤过面积和减小滤芯阻力。滤芯外面是多孔金属网,用来保护滤芯在运输、保管和使用过程中不使滤纸破损。在滤芯的上、下端浇上耐热塑料溶胶,以固定滤纸、金属网和密封面间的相对位置,并保持其间的密封性。在发动机工作时,空气从滤芯的四周穿过滤纸进入滤芯中心,杂质被滤芯阻留在滤芯外面,清洁的空气进入进气总管,流向气缸。

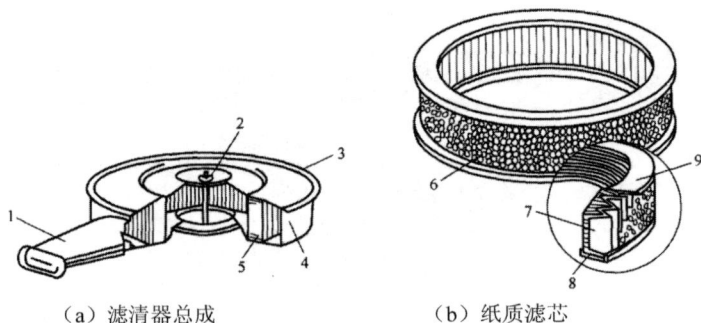

（a）滤清器总成　　（b）纸质滤芯

图 6-2　干式纸质滤芯空气滤清器的结构

1—进气导流管　2—蝶形螺母　3—滤清器盖　4—滤清器　5—滤芯　6—金属网

7—打褶滤纸　8—滤芯下密封面　9—滤芯上密封面

在现代轿车上,为了增强发动机的谐振进气效果,空气滤清器进气导流管需要有较大的容积。为保证空气在导流管内有一定的流速,导流管又不能太粗,进气导流管只能做得很长。较长的进气导流管有利于实现从车外吸气,因为车外空气温度一般比发动机罩下的温度约低 30℃ ,所以从车外吸入的空气密度可增加 10% 左右,燃油消耗率可降低 3% 。

(4)带恒温进气装置的空气滤清器

为了降低有害气体 CO、HC 的排放,一些汽油机装有恒温进气装置,其功用是控制进气温度,使之保持在 35~40℃ 之间。如图 6-3 所示,它是在普通空气滤清器上增设一套空气加热与控制系统,2 个进气口中一个接热空气管,另一个接冷空气进气导流管,由控制阀控制 2 个进气管的开闭。

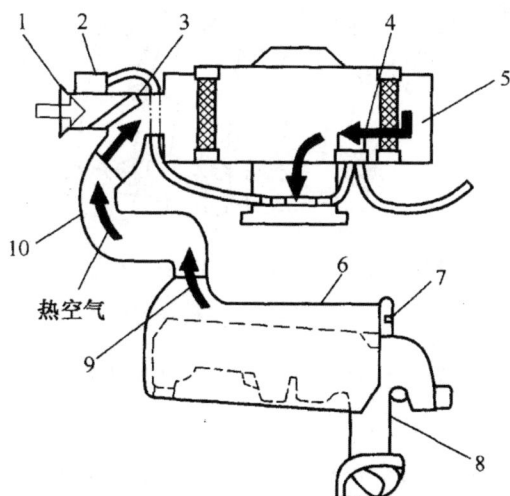

图 6-3　带恒温进气装置的空气滤清器

1—进气导流管　2—真空控制膜盒　3—控制阀　4—进气温度传感器　5—空气滤清器
6—热炉　7—冷空气入口　8—排气歧管　9—热空气出口　10—热空气管

当发动机冷启动时,汽车发动机罩下的环境温度低于 35℃ ,进气温度传感器通过控制阀关闭进气导流管,打开热空气管,冷空气从排气歧管上部的热炉加热,经热空气管和空气滤清器进入发动机;当温度超过 53℃ 时,温度控制机构通过控制阀完全关闭热空气管,进入空气滤清器的空气全部是环境空气;当温度在 35~40℃ 时,控制阀部分开启,2 个进气口均有空气流入。

2.进气总管

进气总管是指空气滤清器至进气歧管之间的管道(见图 6-1)。为了提高发动机的充气效率,通常按有效利用进气压力波的原理设计进气管的长度、形状和结构。进气总管上常附有各种形状的气室,以减小节气门开度频繁变化时的进气脉动。

在电控燃油喷射式发动机的进气总管上,装有空气流量传感器(或进气压力传感器),以便对进入气缸的空气进行计量。

3.进气歧管

(1)进气歧管的结构

进气歧管是指进气总管后向各气缸分配空气的支管。桑塔纳 2000GSi 轿车 AJR 发动机进气歧管的结构如图 6 − 4 所示。

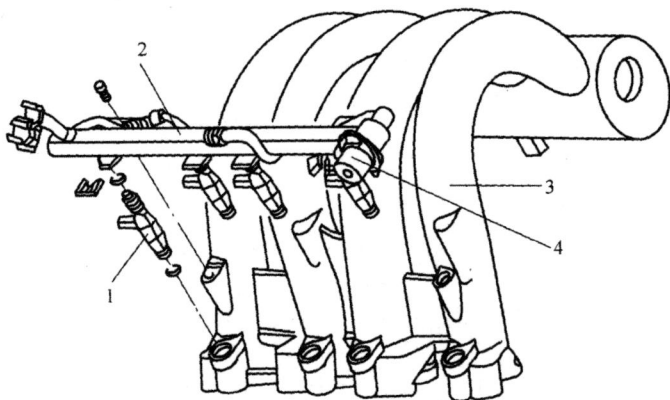

图 6 − 4   桑塔纳 2000GS i 轿车 AJR 发动机进气歧管的结构

1—喷油器 2—燃油分配管 3—进气歧管 4—油压调节

进气歧管一般由铸铁或铝合金制造,轿车发动机多用铝合金制造。进气歧管用螺栓固定在气缸体或气缸盖上,其接合面处装有衬垫,以防止漏气。

进气歧管的衬垫由钢片包的石棉板或石棉橡胶垫制成,坚固耐用。安装时应尽量使衬垫处于中间位置,先用两颗定位螺栓将衬垫与进气总管定位,然后再将螺栓逐一拧紧以避免进气孔道被衬垫挡住而减少流通面积。

(2)进气歧管的加热

对于单点电控燃油喷射式发动机,进气歧管的温度十分重要。因为温度太低,汽油将凝结在管壁上,造成混合气雾化不良。应进行适当的加热,以利于燃油的蒸发,但是若加热过度,又将减少进入气缸的气体质量,使发动机的功率下降。通常的加热方式有以下几种。

①利用陶瓷热敏电阻器加热,如图 6 − 5 所示。在进气歧管内装有陶瓷热敏电阻加热器,在发动机冷启动前,打开陶瓷热敏电阻器加热电源,加热器通电加热。随着温度的升高,加热器电阻加大,当温度升高到 180℃ 时,其电阻变得无穷大,切断电流,停止加热。

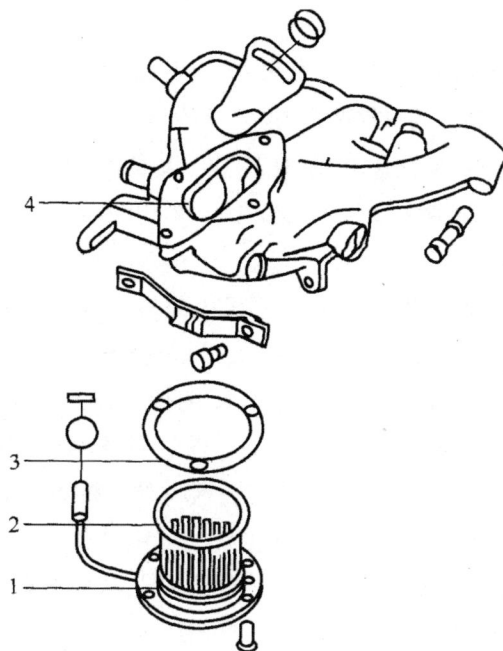

图 6-5　陶瓷热敏电阻加热器

1—节气门体安装面　2—排气再循环阀安装面　3—循环冷却液管　4—进气歧管安装面

②利用高温排气加热,即发动机的排气流过进气管底部对进气管进行加热。在排气歧管内装有混合气预热阀,根据季节的不同调节控制阀的开度,从而改变进气歧管的加热程度。带恒温进气装置的空气滤清器就属这类机构。

也有发动机将进气歧管和排气歧管合装成一体,直接利用排气歧管中的热量加热进气歧管。这种方法加热快,缩短冷机运转时间。缺点是当热机时,还继续加热,会造成气缸的进气量减少,使发动机的功率下降。

③利用循环冷却液加热,如图 6-6 所示。这种进气歧管内设有水套,并与冷却系统连通,使冷却液在进气歧管水套内循环。这种形式比高温排气加热时间长,但热机时发动机的性能好。

电控燃油多点喷射式发动机的进气歧管无需加热。

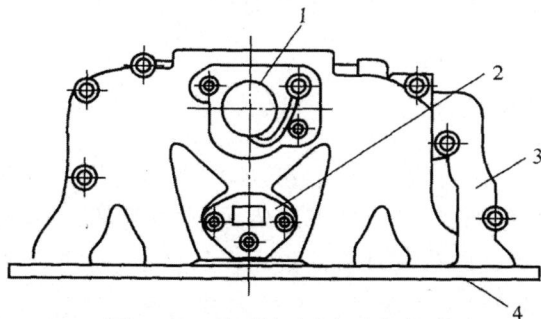

图 6-6　利用循环冷却液加热图

1—陶瓷热敏电阻加热器　2—密封圈　3—密封垫　4—进气歧管

（3）可变进气歧管

为了充分利用进气波动效应和尽量缩小发动机在高、低转速时进气速度的差别，从而达到改善发动机经济性和动力性，特别是改善中、低速和中、小负荷时的经济性和动力性的目的，要求发动机在高转速、大负荷时装备粗短的进气歧管，而在中、低转速和中、小负荷时配用细长的进气歧管，可变进气歧管就是为适应这种要求而设计的。

图6-7所示为一种能根据发动机转速和负荷的变化而自动改变有效长度的进气歧管。当发动机低速运转时，发动机电子控制装置指令转换阀控制机构关闭转换阀，这时空气经过空气滤清器和节气门沿着弯曲而又细长的进气歧管流进气缸。细长的进气歧管提高了进气速度，增强了气流的惯性，使进气量增多。当发动机高速运转时，转换阀开启，空气经过空气滤清器和节气门直接进入粗短的进气歧管。粗短的进气歧管进气阻力很小，使进气量增多。可变长度进气歧管不仅可以提高发动机的动力性，而且由于它提高了在中、低转速运转时的进气速度，增强了气缸内的气流强度，从而改善了燃烧过程，使发动机中、低转速的燃油经济性有所提高。

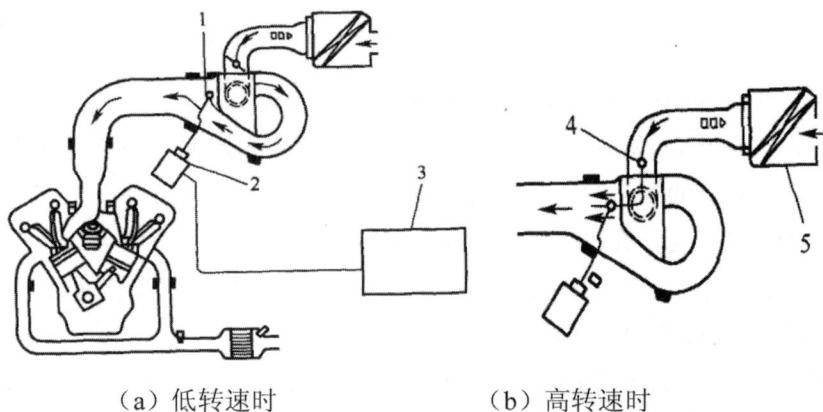

（a）低转速时　　　　　　　　（b）高转速时

图6-7　可变长度进气歧管

1—转换阀　2—转换阀控制机构　3—控制单元　4—节气门　5—空气滤清器

二、排气系统的构造

新鲜空气与汽油混合进入引擎燃烧后，产生高温高压的气体推动活塞，当气体能量释放后，对引擎就不再有价值，这些气体就成为废气被排放出引擎外。废气自气缸排出后，随即进入排气歧管，各缸的排气歧管汇集后，经过排气管将废气排出。而就如进气歧管一样，气体在排气歧管内也是以脉冲的方式离开引擎，所以各缸的排气歧管长度及弯度也要设计成尽量相同，使各缸的排气都能一样的顺畅。废气从排气歧管之后，便接上催化转换器，以将未完全燃烧之污染物转换为无害物质，保护环境。从催化转换器出来就连接到消声器了。消声器横截面是一个圆形或者椭圆形的物体,多用薄钢板焊制,装在排气系统的中部或者后部位置上,它内部有一系列隔板、腔室、孔管和管道,利用声波反射互相干扰抵消的现象,使声能逐渐消弱,用以隔离和衰减排气门每次打开时产生的脉动压力。

直列式发动机通常采用单排气系统。有的 V 形发动机采用单排气系统,如图 6 – 8(a)所示;也有的采用双排气系统,如图 6 – 8(b)所示。

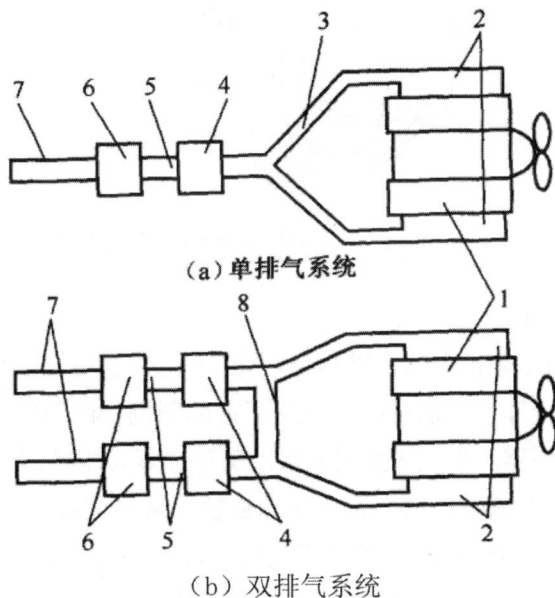

图 6 – 8　V 形发动机排气系统布置

1—发动机　2—排气歧管　3—叉形管　4—催化转换器　5—排气管

6—排气消声器　7—排气尾管　8—连通管

1. 排气歧管

排气歧管一般由铸铁铸造。近年来,采用不锈钢做排气歧管的汽车越来越多,原因是不锈钢排气歧管质量轻,耐久性好,同时内壁光滑、排气阻力小。

排气歧管的形状十分重要。为了不使各缸排气相互干扰及不出现排气倒流现象,并尽可能地利用惯性排气,应该将排气歧管做得尽可能长,而且各缸支管应该相互独立、长度相等。如图 6 – 9 所示的不锈钢排气歧管的结构能较好地满足上述要求。排气歧管用螺栓固定在气缸盖上,其结合面处装有石棉衬垫,以防漏气。排气歧管的各支管分别与气缸盖上的排气道相通。

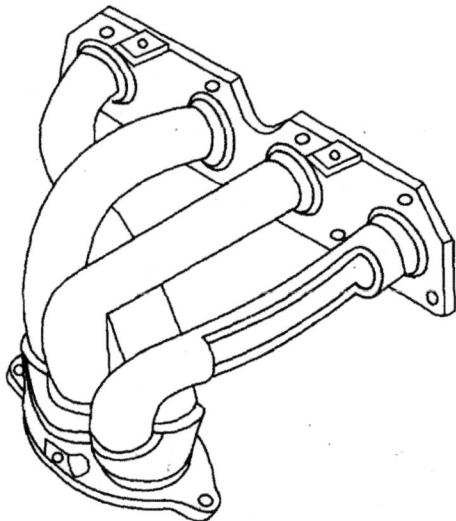

图 6-9 不锈钢排气歧管(丰田汽车用)

2. 三元催化转换器

由于环保法规对车辆排污的标准相当严苛,不论怠速、加速、低速行驶、高速行驶或减速,都必须符合排污标准。车辆在面对如此严苛的限制,除了在性能与排污中取得平衡点外,还得依靠催化转换器。催化转换器通常以贵重金属为原料,有氧化型催化剂、还原型催化剂及目前绝大多数车辆采用的三元催化转换器。从排气歧管之后,便接上催化转换器,以将未完全燃烧之污染物转换为无害物质,保护环境。

早期的催化转换器多设置于排气管中段的位置,而近来多装在紧接排气歧管之后,好使催化剂加快达到工作温度。催化剂必须在接近 500℃ 的高温下,才能获得较好的转换效率,低温时则几乎没有转换能力,故冷车的排污量较大。

3. 排气消声器

从催化转换器出来就连接到消声器了,消声器横截面是一个圆形或者椭圆形的物体,多用薄钢板焊制,装在排气系统的中部或者后部位置上,它内部有一系列隔板、腔室、孔管和管道,利用声波反射互相干扰抵消的现象,使声能逐渐消弱,用以隔离和衰减排气门每次打开时产生的脉动压力。

顾名思义,消音器就是用来消除排气的噪声,使车辆行驶起来更宁静。一般消音器中会有数个膨胀室,引擎排放出来的废气经过数个膨胀程序后,会使得排气脉冲缓和而消除噪声。然而,由于气体在消音器路径复杂,换言之也就是消音器降低了排气的顺畅性,所以也会略略影响引擎性能。有些人会自行改装直通式排气尾管,这样虽然稍稍提升引擎性能,却会大大增加排气噪声,所以这是不值得肯定也是违反交通规定的行为。

排气消声器主要是消耗废气流的能量,平衡气流的压力波。通常采用以下几种办法。

①多次改变气流的方向。

②重复地使气流通过收缩而后又扩大的断面。

③将气流分割为很多小的支流并沿着不平滑的平面流动。

④将气流冷却。

图6-10所示为典型排气消声器的结构。它由外壳、多孔管和隔板等组成。外壳用薄钢板制成筒形,两端封闭。内腔用两道隔板分隔成3个消声室,在两端又各插入多孔的进入管和排出管,3个消声室通过多孔管相互沟通。

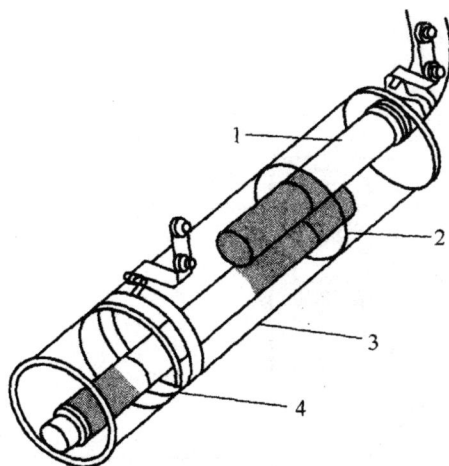

图6-10 排气消声器的结构示意图

1—进入管　2—隔板　3—外壳　4—排出管

废气经管上的小孔进入消声室,得到膨胀和冷却,并与管壁碰撞消耗能量,压力降低,振动减轻,最后从多孔的排出管排入大气,噪声显著减小。

三、发动机进气增压

所谓进气增压就是将空气预先压缩后再供入气缸,以提高进气密度,增加进气量。进气量的增加,可相应地增加循环供油量,从而增加发动机的功率,一般可增加发动机功率10%~60%,甚至成倍增加。同时,还可以改善燃油经济性,降低有害气体排放,其CO和HC的排放仅为非增压发动机的1/3~1/2。

现代汽车上采用增压技术越来越广泛,主要有以下几个优点:能够提高发动机的功率;降低发动机油耗和质量;减轻发动机排气污染等。也就是说,采用增压器能够提高发动机的动力性、经济性和排放性。提高发动机的功率,可以通过提高发动机的排量来实现,但是这样会大幅度增加发动机的质量和成本,造成浪费。采用发动机进气增压,就是在发动机排量不变的情况下,通过在进气系统侧安装一个专门的装置,将空气预先进行压缩后再送入发动机的气缸,这样尽管每个气缸的工作容积没变,由于实际充气量增加,就可以向缸内喷射更多的燃料使之充分燃烧,从而提高发动机的功率。

进气增压的方法有废气涡轮增压、机械增压、进气谐波增压等。其中以废气涡轮增压技术最为成熟,效率也高,应用最广。下面主要介绍进气增压系统各主要零部件的结构原理及其拆装方法。

(一)废气涡轮增压系统

涡轮增压系统分为单涡轮增压系统和双涡轮增压系统。只有一个涡轮增压器的增压系统为单涡轮增压系统,如图6-11所示。涡轮增压系统除涡轮增压器之外,还包括进气旁通阀、排气旁通阀和排气旁通阀控制装置等。

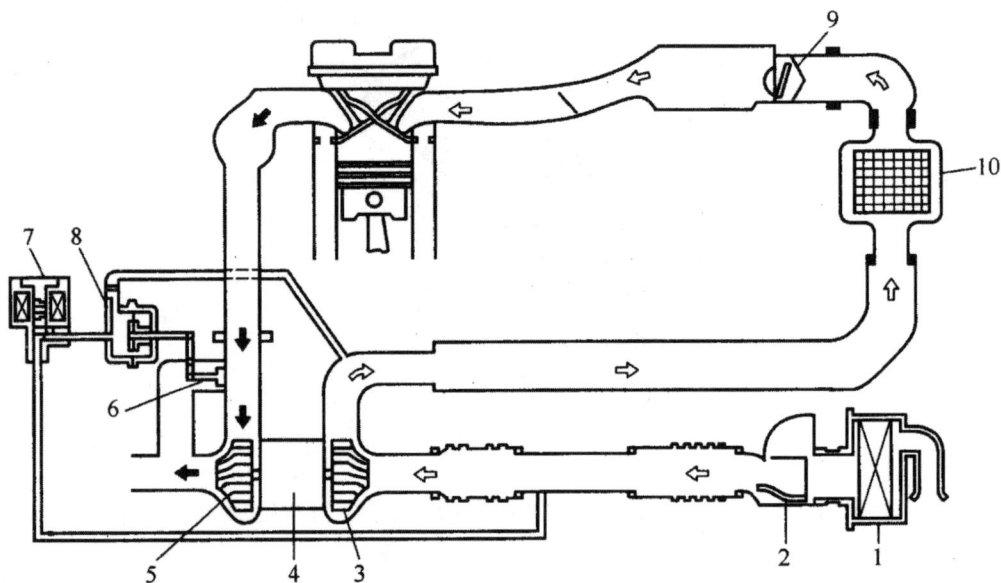

图6-11　单涡轮增压系统示意图

1—空气滤清器　2—空气流量计　3—压气机叶轮　4—增压器　5—涡轮机叶轮　6—排气旁通阀
7—进气旁通阀　8—排气旁通阀控制装置　9—节气门　10—中冷器

图6-12所示为六缸汽油喷射式发动机的双涡轮增压系统示意图。其中2个涡轮增压器并列布置在排气管中,按汽缸工作顺序把1、2、3缸作为一组,4、5、6缸作为另一组,每组3个气缸的排气驱动1个涡轮增压器。3个气缸的排气间隔相等,使增压器转动平稳,且把3个气缸分成一组还可防止各缸之间的排气干扰。此系统除包括涡轮增压器、进气旁通阀、排气旁通阀及排气旁通阀控制装置之外,还有中冷器、谐振室和增压压力传感器等。

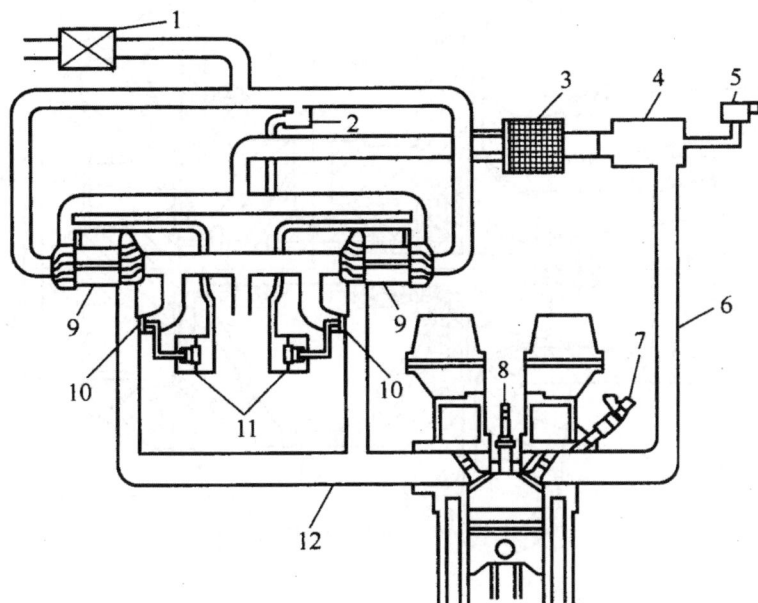

图 6 – 12　双涡轮增压系统示意图

1—空气滤清器　2—进气旁通阀　3—中冷器　4—谐振室　5—增压压力传感器　6—进气管
7—喷油器　8—火花塞　9—涡轮增压器　10—排气旁通阀　11—排气旁通阀控制装置　12—排气管

1. 涡轮增压器

根据涡轮增压器所采用的涡轮形式不同,涡轮增压器分为径流式(废气沿涡轮径向流动)、轴流式(废气沿涡轮轴向流动)和混流式(废气介于径流和轴流二者之间的斜向流动)3 种。车用发动机主要采用径流式涡轮增压器。

径流式废气涡轮增压器的结构如图 6 – 13 所示,它由离心式压气机、径流式涡轮机和中间体三部分组成。其中离心式压气机包括压气机叶轮、压气机壳等;径流式涡轮机包括涡轮、涡轮壳等。增压器轴通过 2 个浮动轴承支撑在中间体内。

（1）离心式压气机

离心式压气机通常由进气道、压气机叶轮、扩压器和压气机壳组成,如图 6 – 14 所示。

①进气道。其作用是将气流有秩序地导入压气机的工作叶轮进行压缩。按其结构和空气流动的特性,主要有轴向进气、径向进气和涡轮进气 3 种形式。轴向进气道的进气气流沿轴向进入工作叶轮,空气损失较小,多用于小型增压器。径向进气道的进气气流由径向流入,再转为轴向流入工作叶轮,由于气流流入工作叶轮要转弯,空气损失较大,常用于大型增压器。涡轮进气道很少采用。

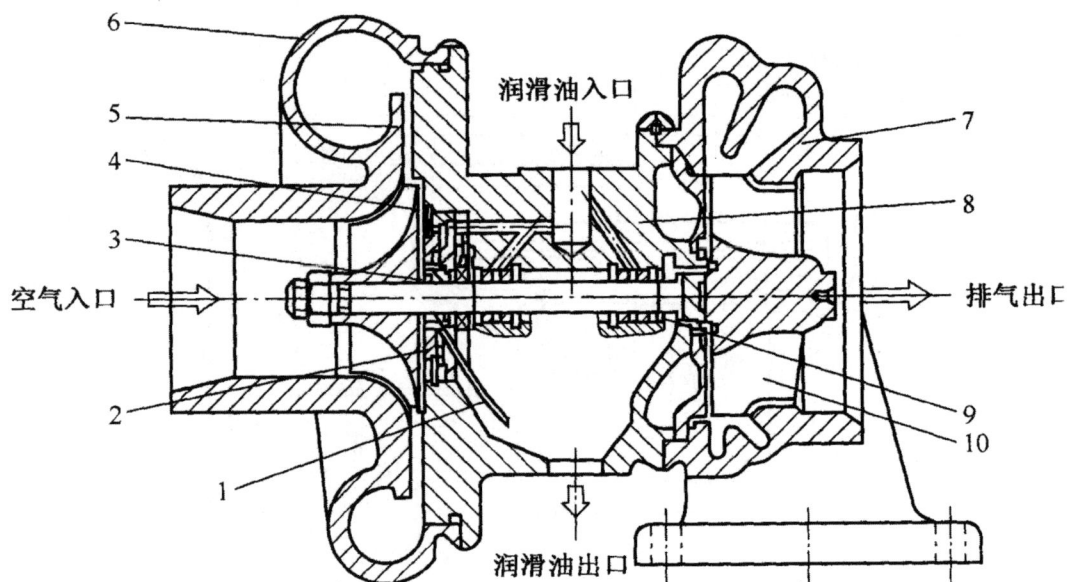

图 6-13　径流式废气涡轮增压器的结构

1—挡油板　2—推力轴承　3—密封环　4—压气机后盖板　5—压气机叶轮

6—压气机壳　7—涡轮壳　8—中间体　9—浮动轴承　10—涡轮

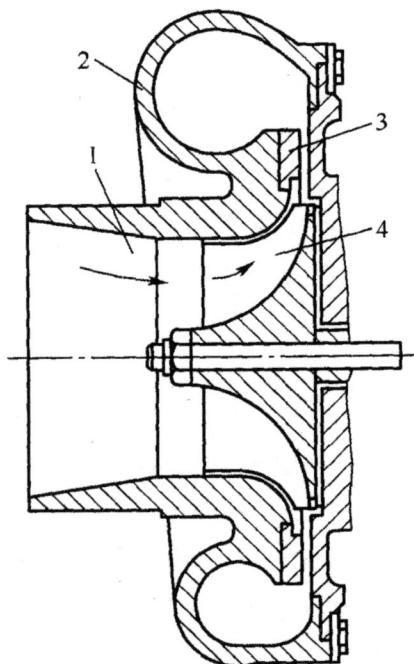

图 6-14　离心式压气机

1—进气道　2—压气机壳　3—扩压器　4—压气机叶轮

进气道一般由铝合金铸造,为了提高表面光洁度,减小进气阻力,进气道内表面经过机械加工。

②压气机叶轮。旋转时使空气在离心力的作用下受到压缩并甩向工作叶轮外缘,使空气得到能量,从而使空气的温度、压力和流速都增加。

③扩压器和压气机壳。扩压器的作用是使流经叶轮后的气流速度降低,从而进一步增加气体的静压力。按结构可以分为无叶片式扩压器和有叶片式扩压器 2 种。

从扩压器中流出的空气,输向发动机进气管,同时继续压缩气体。使从扩压器出来的气体再一次降低流速以提高气体的静压力。

（2）径流式涡轮机

涡轮增压器的废气涡轮是利用发动机排出的废气能量来转动,从而带动压气机转动的一种动力装置。废气涡轮是涡轮增压器中一个很重要的部件。由于涡轮机与发动机之间没有任何机械联系,将普通无增压器的发动机经过改装,加上增压器,即可提高发动机功率30% ~ 50%。

径流式涡轮机主要由进气涡轮壳、喷嘴环、工作轮以及出气道等组成,如图 6 - 15 所示。进气涡轮壳的作用是把发动机与增压器连接起来,并且通过涡轮壳的进口与发动机排气管相连。喷嘴环又叫导向器,其作用是引导废气进入叶轮。工作轮就是叶轮,其作用是把喷嘴环出口高速废气的动能和压力势能转变为机械能。

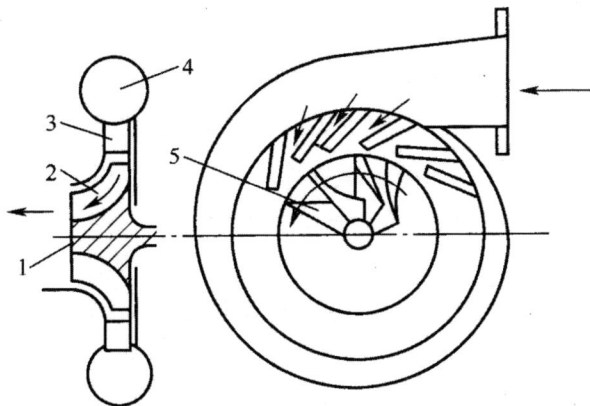

图 6 - 15　径流式涡轮机结构示意图
1—出气道　2—工作轮　3—喷嘴环　4—进气涡轮壳　5—工作轮

（3）中间体

中间体的结构如图 6 - 16 所示。中间体内装有增压器轴及轴承。增压器轴上安装有涡轮机叶轮、压气机叶轮和密封套等零件,组成涡轮增压器转子,转子以 $1 \times 10^5 \sim 2 \times 10^5$ r/min 速度高速旋转。增压器轴承常采用浮动轴承,浮动轴承实际上是套在轴上的圆环。圆环与轴以及圆环与轴承座之间都有间隙,形成双层油膜。

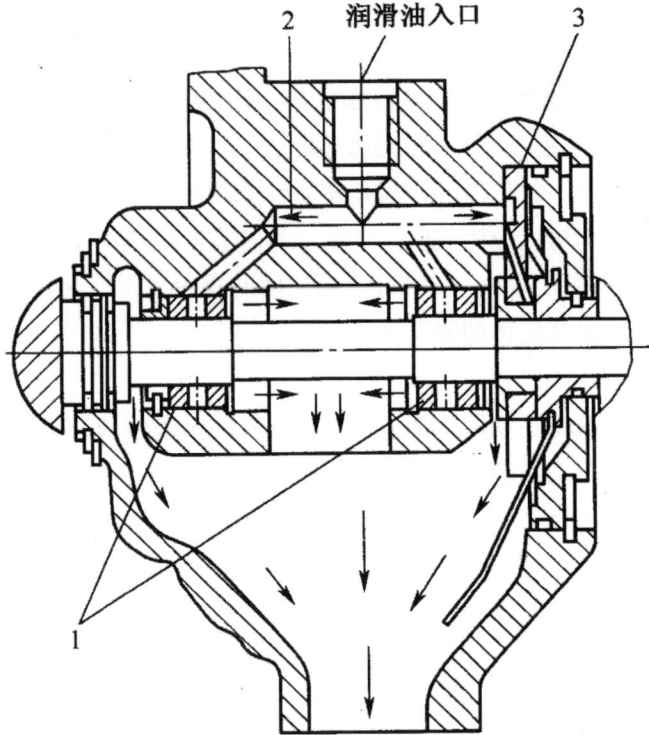

图 6 - 16   中间体的结构
1—浮动轴承   2—润滑油道   3—推力轴承

增压器轴与增压器轴承是车用涡轮增压器可靠性的关键部件,必须保证良好的润滑与冷却。来自发动机润滑系统主油道的机油经增压器中间体上的润滑油入口进入增压器,润滑和冷却增压器轴和轴承。然后经中间体上的机油出口返回发动机油底壳。在增压器轴上装有油封,用来防止机油窜入压气机或涡轮机壳内。若油封损坏,将导致机油消耗量增加和排气冒蓝烟。

由于汽油机增压器的热负荷大,因此在增压器中间体的涡轮机侧设置冷却水套,并用软管与发动机的冷却系连通。冷却液从中间体上的冷却液进口流入冷却水套,从冷却液出口流回发动机冷却系。冷却液在中间体的冷却水套中循环,对增压器轴及增压器轴承进行冷却。

径流式废气涡轮增压器的工作原理如图 6 - 17 所示,压气机前装有空气滤清器。柴油机工作时,由柴油机排气管排出的高温废气经过涡轮壳进入喷嘴,将废气的热能及弹性势能转变成动能,并以一定的方向流向涡轮叶轮,从而使涡轮高速旋转。压气机叶轮也随之高速旋转并产生吸力,新鲜空气经过空气滤清器过滤后被吸入高速旋转的压气机叶轮,使气流速度增加,压力提高。再经过压气机壳,使气流的动能变为弹性势能,压力进一步提高后进入柴油机的进气管,增加进入气缸的空气密度,改善了柴油机的燃烧条件,从而提高柴油机的功率。

图 6 – 17 中

发动机的压力机油

3

废气出口 ←

从空气滤清器吸
入空气给涡轮增
压器的压气机

4

2

1

流向发动
机的机油

5

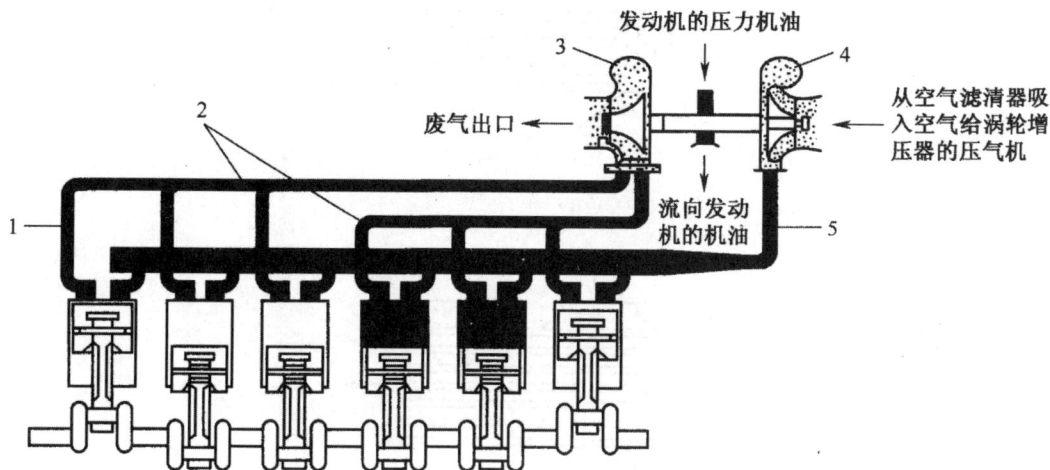

图 6 – 17 涡轮增压器工作原理图
1—进涡轮增压器涡轮机的废气 2—从发动机至涡轮增压器涡轮机的废气道
3—涡轮机 4—压气机 5—进入发动机的压缩空气

由于推动涡轮增压器涡轮高速旋转的动力是柴油机排气管排出的高温废气,因此,涡轮增压器的转速随柴油机排气管废气量、脉冲压力和热量的增大而增大。

使用涡轮增压器能大大降低排烟浓度和废气中的有害物质。此外,由于燃烧压力升高,功率增大,发动机工作较柔和,噪声也比较小。但如果涡轮增压器损坏后不及时维修,反而会造成功率下降和较严重的污染。

2. 中间冷却器

中间冷却器(简称中冷器)能降低增压发动机的进气温度,提高进气密度,增加充气量,降低排气温度,改善发动机热负荷和经济性。对于汽油机来说,还可以减轻爆震。因此,增压发动机都设有中间冷却器。

中间冷却器一般有 2 种形式:水冷式(水—空中冷器)和空冷式(空—空中冷器)。中间冷却器实质上就是一种热交换器。轿车上大多采用水冷式的中间冷却器。

水冷式中间冷却器的结构有两种形式:单线式和回线式,如图 6 – 18 所示。

在水冷式中间冷却器中,冷却水通过热交换器的管路把增压空气的热量带走,达到冷却增压空气的目的,热水再通过水箱散热。在汽车上中间冷却器水箱多与发动机冷却水箱(散热器)合用。

（a）单线式

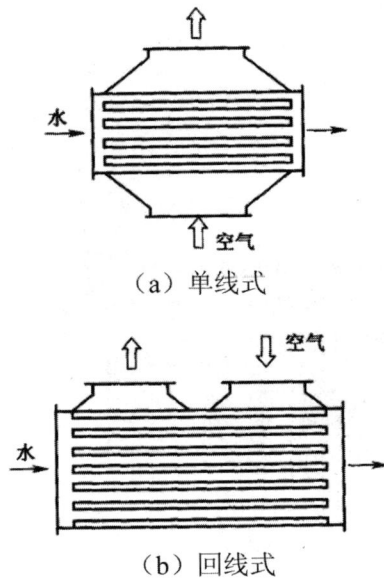

（b）回线式

图 6 - 18　水冷式中间冷却器的结构

（二）机械增压系统

在机械增压系统中,增压器的压气转子由发动机曲轴通过皮带、齿轮、链等传动装置直接驱动旋转,从而将空气压缩并送入到发动机气缸,达到增压的目的。机械增压系统的主要优点是结构简单,价格便宜。但增压比较高时,消耗的驱动功率很大,可超过指示功率的 10% ,使整机的机械效率下降,油耗增加,因此主要用于小型发动机,通常压气机出口压力不超过 160 ~ 170kPa。机械增压系统的基本结构如图 6 - 19 所示。

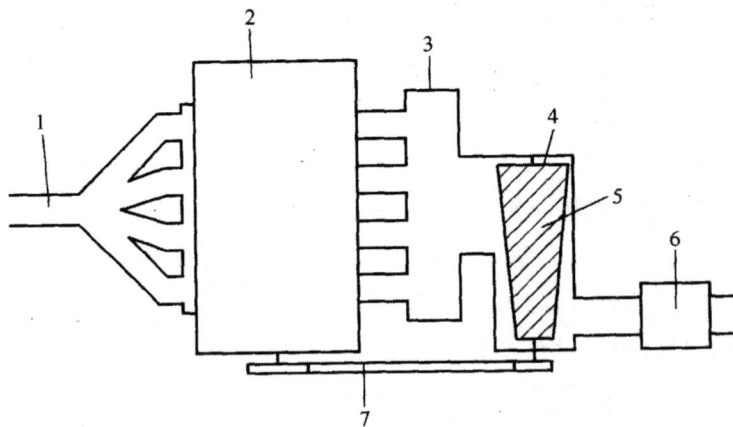

图 6 - 19　机械增压系统的结构

1—排气管　2—发动机　3—进气歧管　4—机械增压器　5—叶片　6—空气流量计　7—皮带

机械增压系统有挤压式和流动式两种类型。流动式工作效率高,但其性能不适合于车用发动机。挤压式又分为活塞式、螺旋式、叶片式、转子式、机械离心式、机械轴流式等,其工作原理都是通过工作容积的减少对进气进行压缩而实现增压。轿车发动机多采用转子式增压器。

转子式增压器又叫罗茨增压器。其转子有双叶(齿数)和三叶之分。双叶和三叶增压器的区别在于转子每旋转一周,双叶转子产生四次增压动作;而三叶转子产生六次增压动作,故供气比较均匀,气流波动较小。

三叶式罗茨增压器的结构原理如图6-20所示,一对啮合的转子在椭圆形的外壳中按箭头所示方向旋转,空气从进气口吸入,经腔室而推向出气口,送入发动机气缸。空气在腔室中并不受压缩,只有当腔室与出气口相通时,空气回流才使腔室压力增高,直至与出气口压力平衡而又一起被推送到出气口腔中。

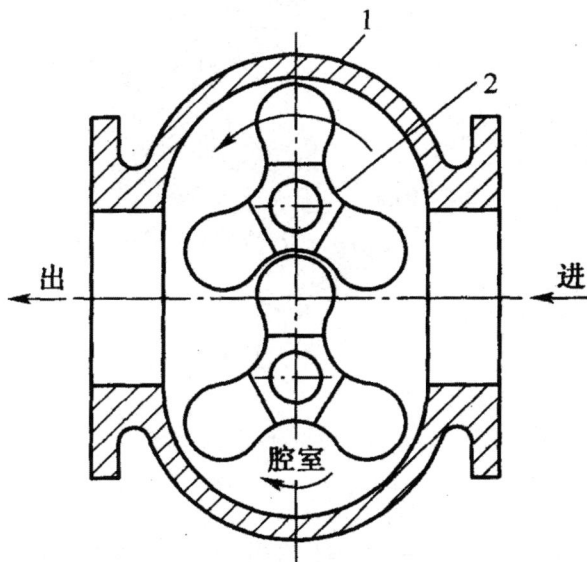

图6-20　三叶式罗茨增压器的结构
1—壳体　2—转子

转子式增压器转子轮齿的啮合间隙要求比较严格,一般在0.025～0.050mm范围内才能保证良好的供气性能。在工作过程中,要求转子不得互相接触,也不得与壳壁及端板接触,因此转子寿命长。

转子式增压器具有结构简单、工作可靠、寿命长以及运转范围较宽等优点。在增压要求不超过135kPa的情况下,广泛应用于轿车和柴油机上。

(三)进气谐波增压系统

进气谐波增压系统(惯性增压系统)不用增压器,而是利用空气在进气管中的波动效应和惯性效应来达到增压的目的。

由于进气过程具有间歇性和周期性,致使进气歧管内产生一定幅度的压力波,此压力波以当地声速在进气系统内传播和往复反射。如果利用一定长度和直径的进气歧管与一定容积的谐振室组成进气谐波增压系统(见图6-21),并使其自振频率与气门的进气周期调谐,那么在特定的转速下,就会在进气门关闭之前,在进气歧管内产生大幅度的压力波,使进气歧管的压力增高,从而增加进气量,这种效应称作进气波动效应。

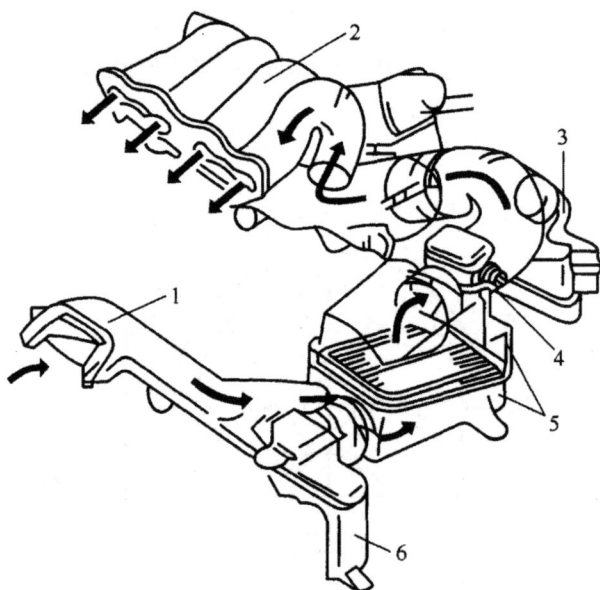

图6-21　进气谐波增压系统

1—进气导流管　2—进气歧管　3—主谐振室　4—空气流量计　5—空气滤清器　6—副谐振室

进气谐波增压系统的优点是没有运动件,工作可靠,成本低,但只能增加特定转速下的进气量和发动机转矩。

四、涡轮增压系统的检修

(一)涡轮增压器的拆卸

下面以径流式废气涡轮增压器(简称涡轮增压器)为例介绍其拆装,分解图如图6-22所示。涡轮增压器属于精密产品,一般情况下只要转轴运转平稳、转动间隙正常、无漏油现象,就不需进行拆卸保养,只需进行日常性检查即可。

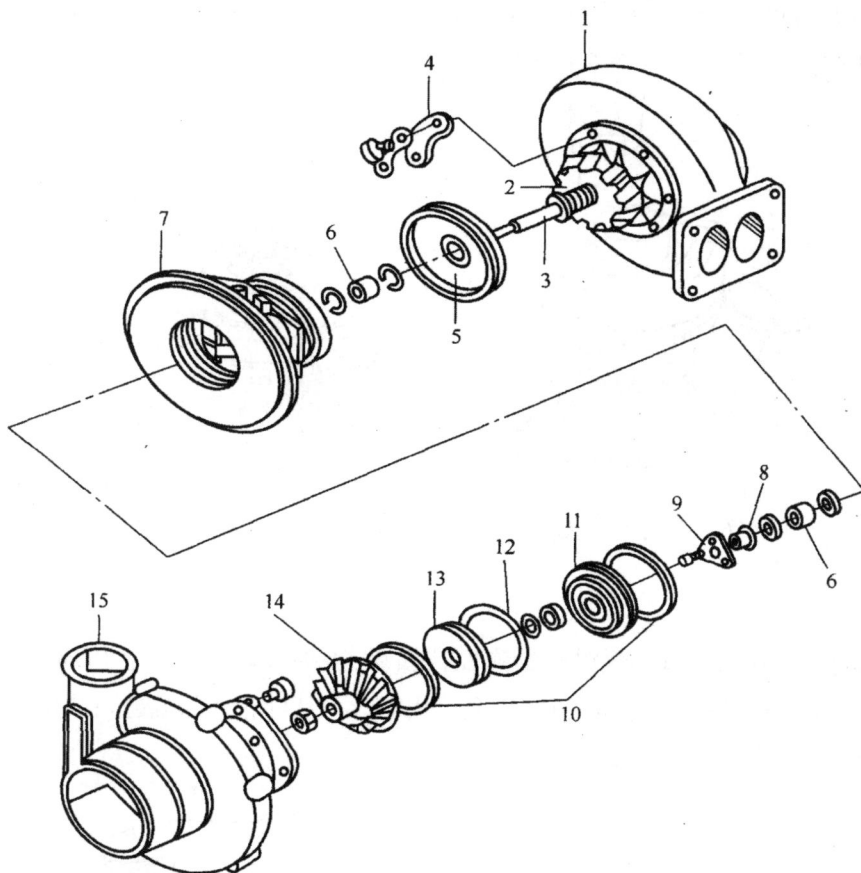

图 6－22　径流式废气涡轮增压器分解图

1—涡轮壳　2—涡轮　3—增压器轴　4—压板　5—隔热板　6—浮动轴承　7—压气机后盖板　8—止推环
9—止推轴承　10—弹性挡圈　11—轴承　12—密封套　13—密封环　14—压气机叶轮　15—压气机壳

①在涡轮增压器的增压器轴顶端与压气机叶轮和轴端螺母之间相对应位置做好记号，如图 6－23 所示。在清洗时不得擦掉记号，以免装复时破坏动平衡。

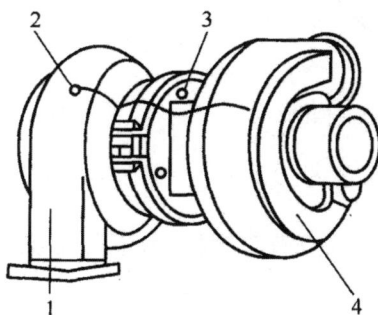

图 6－23　刻上记号

1—涡轮机　2—记号　3—中间体　4—压气机

②用木褪或橡皮锤拆下压气机壳体,如图 6 - 24 所示。用扳手夹紧涡轮端头部,再用另一把扳手松开锁紧螺母,如图 6 - 25 所示。

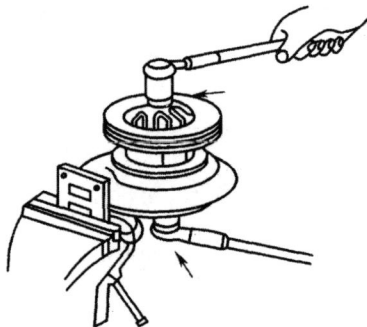

图 6 - 24　拆压气机壳　　　　图 6 - 25　拆压气机轴锁紧螺帽

③如图 6 - 26 所示,用卡簧钳取出弹性挡圈后,手握叶轮一边左右扭动,一边向上提取,如图 6 - 27 所示,取下压气机叶轮(不允许用螺丝刀从叶轮背部撬起);或用木褪轻轻敲打压气机壳体,取出压气机叶轮。

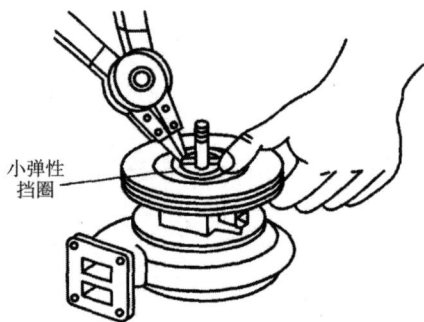

图 6 - 26　取弹性挡圈　　　　图 6 - 27　取压气机叶轮

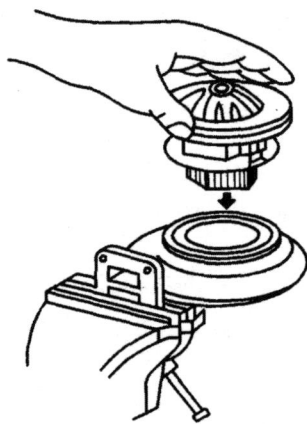

最后,根据情况取下隔热板,松开背盘螺栓,取下背盘及 O 形密封圈。取下挡油板及止推轴承板,取出浮动轴承。

(二)涡轮增压器的装复

按拆卸相反的顺序进行。在装配过程中应注意以下几点。

①如图 6 - 28 所示,用硬毛刷及压缩空气仔细清洗油污、积炭和零部件上的毛刺,并对

准拆卸时所做记号装复。

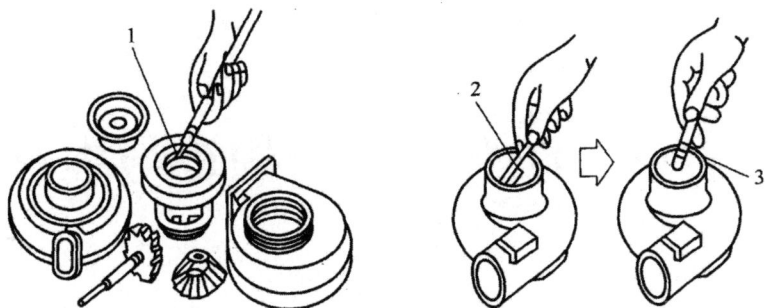

图 6 - 28 用压缩空气和硬毛刷清洁

1,3—压缩空气 2—硬毛刷

②清洁增压器进油口凸缘上垫片,并在进油口加注 50 ~ 60mL 干净机油,用手指转动叶轮,检查转子轴转动情况,应转动灵敏、无擦碰声,如图 6 - 29 所示。

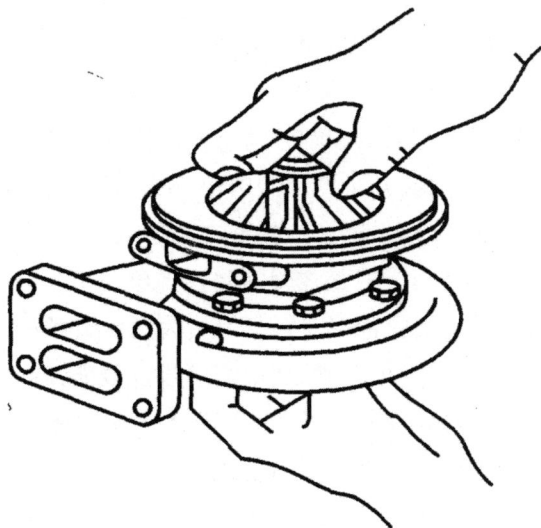

图 6 - 29 检查转子轴灵活程度

③将增压器就位,拧紧 4 个紧固螺栓。将橡胶密封圈装入进气弯管内并装好进气弯管,安装好压气机进、出气胶管,卡好卡箍并紧固。

在涡轮增压器运转时,密封环直接与相关运动零件发生断续干摩擦,必然引起磨损。若未经拆卸,因相互摩擦配合完好,密封尚好,但一经拆卸,相互配合难以复原,密封性会降低,因此必须更换新环。装复时两密封环开口应错开 180°。

第七章　润滑系统的构造与维修

一、润滑系统概述

（一）润滑系统的功用

发动机工作时,很多零件都是在很小的间隙下与另一个零件作相对运动,如曲轴主轴颈与主轴承,连杆轴颈与连杆轴承,活塞、活塞环与气缸壁,凸轮轴与凸轮轴轴承等。如果没有对这些零件表面进行润滑,必然会产生强烈的摩擦,加速磨损,最终导致发动机无法运转。因此,润滑系统是保证发动机能长期正常运转的重要系统。

润滑系统的功用是在发动机工作时连续不断地把数量足够、温度适当的洁净机油输送到全部运动件的摩擦表面,以达到润滑、密封、清洁、冷却、液压、缓冲、防锈等作用。

润滑作用:润滑运动零件表面,减少摩擦与磨损,降低摩擦功率消耗。

密封作用:由于机油的黏性,在活塞和气缸壁之间形成的油膜增加了活塞、活塞环和气缸之间的密封作用,减少了活塞与气缸壁之间的漏气现象。

清洁作用:不断过滤和循环的机油在对零件进行润滑的过程中,冲洗零件表面,带走零件表面因磨损而产生的金属屑和其他杂质,从而清洁零件表面,减少金属屑的摩擦作用。

冷却作用:机油在润滑零件表面的过程中,不断地将零件表面因摩擦而产生的部分热量带走,以使零件摩擦表面不致因温度过高而熔化。

液压作用:机油还可以用作液压油,如在液压挺柱内起液压作用。

缓冲作用:在运动零件表面形成油膜,可以吸收冲击并减小振动,起减振缓冲作用。

防锈作用:机油附着于零件表面,防止了零件表面与水、空气直接接触而发生氧化和腐蚀。

（二）发动机的润滑方式

由于发动机各运动零件的工作条件不同,对润滑的要求也就不同,因而要相应地采取不同的润滑方式。

①压力润滑:利用机油泵,将具有一定压力的润滑油源源不断地送往摩擦表面。例如,曲轴主轴承、连杆轴承及凸轮轴轴承等处承受的载荷及相对运动速度较大,需要以一定压

力将机油输送到摩擦面的间隙中,方能形成油膜以保证润滑。这种润滑方式称为压力润滑。

②飞溅润滑:利用发动机工作时运动零件飞溅起来的油滴或油雾来润滑摩擦表面的润滑方式称为飞溅润滑。这种润滑方式可使裸露在外面承受载荷较轻的气缸壁,相对滑动速度较小的活塞销,以及配气机构的凸轮表面、挺柱等得到润滑。

③润滑脂润滑:发动机辅助系统中有些零件只需定期加注润滑脂(黄油)进行润滑,例如水泵及发电机轴承就是采用这种方式润滑。

(三)机油

1. 机油的作用

循环在发动机润滑系统中的机油有如下作用。

①润滑:机油在运动零件的所有摩擦表面之间形成连续的油膜,以减小零件之间的摩擦阻力和磨损,减小发动机的功率损耗。

②冷却:机油在循环过程中流过零件工作表面,可以降低零件的温度,起冷却作用。

③清洗:机油在润滑系统内不断循环,可以带走摩擦表面产生的金属碎末及冲洗掉沉积在气缸、活塞、活塞环及其他零件上的积炭。

④密封:附着在气缸壁、活塞及活塞环上的油膜,可起到密封作用,有利于防止漏气。

⑤防锈:机油有防止零件发生锈蚀的作用。

此外,机油还可用作液压油,起液压作用,如作为液力挺柱的工作介质。

2. 机油的使用性能

汽车发动机机油在润滑系统内循环流动,循环次数每小时可达 100 次。机油的工作条件十分恶劣,在循环过程中,机油与高温的金属壁面及空气频频接触,不断氧化变质。窜入曲轴箱内的燃油蒸气、废气以及金属磨屑和积炭等,使机油受到严重污染。另外,机油的工作温度变化范围很大:在发动机起动时为环境温度;在发动机正常运转时,曲轴箱中机油的平均温度可达 95℃或更高。同时,机油还与 180～300℃的高温零件接触,受到强烈加热。因此,作为汽车发动机的机油,必须具备优良的使用性能。目前,汽车发动机广泛使用的机油,是以从石油中提炼出来的润滑油为基础油,再加入各种添加剂混合而成。汽车发动机用机油使用性能主要包括以下几个方面。

①黏度:机油黏度对发动机的工作有很大的影响。黏度过小,在高温、高压下容易从摩擦表面流失,不能形成足够厚度的油膜;黏度过大,冷起动困难,机油不能被泵送到摩擦表面。

机油的黏度随温度变化而变化。温度升高,黏度减小;温度降低,黏度增大。为了使机油在较宽的温度范围内都有适当的黏度,必须在基础油中加入增稠剂。添加增稠剂之后,可以使机油在高温时保持足够的黏度,而在低温时黏度增加不多。

②氧化安定性:氧化安定性是指机油抵抗氧化作用不使其性质发生永久变化的能力。当机油在使用与储存过程中与空气中的氧气接触而发生氧化作用时,机油的颜色变暗,勃

度增加,酸性增大,并产生胶状沉积物。氧化变质的机油将腐蚀发动机零件,甚至破坏发动机的工作。

汽车发动机,尤其是高性能发动机的机油,经常在高温下与氧气接触,这就要求机油具有优异的热氧化安定性。为此,要在机油中添加氧化抑制剂。

③防腐性:机油在使用过程中不可避免地被氧化而生成各种有机酸,这类酸性物质对金属零件有腐蚀作用,可能使铜铅和镍类的轴承表面出现斑点、麻坑或使合金层剥落。为提高机油的防腐性,要在机油中加入防腐添加剂。

④起泡性:由于机油在润滑系统中快速循环和飞溅,必然会产生泡沫。如果泡沫过多,或泡沫不能迅速消除,将造成摩擦表面供油不足。控制泡沫生成的方法,是在机油中添加泡沫抑制剂。

⑤清净分散性:机油的清净分散性是指机油分散、疏松和移走附着在零件表面上的积炭和污垢的能力。为使机油具有清净分散性,必须加入清净分散添加剂。

⑥极压性:在摩擦表面之间的油膜厚度小于0.3 ~ 0.4 pm的润滑状态,称边界润滑。习惯上把高温、高压下的边界润滑,称为极压润滑。机油在极压条件下的抗摩性叫做极压性。现代汽车发动机的轴承及配气机构等零件的润滑,即为极压润滑。为了提高机油的极压性,避免在极压润滑的条件下机油被挤出摩擦表面,必须在机油中加入极压添加剂。极压添加剂与金属表面起化学反应,形成强韧的油膜以提供对零件的极压保护。

3.机油的分类与选用

机油可按黏度、品质、基础油等进行分类和选用。

(1)机油的黏度

机油的黏度多使用国际标准化组织(ISO)认可的SAE等级标识,SAE是英文"美国汽车工程师协会"的缩写。

SAE按照机油的黏度等级,把机油分为冬季机油和夏季机油。冬季机油用字母W表示,共有6种牌号:SAE0W、SAE5W、SAE10W、SAE15W、SAE20W和SAE25W。字母W之前的数字表示该级机油适用的最低温度,数字越小,温度越低。如SAE0W适应的最低温度是负35℃,SAE5W适应的最低温度是负30℃,依此类推。

非冬季机油有5种牌号:SAE20、SAE30、SAE40、SAE50和SAE60。这些牌号的数字表示机油适用的最高温度。号数较大的机油黏度较大,适于在较高的环境温度下使用。

上述牌号的机油只有单一的黏度等级,称为单级机油。使用这种机油时,应根据冬夏季节和气温的变化更换机油。目前使用的机油大多数为多级机油,这种机油内含多种特殊添加剂,使机油在低温环境下易于流动、不凝结,在高温环境下保持黏度、不分解。其牌号有SAE5W—20、SAE10W—30、SAE15W—40、SAE20W—50等。例如,SAE10W—30在低温下使用时,其黏度与SAE10W一样,而在高温下,其黏度又与SAE30相同。因此,多级机油可以冬夏通用。

（2）机油的品质

目前国际上的机油品质评定是采用 API（美国石油协会）的标准。它根据机油的性能及其最适合的使用场合，把机油分为 S 系列和 C 系列两类。S 系列为汽油机油，目前有 SA、SB、SC、SD、SE、SF、SG、SH、SJ、SL、SM 等级别。C 系列为柴油机油，目前有 CA、CB、CC、CD、CE、CF、CG 等级别。级号越靠后，使用性能越好，适用的机型越新或强化程度越高。例如：SH 级别的机油适合于 20 世纪 90 年生产的汽车使用，21 世纪以后生产的车辆一般应使用 SJ、SL、SM 等级别的机油。

（3）机油的基础油

发动机机油按基础油的不同分为矿物机油和合成机油两种。矿物油的基础油是从原油中提炼的，合成油的基础油则是通过化学合成的。与矿物油相比，合成油的抗高温氧化、抗黏度变化、抗磨损能力更强。合成油的黏度变化受气温影响很小，所以既能在低温环境中流动顺畅，也能在高温环境中保持适当的黏度，减少发动机磨损。另外，合成油提炼纯度高，在发动机持续高温运作下，不易氧化分解产生油泥和积炭，其劣化速度比矿物油慢 50%，使用时效也更长。一般使用矿物油的车行驶 5000km 就必须更换机油的换油里程可延至 8000～10000km。

（四）汽油机润滑系统的组成和油路

汽油机润滑系统一般由机油泵、集滤器、机油滤清器、限压阀、旁通阀和机油管道等组成，有些汽油机润滑系统中还设有机油冷却器。图 7-1、图 7-2 分别为典型的汽油机润滑系统结构和油路。

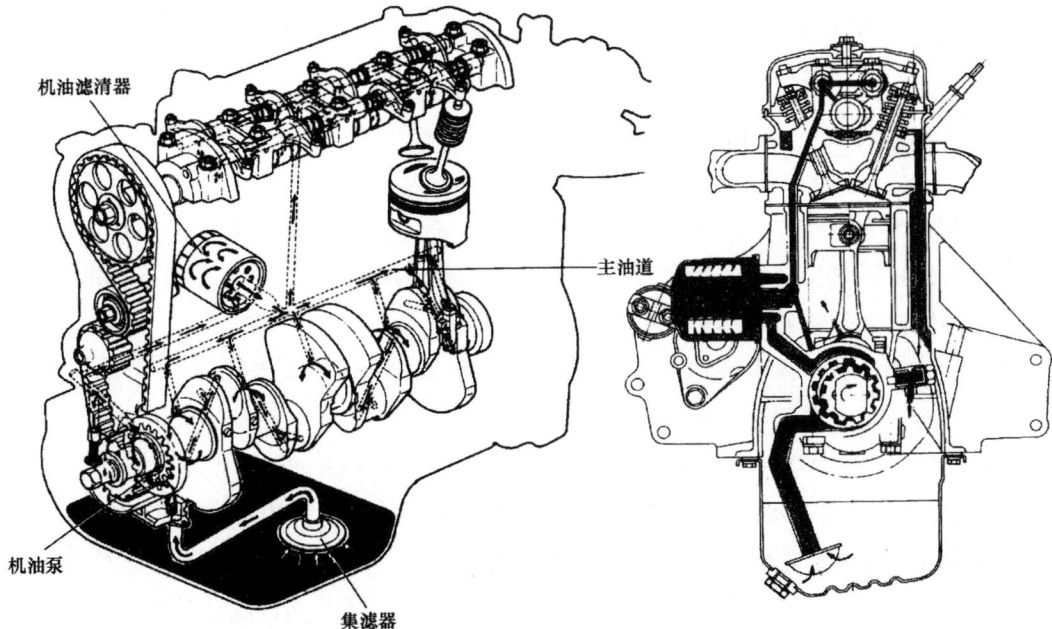

图 7-1　汽油机润滑系统

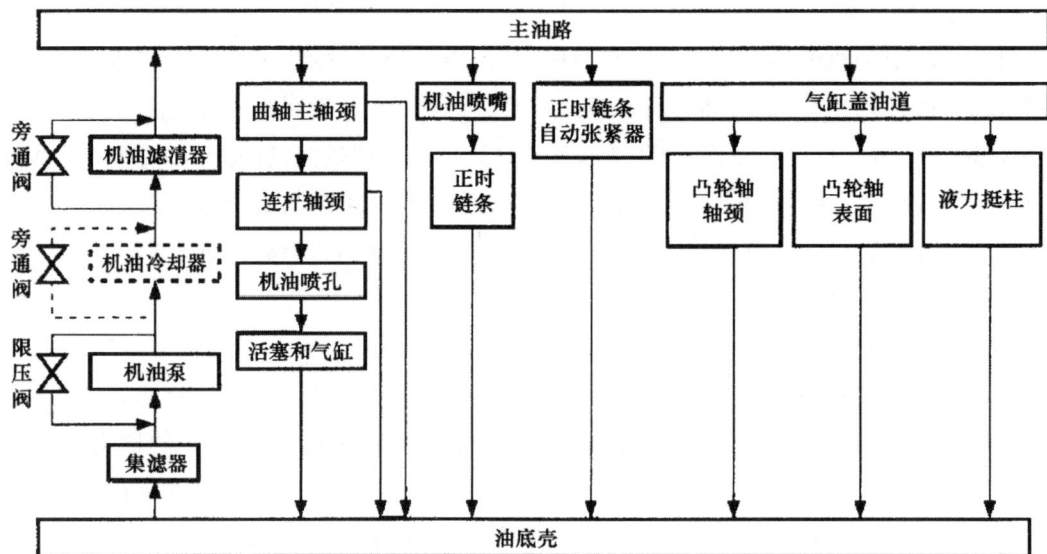

图 7-2 汽油发动机润滑油路示意图

当发动机工作时,机油泵将油底壳中的机油经集滤器吸入,集滤器可防止大的机械杂质进入机油泵和润滑油路中。被机油泵压出的机油经机油滤清器过滤后流入缸体上的主油道中,并通过曲轴箱中的横向油道进入曲轴主轴颈,再通过曲轴中的斜向油道从主轴颈处流向连杆轴颈,进入连杆轴颈中的小部分机油通过连杆大头上的机油喷孔喷向活塞和气缸壁,以润滑活塞和气缸。另有一部分机油经缸体上的油道到达气缸盖油道,进入凸轮轴轴承,润滑凸轮轴轴颈。此外,润滑油还经过相关的油道或喷嘴到达正时链条和正时链条自动张紧器(使用正时链条配气机构的发动机)、凸轮轴的凸轮表面、液力挺柱(使用液力挺柱的发动机)等,执行润滑任务或作为液压部件的工作介质。

二、润滑系统主要机件

(一)机油泵

机油泵的功用是保证机油在润滑系统内循环流动,并在发动机任何转速下都能以足够高的压力向润滑部位输送足够数量的机油。

常见的发动机机油泵有外啮合齿轮式、内啮合齿轮式和转子式等几种。

1. 外啮合齿轮式机油泵

外啮合齿轮式机油泵一般安装在油底壳中,由发动机凸轮轴上的螺旋齿轮驱动。泵壳内装有一个主动齿轮和一个从动齿轮(见图 7-3)。齿轮与壳体内壁之间的间隙很小。壳体上有进油口。发动机工作时,齿轮按图中所示箭头方向旋转,进油腔 1 的容积由于轮齿向脱离啮合方向运动而增大,腔内产生一定的真空度,机油便从进油口被吸入并充满进油腔。齿轮旋转时把齿间所存的机油带至出油腔 2 内。由于出油腔一侧轮齿进入啮合,出油腔容积减小,油压升高,机油便经出油口被送到发动机油道中。机油泵通常由凸轮轴上的螺旋齿轮或曲轴前端齿轮驱动。

在发动机工作时,机油泵不断工作,从而保证机油在润滑油路中不断循环。

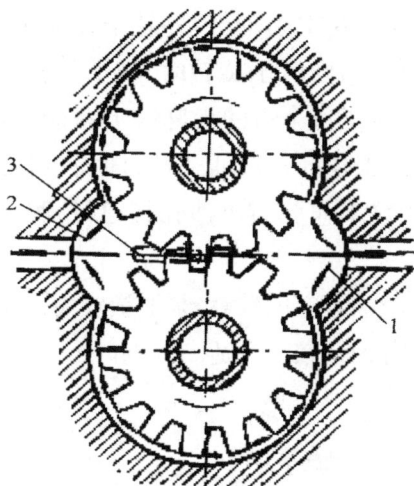

图 7 - 3　外啮合齿轮式机油泵工作原理

1—进油腔　2—出油腔　3—卸压槽

当齿轮进入啮合时,啮合齿之间的机油,由于容积变小在齿轮间产生很大的推力,为此,在泵盖上铣出一条卸压槽 3,使轮齿啮合时齿间挤出的机油可以通过卸压槽流向出油腔。

齿轮式机油泵结构简单,制造较容易,并且工作可靠,所以应用广泛。

2. 内啮合齿轮式机油泵

内啮合齿轮式机油泵主要由主动齿轮、从动齿圈、泵壳、泵盖等组成(见图 7 - 4)。通常安装在机体前端,与曲轴同轴。油泵中的主动齿轮套在曲轴前轴颈上,通过花键由曲轴直接驱动。泵壳中的月牙形隔板将主动齿轮和从动齿圈之间的工作腔分隔为吸油腔和压油腔,使彼此不通;泵壳上有进油口和出油口。发动机运转时,曲轴带动主动齿轮和从动齿圈一起朝图中逆时针方向旋转。此时,在吸油腔,由于主动齿轮和从动齿圈不断退出啮合,容积不断增加,以致形成局部真空,将机油从进油口吸入,且随着齿轮的旋转,齿间的机油被带到压油腔;在压油腔,由于主动齿轮和从动齿圈不断进入啮合,容积不断减少,将机油从出油口排出。内啮合齿轮式机油泵具有结构紧凑、尺寸小、质量轻、自吸能力强、流量波动小、噪声低等特点,在轿车发动机上应用广泛。

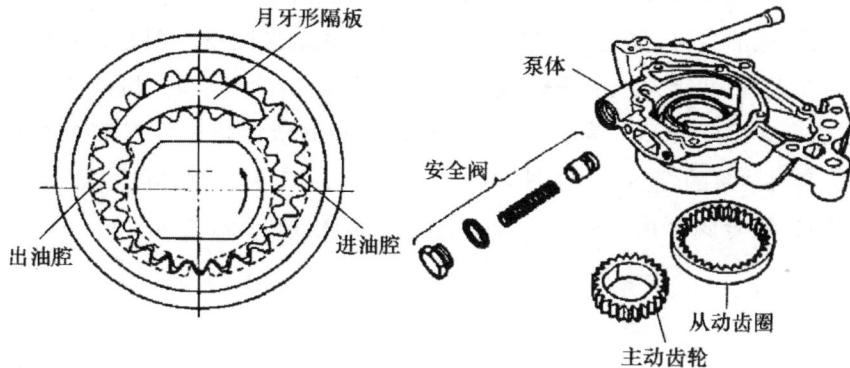

图 7 - 4　内啮合齿轮式机油泵结构图

3. 转子式机油泵

转子式机油泵的内转子固定在主动轴上,外转子在油泵壳体内可自由转动,二者之间有一定偏心距(见图7-5)。当内转子旋转时,带动外转子旋转。转子的齿廓设计保证转子转到任何角度时,内外转子每个齿的齿廓线上总能互相成点接触。这样,内外转子间便形成四个工作腔。某一工作腔从进油孔转过时容积增大,产生真空,机油便经进油孔吸入。转子继续旋转,当该工作腔与出油孔相通时,腔内容积减小,油压升高,机油经出油孔压出。

转子式机注泵结构紧凑,吸油真空度较高,泵油量较大,且供油均匀。当机油泵安装在曲轴箱外且位置较高时,用此种油泵较为合适。

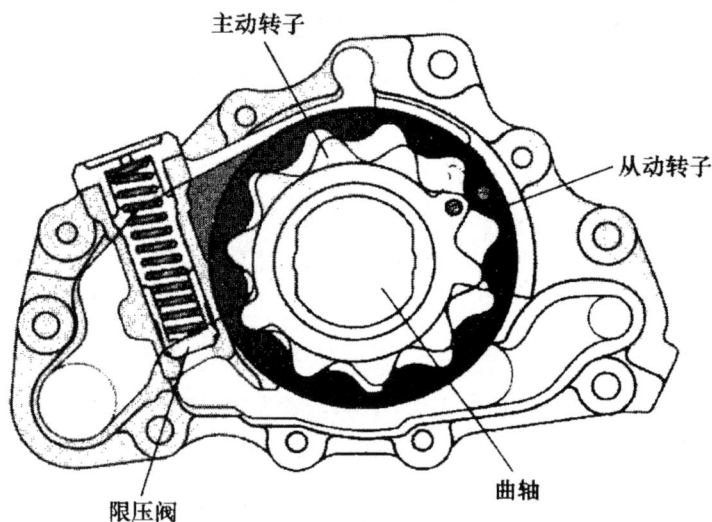

图7-5　转子式机油泵

(二)安全阀

机油泵必须在发动机各种转速下都能供给足够数量的机油,以维持足够的机油压力,保证发动机的润滑。机油泵的供油量与其转速有关,而机油泵的转速又与发动机转速成正比。因此,在设计机油泵时,都是使其在低速时有足够大的供油量。但是,在高速时机油泵的供油量明显偏大,机油压力也显著偏高。另外,在发动机冷起动时,机油黏度大,流动性差,机油压力也会大幅度升高。为了防止油压过高,在润滑油路中设置安全阀或限压阀。一般安全阀装在机油泵的壳体内(见图7-4、图7-5),或安装在机体的主油道上。当油压升高到规定值时,安全阀开启,多余的机油返回机油泵进口(见图7-6),或直接流回油底壳。

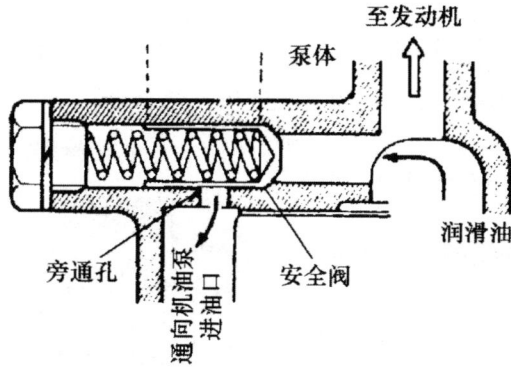

图7-6　机油安全阀

（三）机油滤清器

机油滤清器的功用是滤除机油中的金属磨屑、机械杂质和机油氧化物。如果这些杂质随同机油进入润滑系统，将加剧发动机零件的磨损，还可能堵塞油管或油道。

机油滤清器有安装在机油泵之前和机油泵之后两种。安装在机油泵之前的称为机油集滤器。安装在机油泵之后的又根据其布置方式，分为全流式和分流式两种。

1. 集滤器

集滤器一般是滤网式的，装在机油泵之前，防止粒度大的杂质进入机油泵。集滤器有浮式和固定式两种。

浮式集滤器能吸入油面上较清洁机油，但油面上泡沫易被吸入，使机油压力降低，润滑欠可靠。固定式集滤器（图7-7）装在油面下面，吸入的机油清洁度稍逊于浮式，但可防止泡沫吸入，润滑可靠，结构简单，目前汽车发动机都是采用这种集滤器。

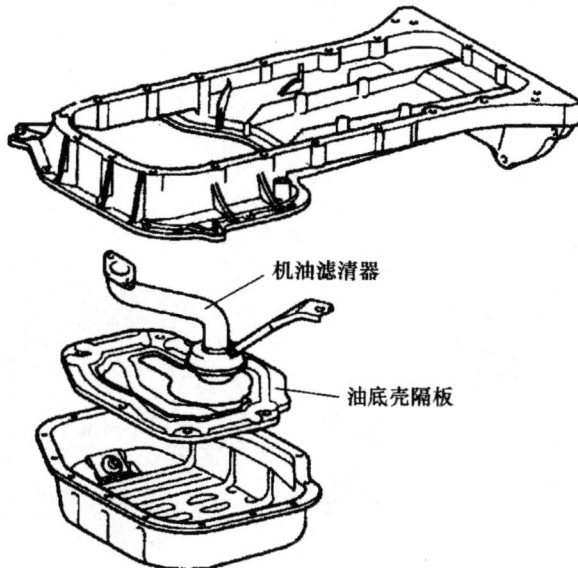

图7-7　集滤器

2. 全流式机油滤清器

全流式机油滤清器串联于机油泵和主油道之间,因此全部机油都经过它滤清,见图 7 -8(a)。目前在轿车发动机上普遍采用全流式机油滤清器。

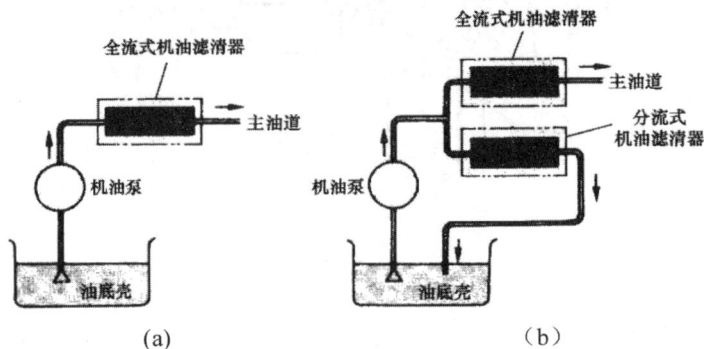

图 7 - 8　机油滤清器的布置方式

全流式机油滤清器的滤芯有多种形式,目前大部分汽车发动机都采用纸质滤芯。纸质滤芯的机油滤清器有两种结构形式,一种是可分解式(图 7 - 9),更换时只要把纸滤芯换掉即可;另一种是整体式(图 7 - 10),更换时要整个更换。

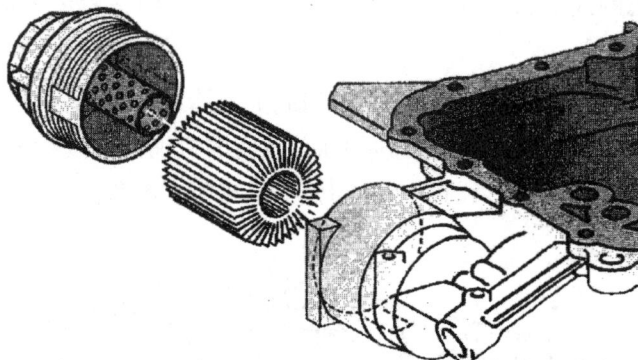

图 7 - 9　可分解式机油滤清器

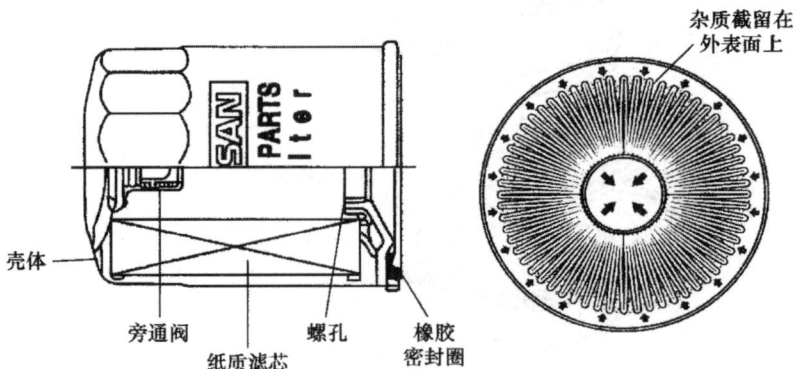

图 7 - 10　整体式机油滤清器

全流式机油滤清器有一定的使用期限,到期应更换。当机油滤清器在使用期限内滤芯被杂质严重堵塞时,滤清器进油口处的机油压力会升高,当压力达到规定值时,会打开机油滤清器中的旁通阀(图7-10),此时机油不通过滤芯的过滤而直接进入主油道(图7-11)。虽然这时机油未经过滤就被输送到各个润滑表面,但这总比缺少润滑油要好得多。

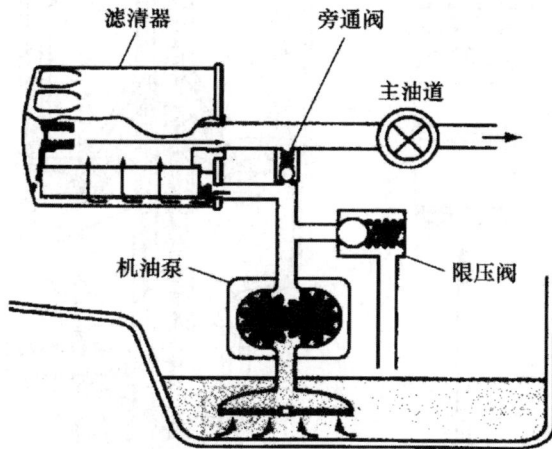

图7-11　机油滤清器的旁通阀

3. 分流式机油滤清器

货车特别是重型货车的发动机一般采用全流式加分流式的机油滤清器布置方式。其中,全流式滤清器也称为粗滤器,用于过滤机油中粒径为0.05mm以上的杂质;分流式滤清器也称为细滤器,用来滤除粒径为0.001mm以上的细小杂质,而且只过滤机油泵供油量5%~10%的机油。

分流式细滤器有过滤式和离心式两种类型。目前离心式机油细滤器应用较多,这种滤清器内有一个转子,通过滚动轴承支撑在一根轴上(图7-12)。转子内有两个喷射方向相反的喷嘴,它是利用润滑系统本身的压力能,当机油进入转子从喷嘴上喷出时,产生一个反作用力矩,驱动转子飞快地转动。转子内的油在离心力作用下,分离出固态杂质,积聚在转子内壁上。转子中心部分油变得清洁,从喷嘴流回油底壳。

离心式机油滤清器的特点是性能稳定,结构可靠,没有需要更换的滤芯,只要定期拆卸转子,清洁沉积在转子壁上的污垢后即可重新使用,使用寿命长。它的不足之处在于:结构复杂价格较高、笨重等,对维护人员有较高的技术要求。

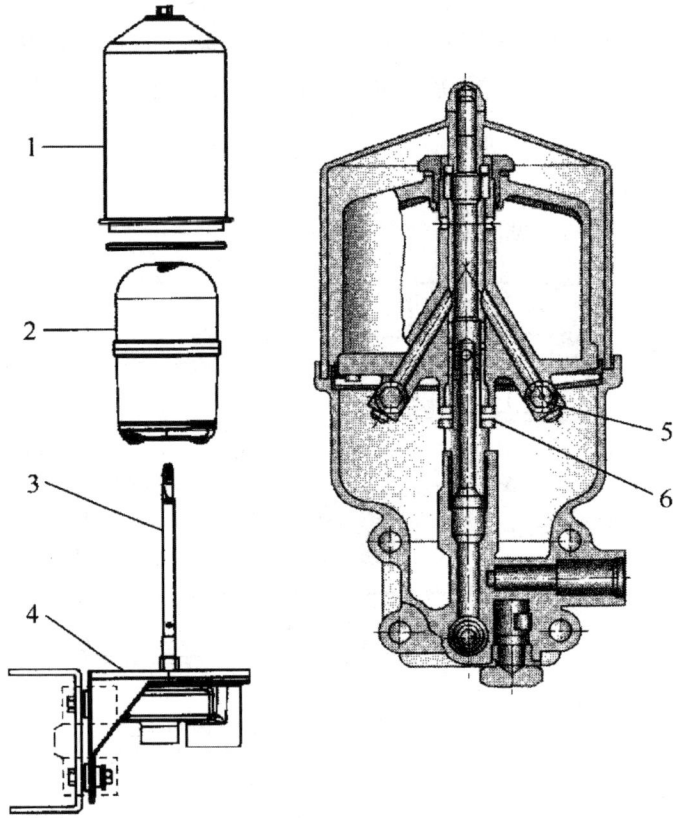

图 7 - 12　离心式机油滤清器

1—外壳　2—转子　3—轴　4—底座　5—喷嘴　6—轴承

(四)机油冷却器

在增压发动机等高性能、大功率的强化发动机上,由于热负荷大,必须装设机油冷却器。机油冷却器布置在润滑油路中,其工作原理与散热器相同。发动机机油冷却器分为风冷式和水冷式两类。

风冷式机油冷却器很像一个小型散热器,利用汽车行驶时的迎面风对机油进行冷却。这种机油冷却器散热能力大,多用于赛车及热负荷大的增压发动机汽车上(图 7 - 13)。

风冷式机油冷却器在发动机起动后需要很长的暖机时间才能使机油达到正常的工作温度,所以普通轿车上很少采用。水冷式机油冷却器外形尺寸小,布置方便,且不会使机油冷却过度,机油温度稳定,因而在轿车上应用较广。水冷式机油冷却器多数安装在机油滤清器的上方(图 7 - 14),通过冷却系统中流过的冷却液进行冷却。水冷式机油冷却器不需要太大的散热面积,体积较小。在起动、暖车期间油温较低时,可从冷却液吸热迅速提高机油温度。

图 7-13 风冷式机油冷却器

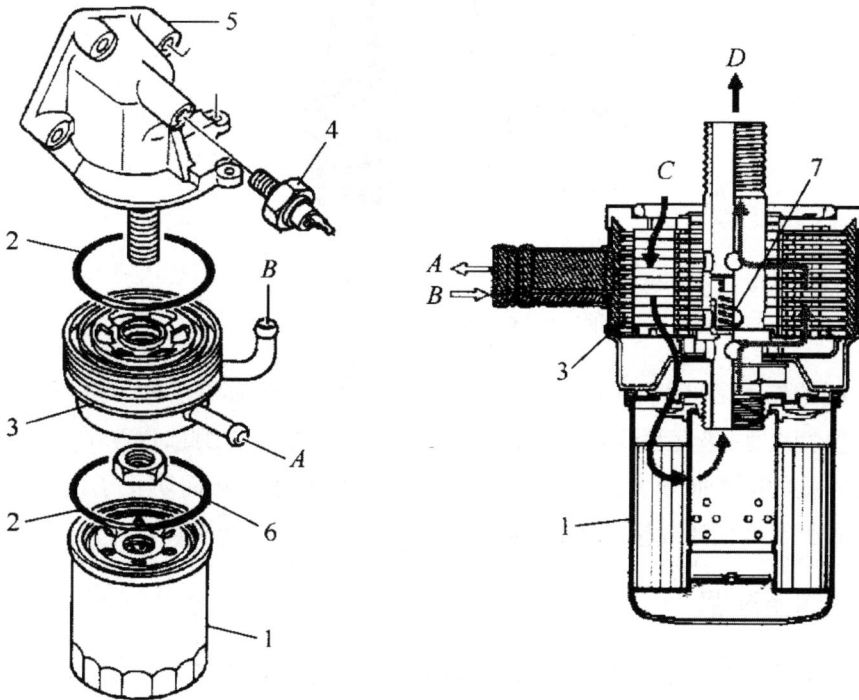

图 7-14 水冷式机油冷却器

1—机油滤清器 2—密封圈 3—机油冷却器 4—机油压力开关

5—底座 6—紧固螺母 A、B—接冷却系统

(五) 曲轴箱强制通风装置

曲轴箱强制通风装置又称 PCV 装置,其作用是将发动机气缸中窜入油底壳的部分可燃混合气和燃烧产物吸入进气道,使之进入气缸参加燃烧,以防止其漏入大气而产生污染,或聚集在油底壳中加速机油的变质并使机件受到腐蚀或锈蚀。

PCV 装置由 PCV 阀和相关的管道组成(图 7 - 15)。它利用发动机工作时节气门后方进气管内的真空吸力,将空气滤清器过滤后的干净空气吸入气门室罩,再由气缸盖和机体上的孔道进入曲轴箱,与曲轴箱内的气体混合后,经气门室罩上的 PCV 阀和软管进入进气管,最后进入燃烧室燃烧。

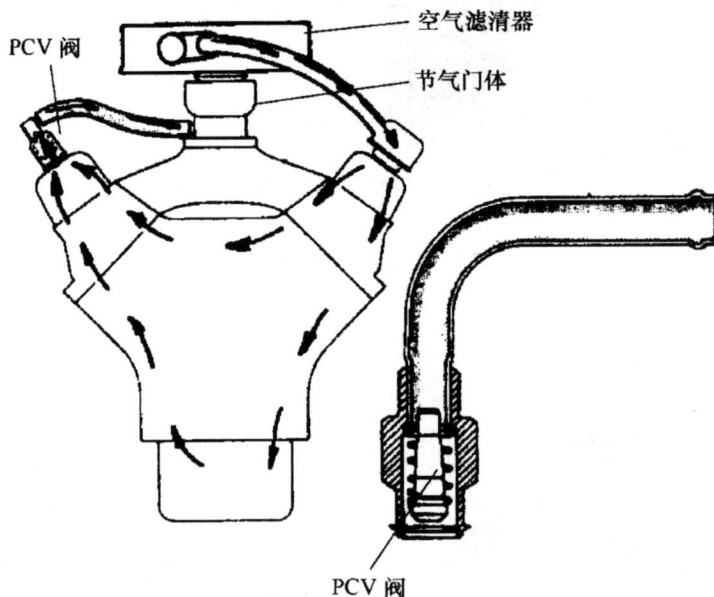

图 7 - 15　强制式曲轴箱通风装置

PCV 阀的作用是可以根据进气管内真空度的大小,自动调整进入进气管的曲轴箱气体。其工作特点是:进气管的真空度越大,阀门的开度越小。因此,PCV 阀可以使通风气体随节气门开度的增大而增大,随节气门的开度减小而减小。从而防止了发动机怠速时,过大的进气管真空度使通气量过大,影响怠速时混合气的形成和燃烧。

三、润滑系油路

汽车发动机的润滑油路大致相似,只是由于润滑系的工作条件和某些具体结构的不同而稍有差别。

图 7 - 16 为上海桑塔纳轿车 JV 型 1.8L 汽油发动机的润滑系油路,它采用复合式润滑系统。发动机工作时,机油经集滤器 6 初步过滤后进入机油泵 7。机油经机油泵提高压力后进入机油滤清器 2,从滤清器出来的润滑油进入主油道,主油道贯穿气缸体全长。进入

主油道的机油由在曲轴箱上的五条并联横向斜油道引导到曲轴主轴承中。然后经曲轴内的油道流入四个连杆轴承;机油再经过连杆杆身的油道润滑活塞销,并对活塞进行喷油冷却。中间轴的润滑由发动机前边第一条横向斜油道和从机油滤清器出来的油道供给。与主油道垂直的油道将机油送到气缸盖纵向油道,再通过五道并联的横向斜油道将机油送到凸轮轴轴颈。在气缸盖和气缸体右侧(由前向后看)布置有回油孔,使气缸盖上的机油流回曲轴箱。

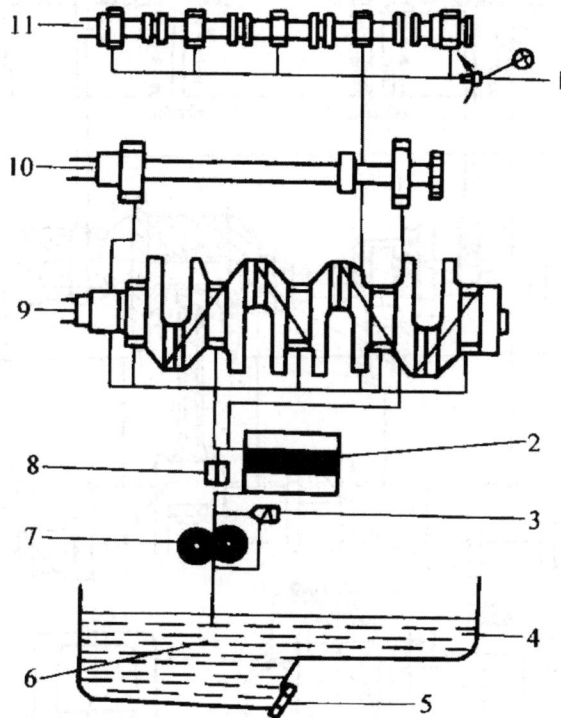

图7-16　上海桑塔纳轿车发动机润滑系油路

1—低压油压开关(0.03MPa)　2—机油滤清器　3—限压阀　4—油底壳　5—放油螺塞　6—集滤器
7—机油泵　8—高压油压开关(0.18MPa)　9—曲轴　10—中间轴　11—凸轮轴

润滑系的报警系统装有两个油压开关,低压油压开关1为褐色绝缘体,高压油压开关8为白色绝缘体,均位于机油滤清器支架上。当打开点火开关,位于仪表板中的机油压力警告灯开始闪烁,起动发动机。当机油压力大于0.03MPa时,低压油压开关断开,警告灯自动熄灭。当发动机低速运转时,如果机油压力低于0.03MPa,则低压油压开关触点闭合,机油压力警告灯闪烁。当发动机转速超过2150r/min时,如果机油压力达不到0.18Mpa,高压油压开关的触点断开,机油压力警告灯闪烁,而且警报蜂鸣器也同时报警。

发功机在机油温度为353K,转速为800r/min时,机油风力大于或等于0.03MP;在2000r/min时,机油压力大于或等于0.20MPa。

高尔夫、宝来、一汽奥迪100轿车发动机的润滑系油路与上海桑塔纳轿车发动机油路完全相同。

东风EQl090E型汽车的东风EQ6100－1型发动机润滑系(图7－17)采用综合润滑方式,曲轴主轴颈、连杆轴颈、凸轮轴轴颈、凸轮轴止推凸缘、正时齿轮、分电器传动轴等均采用压力润滑;活塞、活塞环、活塞销、气缸壁、气门、挺杆、凸轮等采用飞溅润滑。

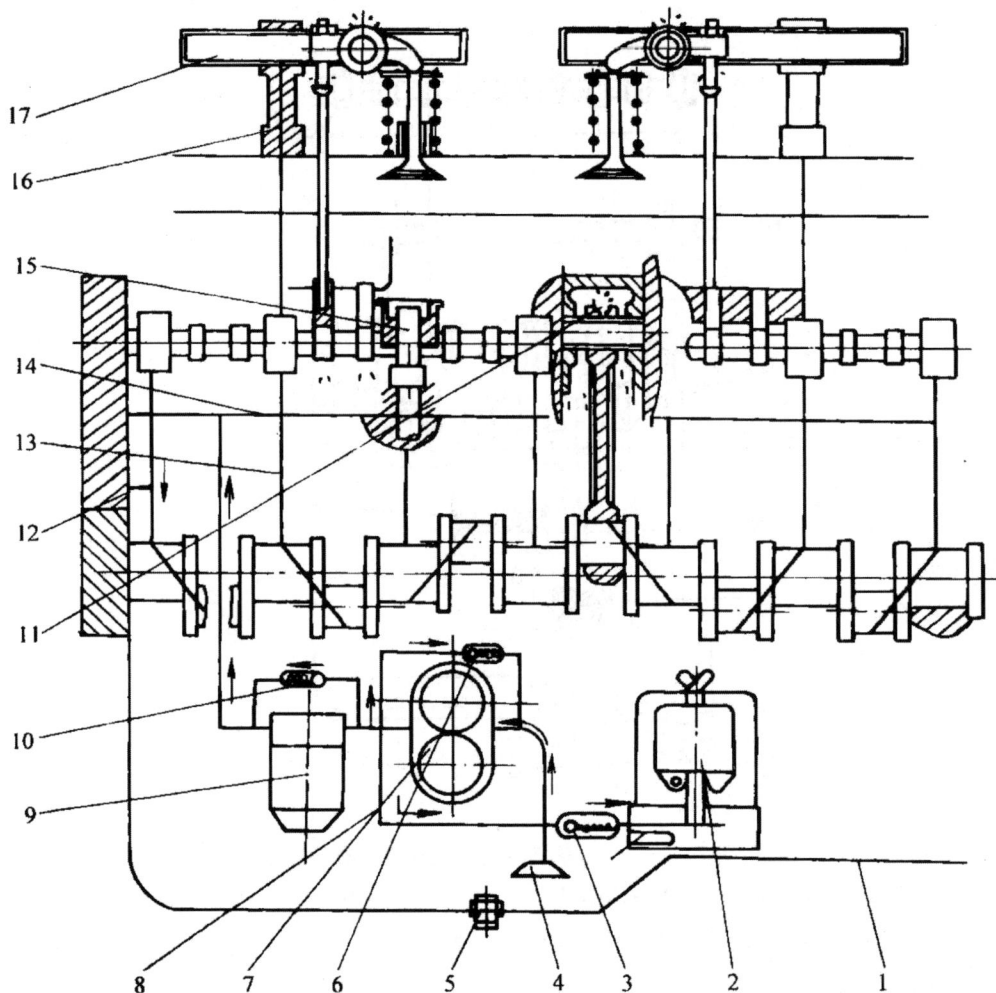

图 7－17　东风 EQ6100－1 型发动机润滑系示意图

1—油底壳　2—机油细滤器　3—机油细滤器进油限压阀　4—固定式集滤器　5—磁性放油螺塞　6—限压阀
7—机油泵　8—油管　9—机油粗滤器　10—机油粗滤器旁通阀　11—连杆小头油道　12—喷油嘴　13—横向油道
14—纵向主油道　15—机油泵传动轴　16—上油道　17—摇臂轴

以下主要介绍压力润滑油路:

发动机工作时,机油泵7将油底壳1内的润滑油经固定式集滤器4初步过滤掉较大的机械杂质后分成两路:大部分机油,经机油粗滤器(全流纸质滤清器)9进一步滤去较大的机械杂质,流入纵向主油道14,执行压力润滑任务;另有一小部分润滑油(约10%～15%),经机油细滤器进油限压阀3流入机油细滤器(离心式机油滤清器)2内,滤去较细的杂质和胶质后流回油底壳。为此,细滤器与粗滤器及主油道并联。如果细滤器与主油道串联,因细滤器的阻力太大,将难以保证主油道的畅通,并使发动机消耗于驱动机油泵的功率增加。虽每次经细滤器的油量较少,但润滑油经过不断地循环流动仍然可取得良好的滤清效果。实践表明,一般汽车每行驶50 km左右,全部润滑油便通过细滤器一次。

当机油泵出油压力低于0.1MPa(本例是此值),机油细滤器进油限压阀3关闭,以保证机油全部进入主油道。

进入纵向主油道的机油,经过曲轴箱中的七条并联的横向油道13分别润滑主轴颈和凸轮轴颈。经主轴颈的机油从曲轴中的斜向油道润滑连杆轴颈(曲柄销)。同时机油也从凸轮轴的第二、第四轴颈处,经两个上油道16通向摇臂支座,润滑摇臂轴、推杆球头和气门端部。第三横向油道还通向润滑油泵传动轴15,由第一条横向油道通过喷油嘴12喷射出去的机油用来润滑正时齿轮。

空气压缩机的连杆润滑,是在第一、第二横向油道之间用油管从主油道接出,通到空气压缩机曲轴中心的油道,然后由回油管回到油底壳中(这一支油路在图上未画出)。

为便于了解机油压力及润滑系工作状态,在主油道中还装有压力传感器和油压过低信号器,并通过导线分别与驾驶室中的机油压力表和压力过低警报灯连接。

为保证发动机工作时各部分正常润滑,不致因机油粗滤器堵塞而中断,在机油泵与主油道之间,与粗滤器并联设置一个机油粗滤器旁通阀10。当机油粗滤器进油和出油道中的压力差达到0.15～0.18MPa时,机油粗滤器旁通阀被推开,机油便不经过机油粗滤器滤清而直接流入主油道。

润滑系中油压过高将使发动机功率损失增加。为此,在机油泵端盖内设置柱塞式限压阀6。当机油泵出油压力超过0.6MPa时,限压阀便打开使一部分机油流回到机油泵的进油口,在机油泵内进行小循环。限压阀弹簧的预紧力可用增加或减少垫片的办法来调节。

东风EQ6100－1型发动机润滑系中,在机油细滤器下面还设置了可接机油散热器的阀门。机油散热器一般安装在冷却系散热器的前面。夏天炎热季节,当发动机长时间在大负荷高转速下工作时,驾驶员可将阀门打开,使部分润滑油流入润滑油散热器散热。寒冷季节或气温低于20℃的情况下,汽车行驶于好的路面上时,须将阀门关闭。为了保证主油道油压不致过低,通往散热器的通路是否开通也受到机油细滤器进油限压阀3的控制。

四、曲轴箱通风

发动机运转时,总有极少可燃混合气和废气经活塞环漏到曲轴箱内。漏到曲轴箱内的汽油蒸汽凝结后将稀释机油,使机油黏度变小;废气中的水蒸气凝结于润滑油中形成泡沫,破坏润滑油的供给;废气中的水蒸气和酸性物质将侵蚀零件和使润滑油性能变坏;同时,漏入曲轴箱内的气体使曲轴箱内压力和温度升高,将造成机油从油封、衬垫处泄漏而流失。

因此曲轴箱必须设有曲轴箱通风装置,使漏入的气体排出并加以利用,同时使新鲜的空气进入曲轴箱,形成不断的对流。

曲轴箱通风的方法有两种:一种是自然通风法,即利用汽车行驶的风扇所造成的气流,使与曲轴箱相连的出气管口处形成一定的真空度,从而将气体抽出曲轴箱外,一般多用于柴油机上;另一种是强制通风法,即利用发动机进气管道的真空度作用,使曲轴箱内气体被吸入气缸。

自然通风法结构比较简单,但与强制通风相比,由于它将曲轴箱气体直接导入大气,会造成燃料浪费,增加大气污染,且通风效果也不好。因此,汽车发动机曲轴箱一般都是采用强制通风。

一汽奥迪100轿车采用负压通风方式(图7-18)。在气缸体侧壁设置垂直通气道4连通曲轴箱和气缸盖上的气门室,再把气门室直接联通滤清器滤芯内侧。这样,滤芯和化油器之间的负压加在曲轴箱内。发动机工作时,在进气管内真空度作用下,窜入曲轴箱内的可燃混合气将经通气道连接软管2送入空气滤清器1,最后由进气管吸入气缸燃烧。这种通风方式,还可防止汽车发动机曲轴箱漏油。

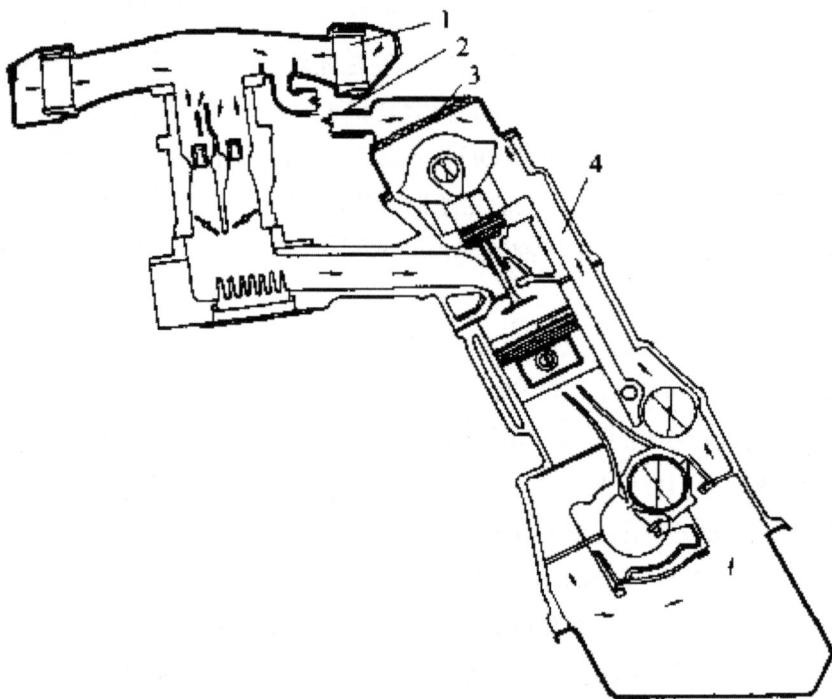

图7-18 曲轴箱通风装置
1—空气滤清器 2—连接软管 3—滤芯 4—通气道

图7-19是V型发动机的轴箱强制通风示意图。有的发动机为了防止在发动机低速、小负荷时进气管的真空度太大而将机油从曲轴箱内吸出,在抽气管上装有单向阀(PVC阀)。

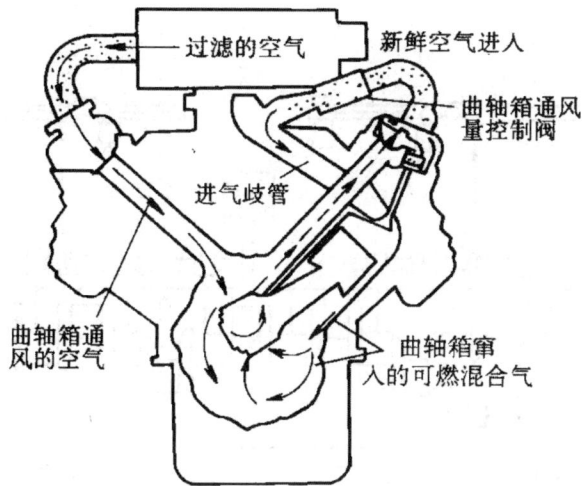

图 7 - 19 V 形发动机曲轴箱强制通风示意图

单向阀的构造如图 7 - 20 所示。发动机在小负荷、低转速运转时,进气管真空度较大。此时阀 4 克服弹簧 3 的压力被吸靠在阀座 2 上,曲轴箱内的废气经阀 4 的中心小孔进入进气管。由于节流作用,防止了曲轴箱内的机油被吸出。当负荷加大时,进气管真空度降低,阀在弹簧张力的作用下离开阀座而逐渐打开,通风量逐渐加大。当发动机在大负荷时,阀全开、通风量最大。因此既更新了曲轴箱内的气体,又使机油消耗降低到最低限度。

五、汽车上的润滑系

(一) CA6102 型发动机润滑系

CA6102 型汽油发动机润滑系如图 7 - 20 所示。机油泵 10 采用齿轮式,位于曲轴箱内第一道主轴承座下端,进油口通过油管与集滤器 5 相连。发动机工作时,曲轴正时齿轮(位于曲轴箱内)驱动机油泵运转,润滑油经集滤器 5 被吸入机油泵 10 内,机油泵输出的润滑油分两路:一路经细滤器 7 滤清后又回到油底壳 4;另一路经粗滤器 11 滤清后进入主油道 1,再经分油道到达曲轴主轴颈和凸轮轴轴颈。曲轴内加工有连通主轴颈与连杆轴颈的油道。靠近前后凸轮轴轴颈处的气缸体、气缸盖和摇臂轴支座内设有两条上油道,将主油道内的润滑油输送到摇臂轴内,对摇臂轴进行润滑。摇臂和连杆大头均加工有喷油孔,从摇臂喷油孔喷出的润滑油对摇臂、气门杆、气门导管、推杆进行飞溅润滑,从连杆大头喷出的润滑油对凸轮、挺杆、气缸臂、活塞销进行飞溅润滑。润滑油对各零部件摩擦表面进行润滑后,分别经曲轴主轴承、连杆轴承、凸轮轴轴承、推杆和挺杆导孔等处流回油底壳。

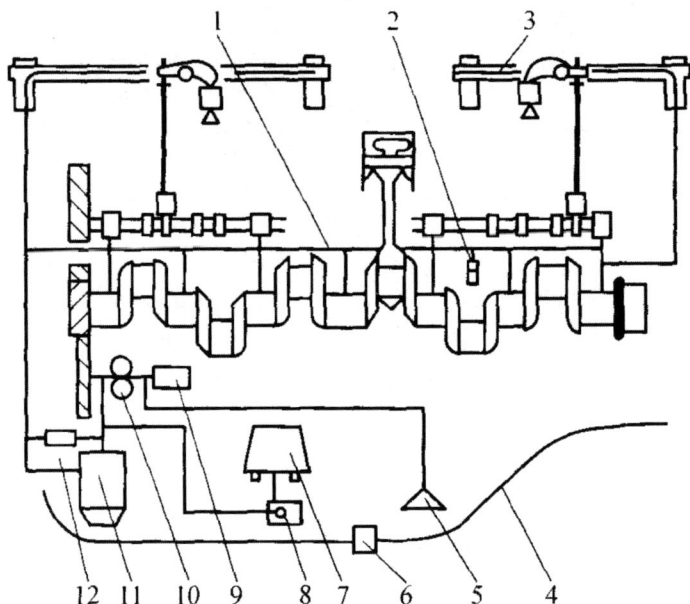

图 7 – 20   CA6102 型汽油发动机润滑系

1—主油道   2—调压阀   3—摇臂轴   4—油底壳   5—集滤器   6—放油螺塞   7—细滤器
8—低压限压阀   9—高压限压阀   10—机油泵   11—粗滤器   12—旁通阀

在细滤器进油口处有一个油管接头,通过油管将润滑油输送到空气压缩机,对空气压缩机进行润滑后的润滑油经回油管流回油底壳。发动机工作时,润滑油在整个润滑系内不断循环。

在机油泵出油口处装有一个高压限压阀,当机油泵输出压力过高(高于 588kPa)时,此阀开启,使压力油直接流入油底壳,限制机油泵输出的最高压力。

在离心式机油细滤器的进油口处装有一个低压限压阀,当机油泵输出压力较低(低于 147kPa)时,此阀关闭,机油泵输出的润滑油全部进入主油道,以便使机油压力迅速提高,保证润滑的需要。与粗滤器并联安装有一个旁通阀,当粗滤器堵塞时,此阀开启,以便润滑油不经粗滤器直接进入主油道,保证可靠润滑。

调压阀安装在气缸体前端的主油道上,可通过增、减调整垫片的方法来调整机油压力。

发动机正常工作时,机油压力应为 98 ~ 392kPa。

在主油道上还设有机油压力传感器和油压报警开关,分别通过导线与驾驶室内的机油压力表和机油压力报警灯相连。

(二)上海桑塔纳轿车发动机润滑系

上海桑塔纳轿车 JV 型发动机润滑系如图 7 – 21 所示。主要特点是:采用齿轮式机油泵和单级、整体、全流式机油滤清器,机油泵由中间轴驱动,润滑系内设有高、低两个机油压力报警开关(机油压力传感器)。

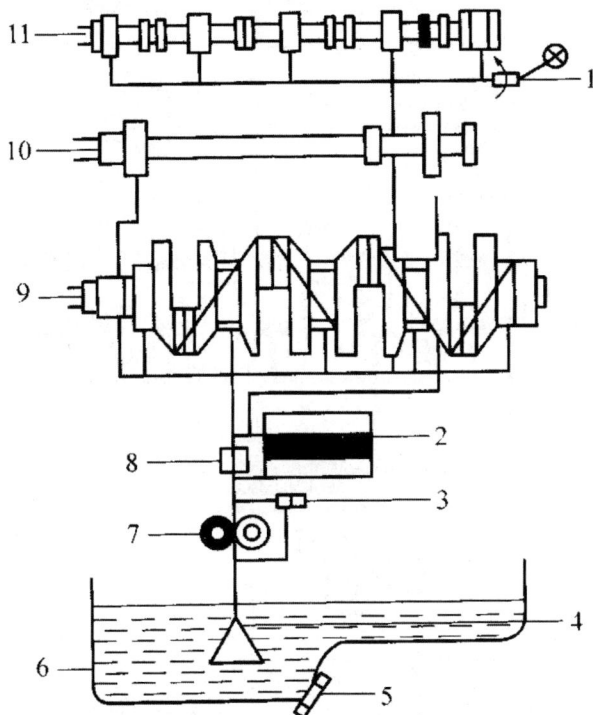

图7-21　上海桑塔纳轿车JV发动机润滑系

1—低压报警开关　2—机油滤清器　3—限压阀　4—集滤器　5—放油螺塞　6—油底壳

7—机油泵　8—高压报警开关　9—曲轴　10—中间轴　11—凸轮轴

低压报警开关1安装在气缸盖后端,高压报警开关8安装在机油滤清器支座上。打开点火开关后,仪表盘上的机油压力报警灯即开始闪烁。起动发动机后,若机油压力高于30kPa,低压报警开关触点断开,机油压力报警灯自动熄灭。发动机工作转速较低时,若机油压力低于30kPa,低压报警开关触点闭合,机油压力报警灯闪烁;当发动机转速超过2150r/min,若机油压力低于180kPa,高压报警开关触点断开,机油压力报警灯闪烁,同时报警蜂鸣器报警。机油压力报警灯闪烁或蜂鸣器报警时,说明机油压力低于标准,润滑系有故障,此时应停机检查。

润滑油温度为80℃时,正常的机油压力应为:转速为800r/min时,机油压力不低于30kPa;转速为2000r/min时,机油压力应不低于200kPa。

(三)一汽捷达轿车发动机润滑系

一汽捷达轿车发动机润滑系如图7-22所示,其主要特点是:采用齿轮式机油泵和单级、整体全流式机油滤清器机油泵由中间轴驱动,润滑系内设有高低两个油压报警开关。

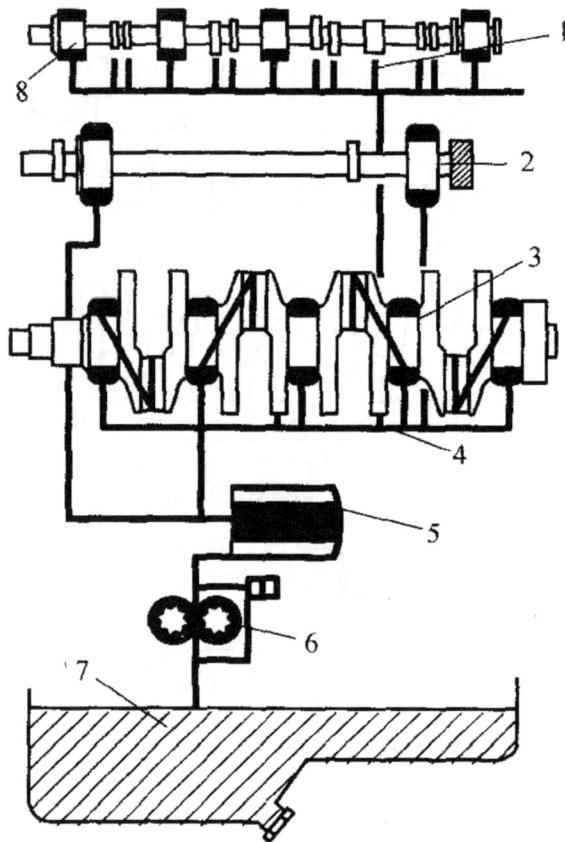

图 7 – 22   一汽捷达轿车发动机润滑系
1—缸盖油道   2—中间轴   3—曲轴   4—缸体主油道   5—机油滤清器;
6—机油泵   7—油底壳   8—凸轮轴

发动机运转时,机油泵经机油集滤器从机油盘中吸取机油。机油泵输出的有一定压力的机油分 3 路:大部分机油经机油滤清器 5 滤去杂质,流入发动机纵向主油道,执行润滑任务;一小部分机油通过支路直接润滑中间轴后部;其余部分机油因油压高或机油流量过大,经机油泵壳体上的限压阀流回机油盘。进入主油道的机油,通过 5 条分油道润滑曲轴的 5 根主轴承,通过一条分油道对中间轴的前轴承供油润滑。主油道有一分路直接给凸轮轴油道供油,润滑凸轮轴及配气机构等其他零件。

发动机在低速运转时,最低机油压力应在 20kPa 左右,否则仪表盘上的机油压力报警灯亮;发动机转速超过 2000r/min 时,最低油压应在 180kPa 左右,否则仪表盘上的机油压力报警灯亮且机油压力报警蜂鸣器响。

六、润滑系统的检修

如果不注意保养发动机润滑系统,就会给机器造成意外损害。机油量不足,供油不好便会造成润滑不好,机件磨损加快,严重时会烧损曲轴、连杆轴承和活塞。长期不更换机油和滤清器,机油太脏、油池内的机油含杂质太多,便会在机油集滤网上堆积,使机油不能顺利进行循环,同样会造成严重后果,甚至可能因此使发动机报废。

(一)定期检查润滑油液面高度

发动机机油消耗属正常现象,汽车正常行驶机油消耗为 1.0 L/1000 km。因此必须定期检查机油液面,最好是在每次加油时检查。

发动机润滑油液面高度应经常进行检查。检查时,车辆应停放在平地上。待发动机停止运转后数分钟,润滑油全部流回油底壳,拔出量油尺,擦净油尺上的油迹后,将油尺重新插入油底壳,再拔出量油尺,油面应在最高和最低之间。必须注意的是发动机工作之时检查油面高度是不准确的。因为发动机的振动必将使得油底壳内发生油面的波动和飞溅。因此油面高度的检查是在发动机不工作时。

有些驾驶员常存在这样的心理,为了使发动机润滑得更好些,认为多加润滑油总比少加好些。因此,往往不按规定办事,所加润滑油超过机油尺上的标志。其实这是有害的。因为,油加得太多了,会增加曲轴转动的阻力,降低发动机功率,使大量润滑油窜入燃烧室烧掉,造成排气冒蓝烟,润滑油的消耗量增加。同时,使燃烧室与气缸内积碳增多,增大了活塞环与气缸的磨损,降低了发动机功率。所以加油前、后应用机油尺测量,使润滑油既不过多,也不过少,一般以保持略低于油尺上刻度线为宜。

但润滑油油面过低也不好,当低于机油泵集滤器滤网时,则将有空气开始进入机油泵中,造成机油泵的泵油压力降低,从而导致各部分相对运动零件表面加速磨损及过热,甚至引起烧坏轴瓦等事故。

(二)定期监测润滑油的质量

发动机的润滑油在使用过程中受到高温氧化和极压的作用,使润滑油中的添加剂性能丧失,而无法完成润滑油的功能。润滑油在高温和氧化作用下,会生成酸性氧化物,它对机件有腐蚀作用。润滑油在长期使用中机件的磨损产生的金属颗粒会混入润滑油中,燃油、水也会进入润滑油中,而使其乳化变质。变质的润滑油必须更换,否则对发动机的寿命影响很大,甚至引发严重的机械事故。对润滑油质量进行监测的目的,一是可以做到及时换油、按质换油。更重要的一方面,是可以通过对润滑油进行检测,来监控发动机技术状况的变化,从而避免机械事故的发生。

(三)注意识别"油水混合"现象

汽车在使用中打开水箱盖如发现加水口处水面飘有机油,即为"油水混合"故障。其故障的产生,有产品质量的问题,也有使用方面的原因。

缸体顶面有两个通主油道的油孔,紧靠它的里侧是水孔;水孔与油孔之间是缸盖螺孔,螺孔与机油孔被气缸垫上的一个椭圆孔所包容。由于气缸垫的质量问题,可能在椭圆孔周围出现疏松或厚薄不均的现象,而缸垫油道孔与水道孔距离很近,装配时缸盖螺栓如未按规定力矩及规定的顺序拧紧,或因缸垫的烧蚀,高压机油便有可能窜入水套,形成"油水混合"现象。

由于油水渗入,造成发动机磨损剧增。因此,在使用中,应经常检查润滑油质量是否有变化,如发现油中有水,应及时查明原因,更换发动机润滑油。识别润滑油是否有水的方法如下:

①有水漏入油底壳后,油面明显升高。

②油中有水,润滑油被稀释呈乳白色,并伴有泡沫。

③油底壳内少量进水后比较难辨别,可先将发动机运转数分钟,用油尺把油底壳内的油滴在干净棉丝上,远离油箱,将棉丝点燃。品质纯正的润滑油易点燃,而有水的润滑油点燃后则发出"吱吱、叭叭"的响声。

④将油底壳的油滴在白纸上进行识别。有水的润滑油滴在纸上很快扩散,而纯正的润滑油则不扩散。

(四)正确更换润滑油

发动机润滑油,经过一定时期的使用后,由于金属磨屑和外界杂质混合以及润滑本身理化性质的变化,会逐渐失去润滑性能,必须及时更换。影响换油周期的主要因素有:

1. 道路和气候情况。

汽车在多尘道路上行驶,润滑油易变脏;在严寒季节,进入气缸的燃油易进入曲轴箱使润滑油变稀;在潮湿地区,曲轴箱易凝结水滴等,换油周期要相对缩短。反之,在柏油高级路面上和干燥地区使用的汽车,换油周期可适当延长。

2. 发动机的技术状况。

新车或发动机刚大修的汽车,在走合期内换油周期应缩短。走合后,换油周期可酌情延长,一般不超过 6000 km。

3. 更换发动机润滑油时应注意事项

①将汽车停在平坦的场地上;

②趁热车放出油底壳内的润滑油;

③更换滤清器;

④按规定拧紧油底壳放油螺塞;

⑤从注油口把新润滑油加入曲轴箱;

⑥用油尺检查润滑油油位,应在"max"和"min"之间。

第八章　冷却系统的构造与维修

一、冷却系统概述

(一)冷却系的功用

发动机在工作过程中,气缸内气体的温度高达2000℃以上,若不及时冷却,将造成发动机零部件温度过高,尤其是直接与高温气体接触的零件,如缸盖、活塞、缸套、气门等,会因受热膨胀而破坏其正常的配合间隙,或因润滑油在高温下失效而使机件卡死。各机件也会因高温而导致其机械强度降低甚至损坏。为此,发动机必须设置冷却系统。

发动机冷却系统的功用就是对在高温条件下工作的发动机零部件进行冷却,保证发动机在最适宜的温度下工作。发动机的冷却强度是否合适,对发动机的影响很大。冷却不足,会造成发动机过热,导致发动机充气量下降而影响发动机功率输出。对于汽油机来说,还可能造成早燃、爆燃和表面点火等不正常燃烧。同时过高的温度会使润滑油的黏度降低,导致机件磨损加剧。冷却过度则会造成发动机温度过低,使燃料燃烧后产生的热量散失过多,转变成有用功的热量过少,并使可燃混合气形成条件变差,使燃料蒸发困难,从而导致发动机功率下降。实验证明,当发动机工况其他条件相同时,冷却液温度降低到30℃左右时,气缸的磨损量将比正常温度时高4~5倍,油耗增加30%,功率下降10%。可见,发动机过冷或者过热均会影响其正常工作。另外,冷却系统还为暖风系统提供热源。采用水冷却系统发动机的的冷却液正常工作温度一般为80~90℃。如果发动机冷却系统出现故障,冷却系统的作用就不能充分发挥出来,将使发动机在运转过程中过热,导致发动机的功率下降和机件损坏。

(二)冷却系的类型

按照冷却介质的不同,发动机冷却系统可分为水冷式和风冷式两种类型。

1. 水冷却系统

水冷却系统是以冷却液为冷却介质,依靠冷却液的循环流动将高温机件的热量带走,再将热量散发到大气中。目前汽车发动机采用的水冷却系统大都是强制循环式水冷却系统,即利用水泵提高冷却液的压力,强制冷却液在发动机中循环流动。它一般由水泵、散热器、节温器、冷却风扇、百叶窗、水套、温度指示器等组成,如图8-1所示。

水套是直接铸造在汽缸体和汽缸盖内相互连通的空腔,水套通过橡胶软管与固定在发动机前端的散热器相连,形成封闭的冷却液循环通路,水泵安装在水套与散热器之间。发动机工作时,水套和散热器内充满冷却水,曲轴通过V带驱动水泵工作,使冷却液在水套与散热器之间循环流动;冷却液流经汽缸体和汽缸盖内的水套时,带走发动机热量使发动机冷却,而流经散热器时将热量散发到大气中。

风扇安装在水泵轴上,水泵工作时,由于有风扇的强烈抽吸,流经散热器的空气流量和流速增加,加强了散热器的散热效果。在某些发动机上,采用风扇离合器或电动风扇来控制风扇的工作状态,以根据发动机的工作情况调节冷却强度。

节温器安装在水套出水口处,根据发动机工作温度,可自动控制通向散热器和水泵的两个冷却液通路,以调节冷却强度。当发动机工作温度较低(70℃以下)时,节温器会自动关闭通向散热器的通路,而开启通向水泵的通路,从水套流出的冷却液直接通过软管进入水泵,并经水泵送入水套再进行循环,由于冷却液不经散热器散热,可使发动机工作温度迅速升高,此循环路线称小循环。发动机工作温度高(80℃以上)时,节温器自动关闭通向水泵的通路,而开启通向散热器的通路,从水套流出的冷却液经散热器散热后再由水泵送入水套,提高了冷却强度,以防止发动机过热,此循环路线称大循环。发动机工作温度为70~80℃时,大、小循环同时存在,即部分冷却液进行大循环,而另一部分冷却液进行小循环。

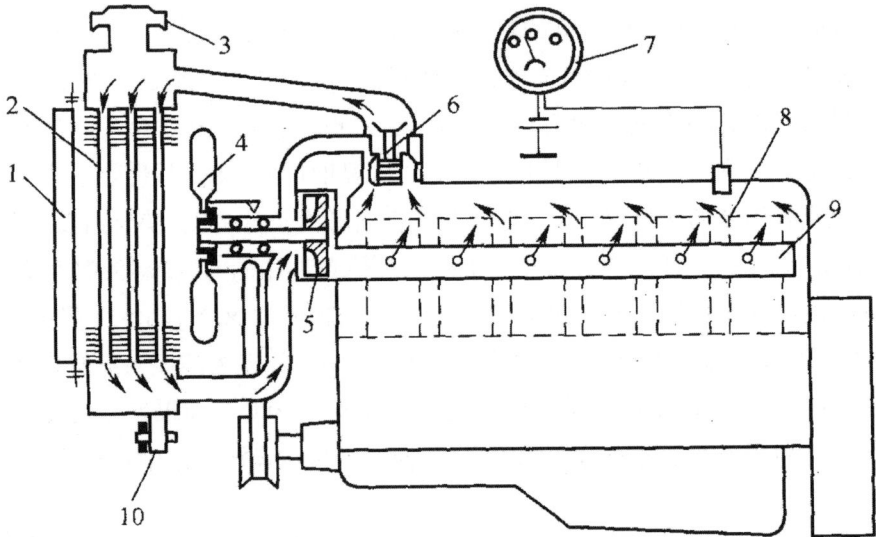

图8-1 水冷却系统的组成

1—百叶窗 2—散热器 3—散热器盖 4—风扇 5—水泵 6—节温器
7—水温表 8—水套 9—分水管 10—放水阀

百叶窗安装在散热器前面,由驾驶员控制其开度,以控制流经散热器的空气量,调节冷却强度。

分水管为一扁平的长管,上面加工有若干出水孔,离水泵越远出水孔的尺寸越大,这样可保证发动机各缸冷却均匀。

此外,为了使驾驶员及时掌握冷却系统的工作情况,还设有水温表或水温警告灯等指示装置。

2. 风冷却系统

风冷却系统是利用高速流动的空气直接吹过汽缸体和汽缸盖表面,将热量散发到大气中。风冷却系统如图 8 – 2 所示,它一般由风扇、散热片、导流罩、分流板等组成。

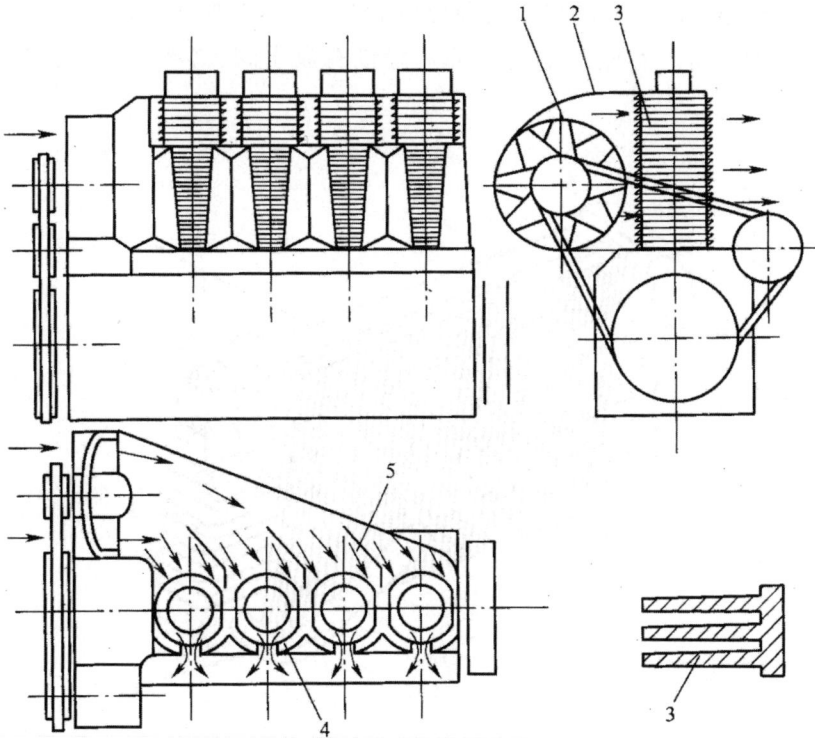

图 8 – 2　风冷却系统的组成

1—风扇　2—导流罩　3—散热片　4—导流罩　5—分流板

为加强冷却效果,增加散热面积,在汽缸体和汽缸盖外表面铸有很多的散热片,并采用轴流式风扇增加流经发动机的空气流量和流速。为使发动机各缸冷却均匀,利用导流罩和分流板控制空气的流动方向。

与水冷却系统相比,风冷却系统具有结构简单、质量轻便、无需特殊保养、故障少等优点。但由于其材料质量要求高,冷却不够均匀,工作噪声大,目前在汽车上很少使用。

二、冷却系的主要机件

1. 散热器

(1) 功用

散热器的功用是将水套中流出的高温冷却液分成许多股细流,并利用散热片增加散热面积,使冷却液的温度迅速下降,以保持发动机的正常温度。

(2)结构

根据散热器中冷却液流动的方向,可将散热器分为纵流式(自上而下竖向流动)和横流式(自左而右横向流动)两种。横流式散热器应用较为广泛,如图8-3所示,它主要由左储水室、进水管、散热器芯、散热器盖、右储水室和出水管组成。左储水室通过橡胶软管与汽缸盖上的水套出水管连接,右储水室则通过橡胶软管与水泵进水口连接,两水室之间焊接有散热器芯。在散热器的顶部设有加水口,以加注冷却液,在通常情况下用散热器盖封闭加水口。右储水室的底部一般设有放水阀,必要时放出散热器内的冷却液。

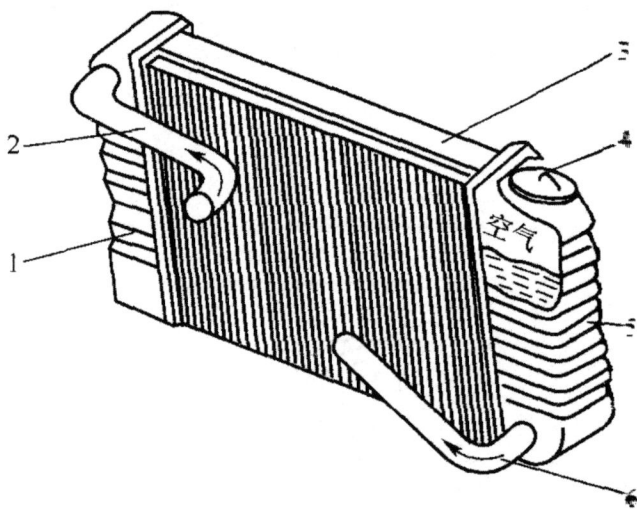

图8-3 横流式散热器的结构

1—左储水室 2—进水管 3—散热器芯 4—散热器盖 5—右储水室 6—出水管

散热器芯的结构形式主要有管片式和管带式两种。图8-4所示为管片式散热器芯,它由许多扁圆形的散热管和散热片组成。散热管两端与两个储水室之间及散热管与散热片之间均用锡焊焊接。冷却液流经散热器时被散热管分成许多股细流,并经散热管上的散热片将热量散发到大气中。散热片用来增加散热面积,同时增加整个散热器的强度和刚度。

图8-5所示为管带式散热器芯,它由散热管和波纹状散热带组成。散热管和波纹状散热带相间的焊在一起。与管片式散热器相比,管带式的散热能力强、制造工艺简单、质量轻、成本低,但结构刚度差。

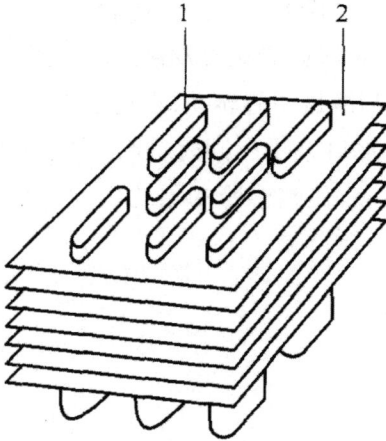

图 8-4　管片式散热器芯的结构
1—散热管　2—散热片

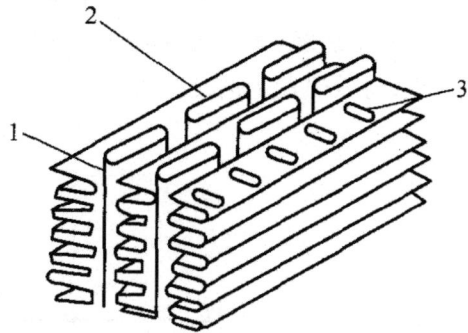

图 8-5　管带式散热器芯的结构
1—散热带　2—冷却管　3—缝孔

（3）散热器盖

目前汽车发动机多采用封闭式水冷却系统,这种冷却系统的散热器盖装有自动阀门。当发动机处于正常热态时,阀门自动关闭,将冷却系统与大气隔开,防止水蒸气逸出;同时使冷却系统内的压力稍高于大气压力,从而增高冷却液的沸点。当冷却系压力过高或过低时,自动阀门开启,使冷却系统与大气相通,以保持冷却系统内部的适当压力。散热器盖上一般设有蒸汽阀和空气阀,其结构如图 8-6 所示。当散热器内压力升高到一定值(一般为126~127kPa)时,蒸汽阀打开,使部分蒸汽排入大气,以免胀坏散热器。当散热器内压力低到一定值(一般为87~99kPa)时,空气阀打开,使空气进入散热器,以免大气将散热器压坏。

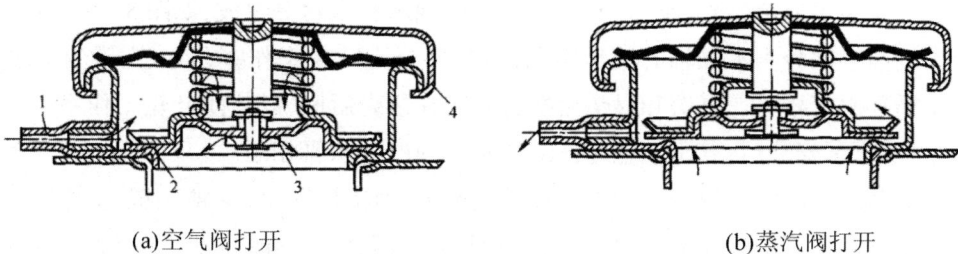

(a)空气阀打开　　　　　　　　　(b)蒸汽阀打开

图 8-6　散热器盖的结构
1—通气管　2—蒸汽阀　3—空气阀　4—散热器盖

2. 水泵

（1）水泵的功用及工作原理

水泵的功用是对冷却液加压,使冷却液在冷却系统内循环流动。

汽车发动机多采用离心式水泵,它具有结构简单、尺寸小、出水量大且工作可靠等优点。其基本结构有泵壳、叶轮、水泵轴、进、出水口等,如图8-7所示,叶轮固定在水泵轴上,泵壳安装在发动机缸体上。发动机工作时,冷却系统内充满冷却液,曲轴通过带传动驱动水泵轴并带动叶轮转动,从而使水泵腔内的冷却液也一起转动,在离心力作用下,冷却液被甩向叶轮边缘,并经与叶轮成切线方向的出水口泵出。同时,叶轮中心部位形成一定的真空,将散热器内的冷却液经进水口吸入泵腔,使整个冷却系统内的冷却液循环流动。

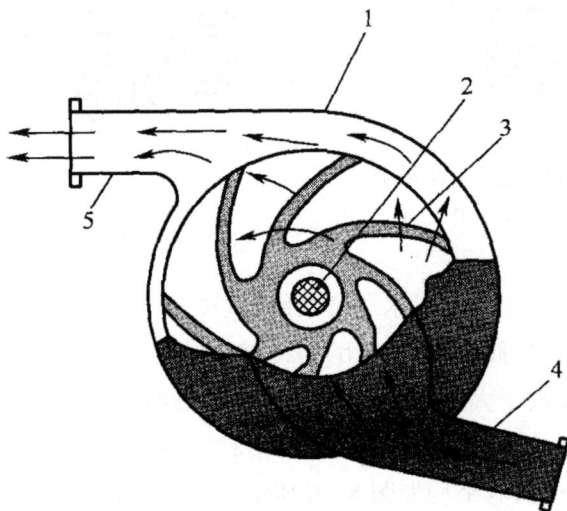

图8-7 离心式水泵基本组成及工作原理

1—泵壳 2—水泵轴 3—叶轮 4—进水口 5—出水口

(2)离心式水泵的结构

离心式水泵主要由泵壳、泵盖、叶轮、水泵轴、轴承和水封等组成,如图8-8所示。

泵壳的前半部分为水泵轴的轴承座孔,后半部分为叶轮工作室,泵壳上设有大循环进水口和小循环水管接头。泵盖和衬垫用螺钉安装在泵壳后面,以封闭叶轮工作室。在泵盖上有出水孔,水泵安装后,其出水孔与汽缸体水套内的分水管相通。

水泵轴通过轴承支撑在泵壳内。国产汽车装用的水泵,水泵轴一般采用两个球轴承支撑,两轴承间用隔套定位。进口汽车装用的水泵,水泵轴与轴承一般采用整体式结构。

叶轮通过其中心孔切削平面与水泵轴配合,并用螺钉紧固。水泵轴前端伸出泵壳,皮带轮毂通过半圆键与水泵轴连接,并用螺母紧固。风扇带轮用螺钉安装在轮毂上。

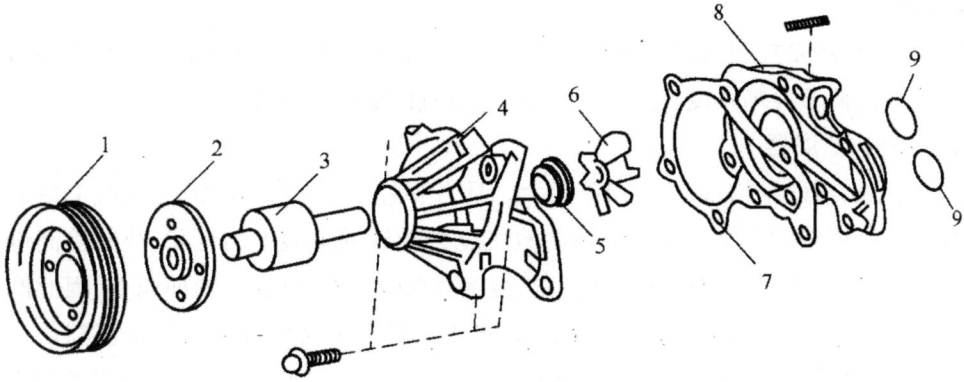

图 8-8　离心式水泵

1—风扇皮带轮　2—皮带轮毂　3—水泵轴和轴承　4—泵壳　5—水封

6—叶轮　7—衬垫　8—泵盖　9—密封圈

水封安装在叶轮前面的泵壳座上,以防叶轮工作室内的水外漏。水封多采用石墨密封圈结构,如图 8-9 所示,主要由密封圈(采用石墨材料制成)、水封、弹簧和弹簧垫圈组成。安装时弹簧有一定的预紧力,以使叶轮、密封圈、水封、泵壳之间紧密接触,保证密封。水封组件为固定件,当水泵工作时,滑磨发生在叶轮与密封圈之间。在水泵轴支撑轴承后面的水泵轴上装有挡水圈,以防水封漏水时浸湿轴承而破坏其润滑,漏出的水被挡水圈挡住后可由泄水孔漏出。

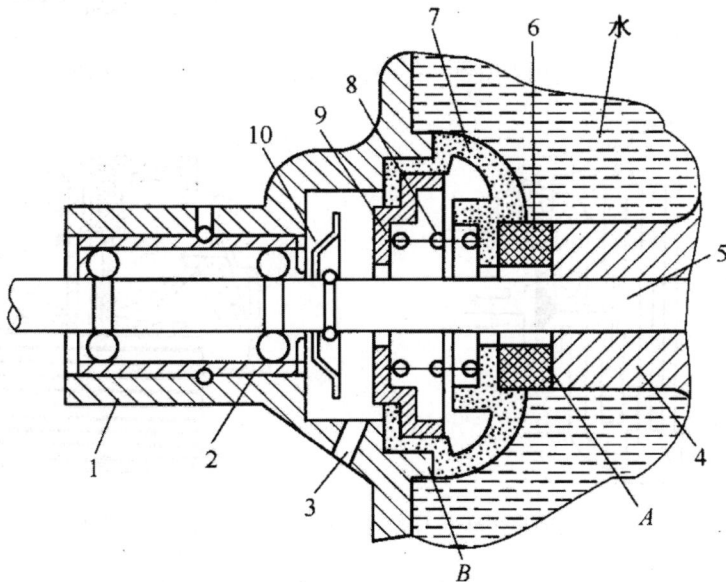

图 8-9　石墨密封圈水封结构

1—泵壳　2—轴承　3—泄水孔　4—叶轮　5—水泵轴　6—密封圈　7—水封

8—弹簧　9—弹簧垫圈　10—挡水圈　A—滑磨密封面　B—静止密封面

3. 节温器

节温器的功用是控制通过散热器的冷却液流量,使冷却液在散热器与水套之间进行大循环或小循环,调节冷却强度,保证发动机在最适宜的温度下工作。

(1)折叠式节温器

折叠式节温器的结构如图8-10所示。具有弹性的、折叠式的密闭圆筒1由黄铜制成,内装有易于挥发的乙醚。桶内液体的蒸气压力随着周围温度而变化,故圆筒高度也随温度而变化。圆筒的下端焊接在支架7上,支架7则固定在节温器的外壳上,因此圆筒下端是固定不变的。圆筒的上端焊有侧阀门2和杆3,杆3上又焊有上阀门5。这样,当折叠式密闭圆筒高度改变时,侧阀门和上阀门将随圆筒上端一起上下移动,节温器外壳上的旁通孔8正对着气缸盖出水管的旁通管,旁通管与水泵进水口连接。

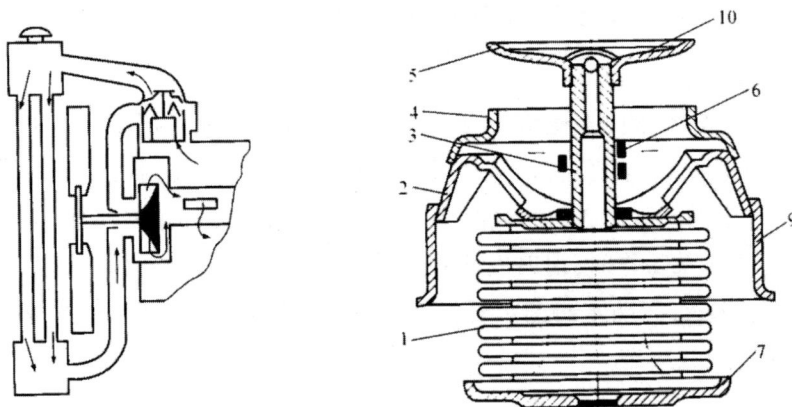

(a)大循环 (节温器上阀门开启,侧阀门关闭)

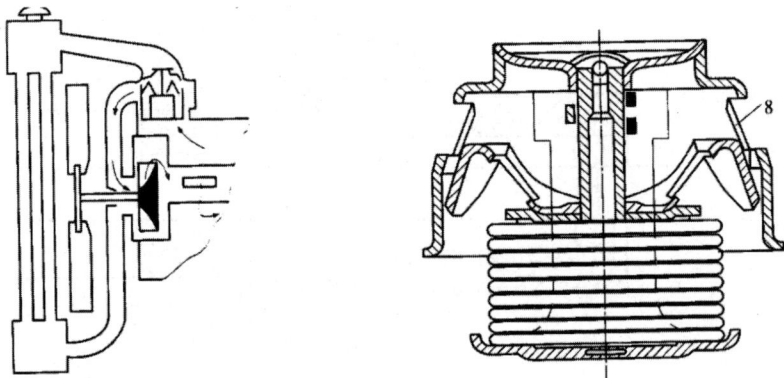

(b)小循环(节温器上阀门关闭,侧阀门开启)

图8-10 折叠式节温器的结构

1—折叠式密闭圆筒 2—侧阀门 3—杆 4—阀座 5—上阀门
6—导向支架 7—支架 8—旁通孔 9—外壳 10—通气孔

当发动机在正常热状态下工作时,即水温高于80℃时,冷却水应全部流经散热器,形成大循环,如图 8-10(a)所示。此时节温器的上阀门完全开启,而侧阀门将旁通孔 8 完全关闭。当冷却水温低于70℃时,折叠式密闭圆筒内的蒸汽压力很低,使圆筒收缩到最小高度。上阀门压在阀座上,即上阀门关闭,同时侧阀门打开,此时切断了由发动机水套通向散热器的水路,水套内的水只能由旁通孔 8 流出,经旁通管进入水泵,又被水泵压入发动机水套,此时冷却水并不流经散热器,只在水套与水泵之间进行小循环,如图 8-10(b)所示,从而防止发动机过冷,并使发动机迅速而均匀地热起来。当发动机的冷却水温在70~80℃范围内,上阀门和侧阀门处于半开闭状态,此时一部分水进行大循环,而另一部分水进行小循环。

(2)单阀型蜡式节温器

单阀型蜡式节温器的结构如图 8-11 所示,推杆的一端固定于上支架的中心处,另一端插入感温体内的胶管中。感温体支撑在下支架及节温器阀之间。在感温体外壳与胶管之间形成的腔体内装有精制石蜡。当冷却液温度低于规定值时,节温器感温体内的石蜡呈固态,节温器阀在弹簧的作用下关闭冷却液流向散热器的通道,来自发动机缸盖出水口的冷却液经水泵又流回汽缸体水套中进行小循环。当冷却液温度达到规定值后,石蜡开始融化并逐步变成液体,体积随之增大,迫使胶管收缩。在胶管收缩的同时,对推杆作用以向上的推力。由于推杆上端固定,故推杆对胶管和感温体产生向下的反推力,使阀门开启。当发动机冷却液温度达到80℃以上时,阀门全开。这时冷却液经节温器阀进入散热器,并由散热器经水泵流回发动机,进行大循环。

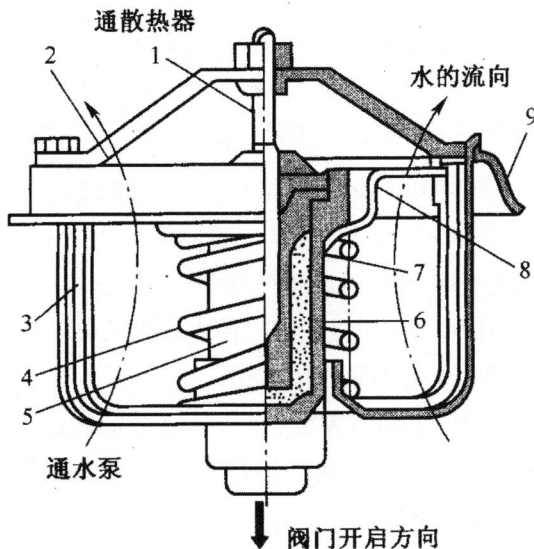

图 8-11　单阀型蜡式节温器

1—推杆　2—上支架　3—下支架　4—弹簧　5—感温器

6—胶管　7—石蜡　8—节温器阀　9—阀座

（3）双阀型蜡式节温器

双阀型蜡式节温器是双阀折叠式节温器和单阀蜡式节温器两种结构综合为一体的产物。节温器的上半部采用折叠式节温器上的主阀门和旁通阀门的结构，下半部的感应体则采用单阀蜡式节温器的结构，其主要由上支架、下支架、主阀门、旁通阀、感应体、中心杆、胶管和弹簧等组成，如图8-12所示。

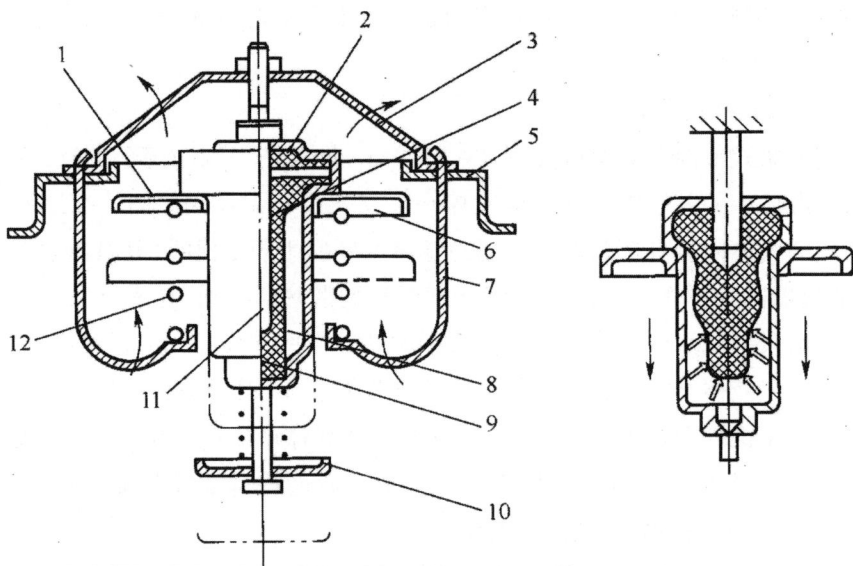

图8-12　双阀型蜡式节温器

1—主阀门　2—盖和密封垫　3—上支架　4—胶管　5—阀座　6—通气孔　7—下支架

8—石蜡　9—感应体 10—旁通阀　11—中心杆　12—弹簧

节温器的上支架和下支架与阀座铆成一体，中心杆上端固定在上支架的中心，其下部插入胶管的中心孔内，中心杆下端呈锥形，胶管与感应体外壳之间的空腔里装有石蜡。为了提高导热性，石蜡中常掺有铜粉和铝粉。感应体外壳上、下部有联动的主阀门和旁通阀门，主阀门上有通气孔，它的作用是在加冷却液时使水套内的空气经小孔排出，保证能加满冷却液。为了防止通气孔阻塞，有的加装一个摆锤。

当冷却液温度低于76 ℃时，主阀门完全关闭，旁通阀完全开启，由汽缸盖出来的冷却液经旁通管直接进入水泵，进行小循环。由于冷却液只是在水泵和水套之间流动，不经过散热器，且通过流量少，所以冷却强度小。

当冷却液温度为76~86℃时，大小循环同时进行，如图8-13所示。当发动机冷却液温度达76℃左右时，石蜡逐渐由固态变成液态，体积随之增大，迫使橡胶管收缩，从而对中心杆下部锥面产生向上的推力。由于推杆的上端固定，故中心杆对胶管及感应体产生向下的反推力克服弹簧张力，使主阀门逐渐打开，旁通阀开度逐渐减小。

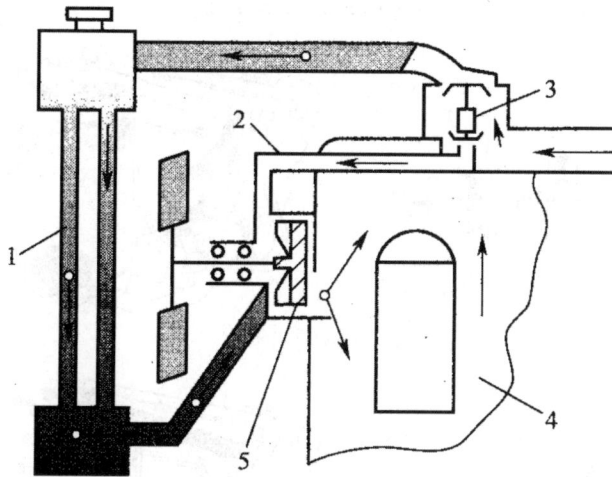

图 8 - 13　冷却液的大、小循环

1—散热器　2—旁通管　3—双阀蜡式节温器　4—水套　5—水泵

当发动机内冷却液温度升高到86℃,主阀门完全开启,旁通阀完全关闭,冷却液全部流经散热器,进行大循环。此时冷却液流动路线长,通过流量多,冷却强度大。

一般水冷却系统的冷却液都是由机体流进,从汽缸盖流出。节温器一般布置在汽缸盖出水管路中。这种布置方式的优点是结构简单,容易排除水冷却系统中的气泡。其缺点是节温器在工作时会产生振荡现象。例如,在冬季启动发动机时冷却液温度低,节温器关闭,而冷却液在进行小循环时,温度很快升高,节温器阀开启。与此同时,散热器内的低温冷却液流入机体,使冷却液又冷了下来,节温器阀重新关闭。等到冷却液再度升高,节温器阀又再次打开。直到全部冷却液的温度稳定之后,节温器阀才趋于稳定而不再反复开闭。节温器阀在短时间内反复开闭的现象,称为节温器振荡。当出现这种现象时,将增加汽车的燃油消耗量。

节温器也可以布置在散热器的出水管路中。这种布置方式可以减轻或消除节温器振荡现象,并能精确地控制冷却液温度,但其结构复杂、成本较高,如图 8 - 14 所示。

为了避免冷却液压力和温度的急剧变化,防止因节温器失效而引起发动机过热,有些发动机上装有两个或两个以上的节温器,如日产 PD6 发动机在回水歧管前装有 3 个节温器,一个是在冷却液温度为 76℃时开启,达到 90℃时全开;另一个是 82℃时开启,95℃时全开;当冷却液温度超过 95℃时,第三个节温器才开启,这时冷却系统的小循环通道全部关闭,冷却液全部流经散热器,实现冷却系统的大循环。

蜡式节温器对冷却系统的工作压力不敏感,具有工作可靠、结构简单、坚固耐用、制造方便、容易批量生产、成本低等优点。

4. 膨胀水箱

加注防锈、防冻液的汽车发动机常采用膨胀水箱,其功用主要有:把冷却系变成永久性封闭系统,减少冷却液的溢失;避免空气不断进入引起的机件氧化腐蚀,减少穴蚀;使冷却液、汽分离,保持系统内压力稳定,提高了水泵的泵水量。

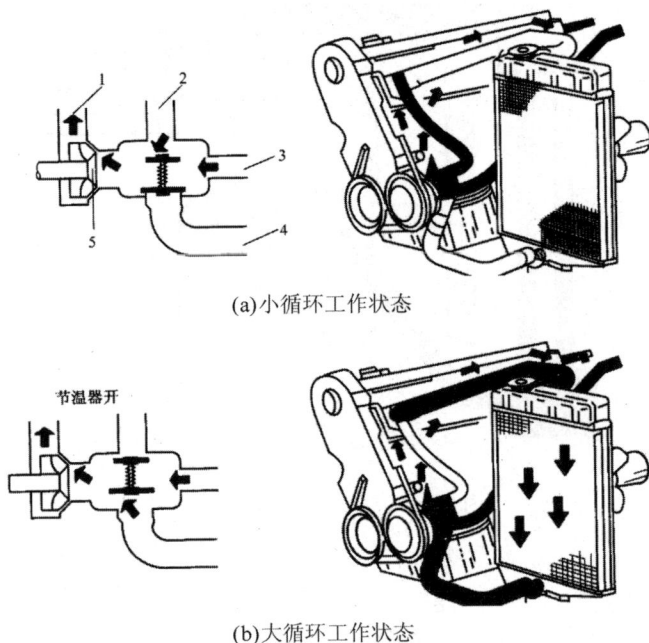

(a)小循环工作状态

(b)大循环工作状态

图 8 - 14　冷却液大、小循环工作状态(桑塔纳轿车)

1—通向发动机　2—来自发动机　3—来自暖风机　4—通向散热器　5—水泵

膨胀水箱多用半透明材料(如塑料)制成,透过箱体可直接观察到液面高度,无需打开散热器盖,如图 8 - 15 所示。膨胀水箱的上部用一个较细的软管与水箱的加水管相连,底部通过水管与水泵的进水侧相连接,通常位置略高于散热器。

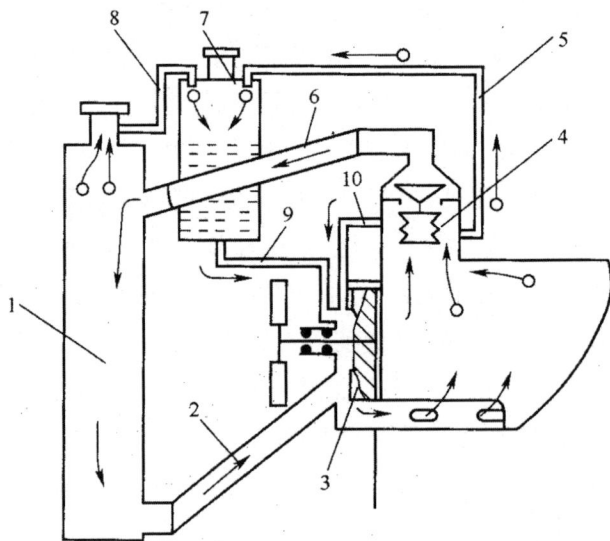

图 8 - 15　膨胀水箱连接图

1—散热器　2—水泵进水管　3—水泵　4—节温器　5—水套出气管　6—水套出水管

7—膨胀水箱　8—散热器出气管　9—补充水管　10—旁通管

一般冷却液的流动是靠水泵的压力来实现的。水泵吸水的一侧压力低,易产生汽泡,使水泵的出水量显著下降,并引起水泵叶轮和水套的穴蚀,在其表面产生麻点或凹坑,缩短了叶轮和水套的使用寿命。在加装膨胀水箱后,由于膨胀水箱和水泵进水口之间存在补充水管,也会使水泵产生气泡。散热器中的气泡和水套中的气泡通过出气管进入膨胀水箱,从而使冷却液、汽彻底分离。由于膨胀水箱温度较低,进入的气体得到冷凝,一部分变成液体,重新进入水泵,而积存在膨胀水箱液面上的气体起缓冲作用,使冷却系内压力保持稳定状态。

有的冷却系统装有储液罐,它利用水管与散热器盖上的蒸汽放出口相连(管口插入液面以下),如图 8-16 所示。这种装置只能解决冷却液、汽分离及冷却液的溢失问题,对穴蚀没有明显的改善。当冷却液受热膨胀时,散热器内多余的冷却液经水管流入储液罐;而散热器温度下降,缺少冷却液时,散热器内产生一定的真空度,储液罐内的冷却液又被吸回到散热器内。储液罐上有"高"和"低"两个标记刻线,在使用中应保持储液罐内的液面高度位于两个标记刻线之间,驾驶员应经常检查储液罐内的液面高度,缺少冷却液时应及时加注。

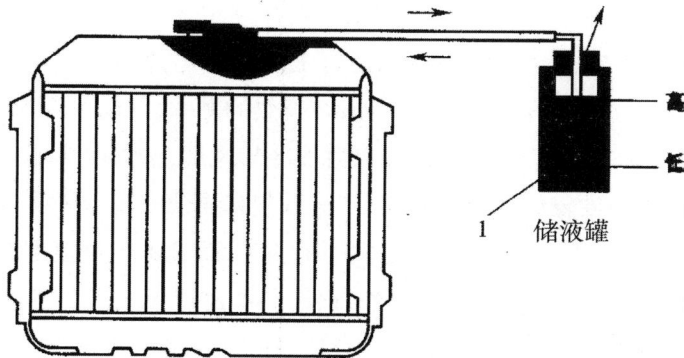

图 8-16 储液罐示意图

5. 冷却风扇

（1）冷却风扇的功用及结构

冷却风扇的功用是提高流经散热器的空气流速和流量,以增强散热器的散热能力,加快冷却液的冷却速度。

冷却风扇一般安装在散热器与发动机之间,并与水泵同轴。在水冷却系统中,常用风扇的结构及类型如图 8-17 所示。一般发动机冷却风扇都采用金属钢板冲压而成的叶片,叶片用螺钉固定在连接板上,近年来采用塑料压铸而成的整体式风扇越来越多。风扇一般有 4~6 片叶片,叶片相对风扇旋转平面有一定的扭转角度(30°~45°),从叶根到叶尖扭转角度逐渐减小,有些风扇叶片的扭转角度是可调的。为减小风扇噪声,各风扇叶片间的夹角不等。

桑塔纳 2000GSi 轿车 AJR 型发动机风扇有 9 片叶片,外缘设计成一个圆环,将这 9 片叶片连在一起,刚性好、效率高。两个冷却风扇分别用两个直流电动机驱动,提高了冷却系统的工作可靠性。

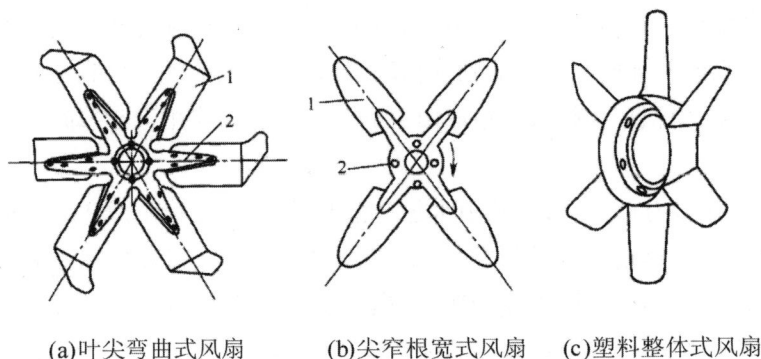

(a)叶尖弯曲式风扇 (b)尖窄根宽式风扇 (c)塑料整体式风扇

图 8 - 17 常用风扇的结构类型

1—叶片 2—连接板

冷却风扇的扇风量主要与风扇的直径、转速、叶片形状、叶片安装角及叶片数目有关。

(2)冷却风扇的控制方式

汽车在行驶过程中,由于环境条件和运行工况的变化,发动机的热状况也在改变。因此,必须随时调节发动机的冷却强度。例如,在炎热的夏季,发动机在低速、大负荷下工作,冷却液的温度很高时,风扇应该高速旋转以增加冷却风量,增强散热器的散热能力;而在寒冷的冬天,冷却液的温度较低时,或在汽车高速行驶有强劲的迎面风吹过散热器时,风扇继续工作就变得毫无意义了,不仅白白消耗发动机功率,而且还产生很大的噪声。试验证明,水冷却系统只有 25% 的时间需要风扇工作,而在冬季需要风扇工作的时间更短。因此,根据发动机的热状况随时调节冷却强度十分必要。冷却风扇的控制方式主要有硅油风扇离合器和电动风扇等形式。

①硅油风扇离合器。硅油风扇离合器主要由前盖、壳体、主动盘、从动盘、阀片、主动轴、双金属螺旋弹簧感温器、阀片轴、轴承、风扇等组成,如图 8 - 18 所示。前盖、壳体和从动盘用螺钉组成一体,通过轴承装在主动轴上,风扇装在壳体上。从动盘与前盖之间的空腔为储油腔,其内装有硅油(油面低于轴中心线)。从动盘与壳体之间的空腔为工作腔,主动盘与主动轴固定连接,主动轴与水泵轴连接。从动盘上有进油孔 A,平时由阀片关闭,若偏转阀片,则进油孔即可打开。阀片的偏转由双金属螺旋弹簧感温器控制,从动盘上有凸台限制阀片的最大偏转角。双金属螺旋弹簧感温器的外端固定在前盖上,内端卡在阀片轴的槽内。从动盘外缘有回油孔 B,中心有漏油孔 C,以防静态时从阀片轴周围泄漏硅油。

硅油风扇离合器用硅油作为介质,利用硅油高黏度的特性传递扭矩,利用散热器后面空气的温度,通过感温器自动控制风扇离合器的分离和接合。温度低时,硅油不流动,风扇离合器分离,风扇转速减慢,基本上是空转。温度高时,硅油的黏度使风扇离合器结合,于是风扇和水泵轴一起旋转,起到调节发动机温度的作用。

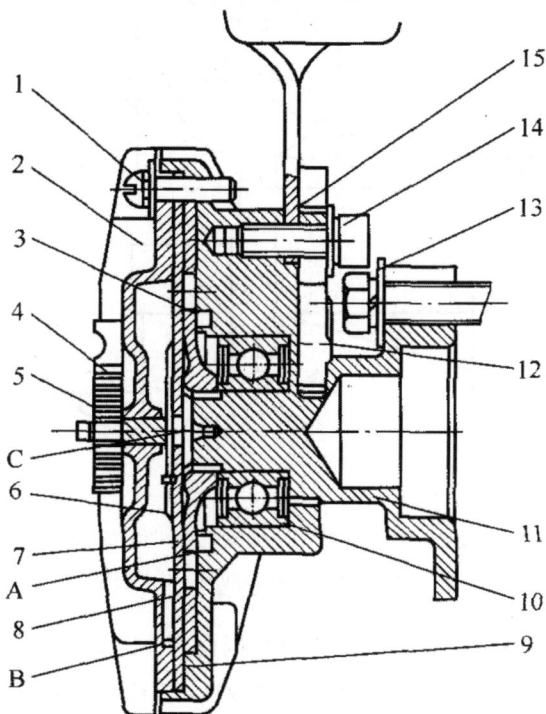

图 8 - 18　硅油风扇离合器的结构

1—螺钉　2—前盖　3—密封毛毡圈　4—双金属螺旋弹簧感温器　5—阀片轴　6—阀片
7—主动盘　8—从动盘　9—壳体　10—轴承　11—主动轴　12—锁止板　13—螺栓
14—圆柱头内六角螺钉　15—风扇　A—进油孔　B—回油孔　C—漏油孔

硅油风扇离合器的感温元件是双金属螺旋弹簧感温器。其工作过程是当流经散热器的空气温度升高时,双金属螺旋弹簧感温器受热变形,迫使阀片轴转动,打开从动盘上进油孔,从动盘与前盖之间储存的硅油便流入主动盘与从动盘之间的工作腔,离合器接合,风扇转速升高。空气温度越高,进油孔开度越大,风扇转速就越快。当流经散热器的空气温度下降时,双金属螺旋弹簧感温器恢复原状,阀片关闭进油孔,在离心力的作用下,硅油经回油孔从工作腔返回储油腔,离合器分离,风扇转速变得很低。

②电动风扇。电动风扇是指用电动机驱动的风扇,如图 8 - 19 所示。在前置发动机前驱动的轿车上,由于发动机横置,散热器与曲轴的方向和位置变化,很难利用发动机通过传动带驱动风扇,因此装用电动风扇。

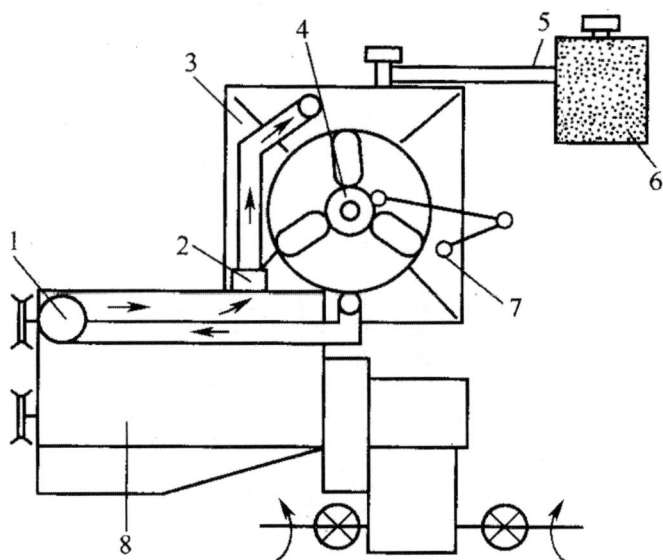

图 8 - 19　电动风扇

1—水泵　2—节温器　3—散热器　4—电动机和风扇　5—蒸汽排出和回吸管
6—膨胀水箱　7—温控开关　8—发动机

　　驱动风扇的电动机一般有高速和低速两个挡位,其工作状态通过温控开关由散热器的冷却液温度控制。当散热器出口冷却液温度为 92 ~ 97℃时,温控开关接通电动机低速挡,风扇开始运转,保证有足够的空气流经散热器;当冷却液温度在 99 ~ 105℃时,温控开关接通电动机高速挡,风扇以更高的转速运转,以提高冷却液的冷却强度,防止发动机过热。当冷却液温度下降到 91 ~ 98℃时,电动机恢复低速挡运转;当冷却液温度下降到 84 ~ 91℃时,风扇电动机停止工作。

　　电动风扇是由风扇电动机驱动,所以风扇转速与发动机转速无关。只有在冷却液温度超过一定值时,风扇才开始工作。电动风扇结构简单,布置方便,不消耗发动机的功率,使燃油经济性得到改善。此外,由于不需要检查、调整或更换风扇传动带而减少了维修保养工作量,为大多数现代轿车所使用。

　　6. 百叶窗

　　有的发动机上安装有百叶窗,其功用是通过改变流过散热器的空气流量来调节发动机的冷却强度,以保证发动机在适宜的温度范围内工作。在发动机冷车启动或暖机期间,冷却液的温度较低,这时将百叶窗的部分或全部关闭,以减少流过散热器的空气流量,使冷却液的温度迅速升高。

　　百叶窗安装在散热器前面,它是由许多片活动挡板组成的,挡板垂直或水平安装,由驾驶员通过装在驾驶室内的手柄操纵活动挡板的开度或由感温器自动控制。图 8 - 20 所示为百叶窗自动控制系统。

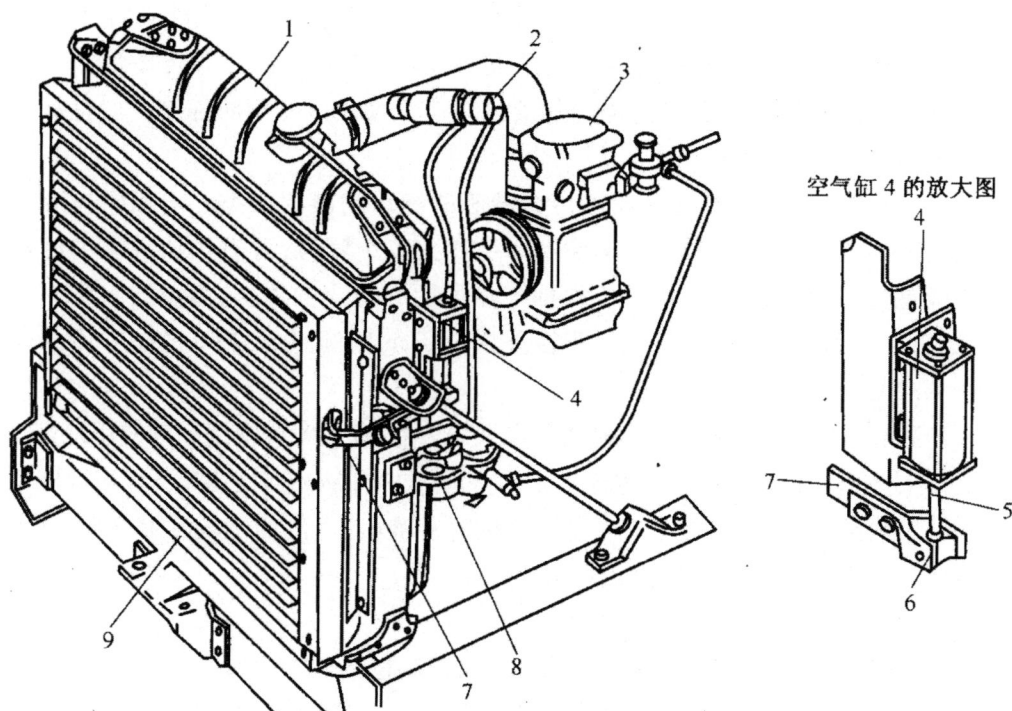

图 8 - 20　百叶窗自动控制系统

1—散热器　2—感温器　3—制动空气压缩机　4—空气缸　5—调整杆
6—调整螺母　7—杠杆　8—空气滤清器　9—百叶窗

该控制系统中的感温器安装在散热器的进水管上,用来感受来自发动机的冷却液温度。在发动机冷启动及暖机期间,百叶窗关闭。当发动机达到正常工作温度后,感温器打开空气阀,使制动空气压缩机产生的压缩空气进入空气缸,并推动空气缸内的活塞连同调整杆一起下移,带动杠杆使百叶窗开启。

三、冷却液与双散热器冷却系统

(一)冷却液

冷却液是发动机冷却系统中最重要的工作介质,汽车常用的冷却液有水及加有防冻剂的防冻冷却液。

防冻冷却液是一种含有特殊添加剂的冷却液,具有冷却、防冻、防锈和防积水垢等作用。现代轿车发动机普遍采用防冻冷却液。

防冻冷却液主要由冷冻剂与水按一定比例混合而成。按冷冻剂种类的不同,防冻冷却液可分为酒精型、甘油型、乙二醇型三种,目前广泛采用的是乙二醇型防冻冷却液。

乙二醇是一种无色黏稠状的液体,能与水以一定比例混合,沸点为 197.4℃ ,冰点为 −

11.5℃,与水混合后还可使防冻冷却液的冰点显著降低,最低可达 -65℃。乙二醇型防冻冷却液是用乙二醇作为冷冻剂,与水、防腐剂和染色剂等多种添加剂配制而成,用不同比例的乙二醇和水混合可配制成不同冰点的防冻冷却液。这类防冻冷却液的优点是沸点高、冰点低、冷却效率高。乙二醇型防冻冷却液已被广泛使用。专用防冻液一般呈深绿色或深红色。

乙二醇型防冻冷却液分为防冻冷却液和防冻浓缩液两大类。防冻冷却液按其冰点不同,分为 -25、-30、-35、-40、-45、-50 共 6 个牌号,可直接加入车中使用。防冻浓缩液是为了便于储运,使用时应根据产品说明书规定的比例,用蒸馏水或去离子水稀释,如防冻浓缩液与蒸馏水各以体积百分数 50% 的比例混合,制成的防冻冷却液冰点不高于 -37℃。

乙二醇型防冻冷却液的牌号是按冰点来划分的,选用时应根据车辆使用地区冬季的最低气温来选择合适的牌号。为防意外,选用的防冻冷却液冰点应比最低环境温度低 10℃ 左右。桑塔纳系列轿车采用以乙二醇为基料的冷却液(乙二醇的质量占 45.6%、水的质量占 54.4%),冰点在 -25℃ 以下,沸点在 106℃ 以上。

乙二醇型防冻冷却液使用注意事项:

①车辆首次使用乙二醇型防冻冷却液时,应将散热器中原有的冷却液放尽,最好能用散热器清洗剂将其中的水垢和沉淀物清除,其加入量一般为散热器容量的 95%。

②用防冻浓缩液配制时,不能使用河水、井水或自来水等。

③防冻冷却液和添加剂均为有毒物质,使用中应注意安全。

④定期检查冷却液液面高度,并适时补充冷却液。乙二醇型防冻冷却液使用一段时间后,会因蒸发而使液面下降,此时可补充蒸馏水或去离子水使其保持原有量,在补充数次后,考虑到添加剂的损耗,应补充同型号的冷却液。补充冷却液时,应在发动机关闭后处于冷却状态时进行,否则热冷却液喷出会伤人。

⑤乙二醇型防冻冷却液的更换周期一般为 1~2 年。使用中,如发现冷却液的 pH 值小于 7 或高于 11 时必须更换。

⑥不同牌号的防冻冷却液不可混用。

(二)双散热器冷却系统

为确保发动机的工作温度以及冷启动发动机后冷却水能很快达到正常工作温度,且当发动机负荷大时,仍能使冷却水的温度不致过高,现代有些发动机采用双散热器水冷却系,如图 8-21 所示。其工作过程分 3 个阶段(以日产蓝鸟发动机为例)。

①第一阶段。冷却液在 82℃ 以下时节温器不打开,冷却液在发动机水套与副散热器之间循环,电动冷却风扇不工作,冷却液温度很快上升。

②第二阶段。冷却液的温度达 82℃ 以上时,节温器打开。冷却液同时经过副散热器及主散热器进行循环,冷却能力增大,使冷却液温度保持在 82~92℃ 之间(发动机最佳工作温度)。

③第三阶段。汽车的负荷增大,仅靠主、副散热器进行冷却不足以维持发动机正常的工作温度。当冷却液的温度超过92℃以上时,装在副散热器上的电动冷却风扇开始转动,由此副散热器的散热能力大增,冷却液的温度迅速降低。当冷却液温度低于88℃时,水温开关切断,电动冷却风扇停止运转。风扇停转后冷却液温度上升至大于92℃以上时,水温开关再度闭合,使电动冷却风扇运转。这样,可以维持冷却液温度在88~92℃之间。

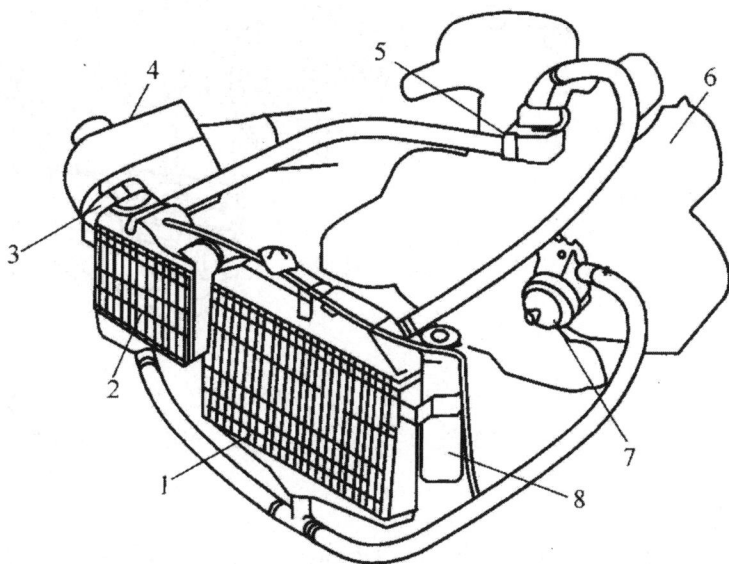

图8-21　双散热器水冷却系
1—主散热器　2—副散热器　3—水温开关　4—电动冷却风扇　5—节温器
6—发动机　7—水泵　8—储液罐

四、冷却系统的检修

(一)水泵的拆装

下面以桑塔纳2000GSi轿车AJR发动机为例介绍水泵的拆装。

1. 拆卸

①将发动机放在维修工作台上,排尽冷却液。

②拆卸V形驱动带,拆卸风扇电动机。

③拆下同步带的上、中防护罩,将曲轴调整到第一缸上止点位置。

④拆下凸轮轴上的同步带,但不必拆下曲轴V形带轮,以保持同步带在曲轴同步带轮上的位置。

⑤旋下螺栓,拆下同步带后防护罩,旋下水泵,小心地将其拉出,如图8-22所示。

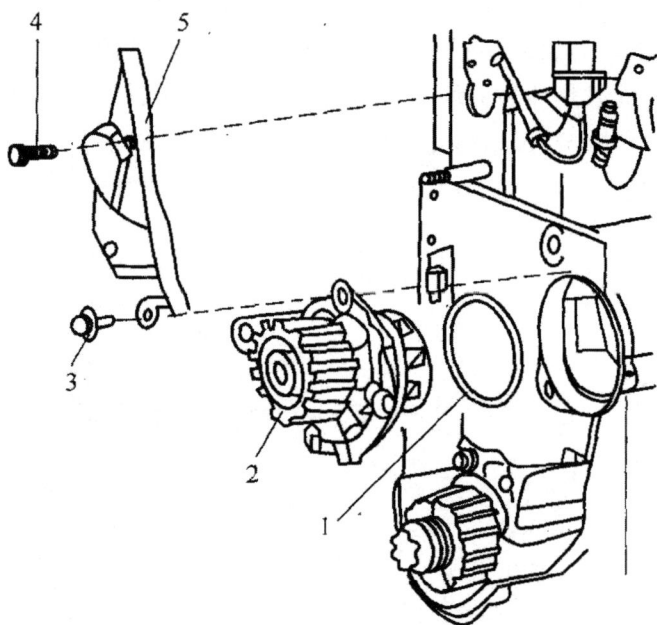

图 8 – 22　拆卸水泵

1—O 形密封圈　2—水泵　3,4—螺栓　5—同步带后防护罩

2. 安装

①清洁 O 形密封圈的密封表面,用冷却液浸湿新的 O 形密封圈。

②安装水泵,罩壳上的凸耳朝下。

③安装同步带后防护罩。

④拧紧水泵螺栓至 15N·m。

⑤安装同步带(调整配气相位),安装驱动 V 形带。

⑥加注冷却液。

(二)散热器的拆装

1. 拆卸

①排放冷却液。

②松开冷却水管上的夹箍,拔下散热器的冷却水软管。

③拔下位于冷却风扇罩壳上的热敏开关插头,为防止损坏冷凝器及制冷剂管路,不要压迫、扭曲及弯曲制冷剂管路,如图 8 – 23 所示。

④将双冷却风扇连同罩壳一起拆下。

⑤拆下散热器。

2. 安装

按拆卸的相反顺序安装散热器。

（三）冷却液的排放与加注

1.冷却液的排放

①将仪表板上的暖风开关拨至右端,打开暖风控制阀。

②在盖子上盖一块抹布,小心地旋开冷却水储液罐盖子。

③在发动机下放置一个干净的收集盘。

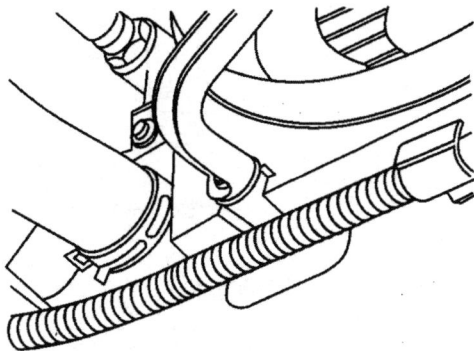

④松开夹箍,拔下散热器的下水管,如图8－24所示,放出冷却液。

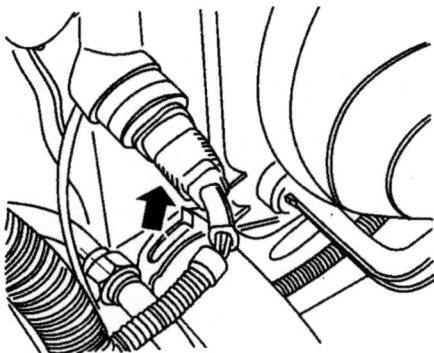

图8－23　拔下热敏开关插头　　　　　图8－24　拔下散热器的下水管

2.冷却液的加注

储液罐上有两条刻线,冷却液应加到上刻线(如桑塔纳2000GSi轿车AJR发动机标注有"MAX"字样)。当液面降到下刻线(如桑塔纳2000GSi轿车AJR发动机标注有"LOW"字样时,应及时补充。加注时应按以下步骤进行。

①加注冷却液至冷却液储液罐最高点标记处。

②旋紧储液罐盖子。

③将发动机运转5～7min,再检查冷却液液面高度,使之达到上刻线。

④经常检查冷却液液面高度,必要时加注冷却液到最高标记处。

（四）节温器的拆装

1.拆卸

①将发动机前端置于维修工作台上。

②在切断点火开关的情况下,拔下蓄电池搭铁线。

③排放冷却液。

④拆卸V形带,拆卸发电机。

⑤从连接体上拆下冷却水管。

⑥松开螺栓,取出节温器盖、O形密封圈和节温器,如图8－25所示。

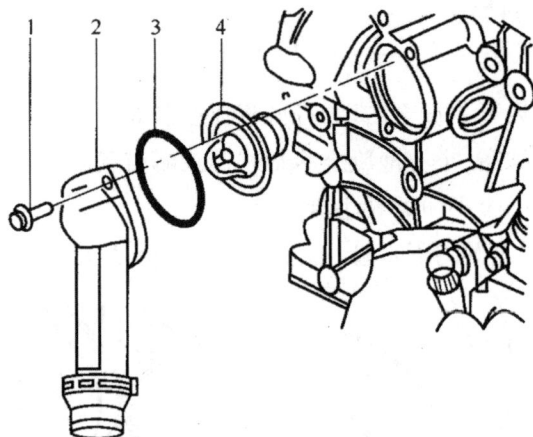

图 8 - 25　拆卸节温器

1—螺栓　2—节温器盖　3—O 形密封圈　4—节温器

2.安装

①清洁 O 形密封圈的密封表面。

②安装节温器,节温器的感温部分必须在汽缸体内。

③用冷却液浸湿新的 O 形密封圈。

④拧紧螺栓,安装发电机。

⑤加注冷却液。

(五)冷却风扇的安装与风扇皮带的调整

①冷却风扇用螺钉安装在水泵轴前端的皮带轮或凸缘盘上,风扇常和发电机一起由曲轴通过三角皮带带动,如图 8 - 26 所示。

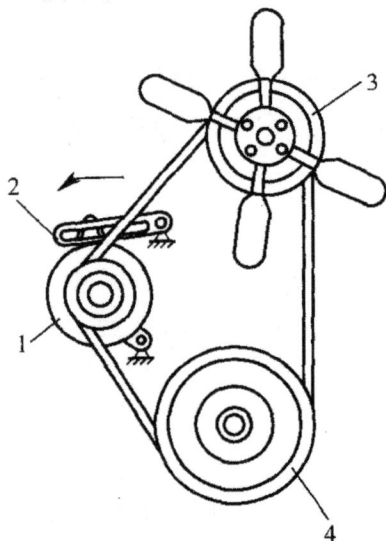

图 8 - 26　风扇的驱动和皮带张紧力的调整

1—发电机　2—移动支架　3—风扇及皮带轮　4—曲轴皮带轮

②风扇皮带调整的目的。若皮带过松,皮带将在皮带轮上打滑,使风扇和水泵等的转速下降,扇风量和泵水量减小,发动机过热;若皮带过紧,将增加轴承和皮带的磨损。

③调整措施。将发电机支架做成可移动式,以便调节皮带的松紧度。

(六)冷却系统泄漏

冷却系统是一个完全密封的系统,只有冷却系统出现故障时,才能造成泄漏冷却液。因此在平时使用中,不需经常添加冷却液,需要使用一定时间才需要添加冷却液。如果冷却液消耗过快,就说明冷却系统出现了故障,使冷却液发生泄漏。应及时查找故障原因,排除故障以保证冷却系统正常工作。

1. 故障原因

①散热器裂纹或穿孔漏液。气缸体水套破损,使冷却水流失。

②进、出水管破损漏液。

③开关损坏漏液。

2. 故障检修方法

①采用止漏剂止漏,若严重漏水,则应更换散热器。

②若水管龟裂老化,应更换新件。

③若开关损坏引起冷却液泄漏,应更换开关。

(七)发动机冷却液温度过高

1. 故障原因

①冷却水不够。

②风扇传动带断裂或调整过松,降温作用消失或减弱。

③缸体水套、散热器内水垢较多,散热性能降低。

④水泵工作不正常,水流循环不畅通。

⑤散热器散热片倾倒或连接软管吸瘪。

⑥水温表及传感器失效。

2. 故障检修方法

①及时添加冷却水,若散热器泄漏应进行修补。

②调整风扇传动带的松紧度或更换新传动带。

③对冷却系统进行清洗,排除水垢。

④检修或更换水泵。

⑤检查出水管,如吸瘪应排除,修复散热器散热片。

⑥检修或更换水温表、传感器。

(八)发动机工作温度过低或升温过慢

1. 故障现象

车辆在行驶中,若冷却液温度在发动机正常温度(75℃)以下,或发动机在工作中冷却液温度表指针长时间达不到正常位置,就说明发动机工作温度过低或升温缓慢。

发动机工作温度过低将使①进入气缸的可燃混合气温度太低,使点燃困难或燃烧迟缓,造成燃油消耗增加,发动机发不出应有的功率。②润滑油的勃度增加,使发动机润滑不良,加剧零件的磨损,同时增大功率消耗。③因温度过低而未雾化的燃料对摩擦表面上的油膜的冲刷以及对润滑油的稀释,加重了零件的磨损。

2. 故障原因

①冷却液温度表或冷却液温度传感器损坏,指示出现错误。

②节温器漏装或阀门黏结不能闭合。

③风扇离合器或温控开关接合过早。

3. 故障检修方法

①环境温度较低时,检查百叶窗是否关闭、是否采取了有效的保温措施。

②检查风扇控制装置是否失效。如果冷却系统装有风扇离合器或装有电动风扇,可在发动机工作温度较低时,通过观察风扇的运转状态来确定风扇控制装置是否失效。

③检查节温器是否正常。在发动机工作温度较低时,通过初试散热器的温度来判断冷却液是否进行大循环,以诊断节温器是否正常。

(九)发动机水套生锈

水遇到铁和空气中的氧就起化学作用,而变成铁锈。气缸水套由合金铝和生铁铸成,水中免不了有气泡存在,于是冷却系统内金属件逐渐锈蚀,甚至不能使用。一般在散热器内堵塞水套的固体中铁锈占90%。水锈日积月累的结果,几乎可以填塞水套,对发动机冷却系统的影响很大。

1. 水套生锈的原因

①水套中有空气。

②水温升高。水温升高,也能加快锈蚀作用。

③水内含有矿物盐和其他矿物质,能在水套内加速金属锈蚀。

2. 故障检修方法

①检查散热器上水箱水面是否过低,如过低应添加冷却水,保证水箱水面高度,以防止水套中进入空气。

②在发动机工作中,要保持冷却系统工作正常,防止冷却水温度过高。

③在给水箱添加冷却水时,应加注清洁的软水。不能直接加入河水或井水。另外还可以加防锈剂,它的作用是防锈,但不能排斥原有的铁锈。在加注前要将冷却系统冲洗干净。

第九章　发动机的装配与调试

一、概述

国产汽车发动机大修技术标准规定:承修单位对大修竣工的发动机应给予质量保证。质量保证期自出厂之日起,不少于3个月或行驶里程不少于10000km。在送修单位严格执行走合期的规定,合理使用、正常保养的情况下,质量保证期内的修理质量问题,承修单位应负责保修。因此,发动机大修后的装配与调试显得尤为重要。

发动机装配在整个发动机修理过程中是一项重要工作,它是把组成发动机总成的零件和部件连接在一起的过程,修理时的总成装配与发动机制造时不同,因为修理过程中进入总成装配的零件有三类:具有允许磨损量的旧零件,经修复合格的零件,换用的零件。这三类零件中,通常前两类零件尺寸公差要比第三类新零件尺寸公差要大,为使配合副的配合特性达到装配技术条件的要求,在组装时必须按装配技术条件的要求对配合件进行选配,包括按尺寸进行选配和按质量进行选配(如活塞和缸筒的选配;曲轴轴承和曲轴轴颈的选配等)。维修中,发动机装配质量的好坏直接影响修复后的发动机性能。

按装配技术要求完成装配后的发动机还需经过磨合、调试和竣工验收,这样才能保证为汽车提供高质量符合技术标准要求的发动机。发动机总装以后还要进行相关试验,以确定包括动力性、经济性和排放特性等是否满足技术性能要求。为此,我们必须掌握发动机装配的一般工艺过程与调整,理解发动机磨合意义与方法,掌握发动机磨合试验的方法与基本要求。了解汽车大修后的技术标准与验收要求,了解发动机修复的装配要领与调整内容。

二、发动机的装配

发动机的装配是把新零件、修理合格的零件、组合件和辅助总成,按照工艺和技术要求装配成完整的发动机,并对其进行磨合。发动机的装配、磨合质量对发动机的修理质量有着重大的影响,直接影响大修后的发动机使用寿命。

(一)发动机装配的基本要求和注意事项

①装配应在专用车间或清洁场地进行。装配中应防尘和保持较为稳定的室内温度。

发动机在装配过程中,要保持待装零件以及工作台、工件盘和工具、量具的清洁。

②装配前,所有零部件和总成均应经过检验或试验,确保质量。

③装配前,应将零件清洗干净,并清洗润滑油道,油道内不允许有铁屑或其他杂物;彻底清除零部件装配表面的灰尘、油污等异物,然后用压缩空气吹干。

④装配前,所有运动表面均应涂抹润滑脂;除胶质密封垫及带胶的密封垫外,各密封垫的部位均应涂密封胶,保证各密封部位的严密性,无漏油、漏水、漏气现象。

⑤装配前,检查全部螺栓螺母,不符合要求的应更换;垫片、O形圈等密封件,锁止垫片、开口销等锁紧件应更换新件。

⑥装配时,要注意装配方向和标记(如主轴承盖、连杆大头、止推轴承片等),不能装错、装反。

⑦各配合件的配合应符合技术要求,如气缸活塞间隙、轴瓦轴颈间隙、曲轴轴向间隙、气门间隙等。变形零件的配合间隙调整到公差下限、无变形零件的配合间隙调整到公差上限等,都是延长零件使用寿命的有效措施。

⑧在装配过程中,应尽量使用专用工具,以防零件受损。在装配过盈配合组件时(如活塞销与连杆和活塞的配合),则应使用专用压力机和工具、夹具。对于有紧固力矩规定的紧固零件,应将其拧紧到规定值;没有紧固力矩要求的零件应按一般的螺栓拧紧力矩拧紧。

⑨电控系统各插头、线柱要清洁,接触可靠。

(二)装配顺序与工艺

因机型结构不同,发动机某些局部的装配顺序和方法将会有所不同。在实际工作中,应根据不同车型的结构特点并参考相关资料确定其合理的装配工艺过程。

1. 安装曲轴与飞轮

①将气缸体侧置在安装工作台上,将各道曲轴主轴承上片放入缸体的轴承座内,并涂上清洁机油,注意各轴瓦、轴承盖应对号入座,不得错乱;止推片带贮油槽的一面朝向曲柄臂。

②将曲轴飞轮组件平稳地轻放入已放好主轴承上片的轴承内,然后将带有下片主轴承的主轴承盖对号装在各自的轴承座上。

③按规定力矩均匀地由中间轴承座向两端拧紧主轴承螺栓,按规定扭矩,从中间向两端分3~4次拧紧螺栓。在拧紧过程中,应注意检查各道主轴承间隙,具体方法是:每上紧一道主轴承,转动曲轴几周,检查有无阻滞现象。全部主轴承拧紧后,检查曲轴转动的阻力矩。

④安装飞轮。为了不破坏曲轴的平衡,飞轮与曲轴之间有严格的位置关系。安装飞轮时,应注意辨认安装记号、定位销或螺栓孔的不等距分布等。

2. 安装活塞连杆组件

(1)安装前的检查

先不装活塞环,将活塞连杆组装入气缸内,拧紧连杆螺栓,检查以下项目:

①活塞偏缸的检查。转动曲轴,应无过大阻力及活塞偏向缸壁一侧的现象。

检查方法:用塞尺分别检查活塞处于上止点和下止点时与缸壁之间的间隙。要求活塞顶部与缸壁在曲轴前后方向上的间隙基本一致,其差值一般不大于0.1mm。

②活塞上止点位置的检查。为保证一定的压缩比,应检查活塞处于上止点时,活塞顶距气缸体上平面的距离。距离过小,有可能顶撞气门,且使压缩比增大,发动机工作粗暴;距离过大,压缩比下降,发动机功率下降。活塞上止点位置不符合要求,应查找出原因,排除故障后,方可继续装配。

(2)活塞环的安装

①活塞环的检查与修整。

②活塞环安装位置与方向的确定。安装时,应确定镀铬环、平环、锥形环、扭转环、油环等各种活塞环的环槽位置和方向。一般镀铬环、内切槽(朝上)扭转环放在第一道环槽内,油环放在油环槽内;锥形环的小端朝上,扭转环的外切槽朝下。有的活塞环上刻有朝上字样。

③相邻活塞环的开口应错开90°～180°,并避开活塞销方向和最大侧压力方向。

(3)活塞连杆组的安装

①在各摩擦表面涂以清洁的机油。

②确认活塞连杆组的顺序和安装方向后,摆好活塞环开口位置,用专用工具收紧活塞环,将活塞连杆组从上面装入气缸内。装入时,可用木榔头轻轻敲击活塞顶,并注意引导连杆大端靠向连杆轴颈。

③确认连杆轴承盖(瓦)的顺序和安装方向后,将其套在连杆轴颈上,按规定扭矩拧紧连杆螺栓。

安装活塞环和连杆轴承时应注意活塞、连杆的安装方向,确保活塞环的组合方式及环的安装方向正确。

3. 安装中间轴

将中间轴装入机体承孔中,在其前端装“O”形密封圈、油封凸缘及油封。油封凸缘紧固螺栓应以25N·m的力矩拧紧。最后装好中间轴齿带轮。

4. 安装气缸盖及配气机构

配气相位正时是为了确保配气和点火(喷油)正时。一般在曲轴齿轮、凸轮轴齿轮、喷油泵齿轮及中间齿轮(或正时皮带轮、正时皮带、中间轴惰轮)上刻有记号,装配时只需对好记号即可。

①将各气门插入相应的气门导管中,检查气门与气门座的密封性(可用汽油进行渗漏检查),不符合要求时,应进行手工研磨。

②取出各气门,装好气门弹簧下座,用专用工具将气门油封压装到气门导管上,再重新插入各气门,装好气门弹簧、上弹簧座及锁片(使用过的旧锁片不准再用),并用塑料锤轻轻敲击数次,以确保锁片安装的可靠性。如图9-1所示为桑塔纳发动机气门杆三槽结构示意图。

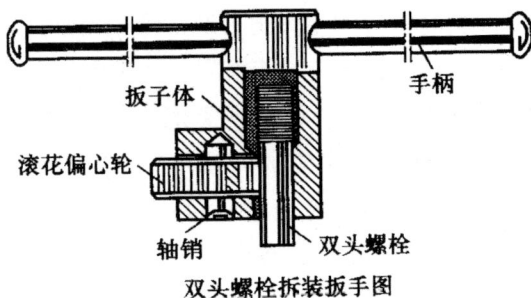

图 9 - 1　三槽结构的气门杆

③按顺序将各气门挺杆装入挺杆承孔中,在气缸盖后端装好凸轮轴半圆塞(新件),将凸轮轴置于气缸盖上的承孔中,按解体的相反顺序以 20N·m 的力矩拧紧各道凸轮轴轴承盖,并复查凸轮轴的轴向和径向间隙。

④将定位导向螺栓拧入缸体上的螺栓孔中。使有标记的一面朝上,将气缸垫安放于气缸体上。

⑤转动曲轴使活塞离开上止点位置,将气缸盖置于气缸体上,用手拧入其他 8 个缸盖螺栓,再拧出螺栓孔中的定位螺栓,拧入 2 只缸盖螺栓。

⑥按拆卸时的相反顺序分四次拧紧各缸盖螺栓:第一次扭至 40N·m;第二次扭至 60N·m;第三次扭至 75N·m;第四次再旋紧缸盖螺栓 1/4 圈。

⑦装上凸轮轴油封及齿带轮,并以 80N·m 的力矩拧紧齿带轮紧固螺栓。

⑧安装气门罩盖密封衬垫、密封条、气门罩盖、压条及储油器等,并以 l0N·m 的力矩拧紧其紧固螺母。

5. 安装齿形皮带、分电器和机油泵

①将齿形皮带套到曲轴及中间轴齿带轮上。

②转动凸轮轴使其齿带轮上的标记与气门罩盖平面平齐(转动凸轮轴时,曲轴不可位于上止点位置,以防气门碰撞活塞,造成零件损伤)。

③装好齿形皮带下护罩及曲轴前端的三角带轮,并装好发电机、水泵及空调压缩机,套上发电机及压缩机三角带。

④转动曲轴,使飞轮上的点火正时标记与变速器壳上的标记对齐。或使曲轴带轮外缘上的标记与齿带下护罩上的箭头标记对正。

⑤将齿带套到凸轮轴齿带轮上,并通过张紧轮调整好齿带张紧程度。

⑥调好发电机皮带的张紧力。

⑦使分火头指向分电器壳上的一缸标记,将分电器插入机体承孔中,并固定好分电器压板。

⑧使机油泵驱动轴的扁头对正分电器驱动轴的槽口,安装好机油泵,并装上油底壳及其衬垫。

6. 安装其他附件

将机油滤清器、汽油泵、进排气歧管、起动机及齿带轮上护罩等依次安装到发动机机体上。

7.发动机总成的装车

将发动机总成装到车上,并连接好各管路及线路。具体操作可按拆卸的相反顺序进行,并注意以下问题:

①注意不要碰伤变速器输入轴。

②发动机橡胶支承块的自锁螺母应换用新件。

③将发动机装入支架座上,旋紧紧固螺栓。

④调好离合器踏板自由行程及节气门、阻风门拉索,安好排气管。

⑤连接起动机接线时,导线不得碰到发动机。

⑥合理加注冷却液。

三、发动机的磨合

(一)发动机磨合的意义

汽车总成或机构组装后,改善零件摩擦表面几何形状和表面物理力学性能的过程称为磨合。汽车发动机磨合的目的是使各部机件适应环境的能力得到调整提升。

总成修理的发动机使用的零件有新有旧,零件的技术状况相差较大;修理工艺装备和生产技术水平又存在着很大的差异;有些总成修理的发动机在磨合期就出现拉缸、烧瓦严重故障,因此,总成修理的发动机进行科学的磨合十分必要。

磨合期满应更换润滑油,进行全面调整紧固,使车辆达到正常的技术状态。总成磨合是修理工艺过程的一个重要工序,是有关总成从修理装配状态转入工作状态的过渡。磨合质量对总成修理质量和大修间隔里程有着重大的影响。因此,未经磨合的发动机是不允许投入使用的。

1.形成适应工作条件的配合性质

①扩大配合表面的实际接触面积。新零件和经过修理的零件,由于表面微观粗糙和各种误差,装配后配合副的实际接触面积仅为设计面积的 $1/1000 \sim 1/100$,配合表面上单位实际接触面积的载荷就会超过设计值的百倍乃至千倍。微观接触面积在高应力、高摩擦热作用下,容易产生塑性变形和黏着磨损,引起咬粘等破坏性故障。因此,应使新零件在特定的磨合规范下运动,粗糙表面的微观凸点镶嵌其上并产生微观机械切削现象,以使实际接触面积不断扩大,在短期内形成适应正常工作条件的配合表面。

②形成适应工作条件的表面粗糙度。每一种工作条件均有其相应的表面粗糙度,零件加工的表面粗糙度与工作条件的要求差距较大,在磨合中才能形成适应工作条件的表面粗糙度。

③改善配合性质。由于磨合、磨损形成了适应工作条件的实际接触面积和表面粗糙度以及配合间隙,不但显著地提高了零件的综合抗磨损性能,也减少了其摩擦阻力与摩擦热,使故障率降低、大修发动机的可靠性与耐久性提高。

2.改善配合副的润滑效能

磨合使配合间隙增大到适应正常工作条件的配合间隙,提高了润滑油的泵送性能,增大了配合副间润滑油流量,不但改善了配合副的润滑效能,也有利于保持正常的工作温度和配合表面的清洁。

3.提高发动机的可靠性与耐久性

金属在低于或接近疲劳极限时,磨合一定的时间,实现"次负荷锻炼",可以明显地提高金属零件的抗磨损能力和抗疲劳破坏能力,从而提高机械的可靠性和耐久性。

发动机全部磨合过程由微观几何形状磨合期、宏观几何形状磨合期、适应最大载荷表面准备期3个时期组成。第一时期的磨合于出厂前在台架上完成,称为"发动机磨合";后两个时期的磨合时发动机装限速片,磨合在限速、限载条件下的运行过程中完成,称为"汽车走合"。微观几何形状磨合期(第一时期)内,微观粗糙表面因微观机械作用逐渐展平,表面金属被强化,显微硬度成倍地提高,产生剧烈的磨损,增大配合间隙,形成了适应摩擦状态下的工作表面质量。宏观几何形状磨合期(第二时期)内,零件表面形位误差部分得以消除,磨损量逐渐减小,机械损失减弱。适应最大载荷表面准备期(第三时期)内,零件磨损率和发动机的动力性、经济性逐渐稳定,故障率降低,可靠性提高。

(二)磨合试验设备

发动机的冷磨合一般在测功机上进行。测功设备的型号很多,如 YP 系列水力测功机、D 系列水力测功机、DW 系列电涡流测功机等。现代的测功机基本上都能做到性能稳定,测量精度高,既能测功,又能对发动机进行冷、热磨合,与油耗仪配套使用,还可测定发动机的耗油率。水力测功机如图9-2所示,其主要由以下几个部分组成。

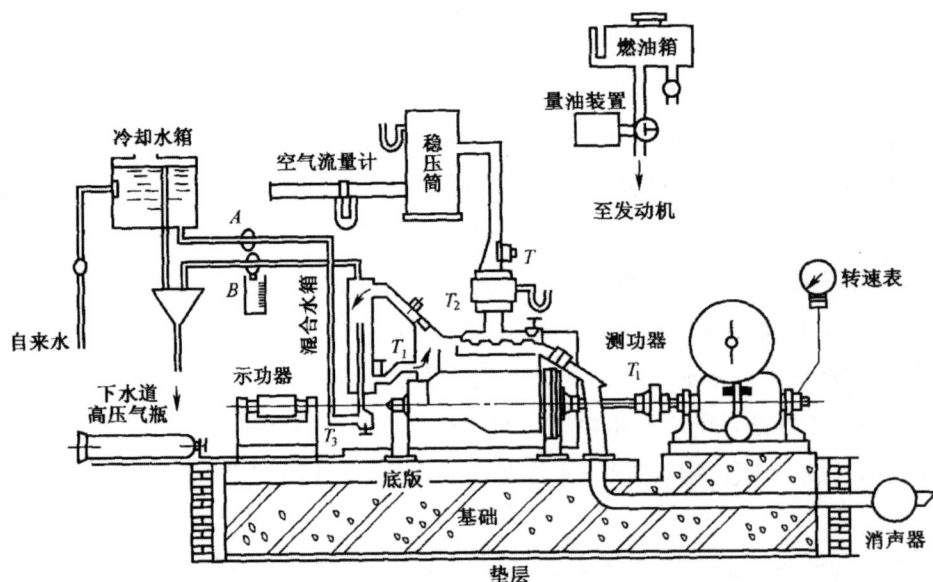

图 9-2　水力测功机

①测功部分:由制动鼓、量秤机构、测速机构等组成。

②冷磨合部分:由电动机、摩擦离合器、变速箱和单向离合器组成。

③发动机支座部分:由两个平板和4个支架组成,用以支撑和固定发动机。

④附属部分:由供水系统、供油系统和方向传动装置组成。

由于发动机试验时有较大的震动和旋转力矩,所以试验台用坚固、防震混凝土做基础。基础上有固定发动机的铸铁底座和前后支架。为保证发动机能迅速拆装和对中,前后支架在底座上的位置和高度做成可调式。

发动机曲轴与测功器转子轴用联轴节连接。通过测功器和转速表所测读数,可以计算出被测发动机的功率。燃油由专用油箱通过油量测量装置供给发动机的燃料供给系。

(三)磨合规范

选择合理的发动机磨合试验规范,才能保证磨合的高质量,使磨合过程中的金属磨损量小,延长发动机寿命。发动机的磨合规范包括发动机转速、负荷及各阶段的磨合时间。发动机磨合分冷磨合与热磨合两个阶段:冷磨合是由外部动力驱动总成或机构的磨合。发动机自行运转的磨合称为热磨合;其中,发动机自行空运转的磨合称为无载热磨合,发动机加载自行运转的磨合称为负载热磨合。发动机的磨合质量在材料、结构、装配质量等条件已定的情况下,主要取决于磨合时期的转速、载荷、磨合时间和润滑油的品质。

1.冷磨合规范

(1)冷磨合转速

磨合转速采取了四级调速。无级调速磨合效率低,在每级转速下,随着表面质量的改善,磨损率逐渐下降至平衡状态。为了提高磨合效率,故采取有级调速。

起始转速为 $400 \sim 500 r/min(0.2 \sim 0.25 n_e)$,终止转速为 $1200 \sim 1\ 400 r/min(0.4 \sim 0.55 n_e)(n_e$ 指额定转速,即发动机在负荷一定的情况下达到最大功率时的转速)。起始转速过低,由于曲轴溅油能力不足,机油泵输油压力过低,难以满足配合副很大摩擦阻力和摩擦热对润滑、冷却和清洁能力的需求,极易造成配合副破坏性损伤。由于高摩擦阻力和高摩擦热的限制,起始转速亦不能过高。

发动机磨合的关键是气缸与活塞环、活塞和曲轴与轴承等配合副的磨合。配合面上的载荷主要由活塞连杆组的质量和离心力形成。试验证明,在转速为 $1200 \sim 1400 r/min$ 范围内,单位面积上的载荷最大。超过或低于此转速,载荷反而减小,均会影响磨合效果。

(2)冷磨合载荷

单靠活塞连杆组所产生的载荷显然不够,磨合效率低。实践证明,装好气缸盖,堵死火花塞螺孔,借助气缸的压缩压力来增加冷磨载荷是极为有益的。

(3)冷磨合的润滑

现行的润滑方式有自润滑、油浴式润滑和机外润滑。实践证明,机外润滑方式最佳,对提高磨合效率极为有利。所谓机外润滑是指由专门的泵送系统,将专门配制的黏度较低、硫化极性添加剂含量高的专用发动机润滑油,以较大的流量送入发动机进行润滑的润滑方式。该方式不但使摩擦表面松软,加速磨合过程,而且润滑、散热以及清洁能力很强,还可以提高磨合过程的可靠性。

（4）磨合时间

各级转速的冷磨合时间约为15min,共60min。

2. 热磨合规范

在热磨合过程中,必须进行发动机的检查调整和发动机性能试验,排除故障使发动机符合大修竣工技术条件,并清洗润滑系,更换润滑油和滤清器滤芯,加装限速装置。

（1）无载热磨合

无载热磨合是为有载热磨合作准备,其磨合原理与冷磨合类似,因此,无载热磨合转速取 $0.4 \sim 0.55Pe$（ Pe 为发动机额定功率）。

（2）有载热磨合

起始转速为 $0.4 \sim 0.5Pe$,磨合终了转速一般取 $0.8Pe$,四级调速。

起始加载取 $0.2Pe$,磨合终了前载荷取 $0.8Pe$,采取四级加载方式,与四级调速相应组合。磨合时间的确定,多以每级磨合中的转速变化或润滑油温度来判断。当每级负载不变时,随着磨合时间的延续、零件工作表面质量的改善、摩擦损失的减小,发动机转速会有明显升高,则表明这一级磨合已达到了磨合要求,可以转入高一级转速负载梯度的磨合。也可以用润滑油的温度变化评价每级磨合时间,在发动机冷却液温度保持恒定的条件下,摩擦阻力进入稳定阶段后,润滑油温度也从升温转入温度稳定状态,就可以转入高一级磨合。

实践证明,上述磨合规范的总磨合时间为 $120 \sim 150min$ 。

四、发动机试验

发动机试验项目有:最高空转转速、怠速稳定转速、功率、耗油率,即速度特性、负荷特性试验等。

（一）发动机试验的分类

发动机试验通常可分为以下几类。

1. 定型与验证试验

对于新产品、改进或变型产品,转厂生产的产品,为检验发动机的性能指标是否达到设计或改进的要求,需要对其进行试验,以评价其可靠性、耐久性。其中,新产品、改进或变型产品的试验称为定型试验,转厂生产的产品试验称为验证试验。

2. 可靠性试验

可靠性试验指发动机在试验台上进行全负荷、标定转速连续运转,以考核发动机动力性、经济性的稳定程度和零部件的耐用性的试验。

3. 验收试验

验收试验指验收单位检验发动机性能是否符合技术文件规定而进行的试验。它可与抽查试验结合进行。

4. 出厂试验

出厂试验指制造厂为了保证产品质量,在每台发动机出厂前在台架上进行的主要性能的试验,以检验产品质量是否符合要求。

5. 抽查试验

抽查试验指成批或大量生产的发动机根据批量大小,抽取一定数量的产品进行的性能试验和功能检验。必要时应进行可靠性、耐久性试验,以衡量发动机制造质量的稳定性。

此外,一些工厂试验室和科研部门等经常进行研究性试验,称之为科研性试验。

(二)发动机试验设备

1. 水力测功机

水力测功机,如前图9-2所示。为保证发动机工作时水温正常,设有专门可调的冷却系统。冷却水处水温度控制系统能自动保持出水温度正常,使出水温度达到规定的试验要求。燃油由专门油箱通过油量测量装置给发动机的燃料供给系统。为排出发动机的有害排放物,减少室内噪声,应有保证室内通风、消音的装置。

2. 电涡流测功器

电涡流测功器具有结构简单、控制方便、有很宽的转速范围和功率范围等特点,因此应用很广。但这种测功器只吸收发动机的功率,使其全部转化为热能而不能发出电力,也不能作为电动机驱动发动机工作。

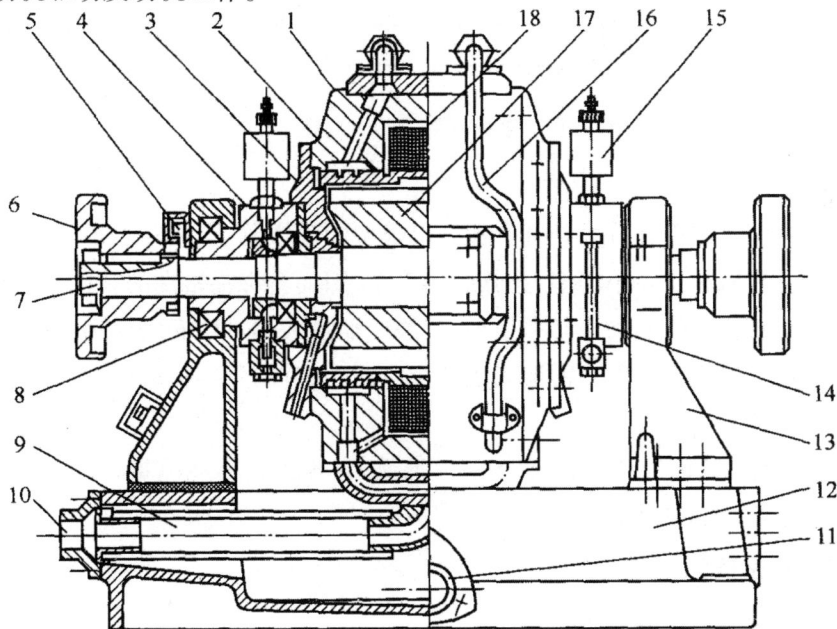

图9-3 感应子式电涡流测功器

1—铁心 2—涡流环 3—端盖 4—旋转轴承 5—测速传感器 6—联轴器
7—主轴 8—摆动轴承 9—进水软管 10—进水口 11—出水口 12—机座 13—轴承架
14—油面指示器 15—油杯 16—出水管 17—感应子 18—励磁绕组

图9-3为感应式电涡流测功器的结构图。它的制动器主要由定子(包括作为磁扼的铁心1、涡流环2、励磁绕组18、端盖3)和转子(包括带齿状凹凸的感应子17、主轴7、轴承4)组成。定子靠轴承8支承在轴承架13和机座12上。从可以自由摆动的定子外壳伸出一力臂以测量转矩。由于电涡流制动器所吸收的功率全部转化为热量,所以制动器的内腔(特别是涡流环和激励绕组周围)必须用水冷却,对于几千瓦以下的小容量电涡流测功器,因其制动器产生的热量不大,故多数设计成空气冷却的形式。

电涡流制动器产生制动力的原理是当励磁绕组通以直流电时,由感应子、空气隙、涡流环、定子磁扼等形成的闭合磁路中产生静止磁通(图9-4)。因感应子的外圆制成齿状凹凸,在齿顶处的空气隙很小,其磁通密度大,齿槽处的空气隙大,其磁通密度很小。当感应子旋转时,涡流环相应部位的磁通密度不断增减变化。由电磁感应定律可知,此时的涡流环的表面将产生感应电势而形成涡电流,力图阻止磁通的变化,从而引起对感应子的制动作用。

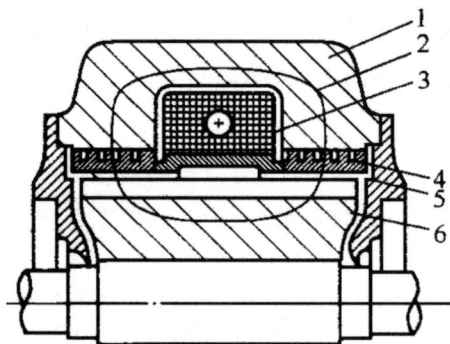

图9-4　电涡流测功器的组成与磁路

1—磁轭　2—磁力线　3—励磁绕组　4—涡流环　5—空气隙　6-感应子

涡流环和感应子都用具有高导磁率和高电导率的纯铁制造,其转子尺寸和质量与同功率容量的直流电动机相比要小得多,且其结构简单,因而允许在很高的转速下运转。

电涡流测功器所消耗的励磁功率很小,只需变动最大不过数安培的励磁电流就能自由控制吸收的转矩。这样就可以方便地完成控制自动化,有利于实验运行。

3.油耗测量装置

油耗测量装置,又称油耗仪,如图9-5所示,为容积式油耗测量仪。它由油箱、量瓶(或量杯)、三通阀、滤清器等组成。

(三)发动机试验的一般条件

发动机试验的一般条件如下:

①所用燃油及润滑油符合制造厂的规定。

②测试仪器的精度及测量部位应符合规定要求。

③试验前发动机应按规定的磨合规范进行磨合。

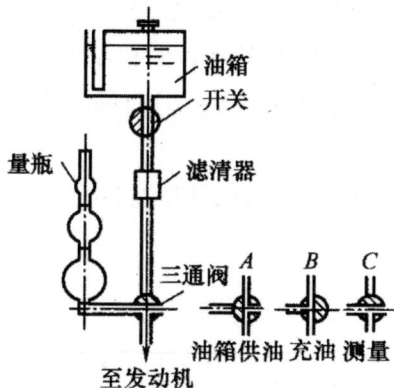

图 9 – 5　定容积法测量油耗显示

④发动机冷却液出液温度为$(80 \pm 5)℃$,机油温度为$(85 \pm 5)℃$,柴油温度为$(40 \pm 5)℃$。

⑤排气背压按制造厂规定或低于 3.5 kPa。

⑥所有数据要在工况稳定后测量。转速、转矩及排气燃料消耗量三者应同时测量。

(四)主要性能的试验方法

1. 速度特性试验

发动机节气门位置不变时,其性能指标随转速的变化而变化的关系,称为发动机的速度特性。发动机沿速度特性工作时,相当于驾驶员将加速踏板位置保持一定,汽车行驶速度随道路阻力的变化而变化的情况。用图来表示速度特性时,一般横坐标表示发动机的转速,纵坐标(性能参数)主要是性能指标,如有效功率 P_e、有效转矩 M_e 和有效燃料消耗率

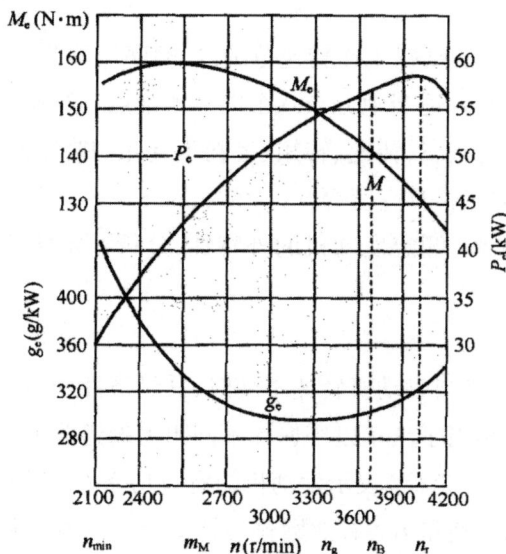

图 9 – 6　492 型车用汽油机外特性曲线

g_e等。由发动机台架试验测取一系列数据,绘制成速度特性曲线。节气门(或供油拉杆)保

315

持最大开度时,所测得的速度特性,称为发动机的外特性。通过分析发动机的速度特性,可找出发动机在不同转速情况下工作时,其动力性和经济性的变化规律,及对应于最大功率(P_{max})、最大转矩(M_{max})、最小燃料消耗率(g_{min})时的转速,从而确定发动机工作时最有利的转速范围。

如图9-6所示为492型车用汽油机的外特性曲线。如图9-7所示为奥迪1.8L四缸汽油机外特性曲线。

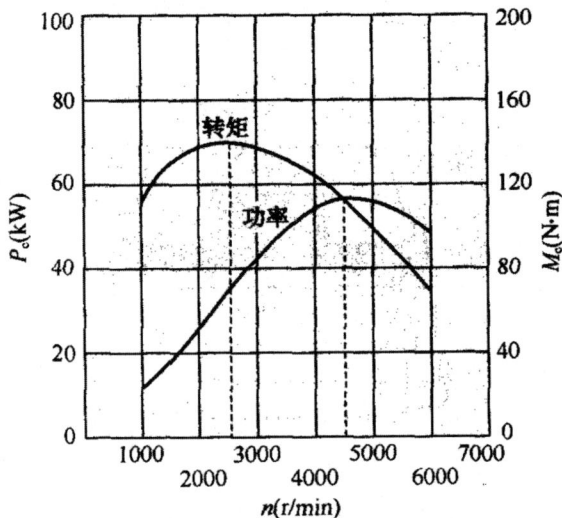

图9-7 奥迪1.8L四缸汽油机外特性曲线

试验时节气门全开,在发动机工作转速范围内,顺序地调节负荷(由小到大或由大到小加载),改变转速,进行测量。适当地分布八个以上测量点。绘制外特性曲线。

试验中主要测量:进气状态、转速、转矩、燃料消耗量、排气烟度、噪声、排气温度、点火或喷油提前角及汽油机进气管真空度等。

做发动机速度特性试验,测定发动机的外特性,分析评定所测发动机在全负荷下的动力性和经济性。

2. 负荷特性试验

发动机的负荷特性是指当发动机转速不变时,其经济性指标随负荷而变化的关系。发动机沿负荷特性工作时,相当于汽车以等速在不同阻力的道路上行驶时的情况。用图来表示负荷特性时,一般横坐标(负荷)表示发动机的有效功率 Pe,纵坐标(性能参数)主要是经济性指标,如每小时燃料消耗量 G_T、有效燃料消耗率等。由发动机台架试验测取一系列数据,绘制成负荷特性曲线。通过分析发动机的负荷特性,可了解发动机在各种负荷情况下工作时的经济性以及最低燃料消耗率的负荷状态。

如图9-8所示为6135Q型车用柴油机负荷特性曲线。

试验时,发动机在50% ~80%的额定转速下运行,从小负荷开始逐渐增大负荷,相应增大节气门开度直到全开。适当地分布8个以上测量点。绘制负荷特性曲线。

试验中主要测量:进气状态、转速、转矩、燃料消耗量、汽油机进气管真空度等。

做发动机负荷特性试验,分析所测发动机在规定转速下部分负荷时的经济性。

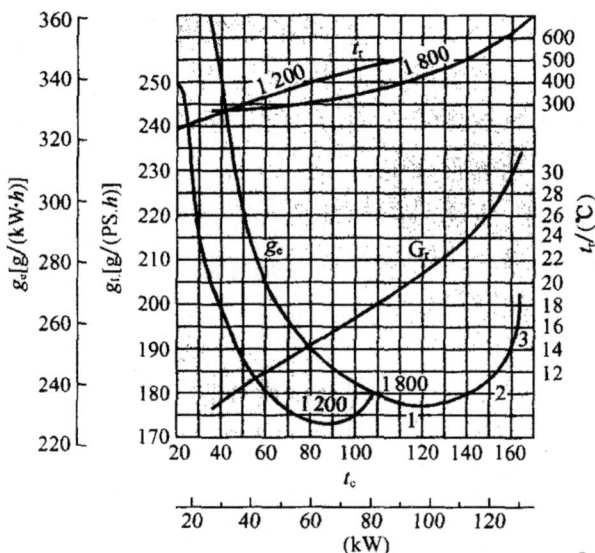

图9－8　6135Q型柴油机负荷特性曲线

3.燃油消耗量的测量

测量发动机燃油消耗量的仪器或装置叫做油耗仪,也称燃油流量计。常用的油耗仪一般由油箱、串联量瓶(或量杯)、三通开关、滤清器等组成。测量方法分为定容积法和定质量法两种。

(1)定容积法

汽油机常用定容积法测量燃油消耗量。如前图9－5为定容积法燃油消耗量测量示意图。

燃油从油箱经开关、滤清器到三通阀、向发动机供油,并可向量瓶充油。试验时可按以下步骤操作:

①打开油箱开关,三通阀置于A位置,发动机由油箱供油。

②测量前将三通阀置于B位置,油箱同时向发动机和量瓶供油。

③测量开始时,将三通阀转至C位置,由量瓶向发动机供油。记录燃油流过所选球泡(一般由50mL、100mL、200mL三种串联在一起)上、下刻线所用时间。

④测量完毕,将三通阀再次转回B位置,向量瓶充油,为下次测量作准备。燃油消耗量可按下式计算:

$$G_T = 3.6V\gamma/t \text{ , kg/h}$$

式中:V——球泡容积,ml;

γ——燃油密度,g/ml;

t——消耗容积的燃油所用时间,s。

若发动机功率 P_e,以 kW(千瓦)为单位,则有效耗油率为:

$$g_e = \frac{1000G_T}{g_e}$$

(2)定质量法

柴油机通常用定质量法测量燃油消耗量。图 9-9 所示为容积式数字油耗仪简图。在细颈刻线的一侧有电光源 k_1,另一侧有光电管 k_2,每对光源与光电管置于同一水平面上。若细颈管充满燃油,光源的光穿过细颈管时,由于燃油对光线的折射作用,光不能照到光电管上;当细颈管无油时,光可穿过细颈管照射到光电管上,使光电管通电,再通过电路控制电动三通阀和计数器工作,实现时间和油耗量的自动显示。

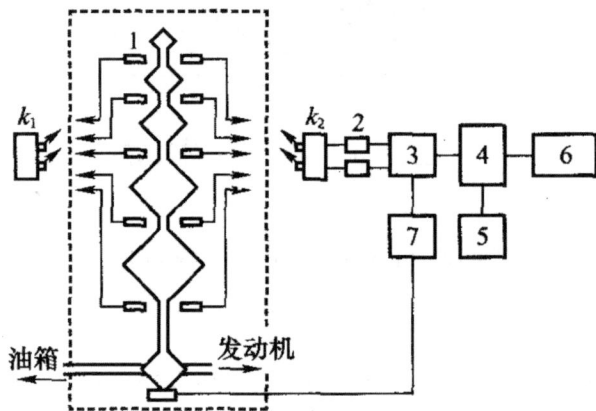

图 9-9 容积式数字油耗仪

4.转速的测量

发动机试验时用转速表来测量转速。转速表按结构和工作原理不同可分为电子式、机械式和电气式三种型式。发动机试验时测量转速的目的不同,对转速表的测量精度要求也不同。对于参与计算的转速,要求有较高的精度,而对于供监控用的转速则可用较低精度的转速表。

(1)电子数字式转速表

电子转速表有固定式及手持式两种,固定式电子转速表由传感器及指示仪两部分组成。传感器是一只脉冲发生器(可以是磁感应式或光电式)。如磁感应式脉冲发生器由一个齿盘及一个电磁捡拾器组成。齿盘是固定在测功机主轴上带有 60 个齿的盘(齿轮)。电磁捡拾器靠近齿盘固定,当发动机拖带测功机主轴每旋转一周,捡拾器内的线圈就发生 60 次感应电脉冲,这个信号送到指示仪表(相当于一个频率计外加时间开关)。一般每秒钟取样一次,这种转速表的精度为 ±1r/min。

手持式电子转速表分为接触式和非接触式两种。接触式的用橡皮轴头和发动机轴端接触,表内装有光电传感器;非接触式的须在使用前预先在旋转轴或盘上粘贴白色纸条,仪器前端装有照射灯光和感受反光的光电管。轴每旋转一次给光电管一个脉冲信号,累计运算成转速。

电子式转速表,由于测量准确,且有转速信号输出,易于实现自动控制等优点,近年来已被广泛采用。

（2）机械式转速表

手持机械式转速表是利用重块的离心力与转速的平方成正比的原理而制成的。由于其使用方便,价格低廉,测量范围较广,在发动机试验时仍有应用。但其测量精度较低。

（3）电气式转速表

主要有发电机式和脉冲式两种,发电机式做成直流或交流发电机结构,利用感应电压与转速成正比的原理进行测量。脉冲式是利用转速与频率成正比的原理,做成一种多级的发电机结构,利用感应电压的频率进行测量。

电气式转速表能远距离测量,并起监督报警自动控制作用,在电力及电涡流测功机上常配有转速发电机。

5. 气缸压缩压力的测量

气缸压缩压力是指发动机压缩行程终了时气缸内的最大压力。压缩压力的大小,可以表明气缸的密封性。密封性与气缸,气缸盖,气缸垫,活塞,活塞环和进、排气门等包围工作介质（混合气）的零件有关。发动机在大修后,磨合中检查气缸压缩压力,主要是检查:气缸与活塞、活塞环的配合盈余,气缸垫的密封性和气缸盖螺栓的紧固情况,配气机构调整的准确性,气门关闭的严密性等。

气缸压缩压力表结构简单,主要由表头、带连接管的测量头、进气阀、排气阀和排气按钮等组成。测量汽油机的测量头是锥形的带橡皮塞子,测量柴油机的测量头有外螺纹,在测量时,应将其旋入安装喷油器的螺纹孔内。

发动机运转至正常温度后熄火。拆除汽油机各缸火花塞或柴油机各缸喷油器。汽油机的节气门和阻风门应置于全开位置。将手持式气缸压缩压力表锥形橡皮头紧压在火花塞孔上,柴油机因压缩压力大,应使用旋入式压力表,将其旋入喷油器螺纹孔内,用起动机带动发动机运转 3～5s,记录下气缸压力表读数后,按下放气阀,使表头指针复重复测量2～3 次,取平均值供分析用。

五、发动机修竣后的验收

1. 一般技术要求

①装备齐全,按规定完成了发动机磨合,无漏油、漏水、漏气、漏电现象。

②加注的润滑油量、牌号以及润滑脂符合原厂规定。

③无异响,急加速时无爆燃声,消声器无放炮声,工作中无异响。

④润滑油压力和冷却液温度正常。

⑤气缸压力符合原厂规定,各缸压力差:汽油机应不超过各缸平均压力的8%,柴油机不超过10%。

⑥四冲程汽油机转速在 500~600r/min 时,以海平面为准,进气歧管真空度应在57.2~70.5kPa 范围内。其波动范围,六缸发动机不超过3.5kPa,四缸发动机不超过5kPa。

2. 主要使用性能

(1)发动机在正常工作温度下,5s 内能起动。柴油机在5℃、汽油机在-5℃的环境下,起动顺利。

(2)配气相位差不大于2°30′。

(3)加速灵敏,过渡圆滑,怠速稳定,各工况工作平稳。

(4)最大功率和最大转矩不低于原厂规定的90%。

(5)最低燃料消耗率不得高于原厂的规定值。

(6)发动机排放限值符合 GB 7258-2012《机动车运行安全技术条件》的规定。

二级维护竣工的发动机除装备齐全、有效之外,还必须进行性能检测。要求其能正常起动,低、中、高速运转均匀、稳定,冷却液温度正常,加速性能好,无断火、回火、放炮等现象;发动机运转稳定后应无异响;无负荷功率不小于额定值的80%。

(7)电子控制系统的设置应正确无误;自检警告灯应显示系统正常,或通过系统自诊断功能读取的故障码应为正常码。

参考文献

［1］李兴瑞.汽车发动机维修［M］.北京:人民邮电出版社,2014

［2］陈新亚.汽车构造透视图典［M］.北京:机械工业出版社,2012

［3］张健,杨书力,李全伦.汽车发动机构造与维修［M］.重庆:西南师范大学出版社,2015

［4］陈瑜,黄仕利,刘婷婷.汽车发动机机械维修［M］.成都:西南交通大学出版社,2014

［5］李雷,陈红.汽车发动机构造与检修［M］.北京:人民邮电出版社,2012

［6］殷振波,唐腊梅.汽车发动机构造与维修理实一体化教材［M］.北京:人民交通出版社,2012

［7］温炜坚.汽车发动机构造与维修［M］.北京:北京邮电大学出版社,2011

［8］王建昕.汽车发动机原理［M］.北京:清华大学出版社,2011